DIREITO DO TRABALHO NA ERA DIGITAL

DIREITO DO TRABALHO NA ERA DIGITAL

2023 • 2.ª Edição

Teresa Coelho Moreira
Doutora em Direito
Professora da Escola de Direito da Universidade do Minho

ALMEDINA

DIREITO DO TRABALHO NA ERA DIGITAL

AUTORA
Teresa Coelho Moreira

EDITOR
EDIÇÕES ALMEDINA, S.A.
Avenida Emídio Navarro, 81, 3D
3000-151 Coimbra
Tel.: 239 851 904 · Fax: 239 851 901
www.almedina.net · editora@almedina.net

DESIGN DE CAPA
EDIÇÕES ALMEDINA, S.A.

PRÉ-IMPRESSÃO
Patrícia Boleto

IMPRESSÃO E ACABAMENTO
AAAAAAAAA

Outubro, 2023

ISBN
978-989-40-1489-8

DEPÓSITO LEGAL
000000/23

ALMEDINA | GRUPOALMEDINA

Para a Joana e para a Beatriz

Do rio que tudo arrasta se diz que é violento
Mas ninguém diz violentas
As margens que o comprimem.
A tempestade que faz dobrar as bétulas
É tida como violenta
E a tempestade que faz dobrar
Os dorsos dos operários na rua?

Bertold Brecht, *Sobre a Violência*

Sofremos de uma cegueira particular: somos apenas capazes de reconhecer uma dimensão cultural da realidade. Vemos o que é fácil e imediato. Fazemos uso de uma visão esterotipada perante uma realidade complexa e multicolorida. Caímos na tentação da «história única». (...) É bom saber que a literatura pode ajudar a construir vizinhanças num mundo que imagina que a proximidade entre as culturas se resolve apenas através de soluções tecnológicas.

Mia Couto, "Os anónimos guardiões da poesia",
in o universo num grão de areia, Caminho,
Lisboa, 2019, pp. 84-85

NOTA PRÉVIA À SEGUNDA EDIÇÃO

Esgotada a primeira edição, e uma reimpressão, publica-se agora a segunda edição deste Livro.

Desde a data da publicação da primeira edição ocorreram várias alterações legais no nosso ordenamento jurídico e que resolvemos abordar, em parte, neste Livro. Assim, acrescentou-se um número para tratar das questões relacionadas com o teletrabalho, privacidade e proteção de dados pessoais, assim como um novo número para analisar o artigo 199.º-A sobre o *dever de abstenção de contacto*, atendendo às alterações introduzidas no Código do Trabalho pela Lei n.º 83/2021, de 6 de dezembro.

Por outro lado, teve-se ainda em atenção as últimas modificações ao Código do Trabalho realizadas através da denominada *Agenda do Trabalho Digno*, Lei n.º 13/2023, de 3 de abril, e que trouxe importantes alterações ao nível do trabalho nas plataformas digitais e da gestão algorítmica.

Aproveitou-se, além disso, para atualizar os restantes números enriquecendo com mais jurisprudência e doutrina.

Esperamos que, tal como aquando da primeira edição, esta obra possa servir para fomentar a discussão jurídica sobre os temas nela tratados, bem como constituir um auxiliar para todos aqueles que se reveem nesta área científica de atualidade e relevo inquestionáveis.

Vila Nova de Gaia, julho de 2023

NOTA PRÉVIA À PRIMEIRA EDIÇÃO

O presente trabalho corresponde, com algumas alterações, ao Relatório por nós apresentado nos termos do art. 5.º, alínea b), do Decreto-Lei n.º 239/2007, de 19 de junho, no âmbito das provas de agregação na especialidade em Ciências Jurídicas Privatísticas concluídas, com aprovação por unanimidade, em 8 e 9 de julho de 2021, na Escola de Direito da Universidade do Minho, perante um júri presidido pelo Senhor Professor Doutor Fernando Gravato Morais, e constituído pelos Senhores Professores Doutores Jorge Coutinho de Abreu, Pedro Romano Martinez (arguente da Lição), Luís Couto Gonçalves (arguente do *Curriculum vitae)*, José João Abrantes (arguente do presente relatório) e Javier Gárate Castro (arguente do *Curriculum vitae)*.

As provas de agregação destinam-se a aferir não apenas as qualidades académicas, científicas e profissionais do candidato[1] mas, também, e porventura primordialmente, principalmente no caso do Relatório, as suas capacidades pedagógicas[2], a capacidade de conseguir investigar, de saber produzir mas, sobretudo, de ser capaz de transmitir esse mesmo conhecimento de forma eficaz, clara e percetível aos estudantes. Esta é, sem dúvida, uma missão importantíssima de um Professor Universitário, cuja relevância é desnecessário enfatizar, tão óbvia ela é, que também tem de ser um bom pedagogo[3].

[1] Cf. art. 1.º, alíneas a), b) e c) do DL n.º 239/2007, de 19 de junho.

[2] Como escreve JOSÉ JOÃO ABRANTES, *Direito do Trabalho II (Direito da Greve)*, Almedina, Coimbra, 2012, p. 11, o que está fundamentalmente em causa é uma prova de índole marcadamente pedagógica.

[3] MARIA JOÃO ESTORNINHO, *Contratos de Administração Pública – Esboço de autonomização curricular*, Almedina, Coimbra, 1999, p. 26, entende, e muito bem quanto a nós, que "um «professor» universitário sem qualidades pedagógicas (ou, pelo menos, sem preocupações pedagógicas) é uma pura e simples aberração".

Nas elucidativas palavras de MIA COUTO[4], "Professor não é quem dá aulas. É quem dá lições. Não é aquele que vai à escola ensinar. É aquele cuja vida é uma escola". Cremos, sinceramente, que um Professor tem de ter estas qualidades. A capacidade de saber e de querer aprender mais, de investigar, mas também de explicar e de ensinar de forma clara com uma grande disponibilidade e de atuação "*transparente*"[5] e justa. Citando uma vez mais MIA COUTO[6], "a escola é um meio para querermos o que não temos. A vida, depois, ensina-nos a termos aquilo que não queremos. Entre a escola e a vida resta-nos sermos verdadeiros e confessar aos mais jovens que nós também não sabemos e que, nós, professores e pais, também estamos à procura de respostas". Esta é para nós a atuação de um verdadeiro Professor que se queira justo e Académico[7].

Foi com este desiderato que se escreveu este Relatório esperando que esta obra possa servir para fomentar a discussão jurídica sobre os temas nela tratados bem como constituir um auxiliar para todos aqueles que se reveem nesta área científica de relevo inquestionável.

Vila Nova de Gaia, julho de 2021

[4] "O livro que era uma casa", *in O Universo num grão de areia*, Caminho, Lisboa, 2019, p. 35.

[5] JOSÉ JOÃO ABRANTES, *Direito do ...*, cit., p. 126.

[6] "Os sete sapatos sujos", *in E Se Obama fosse africano – interinvenções*, Caminho, Lisboa, 3.ª edição, 2013, p. 49.

[7] Para JOSÉ JOÃO ABRANTES, *Direito do ...*, cit., p. 126, nota n.º 276, "não basta que um professor seja (objetivamente) justo, é preciso que os alunos reconheçam tal facto. [...] a própria justiça comporta em si a ideia de que o professor deve também ser humano, o que implica, desde logo, o reconhecimento das suas próprias imperfeições e limitações".

ÍNDICE

NOTA PRÉVIA À SEGUNDA EDIÇÃO 9

NOTA PRÉVIA À PRIMEIRA EDIÇÃO 11

I – INTRODUÇÃO 15

1. Evolução histórica do Direito do Trabalho – breve análise 15
2. O Novo Direito do Trabalho perante a revolução digital 28
3. Novas formas de prestar trabalho 44
   - 3.1. Introdução 44
   - 3.2. *Crowdwork online* 46
   - 3.3. *Crowdwork offline – work on demand via apps* 48
   - 3.4. Eventual Regulamentação 48
4. A Inteligência Artificial, o trabalho e a automatização 59

II – ALGUMAS QUESTÕES 73

1. Qualificação do contrato: *a never ending story?* 73
   - 1.1. Introdução 73
   - 1.2. Contrato de trabalho e presunção de laboralidade do art. 12.º do CT 85
   - 1.3. *Crowdwork offline* ou *work on demand via apps*: uma jurisprudência flutuante 92
   - 1.4. A Lei n.º 45/2018, de 10 de agosto, e a presunção de laboralidade 109
   - 1.5. A presunção de contrato de trabalho do art. 12.º-A 120
2. Um novo tempo de trabalho e o direito à desconexão 128
   - 2.1. Evolução histórica 128
   - 2.2. Tempo de trabalho na Era Digital 131
   - 2.3. Legislação existente sobre o direito à desconexão e propostas legislativas 142
   - 2.4. Solução preconizada no art. 199.º-A e diálogo social 153

3. Igualdade e não Discriminação 160
3.1. Introdução 160
3.2. Inteligência artificial e discriminação 166
3.3. Conciliação entre a vida profissional e a vida pessoal e familiar 170
3.4. Género e trabalho na era digital 177
3.5. Algoritmo e discriminação 179
3.6. Novo conceito de igualdade e não discriminação 187
4. Segurança e saúde no trabalho e novos riscos psicossociais 199
4.1. Introdução 199
4.2. Novos riscos com a era digital 200
5. O Controlo dos Trabalhadores na Era Digital 220
5.1. Introdução 220
5.2. A revolução digital e novas formas de controlo 221
5.3. Privacidade e Proteção de Dados Pessoais 232
5.3.4. Regulamento Geral de Proteção de Dados Pessoais 236
5.3.5. A Lei n.º 58/2019, de 8 de agosto 239
5.3.6. Direitos de personalidade 250
5.3.6.1. Introdução 250
5.3.6.2. Os Direitos de Personalidade em Geral 255
5.3.6.3. Os Direitos de Personalidade em Especial 260
5.3.6.3.1. Liberdade de expressão e de opinião 260
5.3.6.3.2. Integridade física e moral 264
5.3.6.3.3. Reserva da intimidade da vida privada 264
5.3.6.3.4. Proteção de Dados Pessoais 272
5.3.6.3.5. Dados biométricos 276
5.3.6.3.6. Testes e exames médicos 279
5.3.6.3.7. Meios de vigilância à distância 287
5.3.6.3.8. Controlo sobre os meios de comunicação 311
6. Teletrabalho, privacidade e proteção de dados pessoais 324

BIBLIOGRAFIA 337

I - INTRODUÇÃO

1. Evolução histórica do Direito do Trabalho – breve análise

1.1. O Direito do Trabalho é, como se sabe, um produto tardio é certo, da 1.ª Revolução Industrial, bem como da revolução burguesa, de que a francesa é emblemática e paradigmática. O Direito do Trabalho surgiu no contexto de fábrica, no contexto da 1.ª Revolução Industrial, mas atualmente é muito mais amplo, englobando várias atividades e setores. O Direito do Trabalho internacionalizou-se, tornou-se global, sendo um dos setores do ordenamento jurídico que, pela sua própria natureza, é mais exposto à influência das mudanças tecnológicas.

O Direito do Trabalho é um ramo do Direito na verdade, que está constantemente sujeito a um processo de mudanças devido à intervenção de inúmeros fatores de diversa natureza, onde as inovações tecnológicas e o aumento da produtividade e da competitividade marcam presença constante. Pode dizer-se, até mesmo, que este ramo do Direito é um dos mais *permeáveis* às mudanças e, por isso, é muito reativo, havendo quem o compare a uma espécie de *sismógrafo*.

O Direito do Trabalho atual saiu dos *muros da fábrica*, adaptando algumas das suas regras para facilitar a criação de emprego, passando também a ser denominado, por vezes, de Direito do Emprego, visando proteger o trabalhador, não só no centro de trabalho, mas também no mercado de trabalho, assumindo a ideia de que, para fortalecer a situação do trabalhador no centro de trabalho, também é necessário fortalecer a sua situação no mercado de trabalho.

Há, assim, uma nova visão da cidadania social do trabalhador, que está relacionada não só com a condição de trabalhador *qua tale*, mas, sobretudo, com a condição social derivada de viver do trabalho, determinando que o Direito do Trabalho seja também um Direito para o trabalho.

Porém, o aumento dos níveis de emprego depende de múltiplas variáveis. É o caso, *inter alia*, da saúde da economia e da adoção de políticas de natureza económica e fiscal que assegurem um aumento do consumo[8].

Na verdade, com a globalização das economias, com o aumento da competitividade, com a abertura das fronteiras do comércio mundial, expandiu-se uma nova onda liberal, largamente apoiada na tecnologia digital, que fez ressurgir velhos problemas sociais e o despoletar de outros. As enormes mudanças ocorridas estão a promover novas contradições e desigualdades sociais em vários domínios das sociedades, com alterações profundas na forma de organização tradicional das empresas. Verifica-se uma recomposição dos mercados de trabalho, onde existem situações de grande precariedade, ao lado de situações tradicionais de maior ou menor estabilidade, para além de um maior volume de desemprego. Assiste-se ao surgimento de novas formas de prestar trabalho, a uma nova economia, a economia *colaborativa* ou *sharing economy*, com novas questões a serem colocadas ao Direito do Trabalho, mas, também, o repensar de velhas questões.

Se, na generalidade, a globalização pode ser benéfica para o crescimento e o emprego, as mudanças que gera implicam respostas rápidas por parte das empresas e dos trabalhadores, não esquecendo que a globalização tem vindo a afetar de forma decisiva os processos de trabalho e de produção. Sob a pressão da competitividade e da redução dos custos, generalizaram-se as reestruturações e as deslocalizações de empresas, sendo necessário, parece-nos, que as respostas sejam ágeis e flexíveis e sempre respeitadoras do ADN, do código genético do Direito do Trabalho.

A adaptação exige, sem dúvida, um mercado de trabalho mais flexível, mas sem quebrar, contudo, a *espinha dorsal* do Direito do Trabalho, conjugado com níveis de segurança que deem resposta às novas necessidades dos empregadores e dos trabalhadores. Secunda-se, inteiramente, JOÃO LEAL AMADO[9] quando defende que "um Direito do Trabalho flexível jamais poderá deixar de ser um Direito do Trabalho robusto e vigoroso. Creio que o Direito do Trabalho terá de ser flexível naquele sentido ideal, de «resistência tênsil», apontado por RICHARD SENNETT: «Ser adaptável à mudança de circunstâncias mas sem ser quebrado por ela»".

[8] Aliás, a pandemia que o mundo atravessou, causada pelo novo coronavírus SARS-CoV-2 e da doença Covid-19, demonstrou isso claramente: como uma crise sanitária originou um verdadeiro *tsunami* económico e social.

[9] "Dinâmica das relações de trabalho nas situações de crise (em torno da flexibilização das regras juslaborais)", *in RMP*, n.º 120, 2009, p. 97.

E se a flexibilidade do mercado de trabalho é atualmente um "objetivo omnipresente e incontornável"[10], assumindo-se como um valor "sociologicamente pós-industrial e culturalmente pós-moderno"[11], não pode defender-se que a mesma resolve tudo e só traz vantagens. Parece-nos um pensamento demasiado simplista fazer equivaler a flexibilidade do Direito do Trabalho a ganhos de produtividade e ao aumento da competitividade empresarial[12].

Perante esta realidade defende-se que o remédio pode e deve ser procurado, secundando JOSÉ JOÃO ABRANTES[13], no crescimento económico que está relacionado com uma melhor educação e formação profissional, melhor gestão das empresas, políticas ativas de emprego e de reconversão social e de proteção social. Não é possível melhorar a competitividade das empresas nem a sua produtividade sem uma adequada formação profissional, progresso tecnológico, valorização profissional e motivação de todos os intervenientes.

Deve dizer-se, no entanto, que a ideia de estabilidade no emprego não significa emprego vitalício, para toda a vida. Sabe-se que a era da nova economia globalizada, dinâmica, inovadora e extremamente competitiva, obedece à lógica do transitório, do instável e do imprevisível, sendo incompatível com o ideal do *emprego para toda a vida* que, de algum modo, imperou no século passado, até ao primeiro choque petrolífero da década de setenta. Basta atentar nas novas modalidades de contrato de trabalho e nas novas formas de prestar trabalho na economia digital. Mas isso não significa, tal como defende JOÃO LEAL AMADO[14], que a estabilidade no emprego, não sendo um valor absoluto, seja um valor obsoleto.

Por outro lado, nesta nova era digital e perante a lógica apresentada do primado da economia relativamente ao Direito do Trabalho, deve defender-se a ligação do progresso social ao crescimento económico e a uma política de emprego que consiga efetivamente criar emprego, e emprego com qualidade, não entregando ao mercado certos valores, fundamentais para a sã convivência em sociedade. Porque se a criação de emprego até pode estar assegurada

[10] JOÃO LEAL AMADO, "Dinâmica das relações...", cit., p. 97.

[11] RICCARDO DEL PUNTA, "L'economia e le ragioni del diritto del lavoro", *in* GDLRI, n.º 89, 2001, p. 12.

[12] A este respeito, UMBERTO ROMAGNOLI, *apud* JOÃO LEAL AMADO, última *op.* cit., p. 98, refere que "a ideia segundo a qual, para ajudar e proteger todos os que procuram trabalho, é necessário ajudar e proteger menos quem tem trabalho, é filha da mesma maldade com a qual se sustenta que, para fazer crescer cabelo aos calvos, é necessário rapar o cabelo a quem o tem".

[13] "Sociedade e direito – algumas notas sobre as suas relações (o exemplo do direito do trabalho)", *in Questões Laborais*, n.º 42, pp. 519 e 525.

[14] "Dinâmica das relações...", cit., p. 98.

nalgumas destas novas formas de prestar trabalho na era digital, preocupa-nos muito a sua qualidade por não respeitarem, muitas vezes, as condições mínimas de um trabalho decente.

A dignidade da pessoa humana é o princípio fundador de qualquer sociedade e, por isso, não podemos esquecer que, tal como se encontra na Constituição Pastoral *Gaudium et Spes*[15], "a pessoa humana é e deve ser o princípio, o sujeito e o fim de todas as instituições sociais, continuando a ser essencial a existência do Direito do trabalho".

Tendo em atenção a evolução histórica do Direito do Trabalho, do período liberal até aos nossos dias, nota-se como, afinal, os problemas são os mesmos[16]. Já o papa João Paulo II, na Encíclica *Centesimus Annus*, a propósito dos 100 anos da Encíclica *Rerum Novarum*, escreveu que esta era "um documento sobre os pobres e sobre a terrível condição à qual o novo e não raramente violento processo de industrialização reduzira enormes multidões", considerando, contudo, que "Queira Deus que estas palavras, escritas enquanto crescia o que foi chamado «capitalismo selvagem», não tenham hoje de ser repetidas com a mesma severidade. Infelizmente ainda hoje é frequente encontrar casos de contratos entre patrões e operários, nos quais se ignora a mais elementar justiça, em matéria de trabalho de menores ou feminino, dos horários de trabalho, do estado higiénico dos locais de trabalho, e da legítima retribuição"[17]. Isto, claro está, a par de contratos de trabalho perfeitamente *leoninos*, muitas vezes a coberto da lei e, outras vezes, à sombra de uma legalidade laboral muito duvidosa.

Por isso, a relevância de tratar estes temas, neste *Novo Direito do Trabalho* que, de novo, nalgumas alturas, tem muito pouco. Considera-se que perante esta realidade o Direito do Trabalho tem um bom *historial* pois tem tido sempre, como escreve PALÓMEQUE LÓPEZ[18], como "companheira de viagem" as sucessivas crises económicas que têm vindo a afetar a sociedade, conseguindo *coexistir* com elas mais ou menos *pacificamente*. Entende-se, assim, que o Direito do Trabalho tem uma sólida e provada experiência de maleabilidade e que irá adaptar-se e superar esta situação, não se cumprindo os vaticínios dos profetas

[15] Consituição Pastoral do Papa Paulo VI, de 7 de dezembro de 1965.

[16] Neste sentido JOSÉ JOÃO ABRANTES, "Sociedade e direito...", cit., p. 528.

[17] *Centesimus Annus – Lettre Encyclique du Souverain Pontife* JEAN PAUL II *à l'occasion du centenaire de l'encyclique Rerum Novarum*, Libreria Editrice Vaticana, 1991.

[18] *Direito do Trabalho e Ideologia*, (trad. ANTÓNIO MOREIRA), Almedina, Coimbra, 2001, p. 39.

da desgraça quando, há já muitos anos e recorrentemente, vaticinaram, apocalipticamente, a *morte anunciada*[19] relativamente a este ramo do Direito.

Perante este Direito do Trabalho na Era Digital, onde, por vezes, o pensamento económico campeia e contempla o trabalho e o trabalhador como um mero fator de produção, como uma mercadoria, coisificando ou reificando a pessoa humana, desconhecendo o significado do trabalho para a pessoa, tanto como fonte de dignidade e satisfação, como também como meio de assegurar as necessidades pessoais e familiares, ignorando que pode ser uma forma de exploração e de frustração, defende-se um Direito do Trabalho forte, justo e resiliente. É necessário, diria, mesmo, até urgente, perante esta revolução digital antecipar o futuro e começar já hoje a alteração do Direito do Trabalho, através de um compromisso social que beneficie trabalhadores e empregadores através, por exemplo, de acordos com os parceiros sociais para identificar maneiras de melhor conciliar a vida profissional com a vida familiar, de uma melhor flexibilização dos tempos de trabalho que satisfaça, também, as necessidades dos empregadores, ou através da intensificação e da melhoria da formação ao longo da vida que é, sem dúvida, a melhor resposta para um mundo do trabalho que está constantemente em mutação muitas incógnita, incómoda em quê e para quê...

Defende-se que o Direito do Trabalho não está ao serviço da liberalização dos mercados, devendo tentar corrigir as inevitáveis consequências antissociais do livre jogo do mercado, assegurando através das suas regras e da contratação coletiva, um reequilíbrio entre trabalhadores e empregadores, evitando os excessos dos poderes destes e atribuindo àqueles a merecida dignidade que têm enquanto pessoas que trabalham para o bem coletivo.

Não pode esquecer-se que o Direito do Trabalho introduziu, ao lado da racionalidade económica, uma racionalidade social, não podendo ser uma parte de um Direito económico que tenta, qual polvo com os seus inúmeros tentáculos, tudo dominar.

Parece ser essencial, e mesmo imperioso, refletir sobre a sociedade que queremos construir e onde desejamos viver, sabendo que todas as opções que fizermos irão influenciar, positiva ou negativamente, as nossas famílias e os nossos descendentes.

O Direito do Trabalho tem de adaptar-se a estas constantes mutações, e se a introdução da tecnologia nos processos de produção não constitui

[19] Expressão de JORGE LEITE, "A reforma laboral em Portugal", *in Revista General de Derecho del Trabajo y de la Seguridad Social*, n.º 34, 3, p. 49.

novidade para este ramo do Direito, já as NTIC proporcionam perspetivas únicas capazes de alterar o quadro clássico em que se desenvolveu o Direito do Trabalho.

Na verdade, pouco mais de um século após o surgimento do Direito do Trabalho como ramo de Direito autónomo, assiste-se atualmente a uma oportunidade histórica de repensar e até de criar um novo Direito do Trabalho – o Direito do Trabalho imaterial, associado ao crescimento da tecnologia digital e da sua influência no Direito do Trabalho. Agora, e desde sempre, as máquinas são criadas pelo Homem e, por isso, a economia digital tem de basear-se e desenvolver-se na ideia de trabalho decente e que respeite a dignidade humana[20].

Entende-se que estas novas formas de *desumanização* do trabalho, com as novas formas de prestar trabalho na era digital, não são uma fatalidade nem uma parte inevitável do progresso tecnológico[21]. Bem pelo contrário. Elas podem constituir um instrumento excecional de libertação do Homem porque permitem que este se concentre na parte mais criativa do seu trabalho[22]. Mas, para conseguir tudo isto, tem de desenvolver-se um modelo de trabalho em que a digitalização se adapte ao Homem, procurando sempre um regime de trabalho realmente humano, tal como está previsto na constituição da OIT que, necessariamente, nos dias que correm, tem de ser revisitada, pois apesar de consagrar valores *pré-digitais*, não consagra *valores obsoletos*[23].

A revolução digital e o trabalho na era digital não podem tornar-se numa corrida entre o homem e a máquina, e antes, serem vistos como uma oportunidade de o trabalho tornar-se, verdadeiramente, uma forma de realização pessoal.

[20] Neste sentido, JEAN-EMMANUEL RAY, "Qualité de vie et travail de demain", *in Droit Social*, n.º2, 2015, p. 154.

[21] Conforme defende YUVAL NOAH HARARI, *21 Lições para o Século XXI*, 5.ª edição, Elsinore, Lisboa, 2018, p. 51, "a inteligência artificial pode ajudar a criar novos empregos humanos de outro modo. Em vez de os humanos competirem com a inteligência artificial, podem dedicar-se antes ao aperfeiçoamento da inteligência artificial".

[22] Defendendo o mesmo, veja-se último autor citado, p. 61 "há que desenvolver novos modelos sociais e económicos o quanto antes. Estes modelos devem reger-se pelo princípio da proteção das pessoas e não nos postos de trabalho. Muitos empregos são pura fadiga desinspirada e não vale a pena salvá-los. [...] A nossa preocupação deveria ser assegurar às pessoas as suas necessidades básicas e proteger o seu estatuto social e o seu amor-próprio".

[23] Ver ALAIN SUPIOT, "Fragments d'une politique legislative du travail", *in* Droit Social, n.º 12, 2011, p. 1155.

Por isso, na dialética entre Direito e mercados, entre Direito e globalização, entre Direito e digitalização, entre Direito e inteligência artificial, não deve defender-se a redução de direitos para aumentar o mercado, determinando o desaparecimento da qualidade do trabalho e do emprego. O que pode e deve ser feito é assegurar os valores profundos do Direito do Trabalho, as liberdades, as garantias e os direitos do trabalhador, como trabalhador-cidadão e como cidadão-trabalhador, num mercado globalizado, o que, sem dúvida, implica uma regulação laboral mais compreensiva e até *amiga* do mercado, da globalização, da digitalização, e, ao invés, um mercado, uma globalização e uma digitalização mais compreensivos e *amigos* dos valores do Direito do Trabalho.

Na verdade, tem de ter-se em atenção que a economia e o Direito não podem ser colocados conceptualmente no mesmo plano pois, além do mais, não é possível equiparar-se ou estabelecer o paralelismo entre números a pessoas. Ora, o Direito do Trabalho é um direito para as pessoas, com fundamentos éticos e humanísticos, que não podem ser esquecidos ou suspensos provisoriamente, defendendo-se, não é de mais dizê-lo, que o trabalhador não pode ser tratado como uma coisa, como uma mera mercadoria. O trabalhador é uma pessoa livre, digna, que insere a sua pessoa na relação de trabalho, sendo a tutela da dignidade da pessoa um elemento identificador do Direito do Trabalho.

A referência à dignidade tem de relacionar-se com a proibição de trabalho forçado mas também com o direito a prestação de trabalho em condições dignas, seguras e sãs, através de um trabalho decente[24]. E todas as alterações legislativas ou toda a ampliação dos poderes do empregador encontram na dignidade da pessoa humana um limite infranqueável.

1.2. O Direito do Trabalho é, conforme acabamos de ver, uma área jurídica que está constantemente sujeita a um processo de mudança, devido à intervenção de diferentes fatores, como é o caso, *inter alia*, dos económicos, políticos, sociológicos e ambientais, que repercutem os seus efeitos de forma

[24] Já na Encíclica *Rerum Novarum* o Papa Leão XIII defendia que "entre os deveres principais do patrão, é necessário colocar, em primeiro lugar, o de dar a cada um o salário que convém", podendo ler-se, ainda que "Façam, pois, o patrão e o operário todas as convenções que lhes aprouver, cheguem, inclusivamente, a acordar na cifra do salário: acima da sua livre vontade está uma lei de justiça natural, mais elevada e mais antiga, a saber, que o salário não deve ser insuficiente para assegurar a subsistência do operário sóbrio e honrado".

imediata nas relações laborais[25]. Como observa PISANI[26], o Direito do Trabalho é um dos sectores do ordenamento jurídico que, pela sua própria natureza, é mais exposto à influência das mudanças tecnológicas[27] [28]. Secundando ALONSO OLEA[29], já desde a Revolução Industrial, há uma *simbiose* entre a ciência e a tecnologia que se repercute no Direito do Trabalho e que permitiu "a passagem para a indústria, para as máquinas e, consequentemente, para o trabalho, das ideias do sábio". E acrescenta, também que, uma das consequências diretas da Revolução Industrial foi um desenvolvimento económico intenso e progressivamente acelerado graças às inovações tecnológicas[30].

Como se vê, pois, os sistemas produtivos têm-se caracterizado pela sua contínua modernização e melhoria das técnicas utilizadas, de tal forma que o emprego do termo novas tecnologias poderia entender-se como uma característica permanente deste ramo do Direito, perfeitamente aplicável a cada uma das suas fases ou etapas cronológicas ou, até mesmo, uma redundância[31].

[25] Neste sentido SALVADOR DEL REY GUANTER, "Relaciones laborales y nuevas tecnologías: reflexiones introductorias", *in Relaciones Laborales y Nuevas Tecnologías*, (coord. SALVADOR DEL REY GUANTER e LUQUE PARRA), La Ley, Madrid, 2005, p. 3. Também MIGUEL RODRÍGUEZ-PIÑERO ROYO, "El jurista del trabajo frente a la economía colaborativa", *in Economía colaborativa y trabajo en plataforma: realidades y desafíos*, (coord. MIGUEL RODRÍGUEZ-PIÑERO ROYO e MACARENA HERNÁNDEZ BEJARANO), Editorial Bomarzo, Albacete, 2017, pp. 187-188, considera que o Direito do Trabalho perante esta constante mudança dotou-se de mecanismos de adaptação próprios e bastante eficazes.

[26] "Rapporto di lavoro e nuove tecnologie: le mansioni", *in* GDLRI, n.º 38, 1988, n.º 2, pp. 293-294.

[27] Também JEAN-EMMANUEL RAY, "Nouvelles Technologies, nouvelles formes de subordination", *in* DS, nº 6, 1992, pp. 519-537, preconiza o mesmo, entendendo que o Direito do Trabalho tem vindo a enfrentar o desafio de adaptar-se permanentemente às importantes mudanças tecnológicas em curso.

[28] O trabalho e a técnica têm uma "aliança que remonta à criação do primeiro utensílio", como escreve HUBERT BOUCHET, "À l'épreuve des nouvelles technologies: le travail et le salarié", *in* DS, n.º 1, 2002, p. 78, e desde essa altura o homem não mais deixou de criar novos bens para facilitar-lhe a forma de viver. Na verdade, não pode deixar de atender-se que o homem é um ser em constante evolução, que mantém com o seu tempo e com a sociedade uma permanente dialéctica em que se manifesta como motor de mudanças mas, simultaneamente, como recetor das mesmas, o que gera uma contínua situação de adaptação.

[29] *Introducción al Derecho del Trabajo*, 4.ª edição, Editoriales de Derecho Reunidas, Madrid, 1981, pp. 100 e ss..

[30] Para mais desenvolvimentos veja-se TERESA COELHO MOREIRA, *A privacidade dos trabalhadores e as novas tecnologias de informação e Comunicação: contributo para um estudo dos limites ao poder de controlo eletrónico do empregador*, Almedina, Coimbra, 2010, pp. 49 e ss..

[31] No mesmo sentido, DÄUBLER, "Nuove tecnologie: un nuovo Diritto del Lavoro", *in GDLRI*, n.º 25, 1986, p. 65, defende que falar de novas tecnologias é algo óbvio para o Direito do Trabalho já que após a sociedade feudal a técnica deixa de ser algo estático e imutável já que passa a haver constantes inovações tecnológicas para conseguir produzir de forma mais racional e económica, escrevendo que "o imobilismo é vedado sob pena de extinção".

Desde que ADAM SMITH consolidou a ideia da organização do trabalho, socorrendo-se do exemplo da fábrica de alfinetes[32], a história da industrialização está estreitamente ligada às transformações e mudanças nos métodos de organização do trabalho[33]. Desde a revolução industrial, e por exigências de pressão do mercado para aumentar a produtividade e os benefícios económicos, a fábrica converteu-se num lugar fundamental para a inovação nos métodos de vigilância, controlo, disciplina e tecnologia. Ao inserir-se a cadeia de montagem os trabalhadores incluem-se num fluxo constante e mecanizado[34].

TAYLOR, nos princípios do século XX, desenvolve e promove a gestão *científica*, não somente como um plano de ação mas, principalmente, como uma "panaceia para conseguir um funcionamento mais eficaz de todos os aspetos da sociedade capitalista"[35]. Segundo TAYLOR, todo o trabalho poderia decompor-se em diferentes movimentos e alcançar uma maior eficácia mediante a sua análise científica que indicasse o *melhor modo* de obter tal trabalho. Conseguia-se, desta forma, a ampliação do campo económico do trabalho

[32] Neste exemplo, ADAM SMITH escolhe o famoso caso da fabricação de alfinetes para descrever a passagem do artesão até à fábrica, constatando que se um trabalhador isolado conseguia, anteriormente, produzir cerca de 20 alfinetes por dia, a separação de tarefas e a colaboração entre os trabalhadores permite produzir 48 mil alfinetes, isto é, 2400 vezes mais.

[33] Iniciava-se, desta forma, a "grande aventura", desde a visão como uma promessa da divisão do trabalho até uma progressiva incorporação da força de trabalho numa máquina, primeiro como energia motora, para depois ser energia operadora e, por fim, com uma função de controlo. *Vide* CARINCI, "Rivoluzione tecnológica e Diritto del Lavoro: il rapporto individuale", *in* GDLRI, n.º 25, 1986, p. 203.

[34] Cf., no mesmo sentido, JEREMIAS PRASSL, "What if your boss was an algorithm? Economic Incentives, Legal Challenges, and the Rise of Artificial Intelligence at Work", *in Comparative Labor Law & Policy Journal*, vol. 41, 1, defendendo que "The Future of Work is an age-old fascination: with every new wave of technological innovation comes a series of thorny questions about its impact on the labour market. Will jobs be replaced by the new technology? If not, how will they be reshaped? What are the broader implications, both for individual workers, and legal regulation more generally? Recent technological advances have brought many of these questions back to the fore, notably in the context of the gig economy, enabled by mobile phones equipped with powerful processors, fast internet connections, and highly accurate satellite navigation", assim como ETUI, *The platform economy and social law: Key issues in comparative perspective*, (coordenação ISABELLE DAUGAREILH, CHRISTOPHE DEGRYSE e PHILIPPE POCHET), Bruxelas, 2019, p. 11, "For more than 200 years, the same questions have cropped up over and over again: what is the future of work in a world constantly being transformed by technological innovation? What fate does this technological change hold in store for workers and their jobs in factories and offices? How is this change transforming skills needs: which skills will be obsolete tomorrow, which will become indispensable? Last but not least, will mankind live a better or worse life tomorrow?".

[35] MERCADER UGUINA, *Derecho del Trabajo, Nuevas Tecnologías y Sociedad de la Información*, Editorial Lex Nova, Valladolid, 2002, p. 50.

tendo por base o controlo do tempo e do movimento espacial das operações que realizavam os trabalhadores. Deve-se a TAYLOR esta forma de aproveitar o "mais importante dos recursos de produção (o homem mesmo)"[36] e, com base neste trinómio tempo/movimento/estímulos, os crescentes aumentos da produtividade não se ficaram a dever ao aumento do capital, mas, em boa parte, à remodelação do método de trabalho, à sua direção *científica*, com a reordenação do tempo e do espaço.

Este modelo de gestão da força de trabalho aplicado à indústria por HENRY FORD, no dealbar do século XX, distinguia-se, *inter alia*, pela clara diferença entre conceção e execução do trabalho, pela forte e contínua progressão da divisão do trabalho, pela conformação rígida do processo de trabalho, pela centralização máxima e ao mais alto nível do poder de desenho organizativo e das decisões de execução, pela circulação unidirecional da informação através de vários níveis hierárquicos e pela estabilização da força de trabalho. Com esta organização taylorista do trabalho e com a sua tradução mecânica, a fábrica fordista estandardizada e com produção em massa, surge a segunda revolução industrial, o trabalho 2.0. Como alude MERCADER UGUINA[37], ao "cronómetro sucede a cadeia de montagem" e entra-se na era do fordismo[38] associada, como defendem BOAVENTURA DE SOUSA SANTOS, JOSÉ REIS e MARIA MANUEL MARQUES[39], a um "círculo virtuoso" traduzido na articulação perfeita e recíproca entre o desenvolvimento da economia capitalista, o aumento da produtividade e a progressão dos salários[40].

O modelo fordista de relações laborais supõe um paradigma empresarial na organização e nas estratégias baseadas no controlo do tempo e do espaço dos trabalhadores e orientadas para explorar as fontes de produtividade que

[36] GUSTAVO MATÍAS, "El trabajo en el espacio y el tiempo digital", *in* RMTAS, vol. 11, 1998, p. 48. Deve dizer-se que, em perspetiva humanista, que se defende, a consideração de que o homem é um *recurso de produção*, corresponde à sua *coisificação, reificação.*

[37] Última *op.* cit., p. 51.

[38] Para este autor, historicamente entende-se por fordismo o modelo tecnológico e institucional que caracterizou as principais economias capitalistas durante grande parte do século passado, disntinguindo-se pela implantação dos métodos de produção em série das indústrias de montagem de rápida expansão, sendo que o elemento central de produção em série era a cadeia de montagem móvel.

[39] "O Estado e as transformações recentes da relação salarial – A transição para um novo modelo de regulação da economia", *in Temas de Direito do Trabalho – Direito do Trabalho na crise Poder empresarial Greves atípicas – IV Jornadas Luso-Hispano-Brasileiras de Direito do Trabalho,* Coimbra Editora, Coimbra, 1990, p. 144.

[40] Cf., para maiores desenvolvivmentos, DOMINIQUE MÉDA, *The future of work: the meaning and value work in Europe,* ILO research paper, n.º 18, pp. 1 -3.

oferecem a mecanização e as economias de escala das grandes fábricas. Por outro lado, este modelo é o da grande empresa industrial, que assegura uma produção em massa e que se baseia na especialização estrita das tarefas e das competências de cada trabalhador, bem como numa organização piramidal do trabalho que se revela no enquadramento hierárquico da mão-de-obra e na separação entre as tarefas de conceção e de realização dos produtos[41]. Contribuiu, ainda, para criar mercados internos de trabalho que reservavam o acesso aos postos de nível superior ao pessoal da empresa e restringiam a contratação do exterior, o que explica que, nesta altura, as comunidades industriais se caracterizassem pela existência de mercados laborais compartimentados, constituídos por um núcleo central de trabalhadores manuais muito bem remunerados e uma periferia integrada por trabalhadores (operários) que recebiam salários baixos. A sistematização generalizada dos métodos de produção fordistas, a normalização dos produtos finais e o oligopólio de mercados traduziram-se numa redução dos custos de produção e num aumento dos salários reais.

A este modelo empresarial estava associado um modelo próprio de relação de trabalho – a denominada *relação de trabalho típica* – caracterizado pelas ideias de emprego por tempo indeterminado, com um vínculo estável, assente na durabilidade e a tempo integral[42]. Como indica DÄUBLER[43], são sete

[41] Veja-se ALAIN SUPIOT e outros, *Transformações do Trabalho e futuro do Direito do Trabalho na Europa*, Coimbra Editora, Coimbra, 2003, p. 17. Cf., ainda, ANTÓNIO NUNES DE CARVALHO, "Ainda sobre a crise do Direito do trabalho", *in II Congresso Nacional de Direito do Trabalho – Memórias*, (coord. ANTÓNIO MOREIRA), Almedina, Coimbra, 1999, p. 59, que, apoiando-se em L. GALANTINO, defende ser "um modelo de organização impregnado de uma concepção mecanicística relativamente aos factores de produção, em que as actividades estritamente produtivas são caracterizadas por formas organizativas de controlo piramidal e hierárquico, por tecnologias mecânicas rígidas, por uma elevada repetitividade das tarefas, pela utilização de mão-de-obra relativamente pouco qualificada, e, por isso mesmo, homogénea, e cuja produção é prevalentemente standartizada. É, por outro lado, um processo produtivo que se desenvolve numa dimensão espácio-temporal predeterminada e de tipo sequencial, num modelo industrial caracterizado pela sincronização dos tempos de trabalho, pela concentração dos espaços, pela rigidez dos modos de execução do trabalho".

[42] Para MÁRCIO TÚLIO VIANA, "Das casas às ruas: *pequenas ideias para um futuro mais digno do Direito do Trabalho, in* QL, n.º 55, p. 10, "Também como a fábrica, como o lar e como o sindicato, as normas de proteção fortaleciam ainda mais os laços entre os operários, não só porque eram, muitas vezes, a prova viva de suas lutas, como também porque lhes prometiam um destino comum.
Além disso, se o Direito do Trabalho dividia, por outro lado também recompunha, mimetizando nesses dois movimentos a linha de montagem, as hierarquias sindicais e os quartos e banheiros de uma casa. O seu padrão era o contrato sem prazo, quase sempre duradouro, previsível, sem surpresas normativas pelo caminho".

[43] *Apud* M.ª DO ROSÁRIO PALMA RAMALHO, *Da autonomia dogmática do Direito do Trabalho*, Almedina, Coimbra, 2000, p. 543.

os elementos característicos de uma relação de trabalho típica: o trabalho por tempo indeterminado, o horário de trabalho normal, uma remuneração mensal, a integração do trabalhador numa organização alheia, a sujeição a um regime de tutela, a determinação das condições de trabalho pelas instituições laborais coletivas e a obrigação de contribuição para o sistema de segurança social a cargo do empregador. Por sua vez, para M.ª DO ROSÁRIO PALMA RAMALHO[44] esta relação de trabalho típica tem por base determinados pressupostos económicos e empresariais e um certo tipo de trabalhador. Assim, do ponto de vista económico, este modelo de relação laboral assenta numa economia de base industrial em desenvolvimento e tendente para o pleno emprego[45]. A nível empresarial trata-se da "grande unidade industrial, com uma organização piramidal mais ou menos estratificada e uma repartição de tarefas relativamente rígida, e com um relativo grau de autossuficiência, porque é capaz, por si só, de satisfazer o conjunto das suas necessidades". Interligado a este modelo está um determinado tipo de trabalhador que, como a autora indica é "o trabalhador homem, pai de família, que trabalha a tempo inteiro e em exclusivo para uma única empresa, onde desenvolve a sua carreira profissional, por vezes durante toda a sua vida activa. Tradicional e sociologicamente, este trabalhador não tem grandes habilitações e é ainda um trabalhador economicamente dependente da empresa".

Na década de setenta do século XX este quadro empresarial começou a alterar-se e as razões são de diversa índole, quer de origem económica, quer de origem social, passando a falar-se de *Crise do Direito do Trabalho*[46].

[44] "Ainda a crise do direito laboral: a erosão da relação de trabalho «típica» e o futuro do direito do trabalho", *in III Congresso Nacional de Direito do Trabalho – Memórias,* (coord. ANTÓNIO MOREIRA), Almedina, Coimbra, 2001, p. 111, e pp. 256-257.

[45] O denominado *círculo virtuoso* atrás referido.

[46] Mas, como indica PALOMEQUE LÓPEZ, *Direito do Trabalho e Ideologia*, (trad. ANTÓNIO MOREIRA), Almedina, Coimbra, 2001, p. 39, a crise económica é "uma realidade que tem acompanhado o Direito do Trabalho, pelo menos de forma intermitente, ao longo do seu percurso histórico, para converter-se, certamente, num «companheiro de viagem histórico» da mesma, incómodo se se quiser". Para corroborar esta ideia pode ver-se a citação de HUGO SINZHEIMAR, em 1933, proferida quando a Europa conhecia as graves consequências da crise de 1929, *apud* PALOMEQUE LÓPEZ, "Un compañero de viaje histórico del Derecho del Trabajo: la crisis económica", *in Derecho del Trabajo y Razón Crítica – Libro dedicado al Professor Manuel Carlos Palomeque López en su vigésimo quinto aniversario como catedrático*, Salamanca, 2004, p. 32, "estas formas tradicionais de Direito do Trabalho são hoje postas em discussão. A crise geral e os seus efeitos particulares no Direito do Trabalho [...] reavivaram no mesmo uma situação de tensão latente por algum tempo [...] Aqui radica a mais grave crise do Direito do Trabalho, que inverte por completo os seus princípios constitutivos. Ela põe contemporaneamente em crise também as teorias fundamentais que até ao momento

Passa a existir alterações nos sectores dominantes da economia assim como as tendências de especialização das empresas e a própria globalização das trocas económicas, a que acrescem as inovações tecnológicas associadas à informática, que conduzem a uma alteração do quadro laboral vigente. A partir desta altura começam a surgir ao lado das grandes unidades fabris típicas do modelo fordista e do sector secundário, empresas com um perfil muito diverso, associadas ao sector terciário e, mais tarde, com a massificação da informática e a sua incorporação nas empresas, surgem as empresas do denominado sector quaternário[47]. Há uma abertura, desta forma, para uma "nova era do capital humano"[48], cujo efeito fundamental é a implicação direta do trabalhador na atividade da empresa. Assim, perante o monopólio, típico da produção em massa do sistema fordista-taylorista, passam a ocorrer mudanças essenciais diversificadas e provocadas por alterações operadas no mercado e na estratégia dos produtos e, principalmente, nas inovações tecnológicas. As vantagens que historicamente tinham sido atribuídas ao modelo fordista, assente numa produção fabril, e que fizeram que, conforme avançava o processo de industrialização, as vantagens tecnológicas se lhe associassem, determinando a sua superioridade, tendem a desaparecer, não só porque o progresso tecnológico cria condições que anulam ou compensam, numa produção mais descentralizada essa superioridade, mas também pelo desenvolvimento de determinados ordenamentos jurídicos que *anularam* algumas das vantagens iniciais da produção fabril, fundamentalmente em termos de disciplina laboral[49].

guiaram o Direito do Trabalho. Emerge um novo interesse pela constituição do Direito da economia. O Direito do Trabalho não tem sentido isoladamente considerado. É complementar da economia. Pode subsistir somente se existir uma economia capaz de garantir as condições de vida dos trabalhadores, de protegê-las da destruição, de subtrair o Direito do Trabalho das vicissitudes de uma economia desordenada [...] Que sentido tem o Direito do Trabalho, se se apresenta fundamentalmente como o Direito de uma elite de trabalhadores que têm a sorte de trabalhar, quando juntamente existe um cemitério económico de *desemprego estrutural*?".

[47] JEAN-EMMANUEL RAY, "Du Germinal à Internet. Une nécessaire évolution du critère du contrat de travail", *in* DS, n.ºs 7/8, 1995, p. 634, defende que as empresas ocidentais entrarão no terceiro milénio com um desenvolvimento rápido do sector quaternário, baseado na informação e na comunicação, onde as distâncias são abolidas e onde as noções de "sanção disciplinar e de local de trabalho não fazem mais sentido".

[48] MERCADER UGUINA, *Derecho del Trabajo...*, cit., p. 97. Novamente, a expressão *capital humano*, vai ao arrepio da humanização do trabalho.

[49] MONTOYA MELGAR, "Nuevas dimensiones jurídicas de la organización del trabajo en la empresa", *in* RMTAS, n.º 23, 2000, p. 20, enuncia que alguns autores pensam que "a mudança tecnológica nos leva a mudar o caminho da revolução industrial", de tal maneira que se esta conduziu à superespecialização, à extrema divisão do trabalho, à concentração dos trabalhadores em grandes

2. O Novo Direito do Trabalho perante a revolução digital

2.1. Com o desenvolvimento da informática todos os sectores da sociedade sofreram alterações e o Direito do Trabalho não é a exceção até porque é um dos ramos de Direito mais *permeável* à mudança e que sofre mais *invasão* com as novas tecnologias. Pode dizer-se, assim, que esta renovação e modernização tecnológica veio para ficar, já que a tendência é claramente expansiva, no sentido de que a tecnologia, hoje em dia digital, impregna as relações laborais do mesmo modo que ocorre no restante âmbito da vida social.

Assim, a partir da década de setenta, e associada à crise petrolífera, a conhecida crise do *ouro* negro, vive-se a terceira Revolução Industrial[50], o Trabalho 3.0, associada à tecnologia informática e à globalização, ou à sociedade pós-industrial[51]. Assiste-se a uma *Inforevolução*, identificada com o desenvolvimento das tecnologias de informação e das telecomunicações, e cujas características fundamentais que a diferenciam das revoluções anteriores são o seu dinamismo e rapidez, assim como a profunda difusão do conhecimento, essencial para o desenvolvimento da economia mundial.

Em pleno século XXI surge o trabalho 4.0, o trabalho integrado, o trabalho na era digital, relacionado com a digitalização, o trabalho em plataformas, a economia colaborativa[52], que origina uma mudança de valores e de novos

fábricas, ao autoritarismo patronal e à escassa capacidade da mão-de-obra, a nova revolução tecnológica "devolve o trabalhador ao seu lar" e consegue a liberalização da autoridade do empregador, ao mesmo tempo que obtém a polivalência do trabalhador, o desaparecimento dos trabalhos rotineiros e duros que vão ser realizados por computadores, *inter alia*. Assim, "o período industrial representaria simplesmente uma anomalia de trezentos anos na nossa história pois as novas tecnologias estariam a escrever o seu epitáfio". Não pode concordar-se com esta visão dos autores citados por MONTOYA MELGAR, já que não se partilha duma visão tão otimista da introdução destas novas tecnologias. Bem pelo contrário.

[50] Neste sentido ver, *inter alii*, ARION SAYÃO ROMITA, *Direitos Fundamentais nas Relações de Trabalho*, 2.ª edição, Editora LTR, São Paulo, 2007, p. 203, entendendo que a terceira revolução industrial, a revolução tecnológica, e a globalização da economia dos mercados, provocam o abandono do paradigma centrado na organização taylorista/fordista de trabalho. No mesmo sentido, SALA-CHIRI, "Nuove tecnologie, nuovi lavoratori", *in* MGL, II, 1988, p. 608, observando que esta terceira revolução industrial colocou em "sérias dificuldades" o Direito do Trabalho que, "como na primeira e na segunda revolução, corre o risco de intervir somente *a posteriori* com respostas sempre tardias e desadequadas".

[51] Ver as cautelas apresentadas por GÉRARD LYON-CAEN, *Le droit du Travail – Une technique réversible*, Dalloz, Paris, 1995, pp. 2-3, acerca da utilização deste termo e do seu significado.

[52] Sob este conceito amplo denominado de *sharing economy* aparecem as plataformas através da internet. Surgem com um *discurso amável* e atual do que oferecem, que se une, por seu lado, aos novos hábitos digitais das pessoas, da falta de oportunidades, por vezes, no mercado tradicional

compromissos sociais. Este tipo de trabalho será mais digital, flexível e interconectado. Obviamente que está a falar-se do futuro e, por isso, de acordo com a jurisprudência das cautelas, há que ser um pouco cauteloso, já que as especificidades deste mundo do trabalho ainda não são claras[53].

Deve reconhecer-se que esta alteração do Trabalho 4.0, já tinha sido muito bem descrita por ALVIN TOFLER na sua obra *Terceira Vaga*[54] onde, segundo ele, "avança uma forte vaga que cria um ambiente novo e frequentemente estranho para se trabalhar, divertir, casar, criar filhos ou reformar", acrescentando que os "sistemas de valores estoiram e desmoronam-se, enquanto os salva-vidas Família, Igreja e Estado são loucamente arremessados de um lado para o outro".

Nos últimos anos, o impacto das NTIC na sociedade tem sido notável e incidiu, com uma velocidade vertiginosa, e com efeitos sinergéticos incalculáveis, não só no modo de viver, de pensar e de agir de todas as pessoas, como também no mundo do trabalho, transformando em profundidade a estrutura empresarial, revolucionando todo o processo de produção, a programação e a organização da atividade do trabalho, assim como a própria profissionalidade e as condições de vida materiais dos trabalhadores e, consequentemente, a própria configuração da relação de trabalho. E a centralidade da informação e da comunicação constitui uma das características fundamentais da sociedade atual[55], sendo nesta sociedade digital que a empresa dos nossos dias necessariamente se coloca e movimenta.

Simultaneamente, moldam-se e modelam-se novas sociedades que colocam múltiplas e diferenciadas questões ao Direito do Trabalho, principalmente porque o homem passa a ser instrumentalizado, considerado como

e a um enorme marketing que converte muitas pessoas em *empreendedores*, donos do seu próprio tempo e destino, mesmo que esse tempo e esse destino estejam nas mãos de grandes empresas internacionais. Para mais desenvolvimentos sobre o surgimento deste conceito ver, entre outros, JUAN PLAZA ANGULO, DAVID PATIÑO RODRÍGUEZ e ROSARIO GÓMEZ-ÁLVAREZ DÍAZ, "Nuevo contexto para el trabajo: economía de plataformas e liberalismo económico", *in Trabajo en Plataformas Digitales: innovación, Derecho y mercado*, Thomson Reuters, Aranzadi, Navarra, 2018, pp. 40 e ss., assim como Parlamento Europeu, *The situation of workers in the collaborative economy*, 2016.

[53] Veja-se, para mais desenvolvimentos, Conseil National du Numérique, *Travail Emploi et Numérique – Les Nouvelles Trajectoires*, 2016, e Ministério do Trabalho Alemão, *Greenpaper Work 4.0*, 2015.

[54] Livros do Brasil, Lisboa, 1999.

[55] Aquilo que MIA COUTO, "Os templos do tempo", *in O Universo* ..., cit., p. 207, apelida de "feitiçaria informática", escrevendo, ainda, certeiramente, "antes dizíamos de alguém que falava pelos cotovelos. Pois hoje seria mais apropriado dizer que fala pela ponta dos dedos. Talvez *falar* não seja o verbo. Certo seria *teclar*".

uma verdadeira fonte de informação pessoal, com a secundarização dos valores humanos e com a prevalência do dito pensamento único, economicista.

E é neste contexto que a própria OIT, no centenário da sua constituição elaborou um Documento intitulado *Trabalhar para um Futuro Melhor*, e defendeu que em 2019 estava-se num momento disruptivo de certa forma equivalente ao de 1919, aquando da sua criação, abordando a necessidade de revitalização do *contrato social*, centrada no ser humano. Na verdade, e citando o Relatório, "Não é a primeira vez que uma alteração profunda no mundo do trabalho exige uma resposta global coletiva e mundial. Em 1919, na sequência de uma devastadora guerra mundial, os governos, os patrões e os trabalhadores uniram-se, com base num compromisso comum com a justiça social, e fundaram a Organização Internacional do Trabalho (OIT)[56] porque "existem condições de trabalho que implicam para grande parte das pessoas, a injustiça, a miséria e as privações, o que gera um descontentamento tal que a paz e a harmonia universais são postas em risco; e (...) é urgente melhorar essas condições". Hoje como então, a paz e a estabilidade duradouras dependem da justiça social".

Nesta sociedade, a indústria deixa de ser o local à volta do qual gira toda a estrutura social, isto é, a economia, o sistema de emprego e a própria estratificação da sociedade. A sociedade pós-industrial apresenta-se como um novo tipo de organização económica e social que sucede no tempo, como é óbvio, à sociedade industrial e onde o lugar cimeiro é ocupado pela informação associada à tecnologia informática e digital[57]. Nesta nova sociedade há a passagem, qualitativa, da eletrónica associada aos computadores gigantes, os *giant brains*, da informação centralizada, para a era da microelectrónica, do microcomputador, do microprocessador e de uma informação difusa.

Assim, após uma revolução agrícola, uma revolução industrial e uma revolução informática onde o papel cimeiro é ocupado pelo computador, hoje estamos perante uma verdadeira revolução digital, associada à internet,

[56] Capítulo XIII do Tratado de Versalhes que põe juridicamente termo à I Guerra Mundial.

[57] Para descrever esta passagem para outro tipo de sociedade, servindo-nos da imagem expressiva de FALGUERA I BARÓ, "Comunicación sindical a traves de médios electrónicos. La STC 281/2005, de 7 de noviembre: un hito esencial en la modernidad de nuestro sistema de relaciones laborales (conflito CCOO vs. BBVA), *in Iuslabor*, n.º 1, 2006, p. 1, "há já bastantes anos que o antigo transatlântico juslaboralista, surgido da grande empresa fordista, apresenta várias entradas de água, sem que os tradicionais sistemas de defesa as consigam enfrentar, pois o barco não está desenhado para sulcar tais águas, como são as do novo sistema de flexibilidade e as novas tecnologias".

ao *cloud computing* e a novas formas de prestar trabalho[58]. Com esta surge também o denominado trabalho digital na economia colaborativa[59], em plataformas digitais[60], e um novo tipo de trabalhador o que origina um novo tipo de subordinação reforçada por "um espaço sem distâncias e um tempo sem demoras"[61].

As bases para esta última revolução baseiam-se em sistemas de TIC's, numa robótica cada vez mais desenvolvida, em tecnologias de sensores, em impressoras 3 D, no *cloud* computing, numa enorme recolha e tratamento de dados que, devido à *Big Data*, podem ser utilizados conjuntamente.

Estas possibilidades representam a base de uma nova revolução relacionada com sistemas inteligentes e de um novo sistema de trabalho com o surgimento da *sharing economy ou economia colaborativa*[62]. E, apesar de implicarem grandes promessas de desenvolvimento, também provocam muitos desafios que requerem uma atuação proactiva de empresas, governos, indivíduos e trabalhadores.

Esta economia partilhada ou colaborativa na noção apresentada pela Comissão Europeia em 2 de junho de 2016, no Documento *Uma Agenda Europeia para a Economia Colaborativa*, refere-se a "modelos empresariais no âmbito dos quais as atividades são facilitadas por plataformas colaborativas

[58] Para uma abordagem sobre estas várias formas *vide*, entre outros, EUROFOUND, *New forms of employment*, Luxemburgo, 2015.

[59] Esta economia colaborativa permite intercâmbios que até há alguns anos eram impensáveis, como ir de férias para um local e ficar hospedado na casa de uma pessoa desconhecida, como acontece com a plataforma *Airbnb*, ou utilizar um carro de uma pessoa por uns dias ou por semanas como algumas plataformas permitem, ou ir comer a casa de um desconhecido e partilhar essa refeição com mais desconhecidos, dividir os gastos de combustível com outras pessoas através da partilha de um carro, conseguir que lhe entreguem bens em casa à distância de um simples clique e muitas mais situações possíveis através desta *sharing economy*.
Contudo, apesar desta enorme ampliação de oportunidades, na realidade nenhuma destas atividades é realmente nova. Neste sentido *vide* TODOLÍ SIGNES, *El trabajo en la era de la Economía Colaborativa*, Tirant lo Blanch, Valencia, 2017, pp. 11-13, e RAVANELLE, "Microentrepreneur or Precariat? Exploring the Sharing Economy through the Experiences of Workers for Airnbn, Taskrabbit, Uber and Kitchensurfing", *in First International Workshop in Sharing Economy (4-5 June 2015)*, Copernicus Institute of Sustainable Development, Universidade de Utrecht, 2015.

[60] MATTHEW FINKIN, "Beclouded Work, Beclouded Workers in Historical Perspective", *in Comparative Labor Law & Policy Journal*, vol. 37, n.º 3, 2016, p. 603, escreve a este propósito que "Modern information technology has become the midwife of the "shared economy," the "gig economy," the "on-demand economy."

[61] JEAN-EMMANUEL RAY, "Qualité de vie et travail de demain ", *in Droit Social*, n.º 2, 2015, p. 148.

[62] Esta economia colaborativa realiza um espaço de confluência entre as mudanças no trabalho, na economia global e as geradas naquele pela digitalização desta.

que criam um mercado aberto para a utilização temporária de bens ou serviços, muitas vezes prestados por particulares. São três as categorias de intervenientes na economia colaborativa: (i) os prestadores de serviços que partilham os ativos, os recursos, a disponibilidade e/ou as competências — podem ser particulares que oferecem serviços numa base esporádica («pares») ou prestadores de serviços que atuam no exercício da sua atividade profissional («prestadores de serviços profissionais»); (ii) os utilizadores desses serviços; e (iii) os intermediários que — através de uma plataforma em linha — ligam prestadores de serviços e utilizadores, facilitando as transações recíprocas («plataformas colaborativas»). Por via de regra, as transações na economia colaborativa não implicam uma transferência de propriedade, podendo ser realizadas com fins lucrativos ou sem fins lucrativos"[63].

A economia colaborativa gera novas oportunidades, para todos, podendo dar um importante contributo para a criação de empregos, de regimes de trabalho flexíveis e de novas fontes de rendimento, desde que seja devidamente incentivada e desenvolvida de forma responsável. Contudo, como também salienta a Comissão Europeia, há vários problemas. Desde logo, a economia colaborativa levanta frequentemente questões no que diz respeito à aplicação dos quadros jurídicos em vigor, diluindo a tradicional distinção entre consumidor e fornecedor, trabalhador por conta de outrem e trabalhador por conta própria, prestação de serviços profissionais e não profissionais.

Por outro lado, as plataformas digitais de trabalho desempenham um papel fundamental na transição digital da economia europeia e são um fenómeno em expansão. Segundo dados apresentados pela Comissão Europeia[64], "a dimensão da economia das plataformas digitais de trabalho na UE quase quintuplicou, passando de cerca de 3 mil milhões de euros em 2016 para aproximadamente 14 mil milhões de euros em 2020. As plataformas digitais de trabalho representam inovação, criam emprego e reforçam a competitividade da UE. Proporcionam rendimentos complementares, nomeadamente àquelas pessoas cujo acesso aos mercados de trabalho pode ser mais difícil. No entanto, o trabalho nas plataformas digitais pode também resultar em condições laborais precárias e num acesso inadequado à proteção social para muitas pessoas que exercem a sua atividade através dessas plataformas. O principal desafio do trabalho nas plataformas digitais está relacionado com o estatuto profissional,

[63] Ver, também, OCDE, *New Forms of Work in the Digital Economy*, 2016, assim como BIEGOŃ, KOWALSKY e SCHUSTER, *Schöne Neue Arbeitswelt? – Wie eine Antwort der EU auf die Plattformökonomie aussehen könnte*, Friedrich-Ebert-Stiftung, 2017, pp. 5 e ss..

[64] *Proteger as pessoas que trabalham nas plataformas digitais*, Bruxelas, 15 de junho de 2021.

o que determina o acesso dos seus trabalhadores aos direitos laborais e à proteção existentes. Além disso, as pessoas que trabalham através de plataformas podem estar sujeitas a decisões automatizadas dependentes de algoritmos, sem terem a possibilidade de as questionar e procurar obter reparação. Muitas vezes, têm também um acesso limitado a mecanismos de representação e negociação coletiva. Por último, existem também desafios relacionados com a natureza transfronteiriça do trabalho nas plataformas digitais e com a possibilidade de identificar o país onde o trabalho é prestado.".

Há que ter em atenção, também, que se o aparecimento desta economia se baseia em mudanças tecnológicas, ela não é uma consequência nem direta, nem exclusiva delas, sendo mais o *produto final* de várias tendências que incluem estratégias de produção, a globalização, a promoção do *empreendedorismo* e do trabalho independente e o desenvolvimento das tecnologias digitais. Ela é a manifestação pioneira das grandes transformações que estão a acontecer no trabalho[65].

Há uma verdadeira mudança do modelo antropológico em que assentou o Direito do Trabalho e, até, de um novo Direito do Trabalho, na medida em que estamos perante uma mudança que não é apenas estrutural mas, sobretudo, e principalmente, funcional, no sentido de que mudou profundamente a forma de concretizar a prestação laboral. Esta situação implica uma mudança capital e um redimensionamento do Direito do Trabalho, já não tanto em sentido material de alteração da sua extensão ou volume, mas mais num processo de revisão do seu âmbito de abrangência, da sua intensidade e do grau que deve ser adotado na sua regulamentação, podendo falar-se de uma *nova dimensão da sua disciplina.*

2.2. Por outro lado, o progresso da humanidade está, muitas vezes, associado ao fascínio perante a ciência e a tecnologia por originarem inovações que fazem avançar a humanidade: da roda ao microprocessador, do ábaco ao computador, da imprensa escrita à *Internet* e à *web, inter alia.* E, atualmente, a Inteligência Artificial[66] veio para ficar e incide sobre inúmeros aspetos da

[65] Há que ter em conta que o Virus Covid 19 originou que se tivessem de adotar alterações profundas na forma de trabalhar para milhares de milhões de pessoas a nível mundial e que não seriam possíveis se não existisse uma digitalização da economia e da sociedade. O teletrabalho, até à altura uma forma de trabalhar residual em muitos ordenamentos jurídicos, tornou-se a regra em múltiplas situações e durante vários meses devido à pandemia.

[66] Há que referir que não existe um conceito unívoco de Inteligência Artificial, principalmente porque tem de relacionar-se com outro conceito, que também é difícil de definir, e que é o de

vida das pessoas, em geral, e dos trabalhadores, em especial, desde o momento de formação do contrato de trabalho, passando pela sua execução[67] e terminando na sua cessação.

O conceito de IA ou, pelo menos, o termo surgiu numa série de conferências que tiveram lugar no *Dartmouth College* em 1956. Nessa altura vários cientistas reuniram-se para tentarem ensinar as máquinas a resolverem problemas que, à época, apenas os humanos conseguiam resolver. Por outro lado, há IA que são consideradas *fracas* e outras *fortes*. A IA *forte* significa que estes sistemas têm a mesma capacidade intelectual que os humanos, podendo mesmo excede-la. A IA *fraca* está vocacionada para a solução de problemas específicos, utilizando a matemática e as ciências de computação para avaliar e conseguir que os sistemas tenham capacidade de se otimizarem. Para conseguir este desiderato, certos aspetos da inteligência humana são mapeados e formalmente descritos e os sistemas são concebidos e estimulados para suportar o pensamento humano. E este último tipo de IA foi a que intrigou muitos ao longo dos tempos. Desde logo, ALAN TURING, que em 1950 colocou a questão "Será que as máquinas conseguem pensar?"[68].

A União Europeia, num Documento de 8 de abril de 2019 intitulado *Orientações Éticas para uma Inteligência Artificial de Confiança*, estabeleceu que deveria defender-se sempre o respeito pela autonomia humana, pela

inteligência humana, e esta coloca várias questões como, *inter* alia, a questão da proteção e propriedade dos dados que constituem a base de trabalho para a Inteligência Artificial; ou questões relativas à responsabilidade, por exemplo, no caso dos carros autónomos; ou o direito à privacidade, porque todos vamos deixando uma série de *pistas digitais* que permitem a comparação à entrada de determinados locais de uma cópia digitalizada e a imagem da pessoa em causa e, em especial, no caso das relações de trabalho, o trabalhador encontra-se, por esta via, amplamente *radiografado* e informações colocadas *online* podem perdurar no ciberespaço por muito tempo, correndo o risco de ficarem completamente desatualizadas e com a inerente descontextualização dos dados.

[67] Através de, *inter alia*, um novo tipo de formação ao longo da vida, de um novo controlo, o controlo eletrónico/digital, um novo tempo de trabalho, ou de um novo tipo de Direito Coletivo.

[68] PHOEBE MOORE, OSH *and the Future of work: benefits and risks of Artificial Intelligence tools in the workplace*, *in* https://osha.europa.eu/en/publications/osh-and-future-work-benefits-and-risks--artificial-intelligence-tools-workplaces/view Cf., ainda, MIREILLE HILDEBRANDT, "The Artificial Intelligence of European Union Law", *in German Law Journal*, n.º 21, 2020, pp. 74 e ss., assim como PHOEBE MOORE, *The mirror for (artificial) intelligence: In whose reflection?*, *in* https://papers.ssrn.com/sol3/papers.cfm?abstract_id=3423704, p. 1, que refere que "After two 'AI winters' in research lasting 1974 – 1980s and 1987 – 1993 were seen to have flopped due to failed experiments in e.g. machine translation of written documentation, the quite generous government research funding during the Cold War was withdrawn. But now, in 2019, we seem to have entered a new summer of AI innovations, where machinic autonomous intelligence is held in high esteem and potentially even prioritised over human decision-making such as in the workplace".

transparência, pela privacidade e pela proteção de dados pessoais das pessoas, assegurando a defesa da igualdade e a proibição da discriminação, defendendo sempre a pessoa humana nas suas várias vertentes[69], estabelecendo que um dos requisitos para uma Inteligência Artificial de confiança é o da supervisão humana, defendendo que "ajuda a garantir que um sistema de IA não põe em causa a autonomia humana nem produz outros efeitos negativos. A supervisão pode ser realizada mediante mecanismos de governação como as abordagens de intervenção humana (*human-in-the-loop* — HITL), de fiscalização humana (*human-on-the-loop* — HOTL), ou de controlo humano (*human-in-command* — HIC), assim como o respeito pela autonomia humana, pela transparência, pela privacidade e pela proteção de dados pessoais das pessoas, assegurando a defesa da igualdade e a proibição da discriminação, defendendo sempre a pessoa humana nas suas várias vertentes.

[69] Também no Documento assinado no Vaticano pela Pontifícia Academia para a Vida, por dirigentes da *Microsoft*, da IBM, com a participação do Parlamento Europeu e da FAO, na conclusão da conferência intitulada "O 'bom' algoritmo? Inteligência Artificial: Ética, Direito, Saúde", no dia 28 de fevereiro de 2020, intitulado *Rome Call for IA Ethics*, defendeu-se que "AI systems must be conceived, designed and implemented to serve and protect human beings and the environment in which they live", acrescentando-se que "In order for technological advancement to align with true progress for the human race and respect for the planet, it must meet three requirements. It must include every human being, discriminating against no one; it must have the good of humankind and the good of every human being at its heart; finally, it must be mindful of the complex reality of our ecosystem and be characterised by the way in which it cares for and protects the planet (our "common and shared home") with a highly sustainable approach, which also includes the use of artificial intelligence in ensuring sustainable food systems in the future. Furthermore, each person must be aware when he or she is interacting with a machine. AI-based technology must never be used to exploit people in any way, especially those who are most vulnerable. Instead, it must be used to help people develop their abilities (empowerment/enablement) and to support the planet." Neste Documento estabeleceram-se vários princípios que devem ser atendidos quando se trabalha com a IA, considerando-os como uma espécie de *algorética*. Estes princípios são a transparência, a responsabilidade, a inclusão, a imparcialidade, a confiança e a segurança e privacidade. Já anteriormente, no Documento *The Common Good in the Digital Age*, de 27 de setembro de 2019, o Papa Francisco tinha defendido que "Se o progresso tecnológico pode causar desigualdades cada vez maiores, não é um progresso real. Se o dito progresso da Humanidade se tornar um inimigo do bem comum, tal levaria a uma trágica regressão para uma realidade bárbara regida pela lei do mais forte", defendendo que "Os assinaláveis desenvolvimentos no campo da tecnologia, em particular os que dizem respeito a IA, levantam implicações cada vez mais significativas em todas as áreas da atividade humana. Por esta razão, são mais necessárias do que nunca discussões abertas e concretas sobre este tema", acrescentando que ao desenvolvimento tecnológico tem de corresponder um desenvolvimento de valores e da responsabilidade.

No mesmo sentido, a OCDE, em maio de 2019, estabeleceu cinco princípios para uma Inteligência Artificial "inovadora, de confiança e que respeita os direitos humanos e os valores democráticos"[70].

A própria OIT defendeu a mesma ideia quando propugna que deve fazer-se "uma abordagem da inteligência artificial baseada no "ser humano no comando", que garanta que decisões finais que afetem o trabalho sejam tomadas por seres humanos" e que "A gestão de algoritmos, a vigilância e o controlo através de sensores e de outras formas de monitorização, precisa de ser regulado para proteger a dignidade dos trabalhadores. O trabalho não é uma mercadoria; nem é um robô" [71] [72].

Apesar de não existir uma definição comum de Inteligência Artificial, a Comissão Europeia entende que: "a IA é um conjunto de tecnologias que combinam dados, algoritmos e capacidade computacional"[73]. Também a definição de sistema de IA do grupo de peritos em IA da OCDE – AIGO – é tida como uma referência – "sistema baseado em máquina que pode, para um determinado conjunto de objetivos, fazer previsões, recomendações ou decisões que influenciam ambientes reais ou virtuais. Usa entradas de máquina e / ou humanos para perceber ambientes reais ou virtuais; para extrair tais perceções em modelos (de forma automatizada, por exemplo com aprendizado de máquina ou manualmente); e para usar o modelo de inferência para formular opções de informação ou ação. Os sistemas de IA são projetados operar com vários níveis de autonomia"[74].

A Proposta de Regulamento do Parlamento Europeu e do Conselho que estabelece regras harmonizadas em matéria de inteligência artificial (regulamento inteligência artificial) e altera determinados atos legislativos da União, de 21 de abril de 2021[75], chama a atenção para esta situação no

[70] OCDE (2019) *Recommendation of the Council on Artificial Intelligence,* OECD/LEGAL/0449

[71] *Trabalhar para um Futuro Melhor,* Genebra, 2019, pp. 13 e 45.

[72] No mesmo sentido veja-se o Documento da Comissão Europeia, *Structure for the White Paper on Artificial Intelligence – a European approach to excellence and trust,* de 19 de fevereiro de 2020.

[73] *Livro Branco sobre a inteligência artificial – uma abordagem europeia virada para a excelência e a confiança,* COM/2020/65 final.

[74] OCDE, *Scoping the OECD AI Principles: Deliberations of the Expert Group on Artificial Intelligence at the OECD* (AIGO), OECD Publishing, Paris, 2019.

[75] Ter em atenção que no dia 6 de dezembro de 2022 o Conselho Europeu adotou uma posição comum – orientação geral – sobre este Regulamento, tendo como objetivo garantir que os sistemas de IA colocados no mercado da UE e utilizados na União sejam seguros e respeitem a legislação em vigor em matéria de direitos fundamentais e valores da União. Também em 14 de junho de 2023, o Parlamento Europeu, após a aprovação nas comissões parlamentares de Mercado

considerando 36 "Os sistemas de IA utilizados nos domínios do emprego, da gestão de trabalhadores e do acesso ao emprego por conta própria, nomeadamente para efeitos de recrutamento e seleção, de tomada de decisões sobre promoções e despedimentos, de repartição de tarefas e de controlo ou avaliação de pessoas no âmbito de relações contratuais de trabalho também devem ser classificados como de risco elevado, uma vez que podem ter um impacto significativo nas perspetivas de carreira e na subsistência dessas pessoas. O conceito de «relações contratuais relacionadas com o trabalho» deve abranger os funcionários e as pessoas que prestam serviços por intermédio de plataformas, conforme mencionado no programa de trabalho da Comissão para 2021. Em princípio, essas pessoas não devem ser consideradas «utilizadores» na aceção do presente regulamento. Ao longo do processo de recrutamento e na avaliação, promoção ou retenção de pessoas em relações contratuais relacionadas com o trabalho, esses sistemas podem perpetuar padrões históricos de discriminação, por exemplo, contra as mulheres, certos grupos etários, pessoas com deficiência ou pessoas de uma determinada origem racial ou étnica ou orientação sexual. Os sistemas de IA utilizados para controlar o desempenho e o comportamento destas pessoas podem ter ainda um impacto nos seus direitos à proteção de dados pessoais e à privacidade", entendendo que constituem um risco elevado de tratamento na aceção do art. 6.º, e depois no Anexo III.

O facto de constituírem um risco elevado leva a que estejam sujeitos ao cumprimento de determinados requisitos obrigatórios previstos nos arts. 9.º a 15.º.

2.3. Na verdade, a introdução das NTIC no âmbito da relação laboral, quer seja a digital, quer as mais antigas como a robótica, ou o computador, estão a alterar as relações laborais e a fazer com que os sistemas de organização e gestão de trabalho se modifiquem, os quais nos inserem num mundo de transição onde se altera a perceção do tempo e do espaço. Assim, a digitalização da informação proporciona à sociedade em geral, e ao Direito do Trabalho em particular, uma *nova visão* do tempo, da distância e do volume.

A potencialidade destas tecnologias é enorme, quer do ponto de vista da tecnologia de produção, isto é, aplicada diretamente ao processo de trabalho

Interno e da Proteção dos Consumidores e das Liberdades Cívicas, Justiça e Assuntos Internos com 84 votos a favor, sete contra e 12 abstenções, aprovou uma versão deste Regulamento passando agora a discussão para o diálogo interinstitucional.

operativo, quer do ponto de vista da tecnologia de gestão, utilizada para a elaboração de decisões, de direção de trabalho e de resolução de problemas, conduzindo a enormes alterações na organização do trabalho e nas formas, modos e modelos de trabalhar.

A informática e o mundo digital representam, assim, o ponto comum destas várias mudanças com uma potencialidade tal que permite que incida sobre o *sistema nervoso* das organizações de toda a sociedade. A sua ampla difusão está relacionada com várias razões fundamentais: a idoneidade para ser utilizada para um amplo conjunto de atividades, o rápido progresso das suas aplicações, a redução dos seus custos e, por último, a possibilidade de adaptar-se, facilmente e em pouco tempo, às mudanças e transformações na produção e a conseguir resistir, com pouquíssimos danos, aos "inconvenientes" como a greve e os conflitos coletivos.

A introdução das novas tecnologias associadas ao computador, à informática e à digitalização no local de trabalho aumentou nas últimas décadas a eficiência e a produtividade, embora também comporte inúmeros perigos. As inovações tecnológicas conseguiram que atividades anteriormente realizadas manualmente passassem a ser feitas mecanicamente ou digitalmente e criaram-se métodos de comunicação antes inimagináveis. De facto, cada vez são criados maiores e mais rápidos métodos de comunicação, permitindo às empresas coordenar os trabalhadores e as operações que fazem em qualquer local.

Por outro lado, nestas mudanças tecnológicas, ligadas tanto à digitalização estritamente considerada como à automação, encontram-se inovações associadas aos processos produtivos, como a manufatura aditiva ou a produção assistida por computador, bem como as mudanças mais amplas ligadas ao aprofundamento dos sistemas de robótica. Mas assiste-se também ao desenvolvimento incessante das tecnologias de informação e digitais e o modo como, por si ou em interação com espaços físicos, elas interagem com as diferentes dimensões da economia e da sociedade como, *inter alia*, as plataformas da *cloud*, o armazenamento e uso de dados em larga escala, os sistemas de gestão aos mais diversos níveis, sistemas de sensores, a chamada *Internet of things* (IoT), tecnologias como *machine learning* ou as tecnologias imersivas – *mixed reality*-. Este conjunto amplo, e ele próprio mutável, de focos de inovação tecnológica tem na Inteligência Artificial e nos algoritmos duas das frentes mais estruturantes e ativas da mudança e, em particular, da mudança com um potencial de impactos elevados no mercado de trabalho. Ainda que com ritmos distintos, quer a Inteligência Artificial, quer os algoritmos e o uso de dados em larga escala por eles, estão hoje cada vez mais impregnados nos processos produtivos e de mercado, nas tomadas de decisão dos agentes económicos e, por consequência, nas próprias relações de trabalho, sobre as quais têm impactos e riscos[76].

Assim, o Direito do Trabalho tem de adaptar-se a estas constantes mutações e, se a introdução da tecnologia nos processos de produção não é novidade para este ramo do Direito, com estas NTIC, como a informática, a robótica, a cibernética e a tecnologia digital, associadas ao *cloud computing*, surgem perspetivas únicas capazes de motivar uma verdadeira exigência de transformação no Direito do Trabalho que pode originar, inclusive, uma possível *crise de identidade de certos institutos básicos*[77]. Como escreve DÄUBLER[78], estas novas tecnologias têm duas características que as tornam uma verdadeira *novidade:* "em primeiro lugar, a capacidade de se tornarem especialmente perigosas e apresentarem um quociente de risco que origina uma série de questões novas; e a segunda característica, que não é menos dramática do que a primeira, está relacionada com a capacidade de substituição do trabalho intelectual pela máquina e o consequente desemprego". Mas é importante ter em atenção a dupla característica da inovação tecnológica pois se, por um lado, o aumento da produtividade pode originar o fenómeno, infelizmente bastante conhecido ao longo da história do capitalismo, de *desemprego tecnológico*, também não é menos certo que mais cedo ou mais tarde, todas as inovações tecnológicas originam o surgimento de novos produtos, com a consequente repercussão na expansão da procura e na criação de novos postos de trabalho.

As novas tecnologias são relevantes para o mundo laboral, sobretudo pelas inovações que são capazes de introduzir no processo produtivo e na forma de organização do trabalho, e permitem melhorar a obtenção, armazenamento, recuperação, exploração, uso e difusão da informação, sendo que estão a converter-se num fator chave para o desenvolvimento do processo produtivo das empresas. Por outro lado, as NTIC têm uma presença *polivalente* ou *poliédrica* no processo produtivo já que se traduzem em inovações, tanto de tipo tecnológico e produtivo, como de carácter organizativo e de controlo.

[76] *Vide* TERESA COELHO MOREIRA e GUILHERME DRAY, *Livro Verde sobre o Futuro do Trabalho 2021*, GEP, 2022, p. 77.

[77] Neste sentido PIETRO ZANELLI, *Nuove tecnologie – Lege e contrattazione collettiva*, Giuffrè Editore, Milão, 1993, pp. 4-5. No mesmo sentido, ADRIÁN GOLDIN, "El concepto de dependência laboral y las transformaciones productivas", *in* RL, I, 1996, p. 340, entendendo que as transformações económicas, tecnológicas e produtivas submetem o Direito do Trabalho a "duras provas".

[78] "Nuove tecnologie...", cit., pp. 65-66.

Ocorrem mudanças na organização do trabalho, na forma de trabalhar e no próprio domínio da empresa, enquanto natureza e instrumentos do processo de trabalho. Na verdade, se sempre houve uma estreita conexão entre a tecnologia e a relação de trabalho, ela torna-se particularmente *intensa* com a introdução das NTIC, pois são numerosos, complexos e variados os problemas jurídicos que coloca.

A informática e a digitalização apresentam-se sob o duplo aspeto de *tecnologia de produção e de tecnologia de organização*, isto é, como instrumento direto do trabalho e como instrumento de organização do trabalho realizado por outrem. Assim, o centro desta sociedade, caracterizada por esta inovação informática, é a informação, o conhecimento, o *know-how*, o que implica determinados níveis de conhecimento e de qualificação laboral[79] que podem originar o denominado *analfabetismo tecnológico* e o *desemprego tecnológico.* As NTIC caracterizam-se, do ponto de vista produtivo, por reduzir e integrar as fases da atividade humana, por deslocar até ao trabalho e ao trabalhador os problemas de interpretação, solução de problemas, tomada de decisões e controlo das suas aplicações, e por permitir um alto grau de flexibilidade e adaptabilidade dos processos produtivos às exigências de mercado. Ora, este processo torna as atividades mais complexas e globais e provoca o desaparecimento do trabalho repetitivo, ao mesmo tempo que exige que a formação e bem como os conhecimentos sejam mais amplos e polivalentes, abarcando tanto necessidades atuais como futuras.

O desenvolvimento tecnológico permite, também, a realização de novas formas de organizar o trabalho, a sua divisão entre as empresas e a exteriorização de funções. Mas também supõe, necessariamente, a modificação da forma de trabalhar dos trabalhadores, incitando o Direito do Trabalho a adaptar-se aos novos tempos e a zelar pelos seus direitos. As novas tecnologias transformaram em profundidade a organização do trabalho, fundamentalmente em duas das suas facetas: no processo de produção e na gestão empresarial.

As novas formas de organização do trabalho potenciam a flexibilidade e o aumento da autonomia, assim como a responsabilidade do trabalhador no desenvolvimento da sua prestação laborativa, flexibilidade que pode ser,

[79] É nesta parte que o pensamento de MARX denota alguma intuição preditiva pois mantém-se hoje extremamente atual quando vê a máquina como uma projeção do cérebro humano, criado pelas mãos do homem, e com uma capacidade científica objetiva. Entende que o desenvolvimento do capital fixo é o "conhecimento social geral – *knowledge* –, que se torna uma força produtiva imediata".

temporal, geográfica ou produtiva[80]. Mas, essa flexibilidade não pode ser unidirecional, tendo também de inserir-se no marco dos direitos dos trabalhadores. O aumento evidente que as NTIC introduzem na produtividade empresarial, tem de refletir-se nas partes que outorgaram o contrato de trabalho e não apenas ao nível do empregador.

2.4. Na verdade, convém não esquecer que a partir dos anos 70 do século passado, influenciado pela crise petrolífera, já referida, a forma de entender o Direito do Trabalho sofreu uma grande mudança, passando a falar-se da *crise do Direito do Trabalho*, com críticas ao seu *excessivo* garantismo, assim como à rigidez das suas normas laborais[81]. O Direito do Trabalho vê-se remetido para o *banco dos réus do processo da crise*[82], para o *pelourinho*[83], sendo acusado de causar mais problemas do que os que resolve.

Contudo, desde sempre se considerou que o trabalho não pode ser entendido como uma qualquer mercadoria, bastando lembrar a Declaração de Filadélfia de 1944, que alterou a Constituição da OIT de 1919, e as Encíclicas *Rerum Novarum*, *Qadragesimus Annus* ou *Centesimus Annus*, devendo tê-lo em especial consideração pois é fonte de subsistência de grande parte da população mundial.

A relação laboral, como é comummente aceite, assenta na ideia de que as partes envolvidas não se encontram em pé de igualdade, apresentando-se o empregador como a parte contratual mais forte, dotada de um poder de conformação da prestação a que o trabalhador está submetido. Este, quando celebra um contrato de trabalho, aliena uma parte da sua autonomia e da sua liberdade, ficando colocado numa situação de dependência perante o empregador, que não se configura somente na ótica jurídica, mas também, quase sempre, na perspetiva económica, o que conduz à ideia defendida de que "com independência do que possam dizer os economistas, o trabalho

[80] Como escreve JOÃO LEAL AMADO, *Contrato de trabalho – Noções básicas*, 4.ª edição, Almedina, Coimbra, 2022, p. 25, "boa parte da polémica em torno do termo «flexibilidade» reside, assim, na polissemia do mesmo, na diversidade de aceções – nem todas positivas – que comporta".

[81] Como defende JOÃO LEAL AMADO, "Dinâmica das...", cit., p. 88, "a crise, essa, nunca mais nos abandonou, ora na vertente de crise económica e de emprego, ora na vertente de crise do próprio Direito do Trabalho. A crise, dir-se-ia, instalou-se, veio para ficar".

[82] Expressão de JORGE LEITE, "Direito do Trabalho na Crise (Relatório Geral), *in Temas de Direito do Trabalho – Direito do Trabalho na Crise, Poder Empresarial, Greves atípicas – IV Jornadas Luso-Hispano-Brasileiras de Direito do Trabalho*, Coimbra Editora, Coimbra, 1990, p. 23.

[83] Expressão de ALAIN SUPIOT, "O Direito do trabalho ao desbarato no "mercado das normas", *in QL*, n.º 26, p. 122, onde se pode ler "O Direito do trabalho no pelourinho (variações sobre uma ária conhecida)".

não é uma mercadoria mas sim uma emanação da natureza humana, íntima e indissociavelmente unida a esta. O trabalhador não vende uma suposta energia laboral, separável da sua pessoa, antes, compromete na prestação laboral a sua própria pessoa"[84].

Contudo, a partir desta altura, isto é, no fim dos *gloriosos trinta anos*, começa a questionar-se o Direito do Trabalho, quer pela falta de adaptação aos novos cenários económicos, sociais e produtivos, quer pelas consequências negativas que a regulação laboral teria para o mercado de trabalho e para a economia[85]. O Direito do Trabalho passa a sofrer de uma certa *colonização economicista*, com a perda do papel dos juristas no seu processo de renovação ou *modernização*. As grandes orientações de política laboral passam a ser feitas com cenários económicos internacionais, nacionais e ao nível da União Europeia, onde o peso dos juristas no processo legislativo é muito limitado, colocando-se, em primeiro lugar, a competitividade da empresa, os imperativos de mercado, os níveis de emprego, em detrimento dos valores tradicionais de tutela do trabalho. Assiste-se, desta forma, a um *realojamento* do Direito do Trabalho e das suas regras, passando a ser entendido por alguns como um facto privado regulado contratual e organizativamente pelo interesse das empresas e pelas regras de mercado[86]. O Direito do Trabalho tem vindo a experimentar uma *invasão* de certos conceitos e normas em que o centro de gravidade já não assenta nas relações de trabalho dentro da empresa mas na regulação do mercado de trabalho e em que palavras, e conceitos a elas associados, como *flexibilidade*, *competitividade*, *acesso ao mercado*, *empregabilidade*, *produtividade*, ou *desempenho profissional*, apenas para citar alguns exemplos, passaram a ser comuns na linguagem jus-laboral[87].

Na verdade, não se trata apenas de reformas legislativas, mas de algo mais profundo e que permite detetar uma nova cultura do Direito do Trabalho. Pensa-se que os juristas do trabalho não podem assistir indiferentemente a estes desenvolvimentos, muito embora não possam deixar de protagonizar algumas mudanças, promovendo o seu *aggiornamento*, sem que isso implique

[84] MONTOYA MELGAR, *La buena fe en el Derecho del Trabajo*, Tecnos, Madrid, 2001, p. 9.

[85] PEDRO ROMANO MARTINEZ, "O Código do Trabalho e a reforma de 2012 – Apreciação geral", *in RDES*, n.ºs 1-2, 2012, p. 11, escreve que se generalizou a convicção de que "a legislação do trabalho é a causa dos problemas laborais".

[86] Segue-se de perto BAYLOS GRAU, "La desconstitucionalización del trabajo en la Reforma Laboral 2012", *in Revista de Derecho Social*, n.º 61, p. 32.

[87] Neste sentido VALDÉS DAL-RÉ, "*Soft law*, Derecho del Trabajo y orden económica globalizada", *in Relaciones Laborales*, tomo I, 2005.

um enfraquecimento dos seus valores e princípios originais, adaptando-o a novas situações de trabalho, de organização das empresas e da estruturação da economia, assegurando-lhe novas funções, mas sem colocar em perigo a sua própria essência, tendo em atenção que as perdas de direitos laborais determinadas pela crise não se recuperam, a maior parte das vezes, nas épocas de crescimento e prosperidade.

2.5. As mudanças ocorridas na organização e gestão do trabalho conduzem, também, ao aumento da autonomia organizativa dos trabalhadores que utilizam as novas tecnologias como instrumento de trabalho, considerando o carácter predominantemente criativo ou intelectual das suas prestações. Estas, inclusive, inserem-se mais numa ideia de coordenação do que de subordinação, já que o trabalhador não presta a sua atividade, pelo menos na totalidade, dentro do âmbito da organização e direção de um terceiro, antes a encaminha para a sua própria criatividade, manifestada de forma autónoma e sem exercício aparente de qualquer direção ou controlo. Surgem, assim, desde logo, não só novas profissões, como também novas questões para o Direito do Trabalho, já que se complica a própria delimitação do requisito de dependência da relação laboral e, ainda, o seu próprio controlo.

Atualmente, estas inovações revestem uma enorme importância para o Direito do Trabalho[88] e o tradicional modelo fordista está a ser substituído por um sistema heterogéneo de modelos de organização do trabalho onde a circulação de uma informação transversal e rápida suplanta a organização hierárquica vertical típica daquele modelo[89]. Como escreve MERCADER UGUINA[90], as mudanças que estão na base deste progressivo novo modelo situam-se na desmaterialização da economia, no emprego e no investimento, em atividades não materiais mas sim informacionais, tornando a empresa intangível. Isto altera o espaço de trabalho que se transforma no seu interior, deslocaliza-se

[88] Veja-se M.ª DO ROSÁRIO PALMA RAMALHO, "O telemóvel e o trabalho: algumas questões jurídicas", *in Estudos em Honra do Professor Doutor José de Oliveira Ascensão, volume* II, (coord. MENEZES CORDEIRO, PEDRO PAIS DE VASCONCELOS e PAULA COSTA E SILVA), Almedina, Coimbra, 2008, pp. 1581-1582.

[89] Conforme escreve CHRISTOPHE DEGRYSE, "Technological disruption, social dereliction?", *in The platform economy and social law: Key issues in comparative perspective*, ETUI, Bruxelas, 2019, p. 11, "Like the then new, and difficult, interaction between craftsmen and steam looms in the early 19th century, we are now seeing a new interaction between workers, whether blue-collars, white-collars or self-employed, and artificial intelligence and robotics. Put in a nutshell, machines first replaced muscles (human strength), then fingers (precision), and are now starting to replace the brain (human reasoning). White-collar robots are now joining the army of blue-collar robots".

[90] *El futuro del trabajo en la era de la digitalización y la robotica*, Tirant lo Blanch, Valencia, 2017, pp. 30-31.

através da intermediação tecnológica, trabalha-se à distância e as próprias relações são estabelecidas através da rede. As diversas aplicações da inteligência artificial convertem-se num instrumento fundamental da produção através de processos inteiramente geridos por máquinas, sendo que as decisões passam a realizar-se num ambiente onde coexistem máquinas cognitivas e pessoas.

3. Novas formas de prestar trabalho

3.1. Introdução

O setor das NTIC tem revolucionado, e de que forma, o Direito do Trabalho, mas não só.

Novas tecnologias, tais como plataformas *on-demand*, gestão algorítmica, inteligência artificial, impressão 3D/4D, presença virtual, a análise e a gamificação, o metaverso que cada vez mais deixa de estar no campo do imaginário e passa a ser uma realidade que necessita de ser analisada, começam todas a ter impacto no mundo do trabalho. Na verdade o Metaverso está previsto como uma nova forma de interagir com vários componentes do ciberespaço – a realidade aumentada, a combinação dos aspetos digitais e físicos da vida, a tecnologia tridimensional, a *internet das coisas*, os avatares pessoais, os mercados e fornecedores de conteúdos digitais – para gerar uma experiência mais ativa, imediata e imersiva. Mas que levanta várias questões para o Direito do Trabalho sendo, sem dúvida, uma tecnologia bastante disruptiva. O Metaverso terá os seus utilizadores mas poderá vir a ser um *local de trabalho* para muitos, tendo por objetivo criar uma experiência de trabalho mais interativa e colaborativa para trabalhadores remotos.

Embora isto possa, aparentemente, parecer uma coisa boa, uma primeira preocupação é que tal combinação aumente o *stress* de estar sujeito a formas cada vez mais invasivas e implacáveis de vigilância algorítmica já experimentadas por trabalhadores à distância. O potencial de aumento dos riscos psicossociais não pode ser desvalorizado, inclusive porque as novas formas de *cyberbullying* no trabalho poderão ser possibilitadas pelas tecnologias que constituem o Metaverso.

Além disso, se estes *escritórios do Metaverso* se espalhassem realmente, o risco de *distanciamento contratual* para os trabalhadores envolvidos aumentaria. Se as empresas forem capazes de ter escritórios virtuais que imitem os escritórios físicos e, ao mesmo tempo, tiverem acesso a uma mão-de-obra mundial de potenciais trabalhadores à distância, a sua capacidade de externalizar o trabalho de escritório para países com salários muito mais baixos e uma proteção laboral mais fraca – e de qualificarem erradamente o contrato que estas pessoas têm, considerando-os como autónomos – irá aumentar enormemente. Por isso, convém ter em atenção esta realidade.

No que concerne às plataformas digitais, atualmente há uma *app* para tudo ou quase tudo, desde atividades mais simples, como entrega de alimentação, até atividades mais complexas, como prestação de serviços jurídicos, surgindo todos os dias novas plataformas. Na verdade, em teoria, qualquer atividade pode ser transformada numa *tarefa* que pode ser realizada através de plataformas digitais.

Por outro lado, mesmo aquelas plataformas que estão bem sedimentadas no mercado quase que se reinventam todos os dias ou variam a sua aplicação de país para país[91].

Nesta nova sociedade digital verificou-se uma transformação radical da economia, na medida em que que há uma redução enorme dos custos de informação e de coordenação, surgindo, como disse, as plataformas digitais, e uma nova economia, a economia partilhada ou colaborativa. E o trabalho está a revelar-se um fator-chave nesta transformação e revolução. Fala-se, assim, de trabalho 4.0, do trabalho na *gig economy*, que inclui o trabalho em plataformas digitais, e que pode ser quer o *Crowdwork*[92], quer o *work-on-demand via apps*, ou também denominado *crowdwork offline*, e que, por isso, não se resume apenas à Industria 4.0[93]. Claro que não há um conceito homogéneo ou monolítico

[91] *Vide* JEREMIAS PRASSL, *Humans as a Service – the Promise and Perils of Work in the Gig Economy*, OUP, Oxford, 2018, pp. 12-13, e AGNIESZKA PIASNA, WOUTER ZWYSEN e JAN DRAHOKOUPIL, *The platform economy in Europe – Results from the second ETUI Internet and Platform Work Survey*, ETUI, Bruxelas, 2022, pp. 14 e ss..

[92] Este termo foi idealizado por HOWE, em 2006, em "The rise of crowdsourcing", *in Wired Magazine*, https://www.wired.com/2006/06/crowds/

[93] Este termo provém de um programa comum lançada pelo Governo alemão e pela indústria alemã em 2011. Mais tarde foi utilizado no léxico da Comissão Europeia bem como noutras regiões. O termo preferido no ordenamento jurídico norte-americano é de *smart manufacturing*.
Através de *Cyber-physical systems*, e um número elevado de *robots* que substituem o trabalho humano manual, e com a utilização da *big data*, monitoriza-se toda a produção, existindo uma flexibilização na produção e na personalização do produto final.
Este termo refere-se a uma verdadeira revolução no setor industrial, sendo que no centro desta nova indústria está uma elevada automatização e interconexão de produção industrial, sendo que processos virtuais e reais emergem com base em sistemas *cyber-physical*, o que permite uma produção mais eficiente, flexível, com uma grande personalização do produto final e com os desejos dos consumidores a serem atendidos.

deste tipo de trabalho, já que são utilizados diferentes métodos e formas de trabalhar, que podem ir das tarefas mais rotineiras, extremamente parceladas, monótonas, até tarefas mais complexas, novas, onde o valor acrescido está na qualificação e na inovação de quem as presta.

Precisando, o *Crowdwork*, na verdade, pode ser quer o *crowdwork online*, quer o *crowdwork offline*, na medida em que há atividades que podem ser realizadas completamente *online* e oferecidas globalmente. Assim, há atividades que podem ser *oferecidas* de forma global, e há outras que exigem uma execução local. Nas primeiras, qualquer pessoa, em qualquer local do mundo, pode realizá-las; nas segundas, isso não é possível[94].

3.2. *Crowdwork online*

Estas atividades, que são uma espécie de *face oculta da lua*, porque não se conhece a realidade de muitas pessoas que trabalham desta forma, podem ser extremamente repetitivas, monótonas sem que, muitas vezes, as pessoas tenham conhecimento do que estão realmente a fazer porque não têm acesso aos produtos finais, o que pode levantar questões, desde logo, relacionadas, *inter alia*, com problemas éticos. Por outro lado, algumas destas plataformas usam, por vezes, como forma de pagamento, vales de videojogos da própria empresa, o que já levantou a questão do eventual trabalho infantil e a proibição da retribuição ser feita através desta forma, bastando para tal ter em consideração a Convenção número 95 da OIT [95].

[94] JEREMIAS PRASSL e MARTIN RISAK, *Uber, taskrabbit & co: Platforms as Employers? Rethinking the legal analysis of Crowdwork", in Comparative Labor Law & Policy Journal*, vol. 37, n.º 3, 2016, pp. 619-621, abordam esta realidade referindo várias das tarefas que podem ser realizadas, assim como diferentes plataformas existentes.

[95] Ratificada pelo Decreto-Lei n.º 88/81, de 14 de julho. Na verdade, visa-se proibir o "*truck system* – *vide* art. 129.º, n. º1, alínea h) do CT. Como escreve JOÃO LEAL AMADO, *A protecção do salário*, Coimbra Editora, Coimbra, 1993, p. 65, "O "*truck system*" traduz-se (traduzia-se) numa forma de pagamento do salário mediante a qual o empregador como que forçava os trabalhadores a adquirir determinados géneros por si fornecidos, com o que, fixando preços muito altos, obtinha lucro considerável (tão considerável quanto o prejuízo sofrido por aqueles). O salário era muitas vezes pago através de senhas que, naturalmente, apenas podiam ser feitas valer em estabelecimentos do empregador, ou por este controlados (as chamadas "*Tommy shops*"). Má qualidade, preços elevados, sujeição do trabalhador ao patrão no que toca a produtos a adquirir, eis as razões (mais que suficientes) que impeliram o legislador a vir a terreiro, combatendo vigorosamente o "truck system" ".

Nestes casos, a concorrência é verdadeiramente global, e pode originar uma *race to the bottom*. Estas atividades, normalmente oferecidas através da *cloud*, podem incluir tarefas mal pagas, também chamadas de *microtarefas*, assim como grandes tarefas, a serem divididas em pequenas, para tornar mais simples e mais barata[96]. Exemplos destas plataformas são a *Amazon Mechanical Turk* e a *Clickworker*. Contudo as tarefas podem exigir uma elevada qualificação não significando isto que sejam bem pagas porque, como a concorrência é verdadeiramente global, a remuneração pode ser parca ou, até, inexistente, devido à cláusula de satisfação do cliente[97]. Acresce que, estas tarefas também são muito mal pagas porque não se tem em consideração o tempo que os trabalhadores têm de estar disponíveis *online*, nem o tempo que têm de estar à procura de uma tarefa. Existe, ainda, um outro problema e que é a da sua permanente disponibilidade em termos temporais porque, como trabalham *online* e com fusos horários diferentes dos utilizadores, têm prazos muito curtos para cumprir, tendo de responder imediatamente. Assim, a aparente flexibilidade destas formas de prestar trabalho também necessita de ser repensada, havendo, inequivocamente, um enorme controlo[98].

[96] Esta divisão e externalização é retratada em DAVID WEIL, *The fissured workplace: Why work became so bad for so many and what can be done to improve it*, Cambridge, Massachusetts e Londres, Harvard University Press, 2014.

[97] Cf., para maiores desenvolvimentos, MIRIAM A. CHERRY, "Working for (virtually) minimum wage: applying the fair labor standards act in cyberspace", *in Alabama Law Review*, vol. 60, n. º 5, 2009, pp. 1093 e ss..

[98] *Vide*, para maiores desenvolvimentos, ALOISI, "Commoditized Workers: Case Study Research on Labor Law Issues Arising from a Set of On-Demand/Gig Economy Platforms", *in Comparative Labor Law & Policy Journal*, vol. 37, n.º 3, 2016, p. 662, assim como JANINE BERG, "Income Security in the On-Demand Economy: Findings and Policy Lessons from a Survey of Crowdworkers", *in Comparative Labor Law & Policy Journal*, vol. 37, n.º 3, 2016, pp. 557 e ss., VALERIO DE STEFANO, "The Rise of the "Just-In-Time Workforce": On-Demand Work, Crowdwork, and Labor Protection in the "Gig-Economy", *in Comparative Labor Law & Policy Journal*, vol. 37, n.º 3, 2016, p. 480, e LUIS ANGEL TRIGUERO MARTÍNEZ, "«Gig economy» y prestación de servicios profesionales: puntos criticos", *in Trabajo en Plataformas...*, cit., pp. 200 e ss.. Cf., ainda, DÄUBLER, *Internet und Arbeitsrecht – Web 2.0, Social Media uns Crowdwork*, 5.ª edição, Bund Verlag, Frankfurt am Main, 2015, pp. 316 e ss., assim como AA.VV., *Crowdwork – zurück in die Zukunft? – Perspektiven digitaler Arbeit*, Bund Verlag, Frankfurt am Main, 2015, e VALERIO DE STEFANO e ALOISI, *European Legal framework for digital labour platforms*, European Commission, Luxemburgo, 2018.

3.3. *Crowdwork offline – work on demand via apps*

Existem, ainda, outras atividades que exigem uma presença física e, por isso, a concorrência não é global, embora se levantem também várias questões e violação de regras de Direito do Trabalho pois o trabalho é realizado à *chamada*, denominado *on demand work*, originando um incremento da força de trabalho *just-in-time*[99], e de que o exemplo mais conhecido é o da *Uber*[100] [101] enquanto plataforma digital relacionada com os transportes. Há, também, plataformas digitais associadas a serviços domésticos, desde limpeza, mudanças a *bricolage*. Nestes últimos, o trabalhador da plataforma normalmente entra em contacto direto com o utilizador.

3.4. Eventual Regulamentação

3.4.1. Em qualquer destas formas de prestar trabalho há muitos períodos de tempo não retribuídos, como o tempo de espera, que pode ser muito dependendo da plataforma.

Nas duas situações referidas também há horários completamente irregulares, com permanência constante do trabalhador *online*, como de permanente disponibilidade, sendo que há alturas de *zero hours* e outras de *rush hours*.

As condições de trabalho são, na maior parte dos casos, extremamente precárias, pois recebem muito pouco e sob a fórmula de *pay as you go*, *just in time*, são despedidos quando já não servem, vítimas de uma feroz competitividade entre os *aspirantes* a emprego. Por outro lado, vivem vidas laborais curtas e segmentadas, desprovidas de qualquer tutela, com condições de trabalho extremamente instáveis e com uma baixíssima qualidade de vida[102] [103].

[99] VALERIO DE STEFANO, "The Rise of the "Just-In-Time Workforce...", cit.

[100] Tão conhecido que um dos termos utilizados para estas novas formas de prestar trabalho é o da *uberização* das relações de trabalho.

[101] Contudo, conforme defende JEREMIAS PRASSL, *Humans as...*, cit., p. 12, esta plataforma é apenas a "ponta do iceberg", já que este tipo de modelo foi copiado e desenvolvido por um inúmero número de *start ups*.

[102] *Vide* GERARD VALENDUC e PATRICIA VENDRAMIN, *Work in the digital economy: sorting the old from the new*, ETUI, Bruxelas, 2016, pp. 32 e ss..

[103] No ordenamento jurídico norte-americano, uma expressão que ficou muito conhecida para estas novas formas de prestar trabalho foi a de VUCA, que é um acrónimo das palavras em inglês *volatility*, *uncertainty*, *complexity*, e *ambiguity*, considerando que são estas as palavras que definem muito do trabalho que é realizado neste novo mundo digital, já que o trabalhador digital pode

Claro que esta divisão é muito importante do ponto de vista do Direito a aplicar porque a segunda modalidade é mais fácil de enquadrar nos meios tradicionais de resolução previstos na lei do que a primeira[104], permitindo maior controlo dos trabalhadores, sobretudo quando se trata de atividades concretas[105].

Atendendo a tudo isto a OIT[106] recomenda que exista "um desenvolvimento de um sistema de governação internacional para plataformas de trabalho digitais que estabeleça e exija que as plataformas (e clientes) respeitem certos direitos e proteções mínimas". Na verdade, várias das tarefas realizadas através das plataformas digitais implicam um contacto direto com os clientes e esta situação pode trazer elementos acrescidos ao nível de riscos laborais, referidos pela própria OIT[107], podendo agravar o *stress* laboral ou o síndrome de *burnout.*

Não se questiona, claramente, que podem existir vantagens nestas formas de prestar trabalho, nomeadamente a de uma melhor conciliação entre a vida profissional e a vida pessoal e familiar, ou a possibilidade de melhoria de vida que promovem[108], mas não pode deixar de ter-se em atenção os inúmeros perigos que as mesmas comportam[109].

converter-se muito rapidamente num trabalhador VUCAN, vítima de várias precariedades no seu trabalho, na vida profissional, na sua situação económica e até nas suas expectativas pessoais. Ver MIGUEL RODRÍGUEZ-PIÑERO ROYO, *op.* cit., pp. 205-206, assim como EMANUELE DAGNINO, "Uber law: perspectiva jurídico-laboral de la sharing/on-demand economy", *in Revista Internacional y Comparada de Relaciones Laborales y Derecho del Empleo*, n.º 3/2015, pp. 10 e ss..

[104] Veja-se neste sentido ADRIÁN TODOLI SIGNES, "Nuevos indícios de Laboralidad como Resultado de las Nuevas Empresas Digitales", *in Economía Colaborativa y...*, cit., pp. 224 e ss, assim como MARTIN RISAK, *Fair Working Conditions for Platform Workers – Possible Regulatory Approaches at the EU Level*, Friedrich-Ebert-Stiftung, 2017, pp. 5-6 .

[105] Não nos debreuçaremos sobre esta questão. Para a questão da eventual lei aplicável nos casos do *crowdwork online vide* MIRIAM CHERRY, "A Global System of Work, A Global System of Regulation?: Crowdwork and Conflicts of Law", *in Tulane Law Review*, vol. 94, 2019, com propostas de soluções bastante interessantes.

[106] *Trabalhar para um ...*, p. 46.

[107] OIT, *Final Report – Meeting of Experts on Violence against Women and Men in the World of Work*, 2016, p. 40.

[108] É interessante notar que muitas destas plataformas têm nos *sites* testemunhos bastante positivos sobre as pessoas que executam atividades para as mesmas, utilizando uma linguagem extremamente apelativa e convincente, como uma espécie de *bright side of life*.

[109] O reverso da medalha, o *dark side* que não é mostrado. Basta lembrar que a Uber, num comunicado de abril de 2019, disse que "If, as a result of legislation or judicial decisions, we are required to classify Drivers as employees (...), we would incur significant additional expenses for compensating Drivers, potentially including expenses associated with the application of wage and hour laws (...), employee benefits, social security contributions, taxes, and penalties. (...) Any such reclassification would require us to fundamentally change our business model."

3.4.2. Crê-se que não pode, nem deve,esquecer-se o que já se referiu anteriormente e que está contemplado no artigo 1.º da Declaração de Filadélfia – "o trabalho não é uma mercadoria" -, que possa ser vendida nos mercados ao preço mais baixo; os trabalhadores são seres humanos com direitos, necessidades e aspirações, não permitindo uma coisificação da pessoa humana e uma dissociação do trabalhador da prestação de trabalho. Aliás, o Papa Francisco, na Encíclica *Laudato Si*[110] também defende o mesmo quando escreve que "Não se deve procurar que o progresso tecnológico substitua cada vez mais o trabalho humano: procedendo assim, a humanidade prejudicar-se-ia a si mesma", acrescentando que "a orientação da economia favoreceu um tipo de progresso tecnológico cuja finalidade é reduzir os custos de produção com base na diminuição dos postos de trabalho, que são substituídos por máquinas. É mais um exemplo de como a ação do homem se pode voltar contra si mesmo. A diminuição dos postos de trabalho «tem também um impacto negativo no plano económico com a progressiva corrosão do "capital social", isto é, daquele conjunto de relações de confiança, de credibilidade, de respeito das regras, indispensável em qualquer convivência civil». Em suma, «*os custos humanos são sempre também custos económicos*, e as disfunções económicas acarretam sempre também custos humanos». Renunciar a investir nas pessoas para se obter maior receita imediata é um péssimo negócio para a sociedade".

Quando nestas plataformas se esquece uma das máximas que originou o surgimento do Direito do Trabalho como ramo do Direito autónomo e que é a de que o trabalho não é separável da pessoa que o presta, e que não existe trabalho, mas só existem as pessoas que trabalham, não estaremos a regredir aos inícios da revolução industrial? É caso para perguntar se este trabalho, mercantilizado com base no pagamento da tarefa à peça, com retribuições extremamente baixas, que não cumprem os limiares mínimos relacionados com um trabalho decente, onde não há direito à segurança social, ou a assistência na doença, com eventual trabalho infantil, em que os trabalhadores são sujeitos a discriminação, e sem qualquer respeito por direitos coletivos, assim como sem respeito pelos direitos fundamentais, não implica o retorno aos *bons velhos tempos* da igualdade meramente formal em que valia a máxima *qui dit contractuel dit juste*?

[110] *Carta Encíclica Laudato Si' do Santo Padre Francisco sobre o Cuidado da Casa Comum*, de 24 de maio de 2015, pp. 99-100.

Diria até que, de certa forma, o trabalho digital faz-nos lembrar um *Back to the Future* porque recorda-nos TAYLOR, com o seu *Scientific Management* e o controlo automático, ADAM SMITH, com a sua divisão e organização do trabalho, socorrendo-se do exemplo da fábrica de alfinetes, e um retornar para os primeiros tempos da industrialização antes do surgimento do Direito do Trabalho, através da falta de proteção social e uma elevada precarização e discriminação realizada à distância, por algoritmos relacionados com a inteligência artificial. Na verdade, numa economia que é verdadeiramente mundial, o velho *trabalho escravo* por vezes transformou-se, por uma mera alteração de palavras, na *atividade colaborativa*, gerando dois mundos no trabalho. No caso deste tipo de trabalho, por vezes, a competição a nível global, os baixos salários que tornam impossível que estas atividades sejam a principal fonte de rendimento, e a deslocalização do local de trabalho, origina situações de autênticos *escravos digitais* a trabalharem nas *sweatshops*, agora *virtuais*[111].

Consideramos que, para a maior parte dos trabalhadores destas plataformas, as condições de trabalho são más, independentemente do tipo de trabalho que é prestado. A falta de sindicatos, de união entre estes trabalhadores, o oligopólio de certas plataformas relativamente à entrega de determinados produtos, e uma constante insegurança económica, assim como de discussão entre as partes, faz com que o que a remuneração seja muito baixa, sobretudo quando o trabalho é feito na *cloud*, onde a competição é verdadeiramente global e onde a escolha se baseia em avaliações que são ou podem ser discriminatórias e que colocam os trabalhadores num estado de *período experimental permanente*, restringindo, também, a sua possibilidade de escolha porque permanecem ligados a uma plataforma em particular[112].

Secundando JEAN-EMMANUEL RAY[113], falar-se aqui de um sistema colaborativo é um pouco exagerado porque a concorrência é total, mundial e mesmo cruel. Existe uma divisão do trabalho inimaginável, mesmo para TAYLOR com o seu *Scientific Managment*, que permite um controlo total direto e à distância, espacial e temporal.

[111] Neste sentido JEAN-EMMANUEL RAY, "Qualité de vie ...", cit., p. 149. Ver, ainda, MARTIN RISAK, *op.* cit., p. 3 e FLORIAN A. SCHMIDT, *Digital Labour Markets in the Platform Economy – Mapping the Political Challenges of Crowd Work and Gig Work*, Friedrich-Ebert-Stiftung, 2017, p. 9.

[112] Neste sentido MARTIN RISAK, *op.* cit., p. 4, e WILLEM PIETER DE GROEN e ILARIA MASELLI, *The Impact of the Collaborative Economy on the Labour Market*, CEPS Special Report, n.º 138, 2016, pp. 22 e ss..

[113] Última *op.* cit., p. 154.

3.4.3. Parece-nos, assim, que esta atividade nas plataformas tem de ser *desmercantilizada*, aplicando os princípios fundamentais em matéria de Direito do Trabalho e de privacidade e não discriminação. Veja-se, por exemplo, que, em França, o *Code du Travail* tem um capítulo específico sobre o trabalho em plataformas que, apesar de poder, em certos casos, considerar-se como trabalho autónomo, tem de respeitar determinados princípios e direitos fundamentais dada a "responsabilidade social" que têm perante os trabalhadores em causa. O *Code du Travail* passou a integrar uma parte com vários artigos – L. 7341-1 e L. 7342-1 à L. 7342-6 onde consta a obrigação por parte da plataforma de formação profissional, a cotização em matéria de acidentes de trabalho e a possibilidade dada aos trabalhadores de constituírem sindicatos e de neles se filiarem. Também em Itália, a 4 de setembro de 2019, alterou-se a lei de 2015 intitulada de *Jobs Act*, através do decreto-legge n.º 101 de 3 settembre 2019, que trata de *Disposizioni urgenti per la tutela del lavoro e per la risoluzione di crisi aziendali*, para inserir alguma proteção aos trabalhadores de plataformas digitais, desde que não sejam "trabalhadores subordinados". Relativamente à questão da qualificação, esta lei consagra o princípio de que não se trata de trabalhador subordinado, mas de *lavoro etero-organizzato*, e que não existe um contrato de trabalho. Mas a lei visa reforçar a sua proteção, passando a ter um seguro obrigatório e proteção em casos de acidentes de trabalho e doenças profissionais – art. 47, terzo – recaindo essa obrigação sobre a plataforma digital que assumirá aqui o encargo como um empregador normal. Criou-se também um *observatório* permanente para verificar o cumprimento destas regras.

Mais tarde, adotou-se a *legge* n. 128, de 2 de novembro de 2019, que se traduz na conversão do anterior decreto em lei, e que alterou o diploma legal atrás referido. Esta lei amplia a proteção da lei anterior, protegendo mais o trabalho em plataformas digitais, a vários níveis, e separando os trabalhadores em dois tipos. A primeira parte engloba os trabalhadores cuja atividade é organizada pelo cliente, mesmo que seja através de plataformas digitais. Tem, depois, uma proteção específica para os denominados *riders*, cuja noção é *lavoratori autonomi che svolgono attività di consegna di beni per conto altrui, in ambito urbano e con l'ausilio di velocipedi o veicoli a motore* (...) *attraverso piattaforme anche digitali.*

Há depois uma segunda parte que se aplica apenas aos *riders* que não se enquadram na primeira categoria. Os parceiros sociais devem celebrar convenções coletivas até um ano após a entrada em vigor da lei, mas, mesmo na sua ausência, é aplicável a estes trabalhadores a remuneração mínima garantida pela convenção coletiva aplicável ao setor, o pagamento por tarefa é proibido, há uma majoração de 10% por trabalho noturno, ou por trabalho efetuado em feriados ou em condições climatéricas adversas, assim como a obrigatoriedade de seguro contra acidentes de trabalho e doenças profissionais. A lei inclui, ainda, a proteção contra atos discriminatórias e a proteção de dados pessoais, consagrando ainda que a exclusão da plataforma ou a redução de atividade apenas com base na não aceitação da prestação está vedada[114] [115].

No ordenamento jurídico espanhol, a Ley 12/2021, de 28 de setembro, *por el que se modifica el texto refundido de la Ley del Estatuto de los Trabajadores, aprobado por el Real Decreto Legislativo 2/2015, de 23 de octubre, para garantizar los derechos laborales de las personas dedicadas al reparto en el ámbito de plataformas digitales,* que converteu em lei o *Real Decreto-ley 9/2021, de 11 de mayo* estabelece uma presunção legal nas plataformas digitais de entrega (mas não nas de transporte, nem nas que trabalham em crowdwork *online*), segundo a qual, *"Por aplicación de lo establecido en el artículo 8.1, se presume incluida en el ámbito de esta ley la actividad de las personas que presten servicios retribuidos consistentes en el reparto o distribución de cualquier producto de consumo o mercancía, por parte de empleadoras que ejercen las facultades empresariales de organización, dirección y control de forma directa, indirecta o implícita, mediante la gestión algorítmica del servicio o de las condiciones de trabajo, a través de una plataforma digital".* Este art. 8.1 do ET refere-se à existência de uma presunção jurídica de laboralidade do contrato estabelecendo que *"1. El contrato de trabajo se podrá celebrar por escrito o de palabra. Se presumirá existente entre todo el que presta un servicio por cuenta y dentro del ámbito de organización y dirección de otro y el que lo recibe a cambio de una retribución a aquel".*

Ora, se por um lado poderia parecer difícil a prova destes elementos todos nas plataformas digitais, há jurisprudência consolidada do Supremo Tribunal de Justiça Espanhol sobre a mesma, sobretudo o acórdão de Uniformização de Jurisprudência de 25 de setembro de 2020 que considerou como verdadeiros contratos de trabalho todos os contratos dos entregadores da *Glovo*.

[114] Ver para maiores desenvolvimentos ENRICO RAIMONDI, "Il lavoro nelle piattaforme digitali e il problema della qualificazione della fattispecie", *in Labour & Law Issues*, vol. 5, n.º 2, 2019, pp. 76 e ss..

[115] Também neste mesmo ordenamento jurídico foi aprovada em maio de 2018 a *Carta dei diritti fondamentali del lavoro digitale nel contesto urbano, também conhecida por Carta di Bologna* de 2018. Tratou-se do primeiro acordo na Europa que junta *riders*, sindicatos – *Riders Union* mas também Cgil – Confederação Geral Italiana-, Cisl – A Confederação sindical italiana de trabalhadores-, e Uil – a União Italiana do Trabalho-, e representantes das plataformas – Sgnam e MyMenu. Estas plataformas a nível nacional não representam muitos trabalhadores, mas na zona de Bolonha têm uma grande quota dos *riders*.

3.4.4. Ao nível da União Europeia foi aprovada a Diretiva 2019/1152 do Parlamento Europeu e do Conselho, de 20 de junho de 2019, relativa a condições de trabalho transparentes e previsíveis na União Europeia e onde se estabeleceram algumas regras que se aplicam ao trabalho nas plataformas digitais, assim como ao trabalho zero horas. Consagra que qualquer pessoa que preste serviços por um período mínimo de três horas por semana, em média, num período de 4 semanas, e sob a direção de outro indivíduo em e com a contrapartida de uma remuneração, tem direito a que lhe sejam apresentadas no primeiro dia de trabalho, por escrito, as suas condições de trabalho.

Na verdade, a UE começou a demonstrar preocupação nestas matérias e tentar liderar na regulamentação quer em 2015 com a *Comunicação da Comissão ao Parlamento Europeu, ao Conselho, ao Comité Económico e Social Europeu e ao Comité das Regiões – Estratégia para o Mercado Único Digital na Europa*, COM(2015) 192 final, quer com o Documento *Uma Agenda Europeia para a Economia Colaborativa*, de 2016.

2017, contudo, marca uma mudança significativa destinada *a trazer à ribalta* o trabalho através de plataformas digitais, com a Cimeira Social de Gotemburgo de 2017 para Emprego Justo e Crescimento.

Na sequência da Cimeira, o Conselho da UE, o Parlamento Europeu, e a Comissão adotaram o *Pilar Europeu dos Direitos Sociais*. Este Pilar representa "a proclamação de uma política partilhada de compromisso de princípios e direitos destinados a assegurar a igualdade de oportunidades e acesso aos mercados de trabalho, condições de trabalho justas e proteção social e inclusão".

Os 20 princípios do Pilar Europeu dos Direitos Sociais constituem o quadro de orientação para a construção de uma Europa social forte, justa, inclusiva e plena de oportunidades.

O Pilar está articulado em três capítulos: 1) igualdade de oportunidades e acesso ao mercado de trabalho; 2) condições de trabalho justas; 3) proteção e inclusão sociais.

Este Pilar foi reforçado com o Compromisso social do Porto, de 7 de maio de 2021 onde se pode ler que "Os 20 princípios do Pilar Europeu dos Direitos Sociais, proclamados em 2017 na Cimeira Social de Gotemburgo para o Emprego Justo e o Crescimento, formam uma bússola que nos deve guiar neste caminho para uma recuperação forte, sustentável e inclusiva, e para a convergência económica e social ascendente".

No Compromisso Social do Porto, os parceiros subscreveram os três grandes objetivos para 2030 definidos no plano de ação sobre o Pilar Europeu dos Direitos Sociais da Comissão:

(1) Pelo menos 78 % da população entre os 20 e os 64 anos devem ter emprego;

(2) Pelo menos 60 % de todos os adultos devem participar anualmente em ações de formação;

(3) O número de pessoas em risco de pobreza ou exclusão social deve diminuir pelo menos 15 milhões, incluindo, pelo menos, 5 milhões de crianças".

É importante referir, também, a consulta da Comissão Europeia aos parceiros sociais sobre *Proteger as pessoas que trabalham nas plataformas*. A Comissão lançou a primeira fase de consulta dos parceiros sociais de 24 de fevereiro de 2021 a 7 de abril de 2021 e que visou avaliar a forma de melhorar as condições de trabalho das pessoas que trabalham a partir de plataformas digitais pois o trabalho nas plataformas está a desenvolver-se rapidamente na UE e a disseminar-se por um número cada vez maior de setores empresariais, tendo a vantagem de proporcionar maior flexibilidade, oportunidades de emprego e receitas adicionais nomeadamente para as pessoas que tenham mais dificuldade em entrar no mercado de trabalho tradicional. No entanto, certos tipos de trabalho em plataformas digitais estão também associados a condições de trabalho precárias, que se refletem na falta de transparência e previsibilidade das disposições contratuais, em desafios em matéria de saúde e segurança e no acesso insuficiente à proteção social. Considerou, ainda, que existiam outros desafios relacionados com o trabalho das plataformas que incluíam a sua dimensão transfronteiriça e a questão da gestão algorítmica, tendo identificado as seguintes áreas: a qualificação contratual; as condições de trabalho; o acesso à proteção social; o acesso à representação e à negociação coletiva; dimensão transfronteiriça das plataforma digitais (incluindo contribuições para a segurança social e impostos); a gestão realizada por algoritmos; e a formação e as oportunidades profissionais para pessoas que trabalham através de plataformas digitais.

Com base nas respostas recebidas, a Comissão concluiu que era necessária uma nova ação da UE para garantir normas laborais e direitos básicos às pessoas que trabalham em plataformas digitais e lançou uma segunda fase de consultas de 15 de junho de 2021 a 15 de setembro no que diz respeito a: facilitar a classificação de situação profissional e o acesso aos direitos laborais e de proteção social.

A etapa seguinte foi a apresentação de uma proposta pela Comissão Europeia até finais de 2021 que, aliás, fazia parte do Plano de Ação da Comissão Europeia para implementar o Pilar Europeu dos Direitos Sociais adotado em março de 2021.

A ETUC respondeu nesta segunda fase e apelou para que a Comissão propusesse uma "diretiva ambiciosa" com base no artigo 153.º, n.º 2, do TFUE, que estabelecesse uma presunção ilidível de relação de trabalho em que o ónus da prova deveria ser suportado pela empresa, isto é, a plataforma, sublinhando que " Uma presunção de relação de trabalho com a inversão do ónus da prova (do trabalhador para o empregador) não afetará o modelo de negócios das empresas de plataforma que operam com trabalhadores genuinamente independentes".

Também o mesmo foi defendido pelo Grupo Parlamentar SD do Parlamento Europeu num documento sobre *A social agenda for digital work – Shaping the platform economy in Europe* onde defendia "A inversão do ónus da prova de uma relação de trabalho. Se o trabalho em plataformas envolve a prestação de serviços, deve considerar-se que existe uma relação de trabalho com a plataforma. Este pressuposto legal pode ser ilidido pela plataforma que dispõe de todas as informações relevantes do trabalhador e do destinatário dos serviços prestados. A classificação dos trabalhadores na economia de plataforma com base na primazia dos fatos e não na sua aparência ostensiva ou nos termos e condições definidos pelas plataformas deve acontecer. São necessários critérios claros para identificar as relações de trabalho no mundo digital do trabalho, como a definição de níveis de remuneração, controles de qualidade no que diz respeito aos resultados do trabalho, a elaboração de classificações, o tratamento da comunicação entre destinatários, etc. para fornecer orientações para Estados-Membros aplicarem as suas definições nacionais."

No mesmo sentido, o *European Economic and Social Committee*[116] considerou que, a nível nacional, a regulamentação poderia melhorar a proteção dos trabalhadores da plataforma ao introduzir uma presunção legal de que os trabalhadores da plataforma são trabalhadores e para que os trabalhadores da plataforma sejam classificados como independentes, o ónus da prova deve ser colocado na plataforma.

Muito importante é, ainda, a Resolução do Parlamento Europeu, de 16 de setembro de 2021, sobre condições de trabalho justas, direitos e proteção social para os trabalhadores das plataformas – novas formas de emprego associadas ao desenvolvimento digital (2019/2186(INI)), quer no Considerando S ao estabelecer que "considerando que uma presunção ilidível de uma relação de trabalho facilitaria a correta classificação dos trabalhadores de plataformas,

[116] *The definition of worker in the platform economy – Exploring workers' risks and regulatory solutions Report*, setembro de 2021.

em combinação com a inversão do ónus da prova, o que significa que, quando os trabalhadores contestam a classificação do seu estatuto profissional em processos judiciais ou administrativos, cabe à parte que se alega ser o empregador provar que não existe relação de trabalho, de acordo com as definições nacionais estabelecidas na legislação ou nas convenções coletivas de trabalho do respetivo Estado-Membro", quer instando a Comissão Europeia "com o objetivo de facilitar a correta classificação dos trabalhadores de plataformas, a introduzir na sua próxima proposta uma presunção ilidível de uma relação de trabalho para os trabalhadores de plataformas, em conformidade com as definições nacionais estabelecidas na legislação ou nas convenções coletivas de trabalho dos Estados-Membros, combinada com a inversão do ónus da prova e, eventualmente, medidas adicionais".

Mas não só.

Também neste mesmo número "12. Insta a Comissão, ao explorar formas de melhorar as condições de trabalho, a: — assegurar que os quadros de negociação coletiva funcionam de forma adequada e eficiente, e — aplicar melhor a proibição das cláusulas de exclusividade e garantir que todos os trabalhadores de plataformas digitais sejam autorizados a trabalhar para diferentes plataformas (multi-apping) e não sejam sujeitos a um tratamento desfavorável por o fazerem, em conformidade com a Diretiva relativa a condições de trabalho transparentes e previsíveis; — assegurar a portabilidade das certificações de competências e promover a interoperabilidade das classificações em todas as plataformas; — melhorar os direitos em caso de restrição, suspensão ou cessação pela plataforma, garantindo a todos os trabalhadores de plataformas o direito a uma declaração prévia fundamentada e, em caso de contestação, a um direito de resposta e a uma resolução de litígios eficaz e imparcial que preveja a possibilidade de restabelecer o cumprimento ou ilidir a declaração, incluindo também as reclamações de grupo; — resolver a atual falta de transparência, observando, ao mesmo tempo, o segredos comerciais, em conformidade com a Diretiva (UE) 2016/943 (36), nomeadamente os considerandos 13 e 18 e os artigos 3.º e 5.º , garantindo o fornecimento de informações essenciais sobre as condições de trabalho e as regras de cooperação, o método de cálculo do preço ou da taxa, a atribuição de tarefas e a transparência em caso de alteração dos termos, condições e procedimentos de desativação temporária ou permanente, se for caso disso, que deve ser precedida de uma consulta; considera que a comunicação acima referida deve ser apresentada de forma clara, abrangente e facilmente acessível, tanto aos trabalhadores como aos seus representantes, em conformidade com a legislação da UE e nacional vigente em matéria de direitos dos trabalhadores; — quando é utilizada IA, assegurar que as plataformas são transparentes quanto à forma como a IA é utilizada e aos parâmetros algorítmicos que influenciam as condições de trabalho, em especial no que diz respeito à distribuição de tarefas, classificações e interações, e ao fornecimento de informações inteligíveis e atualizadas relativas ao funcionamento do algoritmo, tendo em conta a forma como as tarefas são atribuídas, as classificações são concedidas, o procedimento de desativação e a fixação de preços; ter em conta que os algoritmos devem ter sempre supervisão humana e que as suas decisões devem ser responsáveis, contestáveis e, se for caso disso, reversíveis;

E reitera "que todas as decisões algorítmicas devem obedecer ao direito de não se ser sujeito a uma decisão baseada apenas no tratamento automatizado, consagrado no artigo 22.º, n.º 1, do RGPD, o que significa que deve existir supervisão humana".

Tendo tudo isto em atenção, a Comissão Europeia apresentou no dia 9 de dezembro de 2021 uma proposta de Diretiva intitulada *melhoria das condições de trabalho nas plataformas digitais*[117].

A proposta de Diretiva tem três objetivos principais[118]: estabelecer um quadro abrangente para a correta classificação, ou seja, que as pessoas que trabalham através de plataformas têm ou podem obter um estatuto de emprego legal adequado e acesso a direitos sociais; assegurar um algoritmo justo, transparente e responsável de gestão; e esclarecer sobre as regras aplicáveis, especialmente no caso da atividade transfronteiriça.

[117] Esta Proposta insere-se no 5.º princípio do Pilar Europeu dos Direitos Sociais – "5. Emprego seguro e adaptável – Independentemente do tipo e da duração da relação de trabalho, os trabalhadores têm direito a um tratamento justo e equitativo em matéria de condições de trabalho, acesso à proteção social e formação. Deve ser promovida a transição para formas de emprego sujeitas a contrato sem termo.
Deve ser garantida a flexibilidade necessária para permitir que os empregadores se adaptem rapidamente às evoluções do contexto económico, em conformidade com a legislação e os eventuais acordos coletivos.
Devem ser promovidas formas inovadoras de trabalho que garantam condições de trabalho de qualidade. O empreendedorismo e o trabalho por conta própria devem ser incentivados, devendo a mobilidade profissional ser facilitada.
As relações de trabalho que conduzam a condições de trabalho precárias devem ser evitadas, nomeadamente através da proibição da utilização abusiva de contratos atípicos. Qualquer período experimental deve ter uma duração razoável.".

[118] *Vide* sobre a mesma TERESA COELHO MOREIRA, "A proposta de diretiva relativa à melhoria das condições de trabalho nas plataformas digitais", *in Prontuário de Direito do Trabalho*, 2022-I.

O âmbito pessoal da proposta é surpreendentemente amplo porque inclui todas as pessoas que realizam trabalhos através de plataformas na UE, independentemente do seu estatuto. No entanto, a Proposta faz uma distinção entre pessoas que trabalham e que têm uma relação de trabalho – trabalhadores de plataforma ou pessoas reclassificadas como trabalhadores de plataformas-, e trabalhadores independentes executando trabalhos de plataforma, em que a primeira categoria recebe proteção total ao abrigo da Proposta, enquanto a proteção dos trabalhadores independentes é menor, limitada à gestão e processamento algorítmico de dados pessoais.

Os trabalhadores das plataformas incluem pessoas que têm um contrato de trabalho definido por lei, convenções coletivas, ou prática nos Estados-Membros com base na jurisprudência do Tribunal de Justiça da União Europeia, assim como pessoas que executam trabalhos na UE que não têm contrato ou relação de trabalho, mas que, com base na primazia dos factos, poderiam ser considerados como tendo esse estatuto.

Outro elemento importante do âmbito da Proposta é que ela é aplicável a todos os tipos de plataformas digitais que prestam serviços comerciais, independentemente do seu local de estabelecimento ou se tais serviços são entregues no local ou *online*, desde que o serviço seja prestado na UE.

A aplicabilidade territorial da Proposta é baseada no local onde é realizado o trabalho da plataforma.

A Proposta de Diretiva criou no art. 4.º uma presunção ilidível da existência de um contrato de trabalho[119] [120].

4. A Inteligência Artificial, o trabalho e a automatização

4.1. As mudanças tecnológicas criam novos produtos, processos e serviços, assim como novas necessidades e, nalguns casos até, sectores totalmente novos. A globalização e as novas tecnologias postulam, de certa forma, novas relações de trabalho ou, pelo menos, o repensar de algumas relações. E o trabalhador neste *Mundo Novo do Trabalho*, para não ser excluído, tem de

[119] De notar-se que na UE 17 Estados-Membros não têm a consagração de uma presunção, sendo que 10 têm.

[120] O Conselho Europeu adotou a posição sobre esta proposta a 12 de junho de 2023 e, nesta altura, esta Proposta está na fase de negociações interinstitucionais.

ter obrigatoriamente um QI digital mínimo que lhe permita conhecer, sobreviver e conseguir trabalhar na era digital[121].

Na verdade, as NTIC, modificaram e continuam a alterar as bases do Direito do Trabalho: um trabalho muito subordinado, com um perímetro de tempos de trabalho bem definido, que agora sofre uma autêntica *metamorfose*, destruidora de emprego e criadora de um novo conceito de subordinação. Contudo, também parece ser importante assumir o desconhecimento e não realizar *futurologia*, até porque tem de atender-se que, numa primeira análise, estas mudanças ocorridas parecem não ser novas já que o mundo assistiu a anteriores revoluções industriais. Porém, numa análise mais aprofundada, ver-se-á que esta revolução é diferente, já que se atravessa um período de uma evolução sistémica, excecional e raramente comparada a qualquer outra que tenha ocorrido no passado. Não se trata de crise mas de uma verdadeira metamorfose; não de passagem entre dois estados, mas de um salto para o desconhecido. Por outro lado, não pode esquecer-se que há alterações demográficas importantes que alteram o mundo do trabalho e há a necessidade de assegurar políticas proactivas que auxiliem a inclusão[122] neste Novo Mundo do Trabalho.

4.2. Há que ter ainda em atenção que estas mutações são globais e há necessidade de agir globalmente e não apenas a nível nacional. Mais do que nunca, o Direito do Trabalho ou é internacional ou não sobrevive.

O setor das NTIC é, provavelmente, o mais emblemático do desenvolvimento da sociedade e, por isso, tornou-se a imagem do *futuro* e, neste caso específico, do futuro do trabalho, falando-se muitas vezes do fim do trabalho[123] como o conhecemos e de um enorme desemprego. Na verdade, a automatização originou a perda de emprego para muitos, não só dos que ocupavam atividades rotineiras e com baixa formação, mas também dalguns com formação média ou, até, elevada, o que faz ressurgir a velha questão do *desemprego tecnológico*[124], hoje ainda com mais intensidade já que há sectores que desaparecem

[121] JEAN-EMMANUEL RAY, *Les relations individuelles de travail 2016*, Wolters Kluwer, França, 2015, pp. 114 e ss..

[122] A que se refere DOMINIQUE MÉDA, *Le travail: une valeur en voie de disparation*, Edition Alto-Aubier, 1995.

[123] JEREMY RIFKIN, *The end of work: The Decline of the Global Labor Force and the Dawn of the Post-Market Era*, Putnam Publishing Group, 1995.

[124] Numa conversa apócrifa que teve lugar na década de 50 entre Henry Ford II, na altura *chairman* da *Ford Motor Company*, e Walther Reuther, o dirigente da *United Automobile Workers*, mostra-se a relação que existe entre tecnologia, por um lado, e o emprego por outro. Esta conversa teve lugar

totalmente, falando-se, inclusive do *fim do trabalho*. Na verdade, se a questão do *desemprego tecnológico* não surgiu com o advento do mundo digital, bastando pensar que já em 1930 KEYNES[125] manifestou alguma preocupação relativamente ao risco associado à "descoberta de novos mecanismos que economizem trabalho mais rapidamente do que a descoberta de novas utilizações para esse trabalho"[126], ela adquire *novas roupagens* com o desenvolvimento do que se denomina de *machine learning* através da inteligência artificial, aumentando de forma exponencial as probabilidades de automatização do emprego[127].

numa fábrica recentemente automatizada e onde Ford terá perguntado a Reuther "Walter, como vai conseguir que estes *robots* paguem as quotas do sindicato?", ao que Reuther respondeu "Henry, como vai conseguir que eles lhe comprem os carros?". *Vide* MARTIN FORD, *Robôs – A Ameaça de um Futuro sem Emprego*, Bertrand Editora, Lisboa, 2016, p. 245. Esta conversa mostra como os seres humanos não podem tornar-se economicamente irrelevantes porque, mesmo que tenham problemas em concorrer com a inteligência artificial no local de trabalho, farão sempre falta enquanto consumidores.

[125] "Economic Possibilities for our Grandchildren", *in Essays in Persuasion*, W.W.Norton & Co., New York, 1963.

[126] Contudo, há que fazer a distinção no pensamento de KEYNES de uma visão a curto prazo: "For the moment the very rapidity of these changes is hurting us and bringing difficult problems to solve. Those countries are suffering relatively which are not in the vanguard of progress. We are being afflicted with a new disease of which some readers may not yet have heard the name, but of which they will hear a great deal in the years to come-namely, technological unemployment. This means unemployment due to our discovery of means of economising the use of labour outrunning the pace at which we can find new uses for labour"; de uma visão de longo prazo, onde defendeu que iriam existir ganhos de produtividade e uma melhoria na vida de todos e que, por volta de 2030, a sociedade teria produzido riqueza suficiente para o trabalho, reduzido a 15h semanais, se tornar uma questão de realização pessoal. A Humanidade – "livre da obsessão pela acumulação" – reaprenderia a viver em função do prazer e da cultura.

[127] Também na década de 60 do século passado, o Presidente dos EUA da altura, JOHN F. KENNEDY considerou, perante a pergunta que lhe tinha sido colocada que se estimava que aproximadamente em cada ano existiria a substituição de 1,8 milhões de trabalhadores e que a questão do pleno emprego era um dos maiores desafios que o país atravessava devido à crescente automatização das funções que estavam a substituir o trabalho humano – "it is a fact that we have to find, over a ten-year period, 25,000 new jobs every week to take care of those who are displaced by machines, and those who are coming into the labor market, so that this places a major burden upon our economy and on our society. It is one to which we will have to give a good deal of attention in the next decade. I regard it as a very serious problem. [...] I regard it as the major domestic challenge, really, of the '60s, to maintain full employment at a time when automation, of course, is replacing men" – *in* https://www.jfklibrary.org/archives/other-resources/john-f-kennedy-press-conferences/news-conference-24 .
Também o Prémio Nobel da Economia HERBERT SIMON defendeu em 1956 que "Machines will be capable, within twenty years, of doing any work a man can do", acrescentando em 1960 que "My research activities during the past decade have brought me in contact with developments in the use of electronic digital computers. These computers are startling even in a world that takes atomic

Creio, no entanto, que deve fazer-se uma distinção entre as atividades que podem ser automatizadas e as atividades que vão ser automatizadas – a diferença entre o *could* e o *would*[128]. Também seria loucura querer boicotar a automatização só para proteger os empregos dos seres humanos. O que devemos tentar proteger sempre são os seres humanos.

Como pode ver-se, já há muito que existem múltiplas vozes que preconizam o desaparecimento do trabalho humano! E ele não despareceu. As pessoas continuam a trabalhar. Porém, o que parece certo, é que, conforme defende DANIEL SUSSKIND[129], "as máquinas não farão tudo no futuro, mas farão mais [...] ainda haverá trabalho durante bastante tempo. Mas, à medida que o tempo passa, esse mesmo trabalho estará fora do alcance de cada vez mais pessoas. E, conforme vamos avançando no século XXI, a procura de trabalho humano irá desaparecer pouco a pouco"[130], podendo estar-se perante o fim, do mundo do trabalho, pelo menos parcial, como o conhecemos[131].

No entanto, há o surgimento de novas formas de prestar trabalho, como as que estão relacionadas com o uso e melhoria da tecnologia, como é o caso dos pilotos de drones ou engenheiros de *software*. Ou o caso dos trabalhos *freelancers* desenvolvidos na economia colaborativa, ou seja, trabalhos específicos esporadicamente realizados. Há, ainda, os empregos que surgem de redes sociais como os *influencers*. E, por último[132], os relacionados com certas áreas ou setores como, a chamada *orange-economy*, um conceito relacionado

energy and prospects of space travel in its stride. The computer and the new decision-making techniques associated with it are bringing changes in white-collar, executive, and professional work as momentous as those the introduction of machinery has brought to manual jobs" *in* OIT, *The economics of artificial intelligence: Implications for the future of work*, 2018, p. 1.

128 No mesmo sentido veja-se VALERIO DE STEFANO, "Introduction: Automation, Artificial Intelligence, and Labour Protection", *in Comparative Labor Law & Policy Journal*, Vol. 41, No. 1, 2019, assim como CYNTHIA ESTLUND, "What should we do after work? Automation and employment law", Yale Law Journal, vol. 128, n.º 2, pp. 254 e ss., 2018.

129 *Um Mundo sem trabalho – como responder ao avanço da tecnologia*, Ideias de Ler, Porto, 2020, p. 13.

130 O Papa Francisco, no Documento *The Common Good in the Digital Age*, deu como exemplo a robótica no local de trabalho. Por um lado, "pode acabar com alguns trabalhos cansativos, perigosos e repetitivos – basta pensar no que aconteceu no início da revolução industrial do século XIX – que geralmente causam sofrimento, tédio e estupefação. No entanto, por outro lado, a robótica pode tornar-se uma ferramenta puramente eficiente: usada apenas para aumentar os lucros, privando milhares de pessoas do seu trabalho e, com isso, comprometendo a sua dignidade".

131 Ver FELSTINER, "Working the Crowd: Employment and Labor Law in the Crowdsourcing Industry", *in Berkeley Journal of Employment and Labor Law*, vol. 32, 1, 2011, pp. 143 e ss..

132 *Last but not the least.*

com o crescimento exponencial de atividades ligadas à criatividade, à arte e ao entretenimento. Outra das possibilidades é a de a inteligência artificial poder ajudar a criar novos empregos pois, em vez de o homem tentar competir com ela, pode tentar aperfeiçoá-la[133].

Por outro lado, trabalhos e tarefas, que exigem habilidades humanas distintas relacionadas com a digitalização e a transformação digital, aumentarão como, *v.g.*, é o caso do atendimento personalizado aos clientes, da existência de novos tipos de gestores de relações humanas, de novos tipos de engenheiros.

A questão que pode colocar-se desde logo, tal como acabamos de enunciar, é a qualidade destes novos trabalhos já que em muitas destas atividades, existe uma diminuição das condições de vida e um empobrecimento de quem as presta, ou seja, mais do que com a quantidade, devemos estar preocupados também com a qualidade dos mesmos, quer relacionada com a retribuição auferida, quer com outros fatores como *v.g.*, com a segurança e saúde no trabalho, com o enorme controlo que permite, com a eventual discriminação e com o tempo de trabalho[134].

Uma Decisão do Tribunal de las Palmas, de 23 de setembro de 2019, veio exatamente ilustrar esta situação do eventual desemprego tecnológico ao não considerar admissível o despedimento de uma trabalhadora que trabalhava na sua empresa há mais de 13 anos porque, entretanto, esta tinha comprado um programa – um *bot* – que permitia substitui-la, assim como a outros, e esse programa trabalhava 24 horas por dia em 365 dias por ano. O Tribunal considerou que o que se passou naquele hotel foi uma tentativa clara de "substituir um trabalhador por um instrumento" informático. E isso distingue-se, de acordo com o juiz, dos casos "excecionais" em que, por exemplo, pessoas foram dispensadas quando as máquinas fotográficas analógicas foram substituídas pela fotografia digital, tornando redundante o trabalho de milhares de pessoas que se dedicavam, nas lojas de fotografia, à revelação de rolos fotográficos. Aqui não pode aplicar-se o mesmo raciocínio, decidiu o Tribunal,

[133] Cf., neste sentido, PAUL DAUGHTERY e H. JAMES WILSON, "Human + Machine: Reimagining work in the Age of AI", *in Harvard Business Review Press*, 2018, MARY L. GRAY e SIDDHARTH SURI, *Ghost Work: How to stop Silicon Valley from building a new global underclass*, Houghton Mifflin Harcourt, 2019, p. xxii, JANINE BERG, "Protecting Workers in the Digital Age: Technology, Outsourcing and the Growing Precariousness of Work", *in* https://papers.ssrn.com/sol3/papers.cfm?abstract_id=3413740, 2019, p. 2, e FORUM ECONÓMICO MUNDIAL, *Jobs of Tomorrow Mapping Opportunity in the New Economy*, 2020.

[134] No mesmo sentido VALERIO DE STEFANO, última *op.* cit., pp. 3-4, assim como MARC DE VOS, *Work 4.0 and the Future of Labour Law*, *in* https://papers.ssrn.com/sol3/papers.cfm?abstract_id=3217834, 2018, p. 12.

porque "mais do que uma mudança — uma conversão de algo em outra coisa — a automação implica o surgimento de algo novo, e não a alteração de algo existente".

O Tribunal decidiu que "a automação – como causa técnica do despedimento objetivo – implica uma oposição entre os Direitos Sociais alcançados pelos trabalhadores, que são vistos como um obstáculo ou obstáculos para obter um desempenho comercial mais ideal, em comparação com a possibilidade de um instrumento de produção poder realizar o mesmo trabalho sem limite de horas, sem salário ou contribuições sociais. A automação por meio de robôs ou *bots*, com a única desculpa de reduzir custos para aumentar a competitividade, significa o mesmo que eliminar o Direito ao Trabalho para aumentar a Liberdade nos Negócios. Sendo assim, um despedimento deste tipo não pode ser entendido como adequado considerando a interpretação a ser dada quanto ao despedimento objetivo por razões técnicas". Entendeu, e bem, que "aqui não há mudança nos meios ou instrumento de produção, o que existe é a substituição de um trabalhador por um instrumento. O contrário seria considerar o trabalhador como um instrumento e o surgimento de um robô ou *bot* como uma mudança nesse instrumento". Na verdade, "esses custos, reduzidos, limitam-se a dispensar completamente os trabalhadores. Ou seja, a melhoria da competitividade é erigida como um elemento único que justifica o despedimento, através da introdução de *bots* que automatizam o trabalho, deslocando a força de trabalho humana. Definitivamente, isso não pode ser considerado justa causa de despedimento adequada, porque de outro modo implicaria favorecer, sob o pretexto da competitividade, a subestimação e a minimização do Direito ao Trabalho".

4.3. Em janeiro de 2016, no *Forum Económico Mundial*, defendeu-se que cerca de 5 milhões de postos de trabalho iriam ser substituídos com a entrada no mundo do trabalho dos *robots* e da inteligência artificial, sendo que os 5 anos seguintes seriam fundamentais para a evolução do trabalho, sobretudo humano, no mundo. Contudo, estudos mais recentes, de 2018, também do *Forum Económico Mundial*, demonstram que metade das principais atividades permanecerá estável até 2022, porque as tarefas emergentes e a geração de empregos continuarão a compensar a diminuição do trabalho.

Cremos, contudo, que não devemos ser tão *pessimistas*, nem generalistas[135], pois há que ter em conta fatores que bloqueiam a automatização, nomeadamente as resistências culturais, os custos com esta automatização[136], assim como a criação de novos empregos com esta economia digital. Na verdade, apesar de hoje as máquinas conseguirem realizar muito mais atividades do que no passado, isto não quer dizer que consigam fazer tudo. Poderão existir sempre algumas atividades que fiquem reservadas para as pessoas, quer porque se tornaram impossíveis de ser automatizadas, quer porque não é lucrativa a sua automatização, quer por existirem barreiras a nível regulatório ou cultural, ou, simplesmente, porque os seres humanos querem que sejam feitas por humanos. Mas isso não significa que exista procura suficiente dessas atividades para todas as pessoas[137].

Ainda assim, defende-se que deve ter-se presente que várias atividades irão ser substituídas com a crescente automatização de tarefas e o desenvolvimento da robótica, existindo uma crescente "usurpação de funções" por parte desta, desde carros autónomos, à eventual entrega de encomendas por *robots* voadores[138].

Contudo, deve ter-se em linha de conta que, tal como nas revoluções tecnológicas anteriores, várias das possibilidades existentes melhoram a vida das pessoas e permitem a integração no mercado de trabalho de pessoas que tradicionalmente estavam ou poderiam estar excluídas, como as portadoras de deficiência, com problemas de mobilidade ou residentes em locais remotos. Também não pode esquecer-se que uma das grandes vantagens do ser humano relativamente às máquinas é a sua capacidade de flexibilidade e de adaptação.

Por outro lado, a tecnologia pode ser vista como libertadora, sobretudo nas tarefas mais rotineiras, pois se uma parte significativa do ser humano trabalha para viver, não vive apenas para trabalhar e, por isso, pode ser que que

[135] Neste sentido ver DOMINIQUE MÉDA, *The future of work...*, cit., pp. 10 e ss..

[136] O que originará, claramente, que a automatização prossiga a ritmos diferentes.

[137] Neste sentido DANIEL SUSSKIND, *op.* cit., p. 131. Aliás, o autor faz uma análise de dois tipos de desemprego tecnológico. O desemprego tecnológico que apelida de "friccional", que é um tipo de desemprego em que existe ainda trabalho, mas a questão é que não é alcançável por todos, ou porque, *v.g.*, não têm a necessária qualificação ou habilitações, ou porque tendo-as, mas o trabalho está, segundo o autor, "na área geográfica errada" – p. 114, e um desemprego tecnológico "estrutural", em que o trabalho que existe não chega para todos as pessoas porque é substituído pelas máquinas. Cf., para maiores desenvolvimentos, pp. 106-138.

[138] Exemplo DANIEL SUSSKIND, *op.* cit., p. 88, onde pode ver-se que alguns *robots* são capazes de abrir portas, trepar paredes, subir escadas, dar piruetas, carregar cabos em terrenos inóspitos e atar cordas em pleno voo.

a automatização seja positiva nalguns aspetos, deixando que o ser humano se dedique a outras atividades de que realmente goste, cumprindo o que há muito foi defendido por CONFÚCIO, *Escolhe um trabalho de que gostes e não terás que trabalhar nem um dia na tua vida.* Considera-se que tudo depende das respostas que forem adotadas.

Também tem de ter-se em consideração que não é só a tecnologia que está a mudar a realidade. As próprias preferências da sociedade estão a alterar-se, quer com o envelhecimento da população, quer com o surgimento de uma nova geração – a *Geração Y*, ou *Millennium*[139] –, que dão mais valor à ideia de *work-life balance* e ao significado do trabalho que realizam, a uma formação contínua e a uma flexibilidade do tempo de trabalho. E também a geração anterior pretende uma melhor conciliação entre vida profissional e a vida privada.

Através desta nova visão da sociedade há, ou poderá haver, o surgimento de novas necessidades de mercado, podendo dizer-se que a estrutura da procura de trabalho está a mudar.

Como defende a OIT[140] "O acesso à educação, à formação e às tecnologias pode transformar as comunidades rurais. Se as pessoas mais velhas puderem manter-se ativas e ocupadas, enriquecerão a sociedade e a economia com os seus conhecimentos e experiência. Capacitar jovens, rapazes e raparigas, para atingir o seu pleno potencial e aproveitar as oportunidades emergentes criará as condições para que se tornem, no presente, nos agentes de mudança".

Sem dúvida que isto parece ser essencial num mundo onde a distribuição da riqueza continua a existir e onde o progresso tecnológico pode aumentar ainda mais esta desigualdade. Contrariamente ao que KEYNES defendeu, o denominado "bolo económico" não chegou a todos. A prosperidade do mundo não foi e não é automaticamente usufruída por todos e a questão económica só foi resolvida para alguns[141].

Perante este cenário, onde as sociedades são incapazes de oferecer ocupação e trabalho para parte da população, tem de abordar-se temas essenciais como o acesso a rendimentos, as receitas do Estado, o sistema educativo e as políticas de emprego[142].

[139] Como refere MARC DE VOS, *op.* cit., p. 2, assiste-se a um "talent shift", a um envelhecimento, combinado com um rejuvenescimento ou, como denomina, a um "greening" de certos grupos.

[140] *Trabalhar para um Futuro Melhor*, cit., p. 22.

[141] Neste sentido *vide* DANIEL SUSSKIND, *op.* cit., pp. 155-156.

[142] Como é assinalado por ARUN SUNDARARAJAN, *The Collaborative Economy: Socioeconomic, Regulatory and Policy Issues*, Parlamento Europeu, 2017, pp. 29 e ss., é necessária a existência de um novo

Por isso, secunda-se o defendido por JOÃO LEAL AMADO[143] quando escreve que "O Estado-legislador não poderá deixar de assumir aqui um papel ativo e deve procurar regular essa transição, apoiando os trabalhadores e assegurando que a viagem seja o mais suave possível (reservando certas atividades a seres humanos, fixando "quotas humanas", certificando os produtos "made by humans", tributando a robotização, etc.)", não nos podendo esquecer que o trabalho não significa apenas a principal fonte de rendimento para a maior parte das pessoas no mundo. O trabalho é também, para muitos, uma forma de estar em sociedade e de dignidade e até de identidade, sendo a principal forma de participação na sociedade, para muitos. O emprego tem de ser visto como uma atividade que visa a produção material de bens e serviços úteis à sociedade e não como uma atividade que apenas permite acumulação de riqueza. O trabalho não deve ser visto tão só como uma forma de remuneração económica, mas também como uma forma de estar em sociedade. E a carência de emprego ou a sua existência precária minam as possibilidades de integração, podendo romper-se a coesão social e criarem-se situações de exclusão, fazendo perigar a estabilidade social da sociedade.

E, por isso, o desemprego tem inúmeros custos económicos, sociais, psicológicos que justificam a afirmação de VIVIANE FORRESTER[144] quando diz que "para lá da exploração do homem há algo pior: a ausência de qualquer exploração".

4.4. Considera-se, assim, que, perante este cenário, é essencial tentar antecipar as mudanças tecnológicas através da formação contínua, mudando também um pouco o que ensinamos, como ensinamos e quando ensinamos[145]. Aliás, a OIT[146] defende um direito universal à aprendizagem ao longo da vida e à reconversão profissional, já que aquela aprendizagem compreende, para além das competências necessárias para trabalhar, o desenvolvimento das capacidades necessárias para participar numa sociedade democrática.

contrato social neste contexto digitalizado.

143 "Os robôs e o Direito do Trabalho: o desafio final?", *in Direito e Robótica – Actas do Congresso*, n.º 16, Estudos de Direito do Consumidor, Instituto Jurídico – Centro de Direito do Consumo, Coimbra, 2020, p. 36.

144 *O Horror Económico*, trad., Terramar, 1997, p.18.

145 DANIEL SUSSKIND, *op.* cit., pp.161-168, referindo que "se pudermos adaptar o quê, como e quando ensinamos, então, a educação é, presentemente, o nosso melhor baluarte contra o desemprego tecnológico", ainda que depois não deixe de referir algum ceticismo perante a mesma, posição que não acompanhamos.

146 Última *op.* cit., p. 31.

A crescente irrelevância de onde e quando o trabalho é realizado e a maior especialização significam que o processo produtivo não para nas portas da fábrica, o que origina novas necessidades de formação para empregadores e trabalhadores. A criatividade[147], as *social skills*, as *digital skills*, juntamente com a capacidade de trabalhar em grupo, tornam-se ferramentas essenciais para o sucesso, quer das empresas, quer dos próprios trabalhadores e, por isso, a necessidade de formação contínua. Na verdade, deve apostar-se no incentivo nestas capacidades em que, pelo menos por agora, as máquinas ainda não são capazes de as realizar. Os seres humanos têm capacidades como a intuição, a flexibilidade, o julgamento, ou o senso comum, que muito dificilmente, e porventura só imaginariamente, são automatizáveis. É o conhecido paradoxo de *Polany*, denominado assim depois de MICHAEL POLANY ter defendido *we know more than we can tell*, ou *sabemos mais do que o que podemos distinguir*, visando sugerir que as pessoas são capazes de fazer coisas muito complicadas sem compreender plenamente os seus detalhes técnicos[148].

Na verdade, neste mercado de trabalho os tradicionais *hard skills* – competências técnicas- são insuficientes, cabendo um papel acrescido às denominados *soft skills*, isto é, às competências comportamentais e sociais, criando-se até as *hibrid skills*, que misturam competências técnicas com cognitivas, tentando transformar os *perdedores* em *ganhadores*. Citando FERNANDO PESSOA[149], "não é o trabalho, mas o saber trabalhar, que é o segredo do êxito no trabalho".

Essencial é começar desde já esta formação, sob pena de, não o fazendo, dar-se razão aos pensamentos apocalípticos sobre o fim do trabalho. Não é possível esperar pela próxima geração de trabalhadores. Se quiser evitar-se que a mudança tecnológica seja acompanhada da destruição de emprego

[147] Conforme escreve YUVAL NOAH HARARI, *op.* cit., p. 47, a propósito da automatização e de como a criatividade apresenta obstáculos à mesma: "já não precisamos de seres humanos para para nos venderem música – podemos descarregá-la diretamente de uma loja virtual -, mas os compositores, os músicos, os cantores e os DJ ainda são de carne e osso. Dependemos da sua criativadade não só para produzirem música inédita mas também para escolherem de entre uma quantidade infindável de possibilidades".

[148] Cf. JEREMIAS PRASSL, *Human as...*, cit., p. 138, assim como DAVID AUTOR, *Polanyi's Paradox and the Shape of Employment Growth*, NBER Working Paper, n.º 20485, 2014, que defende, p. 7, que "At a practical level, Polanyi's paradox means that many familiar tasks, ranging from the quotidian to the sublime, cannot currently be computerized because we don't know "the rules." At an economic level, Polanyi's paradox means something more. The fact that a task cannot be computerized does not imply that computerization has no effect on that task. On the contrary: tasks that cannot be substituted by computerization are generally complemented by it".

[149] *Teoria e prática do comércio in Citações e Pensamentos de Fernando Pessoa*, Casa das Letras, Lisboa, 2009.

e de um aumento exponencial do desemprego e da desigualdade, nomeadamente de género, é preciso atuar já, e esta atuação tem de ser feita por todos.

O aumento da formação a nível nacional e, mesmo, internacional ajuda a que se possam enfrentar as incertezas e a definir melhor, de forma coletiva, os modos de produção e da distribuição da riqueza, permitindo-se que cada um possa exprimir-se melhor através da formação contínua.

Torna-se assim imperioso procurar formar trabalhadores qualificados para diminuir a sua precariedade. À medida que a população vai envelhecendo é necessário adaptar as condições de trabalho e, sobretudo, melhorar a formação e a aprendizagem ao longo da vida profissional, assim como promovendo a segurança e a saúde no trabalho.

Diria mesmo que esta procura de trabalhadores qualificados não pode ser feita apenas através da contratação de trabalhadores mais jovens, mas antes, também, através da contratação de trabalhadores considerados mais *vulneráveis*, como pessoas mais velhas, mulheres, pessoas portadoras de deficiência, ou pessoas com passado migratório, trabalhadores estes que, por vezes, são bastante qualificados.

Acrescenta-se, ainda, que o futuro do Direito do Trabalho exige trabalhadores com mais conhecimentos, mais formação e mais educação. É fundamental que os trabalhadores sejam altamente qualificados e em formação contínua e permanente pois só assim poderão enfrentar os desafios das novas formas de prestar trabalho e da nova economia colaborativa, obtendo verdadeiros ganhos de produtividade.

Devo referir que em muitas indústrias e em múltiplos países as atividades com mais procura atual não existiam há 10 anos ou mesmo 5 anos atrás. E se pensarmos que, segundo dados recentes, parece que 65% das crianças que entram agora no primeiro ciclo irão trabalhar em atividades completamente novas, que não existem atualmente, conclui-se pela necessidade de antecipação das necessidades futuras e de formar todos para elas[150].

4.5. Outra das questões que se levanta nesta economia colaborativa é a da competição entre trabalhadores, conforme a afirmação de THOMAS BIEWALD, o CEO da plataforma *crowdflower* "*Before the Internet, it would be really difficult to find someone, sit them down for ten minutes and get them to work for you, and then fire them after those ten minutes. But with technology, you can actually*

[150] DANIEL SUSSKIND, *op.* cit., pp. 109 e ss..

find them, pay them the tiny amount of money, and then get rid of them when you don't need them anymore"[151].

Nesta nova sociedade digital verificou-se uma transformação radical da economia na medida em que que há uma redução enorme dos custos de informação e de coordenação, e surgem, conforme já referimos anteriormente, as plataformas digitais e uma nova economia, a economia partilhada ou colaborativa.

O PARLAMENTO EUROPEU[152] realça a importância fundamental de proteger os direitos dos trabalhadores nos serviços colaborativos, chamando a atenção para o facto de assegurar-se o direito de os mesmos se organizarem, bem como asisistindo-lhes o direito à negociação e ação coletivas em conformidade com o direito e a prática de cada Estado-membro, salientando que todos os trabalhadores da economia colaborativa são, quer trabalhadores por conta de outrem, quer trabalhadores por conta própria, consoante as situações concretas, devendo como tais classificados, e todos os Estados-Membros devem garantir condições de trabalho equitativas e uma proteção jurídica e social adequada para todos na economia colaborativa, independentemente do seu estatuto[153].

Ocorrem, ainda, novas ameaças para os direitos fundamentais dos trabalhadores, quer os direitos fundamentais *específicos*, com a prática de baixos salários, principalmente para as tarefas que exigem menos qualificação, pagos à peça ou à tarefa, a falta de respeito pelos tempos de trabalho, com a sua crescente intensificação, e a cultura da urgência, o desrespeito pelos direitos coletivos, ou o aumento dos riscos quer físicos, quer psicológicos para a segurança e saúde dos trabalhadores, quer para os direitos fundamentais *inespecíficos*, como a privacidade, já que se está perante uma intensificação do controlo eletrónico, panótico, automático, ainda mais intrusivo para a privacidade[154], pois é implementado por algoritmos, falando-se de um *trabalhador algoritmo* ou, em inglês, de um *algocracy*, podendo correr-se o risco, até, da coisificação ou reificação da pessoa humana. Os trabalhadores são substituídos por *robots*, ou quase transformados em *robots*, porque realizam atividades,

[151] JEREMIAS PRASSL e MARTIN RISAK, *op.* cit., p. 626.

[152] *Relatório sobre uma Agenda Europeia para a Economia Colaborativa*, pontos 38 e 39.

[153] Considera ainda, no Ponto 44, que "muitas plataformas de intermediação em linha são estruturalmente semelhantes a agências de trabalho temporário (relação contratual triangular entre: trabalhador temporário de uma agência/trabalhador de plataformas; agência de trabalho temporário/plataforma em linha; utilizador/cliente)".

[154] Estes aspetos irão ser abordados nos próximos números.

ou micro-atividades, altamente rotineiras, monótonas, repetitivas. Na verdade, diria que podem encontrar-se semelhanças entre o *Scientific Managment* de Taylor e o trabalho nas plataformas virtuais. Com as novas tecnologias, a divisão do trabalho origina uma espécie de cadeia de montagem virtual, onde as atividades são divididas para se tornarem mais simples e, por isso, passíveis de serem realizadas por pessoas sem tantos conhecimentos. Neste novo *neotaylorismo*, os tempos de trabalho são irrelevantes porque o pagamento é feito por tarefa e, em vez de existir um controlo sobre o processo produtivo, realiza-se um controlo *ex-post*, já que pode recusar-se o trabalho efetuado se for considerado insatisfatório, assim como um controlo *ex-ante*, porque não se contratam trabalhadores que não têm boas avaliações feitas pelos clientes, isto é, que não têm uma boa reputação *online*.

Através destas plataformas, e contrariamente à ideia que se defende de flexibilidade, e mascarada por falsas ideias de liberdade, o controlo é permanente e o lugar para a privacidade é pouco ou nenhum, pois a plataforma consegue controlar desde a atividade exercida, à localização, e apesar de o local de trabalho ser móvel, o seguimento é constante, passando a ser extremamente *porosas* as fronteiras entre o local de trabalho e os outros locais, continuando a gerar-se dados e a controlar mesmo quando os motoristas não estão a conduzir pois a conectividade digital é permanente e o controlo praticamente total, através do cruzamento das informações recolhidas pelas plataformas e o controlo exercido pelos algoritmos que podem, por exemplo, desativar os condutores com base na avaliação dos clientes.

Estas inovações tecnológicas de controlo assumem características praticamente ilimitadas, podendo originar provocar discriminações e dar origem à elaboração de autênticas *castas laborais* a fazer recordar os *Alfas* e os *Betas* de ALDOUS HUXLEY, passando rapidamente de uma *Sociedade Digital* para uma, bem mais preocupante, *Sociedade da Vigilância*[155].

Este tipo de controlo inclusive tem gerado situações de sensação de controlo total, não havendo espaço para a privacidade já que as avaliações a que as pessoas são sujeitas são comparadas com as dos restantes colegas e permanecem, mesmo que tenham sido injustas, o que levanta questões relacionadas com a discriminação e mesmo com o assédio.

[155] Cf., para maiores desenvolvimentos sobre este tipo de controlo, TERESA COELHO MOREIRA, *A privacidade dos trabalhadores ...*, cit., *Estudos de Direito do Trabalho*, reimp. da primeira edição, Almedina, Coimbra, 2016, e *Estudos de Direito do Trabalho, volume II*, Almedina, Coimbra, 2016.

Perante estas inúmeras tecnologias, a questão que se coloca é a de saber o que resta da privacidade? Com o surgimento do trabalho no mundo virtual, como proteger a privacidade? Com o trabalho na *cloud*, os trabalhadores virtuais podem estar a realizar o trabalho em qualquer local e os empregadores podem estar a gravar todos os movimentos por ele realizados, até porque as palavras virtuais têm de ser gravadas para assegurar a preservação da informação. Como conciliar isto tudo com o direito à privacidade? Claramente que é necessário reequacionar a noção de privacidade e salvaguardá-la destes novos tipos de ameaças.

Desta forma, torna-se necessário, diria mesmo imperioso, aferir qual a extensão da proteção da privacidade e tentar saber se a tecnologia comporta e impõe os seus próprios limites. No entanto, também não pode deixar de atender-se a que a tecnologia é em si mesma neutra, o mesmo não se podendo dizer do homem que a utiliza, cujo *leitmotiv* é o controlo das pessoas. Na verdade, conforme a história tem vindo a demonstrar ao longo do tempo, tão curto e tão longo, as inovações tecnológicas só dependem da utilização que lhes é dada pelo homem.

Sem dúvida, que a *nudez tecnológica* está presente com um controlo cada vez mais intrusivo feito por máquinas e com um novo tipo de prova denominada de prova digital ou prova virtual, já que o essencial do controlo é invisível ao olho humano e toda uma vida profissional e pessoal está associada a uma máquina. E a pergunta impõe-se: não estaremos a assistir novamente a uma reificação da pessoa humana? No futuro, perante esta *nudez digital*, será necessário mudar de *identidade digital* do *novo homo numericus* para poder obter-se um emprego?

Não nos parece, tendo de considerar-se sempre que se no plano técnico tudo é possível, o mesmo não se passa no plano jurídico.

II – ALGUMAS QUESTÕES

1. Qualificação do contrato: *a never ending story?*

1.1. Introdução

1.1.1. O Direito do Trabalho, como anteriormente se referiu, é um direito de formação recente que surgiu, enquanto ramo autónomo do Direito, no seguimento da Revolução Industrial e das revoluções burguesas, tendo assumido desde cedo a sua *veste protetora* da parte mais fraca, tendo por objetivo principal superar a desigualdade de poder inerente à relação de trabalho. A ideia da igualdade formal entre as partes, típica do Estado Liberal, foi colocada em causa quando se começou a notar que a igualdade era apenas artificial ou formal face ao poder económico e social de alguns que a impunham aos outros sob a capa generosa dessa mesma igualdade. Na verdade, as situações de desigualdade material eram bastante graves na medida em que a igualdade de direitos não era suficiente para tornar acessíveis a quem era socialmente desfavorecido as oportunidades de que gozavam as pessoas detentoras de privilégios[156][157]. Assim, em meados do séc. XIX começa a mudar a perceção sobre a pobreza e sobre as desigualdades sociais, o que favorece a problematização das questões sociais e o surgimento dos primeiros movimentos operários[158].

[156] No mesmo sentido, GUILHERME DRAY, *O princípio da igualdade – sua aplicabilidade no domínio específico da formação de contratos individuais de trabalho*, Almedina, Coimbra, 1999, pp. 57-58.

[157] Razão tinha LACORDAIRE, quando afirmava que *entre o rico e o pobre, entre o forte e o fraco, é a libertdade que oprime e a lei que liberta.*

[158] Em França, o desejo de modificar as ideias liberais, na forma como foram concretizadas, dá origem à revolução de 1848, cujas principais reivindicações eram as de assegurar as condições mínimas de existência às pessoas, garantir o direito ao trabalho e promover o direito à instrução. Na sua sequência, surge a Constituição de 4 de novembro de 1848, cujo texto contém algumas disposições que são consideradas como verdadeiros direitos sociais.

E o Direito do Trabalho, como ramo do Direito autónomo, surge nesta altura, fruto da consciencialização de que a igualdade entre trabalhador e empregador não passava de uma ficção[159].

Assim, podemos dizer que a função por excelência que se atribuiu ao Direito do Trabalho desde os seus primórdios foi uma função tuitiva ou protecionista, assumindo-se que o seu código genético, o seu ADN[160] é o de regular uma relação que é assimétrica, visando compensar a debilidade real dos trabalhadores perante os empregadores, desconfiando da liberdade contratual e da *autorregulação dos mercados*, da *mão invisível* destes nas palavras de ADAM SMITH[161]. Como escreve ANTOINE LYON-CAEN[162], "o Direito do Trabalho nasceu contra o imperialismo do contrato", cumprindo assim uma justiça distributiva.

Surge-nos, desta forma, uma nova fase do capitalismo, que se caracteriza pelo intervencionismo do Estado e que visa estabelecer regras para atingir uma igualdade substancial de todos. Surge, assim, o Estado social, configurando-se como um compromisso entre o capital e o trabalho, criando

159 Como escreve JOSÉ JOÃO ABRANTES, "Sociedade e direito ..." cit., p. 519, "A sua história é a história da progressiva proteção jurídica dos trabalhadores face aos empregadores". No mesmo sentido JOÃO LEAL AMADO, *Direito do Trabalho – Relação Individual*, (em co-autoria com MILENA SILVA ROUXINOL, JOANA NUNES VICENTE, CATARINA GOMES SANTOS e TERESA COELHO MOREIRA, Almedina, Coimbra, 2019, p. 17, "Ao abstrair do homem concreto, do homem historicamente situado, o liberalismo oitocentista fez da liberdade e da autonomia «o monopólio dos privilegiados» e fez da igualdade «a lei do mais forte»".

160 JOÃO LEAL AMADO, "Dinâmica das ...", cit. p. 95.

161 Como escreve GERARD LYON-CAEN, *apud* JORGE LEITE, "A reforma ...", cit., p. 3, "o Direito do Trabalho é o filho do mercado e da livre concorrência. No entanto, desde cedo ele sentiu um ódio pelos seus pais". A este propósito e num contexto de crise, JOÃO LEAL AMADO, "Direito do Trabalho, Crise e Reforma: o Caso Português", *in Direitos Fundamentais do Trabalhador Cidadão e Transformações do Mercado de Trabalho: Desafios – Anais da Academia Brasileira de Direito do Trabalho 2017*, Lex Magister, Porto Alegre, 2017, p. 175, escreve que "O problema é que o Direito do Trabalho é, realmente, um filho do sistema capitalista – um filho rebelde, mas não desnaturado. Parece que, com a idade, a rebeldia está a desaparecer. Com o tempo, o Direito do Trabalho deixa de se revoltar contra a figura paterna, pelo contrário, conforma-se, resigna-se, aceita os traços de personalidade do pai, os seus vícios, os seus erros, as suas insuficiências... A rebeldia que, amiúde, acompanha a adolescência desparece juntamente com esta. O Direito do Trabalho adapta-se, acomoda-se, resigna-se, torna-se pragmático, perde chama e brilho. Os sonhos – igualdade, fraternidade, solidariedade, justiça social – desvanecem e dão lugar à crua e fria realidade, as cores vivas cedem o passo aos tons cinzentos e monótonos. O Direito do Trabalho está, realmente, em crise. Ele não está, cremos, em riscos de falecer. Mas o Direito do Trabalho está a envelhecer – e, parece, como sucede com tantas pessoas, não está a envelhecer bem". Contudo, entendemos que, perante as novas formas de prestar trabalho, o Direito do trabalho tem de rejuvenescer e voltar a ser o *filho rebelde*, defendendo todos os seus *sonhos*.

162 "Actualité du contrat de travail", *in Droit Social*, n.ºs 7-8, 1988, p. 540.

direitos sociais e tendo fins de solidariedade e justiça social, deixando de ser o Estado *guarda-noturno*, ou a repartição de finanças, não intervencionista.

Contudo, o pleno desenvolvimento dos direitos sociais só ocorre no séc. XX, sobretudo na sequência da I Guerra Mundial, o que origina a consagração de novos direitos e garantias, surgindo então os *direitos a prestações – Leistungsrechte-*, ou relativamente a serviços existentes, *direitos de quota-parte –Teilhaberechte-*[163], que se vão incorporar no advento do denominado constitucionalismo social onde, em palavras de TISSEMBAUM[164], "o trabalho, que antes tinha sido subestimado como atividade profissional humana, adquiriu a hierarquia de um direito que se consubstanciou com os essenciais da vida humana, de modo equivalente ao da liberdade". Durante esta altura generaliza-se a ideia de que é indispensável o compromisso do Estado em favor de uma igualdade material. Importantes, nesta consagração, foram a Constituição mexicana de Querétaro de 1917 e, sobretudo, a Constituição alemã de 1919, também conhecida como Constituição de Weimar. A Constituição de Querétaro foi a primeira das denominadas Constituições sociais[165] e apresenta uma nova perspetiva do papel do Estado, completamente diferente do assacado às conceções liberais. Pela sua relevância, merecem ser destacadas a liberdade sindical, o direito à greve, o direito a uma retribuição justa e a condições satisfatórias de trabalho. Foi, porém, a Constituição de Weimar[166] aquela que melhor concretizou os direitos sociais fundamentais. O seu conteúdo foi consequência da necessária transformação política originada na sucumbência da Alemanha na I Guerra Mundial de 1914-1918. Com esta Constituição inaugura-se na Europa a era das constituições intervencionistas em matéria social. Surge uma nova categoria de direitos, os direitos positivos ou direitos a prestações do Estado, distintos das liberdades e dos direitos políticos, e que "são direitos dos cidadãos às prestações necessárias ao desenvolvimento pleno da existência individual e que têm por sujeito passivo o Estado"[167]. Os próprios direitos denominados de negativos alargam-se no seu âmbito ou

[163] VIEIRA DE ANDRADE *Os Direitos Fundamentais na Constituição Portuguesa de 1976*, 2.ª edição, Almedina, Coimbra, 2001, pp. 57-58.

[164] *Apud* MARTÍNEZ VIVOT, *Discriminación laboral – despido discriminatorio*, USAL, Buenos Aires, 2000, p. 16.

[165] No mesmo sentido, PEDRO ROMANO MARTINEZ, *A Constituição de 1976 e o Direito do Trabalho*, AAFDL, Lisboa, 2001, p. 5.

[166] Em palavras de RUSSOMANO, *apud* MARTÍNEZ VIVOT, *op.* cit., p. 17, "a Constituição de Weimar universalizou a iniciativa mexicana e a sua projeção foi notável".

[167] JOSÉ JOÃO ABRANTES, *A vinculação das entidades privadas aos direitos fundamentais*, AAFDL, Lisboa, 1990, p. 19.

concretizam-se. A Constituição de Weimar foi a primeira a nível europeu a consagrar uma social-democracia, procurando conciliar princípios liberais e princípios socialistas.

A Constituição alemã de 1919 dedicava toda a 2ª parte aos *direitos e deveres fundamentais dos alemães*. Composta por 56 artigos, 109º a 165º, repartidos em 5 títulos, a pessoa individual, a vida em comunidade, a religião e as comunidades religiosas, a formação e o ensino e a vida económica, os dois últimos conferiam aos direitos fundamentais uma perspetiva nova, ou seja, uma dimensão económica e social, traduzindo uma procura de compromisso entre as classes sociais[168]. Os trabalhadores foram objeto de uma atenção especial, aludindo-se, nomeadamente, à necessidade de garantir a igualdade entre empregadores e trabalhadores, estabelecendo-se novos compromissos estatais em matéria de proteção especial da mão-de-obra, garantindo-se a liberdade de associação profissional para a defesa e melhoria das condições económicas e laborais e proclamando-se o direito ao trabalho e ao descanso[169]. Pode dizer-se que com esta Constituição se operou a *constitucionalização do Direito do Trabalho* e se inicia uma nova fase da evolução deste ramo do direito. Na verdade, desde então, o Direito do Trabalho encontra na Constituição a sua base e o seu fundamento, passando a referir-se a *constitucionalização* como uma característica do Direito do Trabalho. É com a Constituição weimariana que pode começar a falar-se de uma *Constituição social*, preocupada com o trabalhador enquanto cidadão e como destinatário da proteção social. Bastante significativo é o art. 151º ao estabelecer que "a vida económica deve responder a princípios de justiça, com a aspiração de assegurar a todos uma existência digna do Homem". Esta Constituição foi durante muito tempo o documento que serviu de inspiração para conciliar os direitos individuais e sociais do Estado social de Direito, servindo de modelo ou paradigma constitucional para os textos europeus e americanos do pós- I Guerra Mundial. No entanto, esta Constituição é ainda juridicamente débil, dado o escasso poder conformativo dos preceitos da sua parte material ou orgânica[170]. Num certo prisma, ainda, foi um fracasso já que as suas disposições não impediram o advento do totalitarismo, não conseguiram limitar o poder nem garantir com eficácia os direitos das pessoas. Com a chegada ao poder dos

[168] *Vd.* FRÉDÉRIQUE FERRAND, *Droit privé allemand*, Dalloz, Paris, 1997, pp. 57-58.

[169] Ver PALOMEQUE LÓPEZ, *Los derechos laborales en la Constitución Española*, Cuadernos y Debates n.º 28, Centro de Estudios Constitucionales, Madrid, 1991, p. 10, onde se elencam com mais pormenor estes direitos.

[170] Ver SOUSA RIBEIRO, "Constitucionalização do Direito civil", *in* BFDUC, nº 74, 1998, p. 732.

membros do partido nacional socialista a Constituição de Weimar perdeu toda a sua incidência prática.

O desenvolvimento do constitucionalismo social paralisou durante a II Guerra Mundial e foi com o final desta que se operou o seu redescobrimento. Só nesta altura se impôs, definitivamente, a ideia da supremacia normativa da Constituição. Neste contexto surgem a Constituição italiana de 1947 e a Lei Fundamental para a República Federal da Alemanha de 1949. Nesta, reaparecem os direitos fundamentais e, desta vez, colocados logo no início da Constituição para se evidenciar ao Estado alemão a importância e o respeito da pessoa humana e das liberdades fundamentais para[171].

Atualmente, a constitucionalização dos direitos sociais e económicos é uma realidade presente e generalizada nas constituições da maioria dos países ocidentais e a nossa não é exceção.

O Direito do Trabalho também encontrou apoio em vários Tratados e Convenções Internacionais sobre direitos humanos e sociais, adquirindo valor universal princípios como a liberdade de trabalho, a não discriminação e a liberdade sindical.

Por outro lado, os problemas e as questões que o Direito do Trabalho enfrenta em múltiplos ordenamentos jurídicos são muito similares e estão relacionados com a implicação da pessoa do trabalhador na relação de trabalho, afetando a sua dignidade e a sua segurança, o desequilíbrio entre as partes, a função económica da retribuição, assim como a própria vertente do Direito coletivo. E todas estas questões têm uma dimensão internacional na medida em que o Direito do Trabalho tem essa virtualidade, isto é, ou é internacional ou não é direito[172].

1.1.2. Conforme foi visto[173], o Direito do Trabalho surgiu no contexto de fábrica, no contexto da Revolução Industrial, sendo hoje o seu âmbito de abrangência muito mais lato, englobando várias atividades e setores.

Perante este pluralismo de atividades, e sabendo-se, que nem todo o trabalho[174] prestado atualmente é objeto do Direito do Trabalho, que regula apenas o trabalho subordinado, nos termos do art. 11.º do CT, que prescreve que contrato de trabalho é "aquele pelo qual uma pessoa se obriga, mediante

[171] Ver, para maiores desenvolvimentos, TERESA COELHO MOREIRA, *Da esfera privada do trabalhador e o controlo do empregador*, *Studia Iuridica*, Coimbra Editora, Coimbra, 2004.

[172] Como já dissemos mais atrás.

[173] Cf. supra, I,1.

[174] A palavra trabalho é polissémica, podendo referir-se a várias situações.

retribuição, a prestar a sua atividade a outra ou outras pessoas, no âmbito de organização e sob autoridade destas"[175], convém analisar-se a qualificação jurídica das atividades prestadas *online* através de plataformas. Precisando, trataremos, maioritariamente, o denominado *crowdwork offline* ou *work on demand via apps*, referindo-nos de forma muito sucinta ao *crowdwork online*[176].

Na verdade, para o Direito do Trabalho só releva o trabalho que é prestado com subordinação jurídica, isto é, aquele em que o empregador tem o poder de dar ordens, instruções, diretrizes e o trabalhador tem o dever de lhes obedecer. Assim, com a celebração do contrato de trabalho o empregador passa a dispor do trabalho pessoal de outrem através de uma posição única que abarca a atribuição legal de determinados poderes, complexos e complementares entre si, cujo exercício lhe confere a possibilidade de adaptar o trabalho ao uso que entenda mais conveniente e que melhor se adapte aos interesses da empresa que dirige. Trabalho e empresa tornam-se, desta forma, na maior parte das vezes, realidades interdependentes pois se o contrato de trabalho dá origem à relação jurídico-laboral, a empresa é a condição e o suporte de concretização dessa relação. Desta forma, trabalhador e empregador ao celebrarem o contrato de trabalho assumem direitos e deveres mútuos com um inquestionável nexo de reciprocidade entre si, sendo que, na base de todos, se encontra o respeito devido à dignidade da pessoa humana.

Assim, o sistema de poderes do empregador tem uma configuração e uma cobertura jurídicas muito preciso, já que a satisfação do direito de crédito do empregador exige que este, por imperativo da natureza da relação jurídico-laboral, ostente vários poderes[177]. Estes são intrínsecos ao reconhecimento

[175] Sobre esta definição, sobretudo sobre a última parte, *vide, inter alia*, LIBERAL FERNANDES, "A noção de contrato de trabalho no Código de 2009: evolução ou continuidade?", *in* QL, n.º 51, 2017, pp. 113 e ss.., JOÃO LEAL AMADO, *Contrato de Trabalho...*, cit.,, pp. 58-59, JOANA NUNES VICENTE, *A fuga à relação de trabalho (típica): em torno da simulação e da fraude à lei*, Coimbra Editora, Coimbra, 2008, pp. 101 e ss.., JÚLIO GOMES, *Direito do Trabalho I – Relações Individuais de Trabalho*, Coimbra Editora, Coimbra, 2007, pp. 101 e ss., MARIA DO ROSÁRIO PALMA RAMALHO, *Tratado de Direito do Trabalho, Parte I – Dogmática Geral*, 3.ª edição, Almedina, Coimbra, 2012, pp. 455 e ss.., MILENA ROUXINOL, *Direito do Trabalho...*, cit., pp. 83 e ss., e MONTEIRO FERNANDES, "Deverá a subordinação jurídica manter-se como elemento qualificador?", *in II Congresso Europeu de Direito do Trabalho*, (coord. José João Abrantes), Almedina, Coimbra, 2018, pp. 97 e ss..

[176] Conforme já defendemos *supra*, I,.3.2., no *crowdwork online* levantam-se questões muito interessantes ao nível da lei a aplicar e do quadro legal aplicável que, todavia, ultrapassam largamente o âmbito pretendido no presente Relatório.

[177] Como observa ANTOINE LYON-CAEN, "Note sur le pouvoir de direction et son contrôle", *in Mélanges dédiés au President Michel Despax*, Presses de l'Université des Sciences Sociales de Toulouse, Toulouse, 2002, p. 96, o poder é uma presença frequente no Direito do Trabalho.

da liberdade de empresa, constitucionalmente garantidos nos termos dos arts. 61.º, n.º 1, e 80.º, alínea c) da CRP[178], com o direito à iniciativa de constituição da própria empresa[179] e, por outro, no direito de definir a finalidade que a empresa prossegue e a forma como é gerida[180]. A liberdade de iniciativa privada reveste, assim, um duplo sentido, sendo que o primeiro é um direito pessoal, a exercer individual ou coletivamente, enquanto o segundo é um direito institucional, um direito da empresa *qua tale.*

Desta forma, se ao Direito assiste, em geral, a função de eliminar as arbitrariedades de poder tanto de particulares como de entes públicos, o Direito do Trabalho dedica muitas das suas normas a reconhecer direitos aos trabalhadores que constituem limites aos poderes dos empregadores, sendo apenas no seu respeito que o seu exercício se faz regularmente, podendo defender-se que todo o Direito do Trabalho é um sistema de progressiva contenção dos poderes do empregador[181]. Assim, reconhecendo o ordenamento jurídico-laboral a existência de poderes, fixa simultaneamente os seus limites, tanto direta como indiretamente, interna e externamente.

O empregador é o detentor dos meios de produção e está comprometido num determinado projeto de atividade económica, obtendo, em contrapartida, a disponibilidade da força de trabalho do trabalhador, o que gera, consequentemente, a pertença de uma certa autoridade sobre as pessoas

[178] A propósito do primeiro artigo, GOMES CANOTILHO e VITAL MOREIRA, *Constituição da República Portuguesa Anotada*, 4.ª edição, Coimbra Editora, Coimbra, 2007, pp. 788 e ss. e 958-959, entendem que a iniciativa económica privada é um direito fundamental, não incluída diretamente nos direitos, liberdades e garantias, embora beneficie da analogia substantiva entre eles, "enquanto direito determinável e de exequibilidade imediata". Por outro lado, este direito não está constitucionalmente ligado nem à liberdade de profissão, prevista no art. 47.º, nem ao direito à propriedade, do art. 62.º, não constituindo uma imediata decorrência de qualquer deles, antes tendo autonomia própria. Também o art. 80.º, alínea c), ao consagrar a liberdade de iniciativa e de organização empresarial no quadro de uma economia mista secunda a garantia de liberdade de iniciativa económica estabelecida no art. 61.º, acrescida da liberdade de organização económica.

[179] Que se traduz na liberdade de criação da empresa, na liberdade de investimento e na liberdade de estabelecimento.

[180] DANIÈLE LOSCHAK, "Le pouvoir hiérarchique dans l'entreprise privée et dans l'administration", *in* DS, n.º 1, 1982, p. 25, entende que a lógica da empresa é, antes de tudo, uma lógica económica, e os poderes do empregador justificam-se, essencialmente, pela responsabilidade económica que assume, dispondo de dois tipos de prerrogativas: umas relacionadas com o capital, outras com as coisas económicas e estas com a estratégia da empresa.

[181] EMMANUEL DOCKÉS, "Le pouvoir patronal au-dessus des lois? La liberté d'entreprendre dénaturée par la Cour de Cassation", *in* DO, n.º 678, 2005, p. 4, entende que o reconhecimento progressivo do poder do empregador origina o reconhecimento da necessidade de o limitar.

e de certos poderes para melhor gerir e organizar a empresa, assim como para punir quem não cumpra com as regras estipuladas.

Desta forma, enquanto partes do contrato de trabalho, trabalhador e empregador não são iguais[182]. E isto não só porque têm direitos e deveres distintos, como também, e principalmente, porque o empregador detém uma série de poderes que o colocam numa posição de supremacia, de proeminência ou de superioridade em relação ao trabalhador, o que implica que este preste a sua atividade numa situação de dependência ou de subordinação. É característica inerente ao contrato de trabalho a prestação de uma atividade em regime de subordinação[183] [184], podendo aludir-se a dois tipos: a subordinação técnico-funcional, caracterizada pela implicação da pessoa do trabalhador na relação de trabalho; e a subordinação socioeconómica, expressa na alienação ou exclusão do trabalhador da propriedade dos meios de produção e na gestão geral dos processos produtivos[185]. Entende-se, desta forma, que, mesmo que os excessos da revolução industrial já não existam, o trabalhador

[182] Aliás foi esta constatação que originou o surgimento do Direito do Trabalho, conforme já referimos. Na génese da separação das águas entre o Direito do Trabalho e o Direito Civil está exatamente a ideia de que a igualdade formal não contribuía para um real equilíbrio negocial entre trabalhador e empregador. Este é o domínio onde é particularmente verdadeira a afirmação de LACORDAIRE, já por nós referida, de que "entre o rico e o pobre, entre o forte e o fraco, é a liberdade que oprime e a lei que liberta". A lei libertadora é o Direito do Trabalho.

[183] Neste sentido MICHEL DESPAX, "L'évolution du rapport de subordination", *in* DS, n.º 1, 1982, p. 11, defende que o Direito do Trabalho "só existe porque é necessário proteger o trabalhador subordinado porque é subordinado", tendo em consideração os riscos de discricionariedade que podem ocorrer, entendendo, ainda, na p. 13, que a função do contrato de trabalho é a de colocar o trabalhador numa situação de dependência, residindo aqui a singularidade do contrato de trabalho perante os demais tipos contratuais, pois gera claramente uma situação de desigualdade. No mesmo sentido PERULLI, *Il potere direttivo dell'imprenditore*, Giuffré Editore, Milão, 1992, pp. 261-262.

[184] Tradicionalmente, a obrigação que têm determinadas pessoas de controlar outras está relacionada com um regime de autoridade ou de hierarquia que provoca nas outras uma posição de subordinação. *Vd.* CHRISTOPHE JAMIN, no prefácio à obra de CÉDRIC COULON, *L'obligation de surveillance*, Economica, Paris, 2003, p. V. No mesmo sentido, ENRICO REDENTI, "Variazioni sul tema del verbo comandare", *in* RTDPC, ano XIII, 1959, p. 778, entende que o termo "comando" em sentido próprio exige, antes de tudo, uma dualidade de sujeitos antagónicos, fazendo surgir um estado de subordinação da contraparte, dando como exemplo, na p. 783, a relação de trabalho. Também CÁSSIO MESQUITA BARROS, "Poder empresarial: fundamentos, conteúdo e limites (Relatório Geral), *in Temas de Direito do Trabalho – Direito do Trabalho na crise Poder empresarial Greves atípicas – IV Jornadas Luso-Hispano-Brasileiras de Direito do Trabalho*, Coimbra Editora, Coimbra, 1990, p. 306, entende que a subordinação justapõe-se ao conceito de poder de tal forma que "o poder e a subordinação constituem dois pólos da mesma realidade".

[185] Segue-se de perto a divisão referida por EDOARDO GHERA, "La subordinazione fra tradizione e nuove proposte", *in* GDLRI, n.º 4, 1988, pp. 622-623.

encontra-se, ainda e globalmente, numa situação de dependência económica e jurídica na relação que mantém com o empregador, continuando a ser a subordinação a característica mais evidente da relação de trabalho, fruto de *novos excessos* decorrentes das novas formas de prestar trabalho na era digital, e de uma subordinação mais intensa e permanente do que a anterior, ainda que de diferente cunho, traduzindo-se num controlo permanente e extremamente intrusivo. Porém, não deixamos de concordar também com MONTEIRO FERNANDES[186], quando entende que a referência exclusiva à noção de subordinação jurídica, entendida como uma relação de autoridade e de direcção imediatas entre empregadores e trabalhadores, "padece, no mínimo, de anacronismo potencial", pois o "facto central" para o Direito do Trabalho não é já o "trabalho obediente", mas sim, o "trabalho dependente", aquele que não é apenas prestado numa situação de dependência económica mas também, e talvez principalmente, sob a dependência organizacional e funcional, ou seja, no quadro de um processo produtivo, concebido e dirigido por outrem[187] [188].

Perante esta situação, o Direito do Trabalho cumpre uma dupla função: de garantia do seu papel consubstancial de instrumento de tutela do trabalho, impondo limites à autonomia privada individual para proteger o trabalhador, contraente débil[189], e oferecendo ao empregador instrumentos jurídicos para a gestão da sua organização mas limitando, simultaneamente, o autoritarismo da empresa, racionalizando o fator trabalho e favorecendo a transparência, assim como o bom funcionamento do mercado de trabalho. O Direito do Trabalho não pode alhear-se da realidade e desconhecer a sua lógica redistribuidora e reequilibradora. Assim, a sua função continua a ser a de corrigir os erros redistributivos do mercado e do sistema de livre empresa, controlando e condicionando as decisões organizativas empresariais, embora deva fazê-lo sem ignorar o interesse legítimo do empregador para a consecução dos seus objetivos económicos, protegidos constitucionalmente.

[186] "Os novos horizontes do Direito do Trabalho ou a mobilidade das suas fronteiras (algumas reflexões introdutórias)", *in* VIII *Congresso Nacional de Direito do Trabalho – Memórias*, (coord. ANTÓNIO MOREIRA), Almedina, Coimbra, 2006, pp. 26-27.

[187] Sobre a subordinação pode ver-se, para maiores desenvolvimentos, M.ª DO ROSÁRIO PALMA RAMALHO, *Da Autonomia Dogmática...*, cit., pp. 85 e ss., com indicação de profusa bibliografia sobre o tema.

[188] O art. 11.º do CT parece ter consagrado esta ideia ao apontar o elemento organizativo.

[189] Não pode deixar de atender-se que há uma profunda implicação da pessoa do trabalhador na relação de trabalho, contrariamente ao empregador. *Vide* neste sentido, e com bastante desenvolvimento, SMURAGLIA, *La persona del prestatore nel rapporto di lavoro*, Giuffrè Editore, Milão, 1967, *passim*, e, *infra*, número 5.

A introdução das novas tecnologias na empresa não alterou na essência a natureza destes poderes, o mesmo não podendo dizer-se da sua relevância e do seu *modus operandi*. Contudo, não pode deixar de ter-se em atenção que as novas tecnologias digitais, as novas formas de prestar trabalho e os novos modelos de organização da empresa, baseados em princípios eminentemente produtivos e mercantilizadores e no princípio da *coisificação* ou *reificação* do trabalho, como bem escasso e competitivo, ampliam extraordinariamente as diferentes prerrogativas empresariais de direção e reintroduzem o princípio de *autoridade* no desenvolvimento das relações de trabalho, pelo que a tutela ou proteção dos direitos da pessoa do trabalhador, sobretudo os relacionados com os direitos de liberdade, privacidade e dignidade, adquirem uma renovada atualidade[190].

O empregador, para o correto e eficiente desenvolvimento da atividade profissional, dispõe de determinados poderes que lhe permitem promover as condições para a boa execução do trabalho e o desenvolvimento da atividade empresarial. Nota-se, assim, que a posição contratual que o empregador assume é dotada de grande complexidade, envolvendo expressões e manifestações de diversa índole, o que justifica o enorme esforço da doutrina juslaboralista em identificar os diferentes poderes e proceder à sua sistematização. Do art. 11.º do CT retira-se a posição de domínio que o empregador ocupa na relação jurídico-laboral, suporte legal dos diversos poderes que lhe estão cometidos.

Contudo, não pode deixar de atender-se que, atualmente, tal como já referimos anteriormente[191], o Direito do Trabalho expandiu-se, passando a abranger inúmeras outras situações que ultrapassam, e muito, o tradicional modelo fordista, do trabalho na fábrica. Ora esta expansão originou uma diversidade normativa que caracteriza nos nossos dias o Direito do Trabalho, numa época em que o mundo trabalho é caracterizado por uma realidade multiforme e heterogénea[192].

Porém, apesar desta diversidade, o que continua a relevar para o Direito do Trabalho é o trabalho assalariado, dependente, por conta alheia, em regime de subordinação jurídica. Continua, pois, a regular uma relação profundamente assimétrica, porventura mais ainda face a estas novas formas de prestar trabalho na era digital.

[190] *Vide, infra*, n.º 5.

[191] Ver *supra*, I, 2.

[192] Neste sentido JOÃO LEAL AMADO, *Direito do Trabalho...*, cit., p. 30.

1.1.3. Assim, ao analisar-se a noção de contrato de trabalho, vertida no art. 11.º do CT, e considerando-se a evolução do conceito, nota-se que, ontem como hoje, são três os elementos essenciais que consubstanciam a existência de um contrato de trabalho: a prestação de uma atividade; a existência de uma retribuição; e a subordinação jurídica, reverso da medalha do poder diretivo do empregador.

Com a celebração do contrato de trabalho o trabalhador ingressa na organização da empresa, organização esta não igualitária, mas hierárquica, cuja existência acrescenta ao estatuto de subordinação do trabalhador elementos muito importantes que não são explicáveis atendendo apenas à estrutura e à função do contrato.

A relação laboral é, habitualmente, caracterizada como uma relação com vocação para perdurar no tempo. Tradicionalmente, caracteriza-se o contrato de trabalho como um contrato duradouro, de execução continuada, com uma perspetiva de se *perpetuar* no tempo. Esta tendência duradoura da relação de trabalho supõe a necessidade de regular prolongadamente as posições e prestações de ambas as partes.

Por outro lado, o trabalhador não se obriga a um *dare*, mas sim, a um *facere*, isto é, à prestação de uma certa atividade. Perante esta obrigação, o empregador fixa, através do exercício do poder diretivo, qual há-de ser a forma de concretizar e de realizar essa atividade, estabelecendo o *onde*, o *como*, o *quê* e *de que forma*. Assim, a posição jurídica do trabalhador consubstancia-se numa disponibilidade para trabalhar, mas também para trabalhar de acordo com as instruções do empregador, assim se concretizando a subordinação jurídica do trabalhador.

Desta forma, o poder diretivo é irradiação essencial da liberdade de empresa e, como tal, deve constar das faculdades que permitem levar a cabo a iniciativa económica, sendo a subordinação jurídica, elemento caracterizador do contrato de trabalho, o seu reverso.

O art. 128.º, n.º 1, alínea e), do CT estabelece como dever do trabalhador a obediência ao empregador a ordens "respeitantes à execução ou disciplina do trabalho, bem como a segurança e saúde no trabalho, que não sejam contrárias aos seus direitos ou garantias". Este artigo reconhece, ainda, ao trabalhador um verdadeiro direito de desobediência e de resistência face a ordens ilegítimas ou ilegais.

No mesmo inciso legal, está patente, ainda, o poder diretivo do empregador que se consubstancia em várias faculdades. Afigura-se-nos que, através desse artigo, bem como do art. 97.º, também do CT, se o empregador impuser medidas de vigilância que vão para além do controlo da prestação de trabalho, vulnerando claramente os direitos e garantias do trabalhador, estas medidas são ilegais ou abusivas, não estando este vinculado ao dever de obediência. É uma espécie de *ius resistentiae* que lhe assiste e que está configurado expressamente no art. 21.º da Constituição. Não pode, também, ser sancionado por ter desobedecido, nos termos do art. 331.º, n.º1 alínea b), preceito que considera abusivas as sanções disciplinares motivadas pelo facto de um trabalhador se ter recusado a cumprir ordens a que não devesse obediência, nos termos da alínea e) do n.º 1 e do n.º 2 do art. 128.º.

Ora, como se depreende destas normas, a subordinação jurídica do trabalhador conhece limites e tem graus distintos, atendendo à atividade a que o trabalhador se encontra adstrito.

Por outro lado, o que se estabelece é uma subordinação jurídica e não uma dependência económica do trabalhador, ou seja, com a circunstância deste carecer dos rendimentos que aufere para satisfazer as suas necessidades quotidianas. Claro que não pode deixar de ter-se em atenção que, normalmente, quem se encontra em situação de subordinação jurídica encontra-se, via de regra, numa situação de dependência económica. E a lei, como é óbvio, não pode nem deve ignorar esta situação. Porém, há casos em que isto não acontece, podendo existir dependência económica sem subordinação jurídica como acontece nas situações dos contratos equiparados[193], como estabelece o artigo 10.º do CT ao estender a tutela concedida pelas normas respeitantes a direitos de personalidade, igualdade e não discriminação e segurança e saúde no trabalho, a situações em que ocorra prestação de trabalho por uma pessoa a outra, sem subordinação jurídica, sempre que o prestador de trabalho deva considerar-se na dependência económica do beneficiário da atividade[194], sendo que o inverso também pode ocorrer, isto é, pode existir subordinação jurídica sem dependência económica.

[193] Ou nas situações de *tertium genus* que existem em vários ordenamentos jurídicos.

[194] Conforme iremos ver, *infra* n.º 1.3., várias das decisões sobre trabalho em plataformas digitais de Tribunais Superiores em alguns ordenamentos jurídicos entenderam que se estaria perante situações de *terceiro tipo*, de contratos equiparados ou de *parasubordinação*.

1.2. Contrato de trabalho e presunção de laboralidade do art. 12.º do CT

1.2.1. Perante esta situação coloca-se a questão de saber, então, quando se estará perante um contrato de trabalho, regido pelas normas do Direito do Trabalho, ou perante outras figuras afins, principalmente o contrato de prestação de serviços, que é um tipo contratual muito vasto, abrangendo, nos termos do art. 1155.º do CC o mandato, o depósito e a empreitada, mas admitindo-se ainda, de acordo com o art. 1156.º do CC, a existência de modalidades atípicas de prestação de serviços.

Ao analisarem-se as duas definições legais e os elementos que as integram – contrato de trabalho e contrato de prestação de serviços – nota-se que, muitas vezes, o que permite distinguir os dois modelos, a *pedra de toque*, é a existência, ou não, de subordinação jurídica, porque em várias situações a prestação é retribuída e, na verdade, toda a atividade visa a produção de um resultado.

Contudo, mesmo nesta situação, as questões de qualificação mantêm-se porque há verdadeiras zonas *cinzentas*, sobretudo atendendo ao que referimos anteriormente sobre os graus distintos de subordinação[195], sobre a diversidade *normativa*, e sobre o aparecimento de novas formas de prestar trabalho. Tudo isto dificulta, e muito, a tarefa do intérprete-aplicador do Direito, o qual, infelizmente, não dispõe de um "subordinómetro"[196]. Acresce a isto a inexistência de uma relação necessária entre a natureza da atividade exercida e a respetiva qualificação contratual, já que "praticamente todo o labor humano por conta de outrem pode ser prestado de forma autónoma ou subordinada"[197], assim como por vezes o facto de serem as próprias partes a quererem *mascarar* a real situação[198]. Esta situação pode configurar uma *simulação relativa sobre a natureza do negócio*, com o objetivo de evitar a aplicação da legislação laboral. E referimos simulação relativa sobre a natureza do negócio uma vez que o negócio simulado, normalmente um contrato de prestação de serviços, resulta de uma alteração do tipo negocial correspondente ao negócio dissimulado ou oculto, que é o contrato de trabalho. Configura, ainda, uma simulação fraudulenta, pois a intenção é fugir à aplicação da legislação laboral. Como defende

[195] Veja-se MONTEIRO FERNANDES, "Uma jurisprudência consolidada: a presunção de laboralidade", *in Minerva – Revista de Estudos Laborais*, Ano IX, I da 4.ª série, n.º 1, pp. 225 e ss..

[196] Expressão utilizada por JOÃO LEAL AMADO, *Contrato de trabalho...*, cit., p. 69.

[197] SOUSA RIBEIRO, "As fronteiras juslaborais e a (falsa) presunção de laboralidade do artigo 12.º do Código do Trabalho", *Direito dos Contratos — Estudos*, Coimbra Editora, 2007, p. 355. Cf., ainda, JOÃO LEAL AMADO, última *op.* cit., p. 70, e MILENA DA SILVA ROUXINOL, *op.* cit., pp. 88-89.

[198] Na maior parte dos casos essa vontade é do credor da prestação.

JOÃO LEAL AMADO[199], trata-se de um acordo simulatório no qual o trabalhador participa juntamente com o empregador mas, por via de regra, normalmente por imposição do empregador já que configura uma condição *sine qua non* para poder trabalhar. Ora, perante esta situação, trata-se de um negócio simulado mas não pode deixar de entender-se como uma "simulação negocial um tanto *sui generis*", pois o trabalhador participa no acordo mas muitas vezes por imposição da contraparte e, também porque na maior parte dos casos o maior afetado por esta situação vir a ser exatamente o trabalhador[200].

Perante esta situação tem de recordar-se que "*Os contratos são o que são, não o que as partes dizem que são*"[201] e, por isso, independentemente do *nomen iuris* que as partes deem ao contrato que celebram, se se tratar de um verdadeiro contrato de trabalho é assim que tem de ser qualificado[202]. O que relevará sempre é a vontade real das partes, pois o que o Direito do Trabalho assume é aquilo que as partes *fazem* e não o que elas *dizem*, porque o que fazem ao longo da relação mostra a sua vontade real, ou seja, demonstra com fidelidade aquilo que elas *querem*. Além de que, aquilo que elas dizem ou escrevem é, quase sempre, o que uma delas diz ou escreve, limitando-se a outra a aceitar e subscrever[203].

1.2.2. Contudo, reconhece-se a dificuldade de, em muitas situações, se aferir o carácter laboral ou não de algumas atividades uma vez que, regra geral, de acordo com o art. 342.º do CC, o ónus da prova da existência do contrato de trabalho recairia sobre o trabalhador, que tinha de provar a existência de retribuição, da prestação de uma atividade e dos factos que habilitassem o tribunal a concluir pela presença de subordinação jurídica. E, nos casos de dúvida, era muito frequente o recurso jurisprudencial ao chamado *método indiciário*, para conseguir decidir sobre a (in)existência de um contrato de trabalho. Para tal, o tribunal recorria a vários elementos indiciários como forma de testar a existência de uma situação de autonomia ou de subordinação na

199 Última *op.* cit., p. 63.

200 Cf. JOÃO LEAL AMADO, *Contrato de trabalho...*, cit., p. 72, e JOANA NUNES VICENTE, A *Fuga à Relação de Trabalho...*, cit., 2008, pp. 57-122.

201 JOÃO LEAL AMADO, última *op.* cit., p. 72.

202 Nas palavras de ORLANDO DE CARVALHO, *Escritos, Páginas de Direito*, vol. I, Almedina, Coimbra, 1998, pp. 22-23, "a liberdade contratual é a liberdade de modelar e de concluir os negócios, não a de decidir arbitrariamente da lei a que eles devem submeter-se (sobretudo se o *nomen* escolhido não corresponde às estipulações)".

203 Neste sentido JOÃO LEAL AMADO e TERESA COELHO MOREIRA, "A lei sobre o TVDE e o contrato de trabalho: sujeitos, relações e presunções", *in* PDT, 2019 – I, p. 89.

prestação de trabalho. Para tentar facilitar a prova, e seguindo a Recomendação n.º 98 da OIT, o legislador português estabeleceu no art. 12.º do Código do Trabalho uma presunção da existência de contrato de trabalho, uma *presunção de laboralidade*[204]. Esta presunção visa combater a dissimulação ilícita de relações de trabalho.

Segundo o atual art. 12.º basta que estejam preenchidos dois dos requisitos nele enunciados para que se presuma a existência de contrato de trabalho, cabendo à contraparte a prova em sentido contrário. Note-se, contudo, que é uma presunção *iuris tantum*, nos termos do art. 350.º do CC, pelo que nada impede que o beneficiário da atividade consiga provar que não se trata de um contrato de trabalho.

Contudo, esta presunção, apesar de ser positiva, foi perspetivada para as relações de trabalho *típicas*, para as relações de trabalho na era *pré digital*. Para as novas formas de prestar trabalho, para o trabalho nas plataformas digitais, para o trabalho na era digital, novos desafios surgiram e para os quais, porventura, a atual presunção de laboralidade constante do CT não consegue dar resposta satisfatória. Na verdade, os indícios que constam da presunção do art. 12.º são como que umas *lentes* que auxiliam a encontrar a laboralidade dos contratos, mas se continuar a atender-se a estes indícios em sentido estrito e com as *lentes* do século passado, pode ter-se alguma dificuldade em identificar trabalhadores no século XXI.

Na verdade, toda a questão da presunção surgiu para uma relação bilateral, o que origina problemas aquando da análise do trabalho nas plataformas digitais, uma vez que aqui há uma relação onde intervêm três partes. A visão tradicional do contrato de trabalho tentaria ver cada uma das microtarefas como uma relação contratual independente. Mas não pode ser dessa forma. Na verdade, a dependência económica dos trabalhadores nas plataformas não pode ser avaliada pela soma de vários contratos individuais. É, claramente, muito mais do que isso, já que eles estão interrelacionados, havendo que ter-se em atenção o contexto mais amplo e os efeitos económicos das plataformas digitais[205].

1.2.3. A questão da qualificação assume uma enorme importância no trabalho na era digital através das próprias plataformas digitais porque elas próprias tentam não ser abrangidas pelas regras do Direito do Trabalho, invocando,

[204] Esta presunção teve duas redações antes da redação atual. A primeira em 2003 e a segunda em 2006.

[205] No mesmo sentido JEREMIAS PRASSL e MARTIN RISAK, *op.* cit., pp. 628-629.

muitas vezes, serem meras *intermediárias tecnológicas* e, em muitas delas, nos contratos celebrados, estabelece-se esta natureza, chegando a impor uma terminologia própria e inventada, disfarçando a realidade da situação, utilizando uma linguagem própria para tentar fugir a este regime. Recorrem a expressões como, *inter alia, turks*[206], *riders, slashers, coworkers*, colaboradores e empreendedores, para disfarçar situações de verdadeiro trabalho subordinado em muitas situações.

Por outro lado, dados da UE demonstram que só 2 milhões de pessoas que trabalham nas plataformas digitais são trabalhadores[207], enquanto 93%, ou seja, 26,3 milhões são considerados trabalhadores independentes. Contudo, destes, cerca de 5 milhões, isto é, 19%, são erradamente classificados como autónomos[208].

1.2.4. Assim, para responder a esta questão, consideramos essencial, em primeiro lugar, atender à razão de ser do Direito do Trabalho e por que surgiu a necessidade de proteção do trabalhador – e esta está relacionada com a situação de especial vulnerabilidade de uma das partes relativamente à outra, que resulta quer da diferença contratual que existe porque uma tem o poder de dar ordens, instruções e a outra tem de obedecer, quer ainda porque as partes não têm o mesmo poder negocial.

Ora, face ao que referimos anteriormente[209], será que estas razões não se mantêm hoje em dia para o caso das pessoas que trabalham nas plataformas digitais? Se no século XIX os trabalhadores faziam fila à porta das fábricas à espera de obter trabalho, que era diário e sem qualquer respeito pelos tempos de trabalho, e existia, nas palavras de MARX, o "exército industrial de reserva", hoje em dia, nas plataformas digitais, não estamos perante um novo tipo de *proletariado*, e um *exército de precários* ?Atualmente, as pessoas não são contratadas ao dia mas por tarefa, tarefa esta que pode levar segundos ou minutos a ser realizada, mas em que as pessoas têm de estar sempre *online* para conseguirem obtê-la, não sabendo se no minuto seguinte ao seu termo se ainda terão direito a receber algo ou não, tendo um exército de *mão de obra virtual*

[206] Fazendo referência à plataforma *Amazon Mechanical Turk*. Ver, a título de exemplo, ANNA GINÈS I FABRELLAS, "Crowdsourcing sites y nuevas formas de trabajo el caso de Amazon Mechanical Turk", *in Revista Derecho Social y Empresa*, n.º 6, 2016.

[207] Cerca de 7 %.

[208] Dados que podem ser consultados em https://www.consilium.europa.eu/en/infographics/digital-platform-workers/.

[209] Cf., supra, I, 3.

e verdadeiramente mundial que é muito mais perigoso, deixando os trabalhadores numa horrífica situação de precariedade e de extrema insegurança. Por trás da aparente novidade, escondem-se *velhas questões*, como o caso de transporte de pessoas ou de produtos, e, mesmo, de formas antigas de organizações de trabalho.

No modelo *taylorista* e, mais tarde, no modelo *fordista*, já existiam pessoas que eram pagos à peça, por vezes muito especializada, *autónomas* na fixação dos seus horários, por vezes proprietários dos seus próprios instrumentos de trabalho, e, no entanto, colocados numa enorme posição de submissão e de grande fragilidade[210].

Por outro lado, esta espécie de trabalho *just-in-time*, que exige o redimensionamento constante dos trabalhadores, não é nada de novo, apesar de ter-se alterado a sua intensidade. No Direito do Trabalho *clássico*, esta adaptação das circunstâncias é considerada como uma necessidade legítima por parte do empregador, existindo para tal mecanismos de flexibilidade interna e externa, quer através da possibilidade de contratação a termo, quer de despedimento por razões objetivos, por exemplo.

Na verdade, este tipo de trabalho, dependente mas também submisso, mesmo que com alguma autonomia organizacional temporal e espacial, nunca cessou totalmente e, por isso, não há assim tanto de *novo* no trabalho das plataformas digitais. Por outro lado, há mais de *moderno* no nosso Direito do Trabalho do que por vezes se defende[211].

Tal como com a Revolução Industrial, a principal inovação nestas novas formas de prestar trabalho não foi tecnológica, mas sim ideológica, baseada nos *oligarcas* da internet que são uma espécie de *face oculta* que pretendem impor os seus interesses perante os Estados.

Na verdade, a narrativa destas formas de prestar trabalho, deste trabalho na era digital, como uma *terra de grandes oportunidades*, revela toda a sua inconsistência quando tem de elaborar uma explicação razoável para os fenómenos sociais que o movem. Muitas destas relações não são diferentes das tradicionais e, por isso, devem reclassificar-se utilizando os paradigmas do Direito do Trabalho tradicional e com as garantias jurídicas e laborais correspondentes[212].

[210] Cf. MATTHEW FINKIN, *op.* cit., pp. 604 e ss..

[211] Neste sentido *vide* Emmanuel Dockés, "Le salariat des plateformes", *in Labour & Law Issues*, vol. 5, n.º1, 2019, p. 5.

[212] Neste mesmo sentido, veja-se MARIALAURA BIRGILLITO, "(«Au-delà de») La calificación jurídica de los conductores de Uber.¿Nuevos paradigmas sociales u operaciones de ingeniería jurídica", *in Trabajo en Plataformas...*, cit., pp. 261-262.

Os empregadores/plataformas determinam todas as condições de trabalho num universo que é denominado de *app as the boss*, numa espécie de *Master and Servers* onde temos as plataformas digitais, os trabalhadores, os *Robots*, a inteligência artificial e o trabalho. Os trabalhadores são facilmente substituídos por outros porque necessitam do trabalho, sujeitando-se às condições que lhes são impostas[213]. Contudo, muitas vezes a linguagem que estas plataformas utilizam para captar clientes é extremamente apelativa[214], *mascarando* a dura realidade das pessoas para que elas trabalham, onde muitas vezes o progresso técnico não liberta, bem pelo contrário, já que há novas tecnologias que originam um estado de quase submissão permanente, bastando lembrar a constante geolocalização a que estes trabalhadores estão sujeitos, tornando realidade o fantasma de uma sociedade de controlo total, ou quase total[215]. Na verdade, as plataformas digitais apresentam-se como novas, mas em muitas situações não o são. O que existe é uma falta de transparência em inúmeras situações, o que não pode ocorrer. Grande parte desta economia colaborativa é *invisível* e é imperioso saber como funciona, quem é o empregador, onde está e como dirige. É essencial *trazer para a luz* estas inúmeras *black boxes*[216].

Consideramos que a proteção do Direito do Trabalho, a ideia do contrato de trabalho, o critério da condição social do trabalhador, a noção jurídica

[213] Os trabalhadores continuam a trabalhar sem qualquer respeito pelos tempos de trabalho até obterem o mínimo de subsistência, não podendo deixar de atender que as retribuições baixas que auferem impedem que exista capacidade de compra na sociedade, perpetuando, desta forma, uma espiral negativa de descréscimo e de desemprego. Cf., neste sentido, J. J. HORTON e L. B. CHILTON, "The Labor Economics of Paid Crowdsourcing", *in Proceedings of the 11th Conference on Eletronic Commerce*, 2010, p. 216.

[214] Exemplos de linguagem: *Seja o seu próprio empregador*; *Seja dono do seu tempo*; *Faça exercício enquanto trabalha* (no caso dos *riders*); *Trabalhe apenas quando quiser*; *Sem escritório e sem empregador*.
Outra máxima muito difundida e que cativa bastantes pessoas no que concerne à Uber, por exemplo, assenta na garantia de segurança, tanto para os passageiros, como para os motoristas, utilizando *slogans* como *Uber: uma viagem na qual você pode confiar*; *garantimos a sua segurança através do nosso GPS*; ou *Uber: Drive Safe*. No caso da Foodora, pode ver-se "Did you ever wonder why so many 'pink bikers' are riding around Berlin? Well, we know why! They all love to have a super flexible job, earn good money and be their own boss, which is exactly why they already joined the Foodora network", ou no caso da Deliveroo "You decide when to work. Working with Deliveroo gives you flexibility and independence. And by being self-employed, you enjoy the advantages of working to your own availability".

[215] Ver, *infra*, 1.3., que esta geolocalização é entendida pelos Tribunais superiores em situações de qualificação dos contratos de trabalho como um dos perigos à liberdade dos trabalhadores.

[216] Cf., *infra*, a discriminação por algoritmos no ponto II, 3.

de subordinação jurídica que o suporta, mantém, atualmente, apesar de alterações nas formas de trabalhar, pertinência e atualidade, sobretudo neste mundo do trabalho onde predominam as tecnologias, a avaliação permanente e sanções *automáticas* feitas por algoritmos. Os trabalhadores de plataformas não estão fora desta subordinação. Eles estão, parece-nos, particularmente sujeitos a ela, conforme aliás foi decidido, e bem quanto a nós, por vários Tribunais, como se verá no próximo número.

Estas novas formas de prestar trabalho, pela sua originalidade, nalguns aspetos desafiam os quadros tracionais do Direito do Trabalho, numa espécie de *something old, something new*, colocando-o à prova, tendo de demonstrar que é capaz de proteger os trabalhadores, de evitar a criação de uma *subcategoria* dos mesmos, mais frágeis e menos protegidos.

O papel do Direito do Trabalho deve ser o de reivindicar ser um *baluarte* de quem presta atividade perante uma verdadeira desigualdade de poder negocial, sobretudo porque tem de ter-se em atenção que quando se registam nas plataformas, os trabalhadores demonstram que estão disponíveis para trabalhar e, embora teoricamente, não haja uma obrigação para aceitar as tarefas que lhe são dirigidas, as avaliações são realizadas de acordo também com o número de tarefas que aceitam, o que coloca os trabalhadores sob pressão de terem de aceitar o maior número possível de atividades, a que acresce o baixo rendimento que auferem por cada uma[217]. Ora esta realidade coloca a liberdade de aceitação numa perspetiva completamente diferente e vê-se como não há, na maioria dos casos, uma verdadeira liberdade.

Na verdade, o que existe é um desequilíbrio que em nada difere do que ocorreu na Revolução Industrial. Nesta, o trabalhador não poderia negociar as suas condições de trabalho livremente perante a diferença de poderes que existia. Atualmente, acontece o mesmo[218]. Quem trabalha para uma plataforma digital não pode negociar as condições de trabalho. Simplesmente limita-se a aceitá-las ou a recusá-las. E é este desequilíbrio entre as partes que é o causador de todos os riscos e que origina, *inter alia*, os baixos rendimentos, o excesso de flexibilidade, a não contenção dos tempos de trabalho, e a transferência dos riscos inerentes do empregador para o trabalhador.

[217] No mesmo sentido, ADRIÁN TODOLÍ SIGNES, "Prólogo", *in Trabajo en Plataformas ...*, cit. 2018, pp. 27-28.

[218] No mesmo sentido GUY DAVIDOV, "The three axes of employment relationship: A characterization of workers in need of protection", *in University of Toronto Law Journal*, vol. 52, 2002, p. 357, assim como "Who is a worker", *in Industrial Law Journal*, vol. 34, 2005, p. 57.

1.3. *Crowdwork offline* ou *work on demand via apps*: uma jurisprudência flutuante

A nível de Direito Comparado, um pouco por todo o mundo e em diferentes continentes, em ordenamentos jurídicos que, contrariamente ao português, não conhecem uma presunção jurídica de laboralidade, várias são as decisões sobre esta matéria, como será visto num breve relance, e de conteúdo bastante distinto.

1.3.1. No ordenamento jurídico da África do Sul, a *Commission for Conciliation, Mediation & Arbitration*, numa decisão de 7 de julho de 2017, considerou os motoristas da *Uber* como trabalhadores numa relação de trabalho "não tradicional"[219], entendendo que teriam direito a celebrarem convenções coletivas e direito à greve, tal como qualquer outro trabalhador.

1.3.2. No ordenamento jurídico australiano há várias decisões sobre esta matéria.

Numa decisão da *Fair Work Commission*, de 16 de novembro de 2018, caso *Joshua Klooger v Foodora Australia Pty Ltd*, foi decidido que o *rider* da Foodora era um trabalhador devendo a empresa pagar 15000 dólares de indemnização por despedimento ilícito, teddo-se baseado no facto de o trabalhador não ter um negócio autónomo, mas estar inserido numa organização alheia.

Contudo, outras decisões vão em sentido contrário.

Assim, numa decisão anterior, de 21 de dezembro de 2017, da mesma Comissão, caso *Mr Michail Kaseris v Rasier Pacific V.O.F*, com a qual não concordamos pois tenos dúvidas quanto à razoabilidade da mesma, a Comissão entendeu que perante a desativação do motorista de uma plataforma por ter obtido uma baixa classificação, não se estaria perante um despedimento porque não se tratava de um trabalhador na medida em que, *inter alia*, o motorista tinha "controlo total" sobre a prestação da atividade, o automóvel pertencia-lhe, assim como o telemóvel, sendo que sem estes meios ele não poderia prestar a atividade, acrescentando ainda que, apesar de ser a plataforma a definir os preços, incluindo o preço mínimo por cada corrida e o aumento do preço em determinadas ocasiões, esses fatores não são "*overwhelmingly strong*" para ser considerada como uma relação de trabalho.

[219] *Uber drivers who are workers in non-traditional employment relationships.*

Mais recentemente, numa decisão do *Fair Work Ombusdman*, de 7 de junho de 2019, que resultou de uma investigação realizada sobre a *Uber Australia Pty Ltd* e a sua relação com os motoristas, considerou-se que os motoristas da Uber não eram trabalhadores porque aqueles não estão vinculados à realização de qualquer obrigação para trabalhar, tendo o controlo sobre como, quando e de que forma o realizam. A Uber não obriga a que os motoristas trabalhem em determinados dias, sendo que este foi considerado um fator fundamental para a consideração dos mesmos como trabalhadores independentes.

1.3.3. No ordenamento jurídico brasileiro há várias decisões com sentidos diversos[220].

Existem algumas decisões que consideraram que não existe um contrato de trabalho por entenderem que a atividade não se enquadra no âmbito *clássico* de uma relação de trabalho. Consideram que a plataforma é uma mera intermediária na área tecnológica e que, por isso, os motoristas são *parceiros* que atuam como verdadeiros trabalhadores independentes. Neste caso temos a decisão da 37ª Vara do Trabalho de Belo Horizonte, de 30 de janeiro de 2017, que considerou a Uber como uma empresa de intermediação e de "fornecimento de tecnologias", tendo, quanto a nós, entendido em sentido muito restrito os indicíos da existência de uma relação de trabalho.

Também neste sentido, e relativamente à mesma plataforma, há uma decisão de 18 de abril de 2017, da Vara do Trabalho da Gama – DF, Brasília. Nesta decisão pode ler-se que "o reclamante trabalhava de modo autónomo, na condição de parceiro e dividindo ganhos, sem subordinação e sem rigor de horário". Contudo, o que mais uma vez consideramos, é que não atenderam ao enorme poder de controlo e de seguimento que a plataforma permite.

O Tribunal Superior do Trabalho, através da sua 5.ª turma, já teve ocasião de debruçar-se sobre esta matéria a 5 de fevereiro de 2020 e fê-lo considerando que o vínculo que ligava o motorista à plataforma Uber não poderia ser qualificado como integrante de uma relação de trabalho. Este acórdão decidiu em sentido diferente da anterior decisão do TRT da 2.ª região – São Paulo – que tinha considerado estarem presentes os requisitos para a existência de um contrato de trabalho.

[220] Existem neste ordenamento jurídico centenas de casos, razão pela qual nos iremos apenas referir a alguns. Para uma análise sobre os mesmos veja-se RODRIGO CARELLI e MURILO OLIVEIRA, *As Plataformas digitais e o Direito do Trabalho – como entender a tecnologia e proteger as relações de trabalho no Século XXI*, Dialetica Editora, Belo Horizonte, 2021, pp. 169 e ss..

O TST, porém, entendeu que esta relação se assemelha a uma relação de parceria e não de trabalho e, por isso, não pode ser enquadrada nos conceitos clássicos, apesar de ter defendido a necessidade da existência de uma legislação que garanta a proteção social dos trabalhadores.

Já no ano anterior, o Superior Tribunal de Justica, numa decisão de 28 de agosto de 2019, tinha decidido não haver qualquer contrato de trabalho entre os motoristas e a Uber.

Contudo, muitas destas decisões baseiam-se numa conceção muito restrita de subordinação e não atendem, na maioria dos casos, à existência de um enorme poder de controlo do empregador. Analisam as situações baseando-se em conceitos clássicos, mas que não adaptam, no nosso entender, à atual tecnologia.

Háá decisões em sentido contrário que consideram existir um contrato de trabalho, procurando contextualiza-lo com a realidade do trabalho em plataformas. Defendendo esta existência, tem-se a Decisão da 33.ª Vara do Trabalho de Belo Horizonte, de 13 de fevereiro de 2017, em que se considerou existir um contrato de trabalho entre a Uber e o motorista nos termos do art. 3.º da CLT. O juiz entendeu que se estava perante novas questões colocadas ao Direito do Trabalho e onde existe um enorme controlo por parte do empregador, podendo registar cada minuto do trabalho realizado e até o tempo de repouso do trabalhador[221]. Por outro lado, a atividade efetuada só poderia ser realizada com o equipamento em modo *online*, o que permitia um controlo remoto do empregador.

Na 75.ª Vara do Trabalho do Rio de Janeiro, numa decisão de 11 de abril de 2017, foi decidido que o vínculo que ligava a Uber ao motorista era um

[221] Pode ler-se que "entramos neste 'admirável mundo novo' no qual os atos humanos de exteriorização do poder diretivo e fiscalizatório não mais se fazem necessários e são substituídos por combinações algorítmicas, reclamando, consequentemente, novas dimensões teóricas e atualizações do Direito do Trabalho para que este importante e civilizatório ramo do direito não deixe passar despercebida a totalizante forma de subordinação e controle construídas dentro de uma forma de flexibilização" e que "Na era da eficiência cibernética, é preciso se atentar que o poder empregatício também se manifesta por programação em sistemas, algoritmos e redes. Neste ponto, cabem algumas considerações adicionais. Um controle de novo tipo, o controle algorítmico com base em plataformas e espaços virtuais constitui uma realidade estabelecida por essa inovadora forma de organização do trabalho humano. Um controle que admite a possibilidade de término de uma relação de emprego sem a intervenção humana. O que temos é um algoritmo, conjugando exclusivamente dados objetivos previamente programáveis, cujo propósito é o controle rígido e totalizante e com poder de decisão e que decide o destino laborativo de um ser humano.".

contrato de trabalho, pois estavam cumpridos os requisitos que a CLT exige para a sua existência.

Também no mesmo sentido existe a decisão da 13.ª vara do Trabalho de São Paulo, de 20 de abril de 2017, em que se decidiu que a relação entre a Uber e o motorista era uma relação de trabalho pois estavam preenchidos todos os requisitos para a caracterização de um contrato de trabalho[222].

A 28 de agosto de 2018, a 8.ª Vara do Tribunal de Trabalho de São Paulo, decidiu que os motoristas da plataforma *Loggi* deveriam ser considerados como trabalhadores, desde logo, porque os clientes desta plataforma não contratavam diretamente o motorista, mas a plataforma que escolhia quem iria ser o motorista. Entenderam, ainda, que estavam presentes todos os elementos de uma relação de trabalho[223].

Também o Tribunal Superior do Trabalho já decidiu em vários acórdãos sobre esta matéria e em sentido não unívoco.

Assim, se por um lado temos decisões no sentido de considerar que não se está perante um contrato de trabalho, como as dos processos nº 11199-47.2017.5.03.0185, nº 1002011-63.2017.5.02.0048, nº 1000123-89.2017.5.02.0038, 10575-88.2019.5.03.0003, nº 10555-54.2019.5.03.0179, e nº 1001160-73.2018.5.02.0473[224] [225], também temos decisões do sentido de se entender como um contrato de trabalho por se estar perante uma subordinação em 4 dimensões: clássica, objetiva, estrutural e algorítimica. Tratou-se do processo n.º 100353-02.2017.5.01.0066, de 26 de maio de 2022, da 3.ª Turma do TST, cujo relator foi o Ministro Maurício Godinho Delgado. Também ainda em 2022, a 20 de dezembro, decidiu num acórdão a 8.ª turma do TST,

[222] "...não é correto, portanto, dizer que os motoristas são clientes da ré; eles não são clientes, são trabalhadores que despendem energia em prol da atividade lucrativa da empresa".

[223] Para maiores desenvolvimentos, cfr., *inter alia, Tecnologias disruptivas e a exploração do trabalho humano – a intermediação de mão de obra a partir das plataformas eletrônicas e seus efeitos jurídicos e sociais*, (coord. ANA CAROLINA PAES LEME, BRUNO ALVES RODRIGUES, e JOSÉ EDUARDO DE RESENDE CHAVES JÚNIOR), LTR, São Paulo, 2017, JULIANA CARREIRO CORBAL OITAVEN, RODRIGO DE LACERDA CARELLI, e CÁSSIO LUÍS CASAGRANDE, *Empresas de transporte, plataformas digitais e a relação de emprego: um estudo do trabalho subordinado sob aplicativos*, MPT, Brasília, 2018, ANA CAROLINA PAES LEME, *Da máquina à nuvem – Caminhos para o acesso à justiça pela via de direitos dos motoristas da Uber*, LTR, São Paulo, 2019, e FRANCISCO DE ASSIS BARBOSA JÚNIOR, *Gig Economy e contrato de emprego – Aplicabilidade da Legislação Trabalhista aos Vínculos de Trabalho da Nova Economia*, LTR, 2019.

[224] Estes 2 últimos de 2021.

[225] Em 2022, em três decisões semelhantes, a 4ª Turma negou provimento aos agravos de instrumentos interpostos pelos trabalhadores nos autos dos processos nº 1000031-71.2021.5.02.0006, 10556-05.2021.5.03.0006 e 00687-68.2020.5.06.0006. Nos acórdãos — todos relatados pelo ministro Ives Gandra da Silva Martins Filho — a turma ressaltou a ausência de subordinação.

cujo relator foi o Ministro Alexandre Agra Belmonte, decidiu pela existência de subordinação jurídica enfatizando a subordinação clássica porque "não tem nenhum controle sobre o preço da corrida, o percentual do repasse, a apresentação e a forma da prestação do trabalho".

Já em 2023, a 12 de abril, o processo RR-10502-34.2021.5.03.0137, da 6.ª turma do TST, decidiu num outro acórdão, cujo relator foi o Ministro Augusto César Leite de Carvalho, pelo reconhecimento do "vínculo empregatício com a 99 Tecnologia Ltda", realçando, mais uma vez, a subordinação algorítimica.

Como se pode ver as decisões estão longe de ser uniformes sendo que a matéria está a ser examinada pela Subseção I Especializada em Dissídios Individuais (SDI-1), órgão responsável pela uniformização da jurisprudência das Turmas do TST.

1.3.4. No ordenamento jurídico canadiano, a 25 de fevereiro de 2020, o *Ontario Labour Relations Board*, no caso *Canadian Union of Postal Workers, Applicant v Foodora Inc. d.b.a. Foodora, Responding Party*, decidiu que os trabalhadores da *Foodora* não são trabalhadores independentes, mas trabalhadores subordinados pois é a *Foodora* quem determina todos os termos das entregas e que têm de obedecer aos padrões da plataforma.

Esta decisão é muito interessante porque, conforme foi referido pelo *Ontario Labour Relations Board*, foi a primeira decisão deste órgão sobre a questão das plataformas digitais mas que, como frisou, e muito bem quanto a nós, não trouxe "nada de novo" porque a atividade prestada é muito semelhante a outros casos que já tinham sido decididos anteriormente, considerando que "este caso não é muito diferente em vários aspetos"[226].

1.3.5. No ordenamento jurídico francês existem inúmeras decisões sobre a qualificação do contrato. Em dezembro de 2016, o *Conseil de Prud'hommes* de Paris decidiu que o motorista do *Le Cab* era um trabalhador, decisão que foi confirmada pela *Cour d'appel de Paris*, por sentença de 13 de dezembro de 2017.

Contudo, num outro caso, a *Cour d'appel de Paris*, numa sentença de 20 de abril de 2017, decidiu que os *riders* da plataforma *Take Eat Easy* não eram

[226] *"This is the Board's first decision with respect to workers in what has been described by the parties and the media as "the gig economy". However, the services performed by Foodora couriers are nothing new to the Board and in many ways are similar to the circumstances of the Board's older cases. This is not the Board's first case examining the relationship of couriers. The Board has been tasked with the same questions about dependent contractors in various sectors including transportation and construction. Such cases have always been factbased inquiries that require a balancing of factors. This case is no different in many respects".*

trabalhadores porque têm uma ampla liberdade na escolha das entregas e de quando querem trabalhar[227]. Porém, relativamente a esta decisão, e em sede de recurso, a *Cour de Cassation* teve um entendimento diferente e, a 28 de novembro de 2018, decidiu que os *riders* deveriam ser considerados como trabalhadores, fundamentalmente baseando-se na ideia da enorme possibilidade de controlo que estas plataformas permitem através do seguimento em tempo real com aparelhos de geolocalização, a que acresce a possibilidade de sancionar quem não cumprir as regras.

Esta decisão da *Cour de Cassation* é de grande importância porque faz parte de um *movimento jurisprudencial* internacional que estabelece uma qualificação ampla de trabalhador no contexto das plataformas digitais.

No mesmo sentido, a *Cour d'appel* de Paris, por uma decisão de 10 de janeiro de 2019, decidiu que um motorista da Uber deveria ser considerado como trabalhador com um contrato de trabalho e não com um contrato de prestação de serviços, porque a partir do momento em que o trabalhador se conecta à plataforma Uber ele passa a integrar um serviço por ela organizado, que emana diretrizes e ordens, devendo o trabalhador obediência e podendo ser sancionado se as não cumprir. Esta decisão, tal como a anterior, também sublinhou a enorme possibilidade de controlo que há quando se utiliza um sistema de geolocalização, como acontecia no caso concreto[228].

Esta decisão, que foi alvo de recurso, foi confirmada pela *Cour de Cassation*, a 4 de março de 2020, que entendeu que existia um contrato de trabalho entre a Uber e o trabalhador, considerando que a qualificação deste trabalhador como independente não passava de uma "ficção". O motorista não tem uma clientela própria, mas apenas a Uber, não pode fixar as tarifas a aplicar, não determina as condições de execução da prestação de trabalho, sendo o itinerário imposto pela Uber e se o motorista não o seguir são impostas "correções tarifárias". O destino não é conhecido pelo condutor, o que releva que "ele não pode escolher livremente o caminho que quiser". A Uber pode "desconectar" ou desativar temporariamente o condutor e, se ele tiver "comportamentos problemáticos" pode perder mesmo o acesso à conta na plataforma.

Atendendo a estas características, o Tribunal decidiu que "o motorista participa num serviço organizado de transporte que pertence à Uber que define, unilateralmente, as condições de exercício" e que, por isso, há uma

[227] E o mesmo decidiu também a 9 de novembro de 2017, no caso da plataforma *Deliveroo*, com base em argumentos semelhantes.

[228] Há que referir, contudo, que o *Conseil de Prud'hommes* de Paris, a 29 de janeiro de 2018, tinha decidido diferentemente num caso sobre a Uber, caso *Florian Ménard vs. SAS Uber France, Uber B V.*

relação de subordinação jurídica, tendo considerado, e quanto a nós bem, que o facto de o motorista não ter de conectar-se à plataforma e que essa ausência de conexão não origina qualquer sanção, não deve ser considerada para efeitos da caracterização da subordinação.

1.3.6. No ordenamento jurídico espanhol também existem inúmeras decisões e em sentidos diferentes.

Assim, em 3 decisões de 2019 do *Juzgado de lo Social* de Madrid, relativas à plataforma *Glovo*, decisões n.ºs 53/2019, 128/2019 e 130/2019, de 11 de fevereiro e de 3 e 4 de abril, respetivamente, o Tribunal considerou que os *riders* da *Glovo* deveriam ser considerados como trabalhadores, porque a plataforma tem um "completo controlo" sobre a atividade desempenhada, incluindo o local onde a todo o tempo se encontra o trabalhador, impondo regras de atuação e que é sujeita a avaliação e criação de perfis, com a eventual aplicação de sanções disciplinares que podem originar a cessação do contrato, se tais regras não forem seguidas. A existência deste poder evidencia, claramente, um vínculo laboral.

É interessante notar, também, o facto de chamarem a atenção para a importância da marca, considerando que se os trabalhadores pretendessem ser verdadeiros autónomos e não utilizassem a marca, "estariam condenados ao fracasso", já que o "êxito deste tipo de plataformas" deve-se à publicidade que elas fazem nas redes sociais e em motores de busca, sendo estes os *sites* que os clientes procuram quando querem o tipo de produtos que a plataforma anuncia.

Ora, de tudo isto, como bem se decidiu, infere-se o "escasso valor" para o desenvolvimento da atividade dos meios que o trabalhador utiliza, como seja o caso do veículo ou do telemóvel, quando comparados com a plataforma e o valor da marca no mercado, que são propriedade da *Glovoapp23SL*. O trabalhador está integrado na plataforma e não tem qualquer tipo de responsabilidade perante os clientes, sendo que todo o processo de faturação fica a cargo da plataforma.

Contudo, anteriormente, numa decisão do mesmo Tribunal de 3 de setembro de 2018, tinha-se considerado como um trabalhador autónomo, em termos quanto a nós muito discutíveis, porque o tribunal considerou que o trabalhador tinha liberdade quanto à fixação do tempo de trabalho, dado que decidia as horas em que iniciava a sua jornada de trabalho e as horas em que a finalizava, selecionando os pedidos que pretendia e recusando os que não queria, tendo o tribunal considerado a reputação *online* como irrelevante, já que entendeu que a avaliação só serviria para que o *rider* que tivesse uma melhor pontuação pudesse escolher os pedidos com os quais pretendia ficar, não significando, contudo, uma sanção para os que tivessem uma pontuação mais baixa – o que, cremos, não corresponde bem à realidade.

Também a 11 de janeiro de 2019, o mesmo tribunal decidiu que o *rider* da *Glovo* não era um trabalhador subordinado, mas sim um trabalhador economicamente dependente (TRADE: *trabajadores autónomos económicamente dependientes*).

Numa outra decisão do *Juzgado de lo Social* de Gijón, de 20 de fevereiro de 2019, foi considerado que os *riders* da *Glovo* deveriam ser entendidos como trabalhadores, porque existiriam inúmeros indícios que demonstravam uma subordinação real no contrato celebrado, como a existência de ordens quanto ao trabalho que todos deveriam acatar, a fixação de tempos de trabalho e de dias de descanso, e mesmo a previsão de situações de suspensão da prestação de trabalho. Também é interessante, nesta decisão, ter-se apontado o facto de as horas em que poderá existir uma melhor pontuação serem fixadas pela plataforma e não pelo *rider*, pelo que a tão apregoada flexibilidade temporal é uma via de sentido único e sempre determinada pela plataforma.

E, tal como na jurisprudência francesa citada, o Tribunal abordou a questão da enorme possibilidade de controlo indireto através dos sistemas de geolocalização, assim como a existência de sanções para quem não cumprisse as regras estabelecidas.

No mesmo sentido existe uma decisão do *Juzgado de lo Social* de Valência, de 1 de junho de 2018, sobre a plataforma *Deliveroo*. Neste caso o Tribunal entendeu que se tratavam de verdadeiros trabalhadores e, por isso, a cessação do contrato correspondeu a um despedimento ilícito. Este Tribunal deu por provado que existia subordinação jurídica pois o trabalhador obedecia a ordens da plataforma e laborava segundo as condições fixadas pela mesma, pois era esta quem fixava a zona onde o trabalho deveria ser prestado e mesmo o horário de trabalho – apesar de existir alguma flexibilidade, o trabalho tinha de ser prestado dentro de um horário previamente fixado pela empresa e era esta quem decidia qual o horário final de cada trabalhador.

Nesta decisão, mais uma vez, considerou-se bastante importante a questão da possibilidade de geolocalização do trabalhador, que permitia um seguimento constante do mesmo e um enorme controlo, assim como a existência de um verdadeiro poder disciplinar porque poderia o trabalhador ser sancionado se não cumprisse as regras.

Numa decisão do *Juzgado de lo Social* de Barcelona, de 29 de maio de 2018, decidiu-se que os *riders* da plataforma *Take Eat Easy* eram trabalhadores, considerando-se que havia subordinação jurídica entre as partes porque existia o poder diretivo, disciplinar e organizacional. Os trabalhadores estavam sujeitos a um horário de trabalho, usavam mochilas e terminais móveis da plataforma, recebendo uma contrapartida pelo trabalho que constituía uma verdadeira retribuição. Esta decisão foi muito importante porque foi a primeira sentença sobre estas matérias.

Esta questão da qualificação do contrato relativamente a esta plataforma chegou a vários Tribunais Superiores de Justiça. O *Tribunal Superior de Justicia de Cataluña (Sala de lo Social)*, a 21 de fevereiro de 2020, decidiu, contrariamente ao que tinha sido defendido pelo *Juzgado de lo Social* núm. 24 Barcelona, de 29 de maio de 2019, que os *riders* da *Glovo* são trabalhadores, sobretudo baseando-se no facto de que estes não trabalham para eles próprios mas sempre sob as condições e os termos estabelecidos pela *Glovo*. Na verdade, como refere o Tribunal, embora não exista uma obrigação concreta do *rider* estar disponível e de poder escolher as tarefas que pretende realizar, o Tribunal entendeu, e quanto a nós bem, que é uma "faculdade condicionada" pois têm de escolher os dias e as *manchas horárias* em que estão disponíveis para prestar as atividades comunicando isto à plataforma, sendo que há alguns horários mais *concorridos* em que a ordem é estabelecida de acordo com um critério de classificações. Desta forma, há um controlo dos horários dos *riders* através da retribuição e da avaliação, pois se querem ganhar mais, têm de trabalhar mais e obter uma melhor avaliação. Tudo isto demonstra um controlo grande da plataforma.

Também o *Tribunal Superior de Justicia de Madrid (Sala de lo Social)*, numa decisão de 3 de fevereiro de 2020, relativa a esta mesma plataforma, manteve a anterior decisão de 4 de abril de 2019, decidindo que os *riders* da *Glovo* são verdadeiros trabalhadores, e o mesmo decidiu em 18 de dezembro de 2019 relativamente à decisão de 11 de fevereiro de 2019[229].

É interessante notar que, relativamente à decisão que tinha sido tomada a 11 de janeiro de 2019, em que se tinha considerado que o *rider da Glovo* não era um trabalhador subordinado, mas um trabalhador economicamente dependente, o *Tribunal Superior de Justicia de Madrid (Sala de lo Social)*, numa decisão de 27 de novembro de 2019, decidiu em sentido diferente, considerando que existia uma relação de trabalho subordinada. E fê-lo baseado em vários argumentos. Desde logo, pelo facto de o documento escrito assinado pelas partes poder não refletir a realidade da relação, já que a plataforma

[229] Decisões já referidas neste ponto.

é que estabelece unilateralmente os preços, o *rider* está integrado no negócio da *Glovo,* não trabalhando de forma independente e, finalmente, e este parece-nos um argumento muito importante, a *app,* ou seja, a plataforma, tem uma relevância económica fundamental.

No mesmo sentido, o *Tribunal Superior de Justicia de Asturias (Sala de lo Social),* numa decisão do dia 25 de julho de 2019, manteve a decisão do *Juzgado de lo Social de Gijón,* de 20 de fevereiro de 2019, considerando que os *riders* da *Glovo* eram trabalhadores, baseando-se nos argumentos da decisão de recurso[230].

O *Tribunal Superior de Justicia de Madrid (Sala de lo Social),* numa decisão de 17 de janeiro de 2020, considerou que os *riders* da *Deliveroo* deveriam ser considerados como trabalhadores, abrangendo cerca de 500 trabalhadores.

A sentença que nos parece paradigmática e de enorme importância na resolução desta questão foi a do *Tribunal Supremo, Sala Cuarta, de lo Social, Sentencia 805/2020* de 25 de setembro de 2020, no Rec. 4746/2019. Esta decisão configura um acórdão de unificação da doutrina e, por isso, o seu enorme relevo para a questão da qualificação dos contratos dos trabalhadores da *Glovo.* Na decisão considerou-se, e muito bem quanto a nós, que os *riders* da *Glovo* eram trabalhadores e vários foram os argumentos utilizados. Desde logo foi recusada a ideia defendida de liberdade temporal e de aceitar apenas as *tarefas* quando quisessem porque como muito bem decidiu o Tribunal *"la teórica libertad de elección de la franja horaria estaba claramente condicionada. Es cierto que en los hechos probados de autos se afirma que el trabajador podía rechazar pedidos sin penalización alguna. Pero también se declara probado que los repartidores con mayor puntuación gozan de preferencia de acceso a los servicios o recados". El sistema de puntuación de los repartidores se nutre de tres factores, uno de los cuales es la realización de los servicios en las horas de mayor demanda (las denominadas «horas diamante»)". En él aparecen las oscilaciones virtualmente diarias de la puntuación del demandante: cada día el programa informático puntuaba al repartidor. El desempeño del actor era evaluado diariamente. La percepción de ingresos del repartidor depende de si realiza o no servicios y de cuántos servicios realiza. Se declara probado que «los repartidores que tienen mejor puntuación gozan de preferencia de acceso a los servicios o recados que vayan entrando».*

En la práctica este sistema de puntuación de cada repartidor condiciona su libertad de elección de horarios porque si no está disponible para prestar servicios en las franjas horarias con más demanda, su puntuación disminuye y con ella la posibilidad de que en el futuro se le encarguen más servicios y conseguir la rentabilidad económica que

[230] Decisão já referida também neste número.

busca, lo que equivale a perder empleo y retribución. Además la empresa penaliza a los repartidores, dejando de asignarles pedidos, cuando no estén operativos en las franjas reservadas, salvo causa justificada debidamente comunicada y acreditada.

La consecuencia es que los repartidores compiten entre sí por las franjas horarias más productivas, existiendo una inseguridad económica derivada de la retribución a comisión sin garantía alguna de encargos mínimos, que propicia que los repartidores intenten estar disponibles el mayor período de tiempo posible para acceder a más encargos y a una mayor retribución".

Por outro lado, o facto de existir um sistema de controlo que se baseia na valorização dos clientes constitui um índice favorável à existência de um contrato de trabalho, assim como o constante controlo através do GPS.

Mais ainda, como foi decidido, a Glovo não se limitava a encomendar ao *rider* a entrega do produto, mas também estabelecia a forma como deveria fazê-lo, controlando todos os aspetos através da aplicação e tomava todas as decisões finais. O preço, a forma de pagamento, a retribuição a dar aos *riders* é fixada exclusivamente pela empresa. Estes não recebem nada diretamente dos clientes. Quem recebe é a *Glovo* que depois confere uma parte aos *riders*. Ora isto significa para o Tribunal, e quanto a nós numa ótica correta, que a *Glovo* não é uma mera intermediária entre os clientes finais e os *riders*. Nem os comerciantes, nem os consumidores finais são clientes do *rider*. Eles são sim clientes da *Glovo*. Ou seja, todos argumentos que originaram que a decisão final tenha sido a de que existe um contrato de trabalho entre os *riders* e a *Glovo*[231].

1.3.7. No ordenamento jurídico italiano é importante referir uma decisão da *Corte de Cassazione*, de 24 de janeiro de 2020 que decidiu aplicar a legislação de 2015, incluída no pacote denominado de *Jobs Act*, e que, entretanto, foi alterada em 2019[232], que estende a proteção laboral às pessoas em regime de *lavoro etero-organizzato*[233], os denominados *co.co.co, colaborazione ocasionale com pagamenti*.

[231] Para maiores desenvolvimentos sobre esta decisão veja-se JOÃO LEAL AMADO e TERESA COELHO MOREIRA, A *Glovo*, os *Riders*/Estafetas e o Supremo Tribunal de Espanha: *Another Brick in the wall?*, *in Prontuário de Direito do Trabalho*, 2020/2.

[232] Conforme já referimos anteriormente, supra, I, 3.4.3., pela lei de 2019, o âmbito da lei foi alterado e ampliado para englobar o trabalho através das plataformas digitais

[233] Não iremos analisar esta noção neste Relatório, mas é interessante notar que alguns autores entendem que se trata de uma visão mais atualizada da ideia de subordinação, e outros julgam-na

No caso tratava-se de uma plataforma de entrega de comida, a *Foodora*, que, entretanto, já não opera em Itália, e todo o procedimento de decisão foi bastante rápido, desde o Tribunal de primeira instância, o Tribunal de Turim, que decidiu esta questão a 7 de maio de 2018, tendo dito que não existia qualquer vínculo laboral e que os *riders* eram trabalhadores independentes[234], passando pelo Tribunal de segunda instância, a *Corte di Appello* de Turim que, a 11 de janeiro de 2019, considerou que deveria aplicar-se a estes *riders* um *tertium genus* e que é a do *lavoro etero-organizzato* segundo a lei de 2015. A esta categoria de trabalhadores aplicam-se as regras em matéria de segurança e saúde no trabalho, retribuição, limites ao tempo de trabalho, férias e segurança social, sendo que a retribuição deveria ser estabelecida de acordo com a convenção coletiva aplicável ao setor.

O Tribunal de primeira instância de Turim entendeu que se tratava de trabalhadores independentes porque tinham liberdade de escolha sobre os tempos de trabalho, sobre os horários do mesmo, podendo recusar tarefas, parecendo-nos que este Tribunal teve uma noção demasiado restrita de subordinação dos trabalhadores. Por outro lado, a *Corte di Appello* de Turim entendeu que não poderia aplicar a legislação adotada em 2015 porque tinha sido, alegadamente, mal redigida[235].

Diferentemente, a *Corte di Apello* resolveu aplicar a legislação de 2015, mas, contrariamente ao que seria normal, e sem precedentes neste ordenamento jurídico, decidiram que os juízes poderiam escolher qual a parte da legislação laboral que seria aplicável ao caso concreto[236]. Mais uma vez, tal como na

como uma especificação desta. *Vide*, entre outros, M. PALLINI, "Dalla eterodirezione alla eteroorganizzazione: una nuova nozione di subordinazione?", *in RGL*, I, 2016, pp. 65 e ss., G. SANTORO PASSARELLI, "I rapporti di collaborazione organizzati dal committente e le collaborazioni continuative e coordinate ex art. 409, n. 3, c.p.c.", *in WP "Massimo D'Antona"*.IT, n. 278, 2015, e F. CARINCI, "La subordinazione rivisitata alla luce dell'ultima legislazione: dalla "subordinazione" alle "subordinazioni"; *in* ADL, 2018, pp. 961 e ss..

[234] Também por uma sentença do Tribunal de Milão, de 10 de setembro de 2018, o tribunal decidiu que os *riders* da *Glovo* não eram trabalhadores, com argumentos que não concordamos, porque consideraram que não existia poder diretivo do empregador exclusivamente pelo facto de os *riders* poderem referir quando prestariam a atividade e qual o turno adotado. Contudo, não nos parece que este argumento, por si só, deva ser valorizado como foi. Cf., para mais desenvolvimentos, ENRICO RAIMONDI, *op.* cit., pp. 76 e ss..

[235] A decisão pode ser consultada em http://www.bollettinoadapt.it/wp-content/uploads/2018/05/7782018.pdf.

[236] A lei estabelece efetivamente esta possibilidade, mas apenas através do diálogo social e da contratação coletiva.

decisão de primeira instância, adotaram, parece-nos, uma visão muito restrita e conservadora de trabalho.

A 24 de janeiro de 2020, a *Corte de Cassazione* decidiu aplicar, conforme referimos anteriormente, a Lei de 2015, considerando que também se aplica aos trabalhadores de plataformas e que o julgador não pode escolher qual a parte da legislação que pode ou deve ser aplicada ao caso concreto. Toda a legislação em matéria de Direito do Trabalho é aplicada a estes trabalhadores a não ser que haja uma convenção coletiva que estabeleça o contrário.

A 23 de novembro de 2020, um Tribunal de Palermo, pela primeira vez, qualificou como trabalhador subordinado um *rider* da *Glovo*.

1.3.8. No ordenamento jurídico do Reino Unido foram também proferidas várias decisões sobre a questão da qualificação do contrato, mas neste ordenamento jurídico existe uma diferença legal entre o estatuto de *workers* e de *employees*. Enquanto estes últimos são verdadeiros trabalhadores com todos os direitos correspondentes, os *workers* são uma categoria intermédia, ainda que tendo direito a um salário mínimo, ao respeito pelos tempos de trabalho e à igualdade e não discriminação.

Numa decisão do *Supreme Court of United Kingdom*, de 13 de junho de 2018, *Pimlico Plumbers Ltd & Anor v Smith*, o Tribunal considerou que se estava perante um *worker*, na medida em que existiam indícios claros no contrato celebrado entre as partes que apontavam nessa direção, nomeadamente o facto de se fazer referência a retribuição, infração disciplinar grave e despedimento.

Numa outra decisão do *Court of Appeal de* Londres, de 19 de dezembro de 2018, e que já vem no seguimento da decisão do *Employment Appeal Tribunal*, de 10 de novembro de 2017, e do *Employment Tribunal* de Londres, de 28 de outubro de 2016, o caso *Uber v Aslam & Others*, o Tribunal manteve a mesma decisão e considerou como *workers* os condutores da Uber, considerando que a Uber tem um elevado controlo sobre toda a atividade realizada pelos motoristas, desde o processo de seleção ate à altura da cessação do contrato, impondo-lhes inúmeras regras de conduta e sancionando quem as violar, assim como o facto de a Uber manter toda a informação sobre os clientes e ser ela que realiza toda a transação, sem qualquer possibilidade de intervenção por parte dos motoristas. Como o Tribunal decidiu, o trabalho dos motoristas "é para a Uber" ("*We are clear that they provide their work 'for' Uber*") e que seria um "absurdo" considerar que a Uber é um cliente ou um consumidor nesta relação ou que se trata de um negócio criado pelo motorista.

Desta decisão a Uber voltou a recorrer agora para a última instância, a *Supreme Court* do Reino Unido, que decidiu a 19 de fevereiro de 2021. Uma vez mais, o Tribunal rejeitou a tese de que os motoristas da Uber devam ser tidos como microempresários ou como *self-employed independent contractors*, mas sim como autênticos *workers* da Uber. Não é a Uber que trabalha para os seus motoristas, a inversa é que é verdadeira: a Uber é uma empresa que explora um serviço/negócio de transportes (a Uber não é uma mera *technology company*, não é uma mera plataforma digital que preste serviços de intermediação, antes está no mercado para fornecer serviços de transporte) e os motoristas disponibilizam a mão-de-obra especializada através da qual a empresa fornece os seus serviços ao público e aufere os seus lucros; o contrato central entre o motorista e a Uber consiste em aquele, mediante remuneração, se disponibilizar para transportar – e transportar efetivamente – os passageiros Uber para os seus destinos; o acordo entre as partes localiza-se no campo das relações de trabalho dependente, não sendo um contrato entre iguais celebrados por duas organizações empresariais independentes, sendo que os motoristas não contactam diretamente com o mercado, antes são recrutados pela Uber para trabalharem e nesta se integrarem como componentes da respetiva organização. Em suma, os motoristas desenvolvem a sua atividade para a marca Uber, vale dizer, eles não são trabalhadores por conta própria ou pequenos empresários que contactem com o mercado, que laborem para uma clientela indeterminada, pelo contrário, os seus clientes são pessoas indicadas pela Uber – os motoristas fornecem, afinal, a mão-de-obra de que a Uber necessita para explorar o seu próprio negócio.

A *Supreme Court* decidiu baseando-se em várias ideias.

Desde logo, a remuneração paga aos motoristas pelo trabalho é fixada pela Uber e os motoristas não têm qualquer palavra a dizer quanto a isto (salvo, claro, ao decidirem quando trabalhar e quanto trabalham prestam); as condições contratuais ao abrigo das quais os motoristas prestam os seus serviços são ditadas pela Uber; muito embora os motoristas tenham, em abstrato, liberdade para escolher quando trabalham, a verdade é que, a partir do momento em que um motorista se conecte, através da *app* da Uber, a sua margem de liberdade efetiva quanto à aceitação dos pedidos de transporte encontra-se, de facto, muito condicionada pela Uber; a Uber exerce um controlo muito significativo sobre a forma como os motoristas executam os seus serviços (através da tecnologia utilizada e, bem assim, através dos sistemas de avaliação da performance do motorista, que podem, no limite, levar à sua "desativação"); a Uber restringe a comunicação entre o passageiro e o motorista ao mínimo indispensável para realizar o serviço de transporte em causa e toma medidas ativas em ordem a impedir os motoristas de estabelecerem qualquer relação com o passageiro que possa estender-se para além daquela concreta corrida. Assim sendo, o *Supreme Court* conclui: "Ponderando estes fatores conjuntamente, pode ver-se que o serviço de transporte realizado pelos motoristas e oferecido aos passageiros através da *app* da Uber é definido e controlado, em moldes muito estritos, pela Uber. Além disso, o mesmo é concebido e organizado de forma a providenciar um serviço estandardizado aos passageiros, no qual os motoristas são tidos como substancialmente fungíveis ("interchangeable") e do qual a Uber, e não os concretos motoristas, desfruta dos benefícios da lealdade e "goodwill" dos clientes. Vistas as coisas da perspetiva dos motoristas, esses mesmos fatores – em particular, a impossibilidade de oferecer um serviço distinto ou de estabelecer o preço dos serviços e o controlo da Uber sobre todos os aspetos da sua interação com os passageiros – significam que eles têm pouca ou nenhuma capacidade para melhorar a sua posição económica através de qualquer "skill" profissional ou empresarial. Na prática, a única forma através da qual eles podem aumentar os seus rendimentos consiste em trabalhar mais horas, sempre correspondendo aos padrões de performance fixados e exigidos pela Uber"[237].

Em suma, no caso em apreço o tribunal não teve dúvidas de que os motoristas da Uber eram *workers* e não genuínos *independent contractors*. Aqueles estão, em relação à Uber, numa situação de subordinação ou, ao menos, de "parasubordinação", prestando trabalho para esta empresa numa posição de acentuada dependência económica. *Employee* ou *worker*, o certo é que, para o Supremo Tribunal, os motoristas da Uber não são *self-employed independent contractors*. Tanto basta para que as leis do trabalho, em matéria de jornada e de salário, lhes sejam aplicáveis. E não há manobras de engenharia jurídica, efetuadas por argutos advogados, que possam obstar a tal aplicação[238].

Numa outra decisão, o *Employment Tribunal* de Londres, a 5 de janeiro de 2017, no caso *Ms. M Dewhurst v. Citysprint UK ltd*, entendeu que se tratava mais uma vez de uma *worker* e o interesse deste caso é que grande parte da argumentação contra a natureza laboral da relação consistia na existência de uma cláusula de substituição da trabalhadora. Mas a existência da mesma foi "desconstruída" juridicamente pelo Tribunal, que deu como assente que não

[237] §101, tradução nossa.

[238] *Vide*, para maiores desenvolvimento sobre esta decisão, JOÃO LEAL AMADO e TERESA COELHO MOREIRA, "A Uber, o motorista e o cliente: três ou quatro? A propósito de uma decisão do *Supreme Court* do Reino Unido", *in RIDT*, n.º 2.

existia verdadeira liberdade para a substituição, salientando ainda que a leitura do documento não era particularmente fácil para um não jurista, e que a cláusula de substituição era quase "indecifrável"[239] [240].

1.3.9. No ordenamento jurídico norte-americano também existem inúmeras decisões, e em sentidos diversos, sobre a qualificação do contrato.

A 26 de março de 2020, o *State of New York Court of Appeal*, no caso *Postmates, Inc.*, considerou que existia um vínculo laboral porque, *inter alia*, o *Postmates* exercia um controlo sobre os seus trabalhadores determinando como é que a entrega iria ser feita, os clientes não poderiam escolher a pessoa em concreto, a empresa seguia todo o percurso que os trabalhadores faziam e o pagamento era feito sempre através dela.

Numa decisão de 12 de julho de 2018, o *State of New York Unemployment Insurance Appeal Board* decidiu que a Uber era responsável pelo pagamento do subsídio de desemprego de três condutores, assim como de outros que estivessem "*similarly situated*", considerando que "era evidente" que a Uber exercia um controlo sobre os trabalhadores, nomeadamente através do seguimento que faz dos mesmos, do "livro de bolso" que lhes é entregue com as regras sobre como devem atuar, do controlo prévio que fazem dos mesmos, da definição por parte da plataforma do preço de cada percurso, assim como a determinação de uma série de aspetos do percurso.

A 11 de março de 2015, o *United States District Court Northern District of California*, decidiu no caso *O'Connor v. Uber Technologies, Inc*, que a Uber não era uma mera empresa de tecnologia, mas também uma empresa de transporte. No mesmo sentido tem-se a decisão da mesma data, *Cotter v. Lyft.*

Também o *California Labor Comissioner*, a 16 de junho de 2015, no caso *Berwick v. Uber Technologies Inc. And Raiser*, decidiu que uma condutora da *Uber* mantinha um vínculo subordinado, condenando a empresa ao pagamento de uma indemnização pela cessação do contrato.

Contudo, em sentido diferente, e no que concerne a condutores, não reconhecendo a existência de um vínculo de emprego, existem também várias decisões. Assim, e por exemplo, o *United States District Court for the Eastern*

[239] "*The tender in general is not a document which is easy for a nonlawyer to understand and this clause is almost indecipherable. With respect, we strongly doubt that it was known and understood by Ms. Dewhurst*".

[240] Veja-se sobre estes casos, entre outros, MARK FREEDLAND e JEREMIAS PRASSL, "Employees, workers and the 'sharing economy' changing practices and changing concepts in the United Kingdom", *in University of Oxford, Legal Research Paper Series*, 19/2017, e JEREMIAS PRASSL, "Pimlico Plumbers, Uber Drivers, Cycle Couriers, and Court Translators: Who is a Worker?", *in Law Quarterly Review*, 33, 2017.

District of Pennsylvania, a 11 de abril de 2018, no caso *Razak v. UberBlack*, considerou que os motoristas do *Uberblack* eram trabalhadores autónomos, entendendo que, apesar de existir algum controlo, tal não era suficiente para a classificação dos motoristas como trabalhadores.

1.3.10. Em suma, um pouco por toda a parte[241] os tribunais têm experimentado consideráveis dificuldades para procederem ao enquadramento

[241] O próprio Tribunal de Justiça da União Europeia já se debruçou, primeiro indiretamente, e no dia 22 de abril de 2020, diretamente, sobre esta questão. No processo C-434/15, de 20 de dezembro de 2017, decidiu, no ponto 39, que "resulta das informações de que dispõe o Tribunal de Justiça que o serviço de intermediação da *Uber* assenta na seleção de motoristas não profissionais que utilizam o seu próprio veículo, aos quais esta sociedade fornece uma aplicação sem a qual, por um lado, esses motoristas não seriam levados a prestar serviços de transporte e, por outro, as pessoas que pretendessem efetuar uma deslocação urbana não teriam acesso aos serviços dos referidos motoristas. Além disso, a *Uber* exerce uma influência decisiva nas condições da prestação desses motoristas. Quanto a este último ponto, verifica-se, designadamente, que a *Uber* fixa, através da aplicação com o mesmo nome, pelo menos, o preço máximo da corrida, cobra esse preço ao cliente antes de entregar uma parte ao motorista não profissional do veículo e exerce um certo controlo sobre a qualidade dos veículos e dos respetivos motoristas assim como sobre o comportamento destes últimos, que pode implicar, sendo caso disso, a sua exclusão". Ora, quando o Tribunal decide que uma empresa, como a Uber e a UberPop, é uma empresa de transporte, tem repercussões na possível qualificação da relação estabelecida, sobretudo quando refere que tem uma "influência decisiva nas condições da prestação desses motoristas". Esta parte significa, quanto a nós, que, potencialmente, enquadrar-se-á na noção de subordinação tal como entendida por este Tribunal. Antes mesmo desta decisão, o Advogado-Geral SZPUNAR, a 11 de maio de 2017, nas conclusões apresentadas tinha defendido, e quanto a nós muito bem, que "Apesar de este controlo não ser exercido segundo uma relação de subordinação hierárquica clássica, não nos devemos deixar enganar pelas aparências. **Um controlo indireto como o exercido pela Uber, baseado em incentivos financeiros e numa avaliação descentralizada pelos passageiros, com um efeito de escala, permite uma gestão tão ou mais eficaz que a gestão baseada nas ordens formais dadas pela entidade patronal aos seus funcionários, bem como o controlo direto da sua execução"** – negrito nosso. Também num outro processo deste Tribunal, processo C-320/16, de 10 de abril de 2018, o Tribunal voltou a defender no ponto 21 que "A este respeito, o Tribunal de Justiça declarou (...) em segundo lugar, o facto de **a referida sociedade exercer uma influência decisiva nas condições da prestação desses motoristas**, nomeadamente ao fixar o preço máximo da corrida, ao cobrar esse preço ao cliente antes de entregar uma parte ao motorista não profissional do veículo e ao exercer um certo controlo sobre a qualidade dos veículos e dos respetivos motoristas assim como sobre o comportamento destes últimos, que pode implicar, sendo caso disso, a sua exclusão" – negrito nosso. Existiu, ainda, um outro processo – C-526/15, de 27 de outubro de 2016, relacionado com esta questão, mas em que o Tribunal entendeu ser inadmissível o pedido.
A 22 de abril de 2020, no processo C-692/19, o Tribunal de Justiça teve mesmo de analisar uma questão de qualificação jurídica de um *rider* da empresa *Yodel Delivery Network Ltd*, do Reino Unido, tendo considerado que não se tratava no caso concreto de um *worker* para efeitos do Direito da União Europeia, sobretudo porque, nos termos do ponto 45, "that person is afforded discretion: to use subcontractors

jurídico do trabalho prestado através de plataformas digitais, registando-se flutuações significativas quanto à qualificação do mesmo como trabalho subordinado, trabalho autónomo ou trabalho "parassubordinado", embora nos pareça que, em várias situações, existe um verdadeiro e puro contrato de trabalho. Em todo o caso, as decisões judiciais de que demos nota assumem a existência, neste âmbito, de três sujeitos: a plataforma tecnológica, o trabalhador ou prestador de serviços e o cliente. E a discussão centra-se na qualificação da relação jurídica que se estabelece entre a empresa que opera através da plataforma digital e os que lhe prestam serviços remunerados, de forma autónoma ou subordinada, como, por exemplo, entre a Uber e os respetivos motoristas[242]. Ora, quanto a isto, o ordenamento jurídico português parece conter uma curiosa originalidade.

1.4. A Lei n.º 45/2018, de 10 de agosto, e a presunção de laboralidade

1.4.1. Em 2018, o legislador nacional decidiu regular esta matéria, mas apenas relativamente ao transporte de passageiros, e fê-lo de forma um tanto peculiar. Com efeito, segundo a Exposição de Motivos da Proposta

or substitutes to perform the service which he has undertaken to provide; to accept or not accept the various tasks offered by his putative employer, or unilaterally set the maximum number of those tasks; to provide his services to any third party, including direct competitors of the putative employer, and to fix his own hours of 'work' within certain parameters and to tailor his time to suit his personal convenience rather than solely the interests of the putative employer, provided that, first, the independence of that person does not appear to be fictitious and, second, it is not possible to establish the existence of a relationship of subordination between that person and his putative employer. However, **it is for the referring court, taking account of all the relevant factors relating to that person and to the economic activity he carries on, to classify that person's professional status under Directive 2003/88**" – negrito nosso. Atendendo a esta decisão do Tribunal nota-se que este remete para os Estados-membros a decisão da qualificação do contrato, não contradizendo as várias decisões que têm vindo a considerar, em muitos casos, que há verdadeiros contratos de trabalho, decisões estas que consideramos inteiramente certeiras.

[242] A este propósito, merece destaque a reflexão de GUY DAVIDOV, "The Status of Uber Drivers: A Purposive Approach", *in Spanish Labour Law and Employment Relations Journal*, vol. 6, n.ºs 1-2, 2017, p. 12. O Autor, a despeito de reconhecer a existência de alguns sinais de autonomia no caso destes motoristas – "*they have a relatively high degree of freedom to choose how much to work and when to do so*", além de que a titularidade do automóvel é do próprio motorista, não deixa de concluir que os sinais de controlo/subordinação e de dependência económica em face da marca sobre a qual e para a qual trabalham apontam para a ideia de que os motoristas da Uber, atenta a sua vulnerabilidade perante esta, não devem ser excluídos da tutela juslaboral, seja pela via da sua consideração como *employees, tout court*, seja pela via da sua qualificação como trabalhadores parassubordinados.

de Lei n.º 50/XIII – que pretendia estabelecer o regime jurídico da atividade de transporte individual e remunerado de passageiros em veículos descaracterizados – TVDE, "transporte em veículo descaracterizado a partir de plataforma eletrónica"[243] –, bem como o regime jurídico das plataformas eletrónicas que organizam e disponibilizam aos interessados aquela modalidade de transporte –, "as empresas tecnológicas que instituem e organizam, a partir de plataformas digitais, mercados de serviços de transportes atuam como intermediários de negócios desse tipo e não como prestadores dos serviços contratualizados a partir dessas plataformas". Daí resulta que, "além de não outorgarem elas próprias os contratos de transporte, estas plataformas não têm a obrigação de prestar o serviço, ou tão-pouco se caracterizam por disponibilizar os meios humanos e materiais afetos à prestação de serviço".

Obedecendo a esta princípio , a Lei n.º 45/2018, de 10 de agosto, distingue a figura do *operador de TVDE*, pessoa coletiva que efetua transporte individual remunerado de passageiros, da figura do *operador de plataformas eletrónicas*[244], definidas estas, nos termos do art. 16.º, como "infraestruturas eletrónicas da titularidade ou sob exploração de pessoas coletivas que prestam, segundo um modelo de negócio próprio, o serviço de intermediação entre utilizadores e operadores de TVDE aderentes à plataforma, na sequência [de reserva] efetuada pelo utilizador por meio de aplicação informática dedicada". Nestes termos, os operadores de plataformas digitais[245] dedicar-se-iam, sobretudo, a prestar serviços de intermediação da conexão entre o utilizador, isto é, o passageiro[246], e o operador do serviço de TVDE, bem como ao processamento do pagamento do serviço de TVDE por conta do respetivo operador, cobrando, nos termos do art. 15.º, n.º 3, uma taxa de intermediação, a qual não pode ser superior a 25% do valor da viagem[247].

243 Logo aqui não se concorda com o termo. De facto, deveria estar plataforma digital e não eletrónica.

244 Repete-se o que se escreveu na última nota. Deveria ser plataforma digital e não eletrónica porque é disso que se trata, de uma verdadeira plataforma digital.

245 Na Lei plataformas eletrónicas. Contudo, pelas razões referidas nas notas anteriores, iremos utilizar o termo plataformas digitais.

246 Nos termos do art. 5.º, n.º 1, da lei, «o serviço de TVDE só pode ser contratado pelo utilizador mediante subscrição e reserva prévias efetuadas através de plataforma eletrónica».

247 Sobre os serviços disponibilizados pelos operadores de plataformas digitais, *vd.* o disposto no art. 19.º da lei. Entre esses serviços contam-se o de disponibilizar mecanismos transparentes, credíveis e fiáveis de avaliação da qualidade do serviço pelo utilizador, nomeadamente por botão eletrónico de avaliação relativo a cada operação, bem como o botão eletrónico para apresentação de queixas (n.º 1, al. *d*)), assim como a identificação do motorista, incluindo o seu número único de registo de motorista de TVDE e fotografia (n.º 1, al. *e*)). Ao invés, é expressamente proibida

O contrato com o motorista será celebrado pelo operador de TVDE e não pelo operador de plataforma digital, de acordo com o art. 2.º, n.º 3, que estabelece "a prestação de um serviço de TVDE inicia-se com a aceitação, *por um motorista ao serviço de um operador*[248], de um pedido de transporte entre dois pontos submetido por um ou mais utilizadores numa plataforma eletrónica e termina com o abandono pelo utilizador desse veículo, depois de realizado o transporte para o destino selecionado, ou por qualquer outra causa que implique a cessação de fruição do veículo pelo utilizador". E como decorre do disposto no art. 10.º, n.º 1, "apenas podem conduzir veículos de TVDE os motoristas inscritos junto de plataforma eletrónica", sendo que o motorista de TVDE, que presta serviço ao operador desta TVDE, deve preencher, cumulativamente, diversos requisitos, nomeadamente, nos termos do art. 10.º, n.º 2, alínea e), o de "dispor de um contrato escrito que titule a relação entre as partes". E, na mesma lei, acrescenta-se nos art. 9.º, n.º 2, que o operador de TVDE observará todas as vinculações legais e regulamentares relevantes para o exercício da sua atividade, incluindo as decorrentes da legislação laboral, de segurança e saúde no trabalho e de segurança social[249].

O contrato escrito, celebrado entre o motorista e o operador de TVDE, pode ser, mas não tem de ser, um contrato de trabalho A lei prevê, desde logo no art. 10.º, n.º 12, relativo ao regime de organização do tenpo de trabalho, ambas as hipóteses, a do motorista vinculado por contrato de trabalho e a do motorista independente. Porém, o art. 10.º, n.º 10, determina que "ao vínculo jurídico estabelecido entre o operador de TVDE e o motorista afeto à atividade, titulado por contrato escrito assinado pelas partes, e independentemente da denominação que as partes tenham adotado no contrato, é aplicável o disposto no artigo 12.º do Código do Trabalho". Assim, a lei faz expressa remissão para a presunção de laboralidade estabelecida no CT. Contudo, e este é, sem dúvida, um ponto absolutamente decisivo para compreender-se o alcance desta norma, a lei refere-se apenas ao vínculo contratual existente entre

a criação e a utilização de mecanismos de avaliação de utilizadores por parte dos motoristas de TVDE ou dos operadores de plataformas eletrónicas (n.º 5 do mesmo artigo). A atividade de operador de plataformas digitais está sujeita a licenciamento, nos termos do art. 17.º, procurando a lei estabelecer garantias quanto à idoneidade de tais operadores (art. 18.º). Em Portugal existem várias plataformas licenciadas: Uber, Cabify, Bolt (anteriormente Taxify) e Kapten (anterior Chauffeur Privé). Atualmente há mais três com licença emitida pelo IMT: *Its my ride, Vemja* e *Biguride.*

[248] Itálico nosso.

[249] Norma esta replicada, exatamente nos mesmos termos, para o operador de plataformas digitais, no art. 17.º, n.º 11. E também a atividade de operador de TVDE está sujeita a licenciamento, estabelecendo-se regras tendentes a garantir a respetiva idoneidade, nos termos dos arts. 3.º e 4.º.

o operador de TVDE e o motorista. A lei não se refere ao vínculo contratual entre o operador de plataforma digital e o motorista porque parte do princípio de que este vínculo contratual não existirá.

Ou seja, segundo a lei, empresas como a Uber, ou a *Cabify*, p. ex., serão típicas operadoras de plataforma digital, prestando serviços de intermediação entre os utilizadores/passageiros e os operadores de TVDE. E estes operadores de TVDE, enquanto pessoas coletivas dedicadas a efetuar transporte individual remunerado de passageiros é que prestarão esse serviço e contratarão os motoristas necessários para esse efeito, em regime de contrato de trabalho ou não. Aparentemente, o motorista não celebrará qualquer contrato com o operador de plataforma digital, ainda que, para exercer a atividade, o motorista tenha de estar inscrito junto da mesma. Mas a lei não deixa de colocar na esfera jurídica do operador de plataforma digital deveres típicos do empregador, designadamente em matéria de controlo do tempo de trabalho prestado pelo motorista e de respeito pelos limites máximos previstos. A este propósito, veja-se, sobretudo, o disposto no art. 13.º, com a epígrafe, *Duração da atividade*, no qual se estabelece no n.º 1, que "Os motoristas de TVDE não podem operar veículos de TVDE por mais de dez horas dentro de um período de 24 horas, independentemente do número de plataformas nas quais o motorista de TVDE preste serviços, sem prejuízo da aplicação das normas imperativas, nomeadamente do Código do Trabalho, se estabelecerem período inferior". Já o n.º 2 esclarece que "Os operadores de plataformas eletrónicas devem implementar mecanismos que garantam o cumprimento dos limites referidos no número anterior", havendo que considerar o n.º 3 quando diz que "As plataformas eletrónicas devem conservar durante dois anos os registos de atividade dos operadores TVDE, motoristas e veículos, de acordo com o seu número único de registo de motorista de TVDE". Acresce que, nos termos do art. 20.º, n.º 3, relativo aos deveres gerais dos operadores de plataformas digitais, "o sistema informático deve registar os tempos de trabalho do motorista, e o cumprimento dos limites de tempo de condução e repouso"[250].

[250] Também o art. 14.º comprova o papel central dos operadores de plataforma digital nesta matéria, ainda que se entenda que resulta alguma repartição de tarefas entre operadores de plataforma digital e operadores de TVDE. Assim, relativo ao controlo e limitação da atividade, nos termos do n.º 1, cabe ao operador da plataforma digital assegurar o pleno e permanente cumprimento dos requisitos de exercício da atividade previstos na lei, devendo, nos termos do n.º 2, bloquear o acesso aos serviços prestados pela mesma por parte dos operadores de TVDE, motoristas ou veículos que incumpram qualquer dos requisitos referidos na lei, sempre que disso tenha ou devesse ter conhecimento. Contudo, o n.º 3 estabelece que o acesso a plataforma digital de motoristas de TVDE

Ou seja, e de forma altamente inovadora e até surpreendente[251], se pensarmos na jurisprudência que se tem produzido, a este respeito, um pouco por todo o resto do mundo, a lei portuguesa coloca uma terceira entidade de permeio, entre o operador de plataforma digital e o motorista. Assim, se, em regra, há três intervenientes neste processo: a plataforma digital, o motorista e o passageiro, em Portugal há quatro[252], já que quem presta o serviço de transporte remunerado de passageiros não é propriamente o motorista, mas sim, uma outra empresa, distinta da empresa operadora de plataforma digital, o denominado "operador de TVDE". E este operador, pessoa coletiva, é que celebrará contrato com os motoristas.

Atendendo a estes aspetos e ao surgimento desta quarta figura na relação, o juízo sobre a bondade da lei portuguesa nesta matéria, com o seu expresso apelo à presunção de laboralidade, não pode, pois, deixar de ser muito cauteloso. A lei efetivamente, em matéria de transporte individual e remunerado de passageiros através de plataforma digital, não rejeita que os motoristas envolvidos tenham um contrato de trabalho. A lei até afirma que, independentemente da denominação que as partes tenham dado ao contrato celebrado, ser-lhe-á aplicável a presunção de laboralidade constante do art. 12.º do CT. Mas há que ter em atenção que o contrato em causa, ao qual se aplica a dita presunção, não envolve qualquer operador de plataforma digital. O contrato

que não cumpram os requisitos referidos no número anterior ou que tenham deixado de os reunir após o acesso à atividade é da responsabilidade do respetivo operador. Fica-se com a dúvida sobre se a lei, aqui, se refere ao operador de plataforma digital ou ao operador de TVDE, mas cremos que se tratará deste último, sem prejuízo dos poderes cometidos ao Instituto da Mobilidade e dos Transportes, I. P., e às demais entidades fiscalizadoras.

251 Esta configuração deveras *especial* já estava presente na Proposta de Lei n.º 50/XIII, suscitando alguma preocupação aos autores que comentaram essa proposta de diploma legal, em perspetiva jurídico-laboral, por tender a obnubilar a possível relação de trabalho subordinado estabelecida entre o motorista/operador de TVDE e o operador de plataforma digital. Neste sentido, *vd.* JOÃO LEAL AMADO e CATARINA GOMES SANTOS, "A Uber e os seus motoristas em Londres: *mind the gap!*", *in Revista de Legislação e de Jurisprudência*, n.º 4001, nov.-dez. 2016, nota n.º 18, e JOANA NUNES VICENTE, "Implicações sociais e jurídico-laborais da prestação de serviços através de plataformas virtuais – breves notas", *in A Reforma Trabalhista – Reflexos da Reforma Trabalhista no Direito do Trabalho, no Direito Processual do Trabalho e no Direito Previdenciário*, (coord. Paulo Renato Fernandes da Silva), LTr, 2018, nota n.º 30.

252 Note-se, contudo, conforme já referimos, que esta existência de quatro entidades só ocorre no caso do setor de transporte, e do transporte individual, porque a lei em apreço trata do regime jurídico da atividade de transporte individual e remunerado de passageiros em veículos descaracterizados. Apenas, pois, relativamente a estas plataformas. No que concerne a outras plataformas que não executem este tipo de atividades, como acontece, por exemplo, com a *Glovo*, ou da *Uber Eats*, que também operam em Portugal, o regime a aplicar será o geral e não o desta lei.

ao qual se aplicará esta presunção é o celebrado entre o motorista e o operador de TVDE. E isto, claramente, faz toda a diferença, porque implica que os operadores de plataformas digitais não terão, parece, qualquer contrato com os motoristas nelas inscritos, pois verifica-se aqui a interposição, *ex vi legis*, de uma outra e nova entidade – o operador de TVDE –, que, esse sim, poderá assumir o estatuto de empregador do motorista.

Contudo, há que ter muita atenção à realidade dos factos. Há que aferir se a realidade vai corresponder ao desenho traçado na Lei, isto é, se o operador de TVDE e o motorista são, realmente, pessoas distintas, entre as quais se celebra um contrato, eventualmente de trabalho. Ou se, pelo contrário, haverá casos em que o motorista constitui, para o efeito, uma pessoa coletiva com familiares seus ou até, quiçá, uma sociedade unipessoal, de que ele será o sócio único, para se dedicar a este tipo de atividade e celebrar consigo mesmo, enquanto motorista, um contrato de trabalho – assim deixando livre de vinculações contratuais laborais, ao menos *prima facie*, o operador de plataforma digital.

Não pode permitir-se que a interposição de pessoas prevista na lei portuguesa se traduza, em alguns casos, numa interposição fictícia de pessoas, de certa forma organizada ou estimulada pelo legislador. Sendo que, se de interposição fictícia se tratar, isto é, se, ao contrário do que o legislador supõe, vier realmente a existir uma relação contratual entre o operador de plataforma digital e o motorista, designadamente pelo facto de este e o operador de TVDE serem, afinal, um só, também nos parece possível nesse caso aplicar a presunção vertida no art. 12.º do CT[253] [254].

1.4.2. Atendendo a tudo isto, que não é *coisa pouca*, e às novas formas de prestar trabalho em geral, importa reconhecer a inadequação da presunção de laboralidade prevista no art. 12.º do CT para enfrentar os problemas emergentes das novas formas de trabalhar através de plataformas digitais. Fatores como, *inter alia*, a propriedade dos equipamentos e instrumentos de trabalho[255],

[253] Existindo ainda a questão da eventual simulação.

[254] Para maiores desenvolvimentos veja-se JOÃO LEAL AMADO e TERESA COELHO MOREIRA, última *op. cit.*, pp. 81 e ss., sobretudo, pp. 107 e ss..

[255] O CT, nos termos do art. 12.º, alínea b), exige que os equipamentos e instrumentos de trabalho utilizados pertençam ao beneficiário da atividade. A este propósito, a Lei n.º 45/2018 esclarece no art. 10.º, n.º 11, que, para os referidos efeitos, se considera que os equipamentos e instrumentos de trabalho são todos os que sejam pertencentes ao beneficiário *ou por ele explorados por aluguer ou qualquer outra modalidade de locação* – itálico nosso. De resto, pode discutir-se se o instrumento de trabalho, no caso das plataformas digitais de condução, será o automóvel ou a própria plataforma, visto que só com esta é que se verifica a ligação entre o condutor e o cliente. E, claramente,

a existência de um horário de trabalho determinado pelo beneficiário da atividade e o pagamento de uma retribuição certa, são indícios clássicos de subordinação jurídica, mas são indícios escassamente operacionais para enfrentar os novos tipos de dependência resultantes da prestação de serviços para uma determinada empresa, via *apps.*

Em síntese, esta lei, fazendo expressa remissão para a presunção de laboralidade constante do art. 12.º do CT, suscita, na sua vertente jurídico-laboral, duas questões fundamentais: a primeira, a de apurar até que ponto o modelo desenhado pela lei tem tradução na realidade da vida, porque esse modelo pressupõe a inexistência de qualquer contrato de trabalho entre a empresa operadora de plataforma digital e o motorista, em virtude do aparecimento em cena de um outro ator, o operador de TVDE; a segunda, a da provável necessidade de atualizar os índices de subordinação jurídica vertidos no art. 12.º do CT, índices estes, porventura, adequados para o trabalho do séc. XX, mas já não para o trabalho do séc. XXI e da era digital em que, agora, todos vivem e muitos trabalham.

Com efeito, a presunção do art. 12.º mostra-se desatualizada perante esta nova realidade.

Tornou-se necessário criar um novo artigo que incluísse outros índices que facilitassem a inversão do ónus da prova, *v.g.*, dando relevo ao facto de a plataforma usar uma imagem de marca no mercado que a identifica, de a plataforma fixar os preços para o trabalho nele efetuado ou estabelecer limites máximos e mínimos ao mesmo, de a plataforma processar o pagamento entre os seus utilizadores e os trabalhadores, de a plataforma utilizar sistemas de geolocalização para seguir quem presta a atividade, de fornecer aos seus utilizadores a avaliação ou o *rating* dos seus trabalhadores, de a plataforma ter uma reputação *online*, de aferir-se quem é o proprietário da informação, da capacidade de crescimento do negócio e mesmo do *Know-how*[256] [257].

parece-nos que deverá ser considerada a plataforma porque só esta é que permite fazer a ligação entre o motorista e o utilizador/passageiro.

[256] Indicando novos índices veja-se, entre outros, TODOLÍ SIGNES, *op.* cit., pp. 63 e ss., "Nuevos indicios de laboralidad ...", cit., pp. 223 e ss., MARTIN RISAK, *op.* cit., pp. 13-14, MERCADER UGUINA, "La prestación de servicios en plataformas profesionales: nuevos indicios para una nueva realidad", *in Trabajo en Plataformas Digitales*...cit., pp. 155 e ss., e IGNASI DE HEREDIA RUIZ, *Work in the Platform Economy: Arguments for an Employment Relationship*, Huygens Editorial, Barcelona, 2019, pp. 83 e ss.

[257] Para maiores desenvolvimentos veja-se JOÃO LEAL AMADO e TERESA COELHO MOREIRA, "A lei sobre......", cit., pp. 81 e ss., e sobretudo, pp. 107 e ss..

Esta possibilidade foi a defendida no *Livro Verde sobre o Futuro do Trabalho 2021*[258].

Este traça uma linha de rumo na qual nos revemos e que consideramos que deve ser seguida até atendendo à Diretiva 2019/1152, de 20 de junho de 2019, relativa a condições de trabalho transparentes e previsíveis na União Europeia, Diretiva que consagra no considerando 8 que "A determinação da existência de uma relação de trabalho deve basear-se nos factos relativos à prestação efetiva de trabalho e não no modo como as partes descrevem a relação" e que já estava na Recomendação n.º 198 da OIT que abordava a questão da primazia dos factos. Com efeito, no *Livro Verde sobre o Futuro do Trabalho 2021* pode ler-se, como uma das linhas de reflexão para as políticas públicas em matéria de plataformas digitais: "Criar uma presunção de laboralidade adaptada ao trabalho nas plataformas digitais, para tornar mais clara e efetiva a distinção entre trabalhador por conta de outrem e trabalhador por conta própria, sublinhando que a circunstância de o prestador de serviço utilizar instrumentos de trabalho próprios, bem como o facto de estar dispensado de cumprir deveres de assiduidade, pontualidade e não concorrência, não é incompatível com a existência de uma relação de trabalho dependente entre o prestador e a plataforma digital".

Cremos que estes pontos devem ser registados, sublinhados e aplaudidos: criar uma presunção de laboralidade, adaptada às novas formas de prestar trabalho via *apps*; sublinhar que o facto de o prestador de serviço utilizar instrumentos de trabalho próprios ou não estar sujeito a certos deveres inerentes à relação laboral tradicional não obsta, por si só, à existência de trabalho subordinado; e, *last but not least*, afirmar que poderá existir uma relação de trabalho dependente entre o prestador e a plataforma digital, sem a presença de um terceiro ente, ao jeito de um qualquer "operador de TVDE" – tudo isto nos parece corresponder a premissas muito acertadas e promissoras na abordagem destas questões.

O problema é que muitas vezes é difícil para quem presta a atividade ter acesso a estas informações e fazer prova em tribunal. Assim, possível solução seria o estabelecimento de uma presunção ilidível da existência de um

[258] Para maiores desenvolvimentos *vide* TERESA COELHO MOREIRA, "O Livro Verde sobre o Futuro do Trabalho e a presunção de laboralidade no trabalho nas plataformas digitais", *in IV Jornadas de Direito do Trabalho Açores*, Secretaria Regional da Juventude, Qualificação Profissional e Emprego, 2023, pp. 33 e ss. e "O *Livro Verde sobre o Futuro do Trabalho 2021* e o trabalho nas plataformas digitais: algumas questões", *in Sociologia: Revista Da Faculdade De Letras Da Universidade do Porto*, Número Temático – Trabalho, plataformas digitais, cuidados: perspetivas pluridisciplinares, 2023, pp. 80 e ss..

contrato de trabalho entre a plataforma e o trabalhador, para tentar facilitar o ónus da prova e diminuir a enorme disparidade contratual entre as partes e mastodôntica dificuldade de acesso à informação por parte do trabalhador, desde que, claro, se estivesse perante certo tipo de plataformas onde há um pagamento. Plataformas voluntárias, onde existe verdadeira *sharing economy*, não poderiam ser abrangidas por esta situação.

A este nível é interessante notar que no Estado da Califórnia, nos EUA, a 10 de setembro de 2019, foi apresentada uma Proposta de Lei que ficou conhecida como AB5, e que foi aprovada pelo Governador a 18 de setembro, tendo entrado em vigor no dia 1 de janeiro de 2020, e que pretende incluir como trabalhadores todos aqueles que são excluídos e não apenas os trabalhadores das plataformas digitais. São destinatários da nova norma, *v.g.*, *manicures*, condutores de camiões, empregados de limpeza, trabalhadores da construção civil, e diversos outros trabalhadores precários que são falsamente classificados como autónomos. Muito interessante é a forma e os caminhos pelos quais ela pretende incluir esses trabalhadores, inserindo a Secção 2750.3 ao *Labor Code*. Esta alteração também permite a possibilidade de criação de sindicatos e de celebração de convenções coletivas. A Lei obriga, ainda, as plataformas a compensar os motoristas pelos custos com os combustíveis[259], e por outras despesas em que incorram, assim como proíbe que as plataformas retirem da quantia paga aos motoristas as gorjetas que estes ganham.

A lei tem por objetivo expresso estabelecer no *Labor Code* da California a decisão do *Supreme Court of California* conhecida como *Dynamex*, de 30 de abril de 2018, reconhecidamente um marco no combate à fraude na utilização da figura do trabalho autónomo – denominado de *independent contractors* -, para esconder verdadeiras relações de trabalho. Essa decisão, interpretando os termos legais *empregar, sofrer ou permitir*[260], implementou um novo tipo de teste para verificação da relação de emprego, denominado *Teste ABC*, que é muito mais amplo e favorável aos trabalhadores do que o utilizado anteriormente, denominado de teste *Borello*.

Na alteração ao *Labor Code*, estabeleceu-se uma presunção da existência da relação de trabalho. Nos termos da secção 2750.3 do *Labor Code*, "qualquer pessoa que forneça trabalho ou serviços em troca de remuneração tem o estatuto de trabalhador e não de trabalhador autónomo, a menos que a empresa contratante demonstre todas as seguintes condições", que são os itens A, B e C

[259] Que será de 58 cêntimos por cada milha.

[260] *Employ, suffer or permit.*

que dão nome ao "Teste ABC": (A) A pessoa está livre do controlo e direção da entidade contratante em relação à execução do trabalho, tanto em relação ao disposto no contrato quanto de facto. (B) A pessoa executa trabalho que está fora do curso normal dos negócios da entidade contratante. (C) A pessoa habitualmente atua em atividade comercial, ocupação ou negócio estabelecido e independente da mesma natureza que o trabalho a ser executado[261].

Claro que a lei exceciona imensas categorias de trabalhadores da aplicação do teste ABC, como médicos, mediadores imobiliários, advogados, arquitetos, mediadores de seguros e outros profissionais liberais. Isso não quer dizer que a lei tenha excluído a possibilidade de existência de relação de trabalho nesses casos, mas, que, para se verificar a condição de trabalhador, deverá ser realizado o teste *Borello*, que tem como fatores para identificação do trabalhador se (1) "o contratante tem o direito de controlar o modo e os meios de execução do resultado desejado", além de "(2) se o contratante tem o direito de dispensar o trabalhador unilateralmente, sem justa causa, (3) se o trabalho executado é relativo a um negócio ou ocupação distinta do contratante", além de outros relativos à "(4) habilidade específica para realização do serviço, (5) quem fornece os materiais e instrumentos, (6) a duração de tempo que dura a contratação, (7) se o pagamento é realizado por tempo ou pelo serviço, (8) se o trabalho é parte do negócio regular do contratante e (9) se as partes acreditam estar numa relação de emprego".

Esta lei é um bom exemplo, apesar de ter inúmeras exceções, de como num país onde impera o *employment at will*, e num Estado onde estão as sedes de várias empresas tecnológicas, se consegue estabelecer uma proteção a este tipo de atividades.

Esta solução seria até cumulável com outra que consistiria no estabelecimento da presunção quando estivessem previstos alguns dos índices que referi anteriormente.

E estes eventuais meios também auxiliariam no estabelecimento de uma conexão quanto à lei aplicável e ao tribunal competente, sendo este o do local onde o trabalho é efetivamente realizado, permitindo ao trabalhador agir judicialmente para reconhecimento da existência de um contrato de trabalho neste local.

261 A) the worker is free from the control and direction of the hirer in connection with the performance of the work, both under the contract for the performance of such work and in fact; B) the worker performs work that is outside the usual course of the hiring entity's business; C) the worker is customarily engaged in an independently established trade, occupation, or business of the same nature as the work performed for the hiring entity.

Após a publicação desta Lei, vários Estados nos EUA, como Nova Iorque, Nova Jérsia e Illinois, tentaram replicá-la[262]. Com base na aprovação da Lei, a Câmara dos Representantes dos EUA aprovou mesmo a Lei *Protecting the Right to Organizing Act* – denominada *PRO Act* –, que integrou o teste ABC para efeitos de organização e negociação coletiva[263]. A *PRO Act* foi apresentada a 28 de fevereiro de 2023 na *House Committee on Education and the Workforce*[264].

Porém, e para o que agora nos interessa, pouco tempo após a entrada em vigor da Lei AB5, certas plataformas digitais como a *Uber*, *Lyft*, *Postmates* (agora pertencente à *Uber*), *DoorDash* e *Instacart* investiram 203 milhões de dólares numa campanha referendária, quiçá a mais cara da história dos Estados Unidos[265]. A iniciativa, que ficou conhecida como *Proposition 22*, criou isenções da lei AB5 para "*Transportation Network Companies*" e "*Delivery Network Companies*", e foi aprovada a 3 de novembro de 2020, excecionando daquela lei qualquer companhia que providencie transporte ou entrega de serviços através de uma *app* e introduzindo uma espécie de terceira categoria contratual – o contrato *gig worker*, com menos benefícios do que um contrato de trabalho.

Durante a campanha os eleitores foram literalmente bombardeados, por exemplo, com publicidade na televisão, na rádio, na internet, no e-mail e em mensagens das plataformas que diziam que a *Proposition 22* daria aos trabalhadores um salário mínimo e mais benefícios do que a Lei AB5. Por outro lado, anunciava que os motoristas perderiam a desejada flexibilidade se a *Proposition* não fosse aprovada. Contudo, a realidade mostrou-se bem diferente do que tinha sido publicitado, pois os motoristas passaram a ter o estatuto de *independent contractors*, privando-os de proteções devidas por lei e atribuindo muito poucos benefícios em troca. A *Proposition* 22, por exemplo, nega aos trabalhadores um salário mínimo baseado no tempo, assim como pagamento por trabalho suplementar e, em vez disso, cria um pagamento base, mas apenas durante o tempo em que os motoristas estão conectados e a trabalhar[266]

[262] Rosenberg, "Gig economy bills move forward in other blue states, California leads the way", *Washington Post*, 2020, *in* https://www.washingtonpost.com/business/2020/01/17/gig-economy-bills-move-forward-other-blue-states-after-california-clears-way/

[263] https://rules.house.gov/bill/116/hr-2474

[264] A administração do presidente Biden já tinha anunciado a intenção de trabalhar com o Congresso "*to establish a federal standard modeled on the ABC test for all labor, employment, and tax laws*". Cfr. https://joebiden.com/empowerworkers/

[265] Do lado contrário, os sindicatos gastaram cerca de 20 milhões de dólares.

[266] Denomina-se *engaged time*, que, na definição da *Proposition 22*, significa "time spent by the worker after they accept and complete a ride or delivery request is paid, not any time waiting for rides or delivery requests while logged on to the app and ready to work."

e não enquanto aguardam as tarefas. Ora esta situação significa que não têm garantido um salário mínimo[267].

Interessante notar também que a OIT[268], num relatório que apresentou em 2016 sobre formas de trabalho *non standart*, considerou que o trabalho em plataformas digitais deveria ser abrangido pela proteção social, incluindo, também, vários direitos fundamentais.

Por outro lado, outra possibilidade de regulamentação é ao nível do Direito coletivo, ou uma espécie de auto-organização deste tipo de trabalhadores. Veja-se, a este nível, a iniciativa do sindicato alemão *IG Metall* que criou a plataforma digital *fairCrowdWork* que visa permitir a todos os que trabalham através do *Crowdsourcing* conhecem os seus direitos e melhorar as condições de trabalho, indicando os representantes destes tipos de trabalhadores também na Suécia, Reino Unido e EUA.

1.5. A presunção de contrato de trabalho do art. 12.º-A

Em Portugal, após várias versões deste artigo, foi aprovado o artigo 12.º-A, através da lei 13/2023, de 3 de abril, denominada *Agenda do Trabalho Digno*, com a epígrafe *Presunção de contrato de trabalho no âmbito de plataforma digital*[269].

[267] Seguimos de perto Veena B. Duval, «Platformisation' of work: US and EU perspectives», *in ECE Annual Conference: Exploring ways to improve working conditions of platform workers: the role of EU labour law*, para quem remetemos para mais desenvolvimentos. *Vide*, ainda, MIRIAM CHERRY, "Proposition 22: A Vote on Gig Worker Status in California", *in Dispatches Comparative Labor Law & Policy Journal, 2021*, https://cllpj.law.illinois.edu/content/dispatches/2021/February-Dispatch-2021.pdf.

[268] *Non-standard employment around the world: Understanding challenges, shaping prospects*, Genebra, 2016, pp. 39 e ss..

[269] É importante referir que antes, no dia 29 de outubro de 2021, já tinha sido publicada no BTE uma primeira versão da Agenda do Trabalho Digno, designada de *Proposta de Lei que procede à alteração da legislação laboral no âmbito da agenda do trabalho digno*, e que estabelecia um novo artigo, o art. 12.º- A, com a seguinte redação "1- Sem prejuízo do disposto no artigo anterior, presume-se a existência de contrato de trabalho quando, na relação entre o prestador de atividade e o operador de plataforma digital, se verifiquem algumas das características identificadas em cada um dos seguintes âmbitos: Na relação entre o operador de plataforma digital e o prestador de atividade: i) O operador de plataforma digital fixa a retribuição para o trabalho efetuado na mesma ou estabelece limites máximos e mínimos para aquela; ii) O operador de plataforma digital controla em tempo real a atividade realizada pelo prestador da atividade, nomeadamente através de um sistema de geolocalização contínuo e de uma gestão algorítmica; iii)O operador de plataforma digital exerce poderes laborais sobre o prestador da atividade, nomeadamente o poder disciplinar; IV) O operador de plataforma digital pode excluir o prestador de futuras atividades via plataforma, através da desativação da conta quando considere que este tem uma avaliação insuficiente;

Na verdade, na versão inicial aprovada na generalidade através da Proposta de Lei n.º 15/XV este artigo tinha uma redação que, segundo a nossa opinião, não era a melhor porque a presunção era estabelecida em termos iguais entre a plataforma digital e quem presta a atividade na mesma e entre este e o intermediário – não apenas entre os dois primeiros, criando-se, aqui

O prestador de atividade não pode subcontratar ou fazer-se substituir por outrem perante o operador sem o conhecimento deste; b)Na relação entre o prestador de atividade e o utilizador dos serviços: i) O operador fixa o preço pago pelo utilizador para a atividade realizada pelo prestador de serviço; ii) O operador de plataforma digital processa o pagamento entre os utilizadores e o prestador de atividade das plataformas; iii) O prestador de atividade não atua em nome próprio, antes presta a sua atividade inserido na organização do operador de plataforma digital e sob a marca que o mesmo utiliza no mercado; iv) A comunicação entre os utilizadores e prestador de atividade é realizada e gerida exclusivamente pelo operador de plataforma digital; v) O operador de plataforma digital controla a qualidade do trabalho e dos resultados atingidos pelo prestador da atividade e fornece aos seus utilizadores a avaliação ou o rating dos mesmos.
2- A presunção prevista no número 1 pode ser ilidida nos termos gerais, nomeadamente, se o operador de plataforma digital fizer prova que o prestador de atividade trabalha com efetiva autonomia, sem estar sujeito ao controlo e direção e poder disciplinar de quem o contrata.
3- Nos casos em que se considere a existência de contrato de trabalho, apenas se aplicam as normas previstas no presente Código que sejam compatíveis com a natureza da atividade desempenhada".
Também o Bloco de Esquerda apresentou, a 12 de outubro de 2021, o Projeto de Lei n.º 992/XIV/3.ª, que visava regular as relações de trabalho em plataformas digitais e que estabelecia um novo art. 192.º – B com a epígrafe *qualificação* e onde constava que "1 – A qualificação do contrato celebrado entre a plataforma digital e o prestador de atividade faz-se de acordo com os princípios gerais, sem prejuízo do disposto no número seguinte. 2 – A circunstância de o prestador de atividade utilizar instrumentos de trabalho próprios, bem como de estar dispensado de cumprir deveres de assiduidade, pontualidade e não concorrência, não é incompatível com a existência de uma relação de trabalho dependente entre o prestador e a plataforma digital", assim como um novo art. 192.º-C, com a epígrafe *Presunção de contrato de trabalho com plataforma digital*, onde se podia ler que "1 – Presume-se a existência de contrato de trabalho quando, na relação entre o prestador de atividade e a plataforma digital, se verifiquem algumas das seguintes características: a) O prestador não dispõe, perante o cliente final, de uma organização empresarial própria e autónoma, antes presta o seu serviço inserido na organização de trabalho da plataforma; b) A plataforma digital fixa os preços para a atividade realizada na mesma e a remuneração devida ao prestador, processando aquele os pagamentos a efetuar; c) A plataforma digital leva a cabo um controlo em tempo real da prestação da atividade em causa, sem que o prestador possa realizar a sua tarefa desvinculado da plataforma, designadamente mediante a gestão algorítmica da atividade e através de sistemas de geolocalização constante do prestador; d) A plataforma digital submete o prestador a sistemas de avaliação por parte dos beneficiários do serviço e fornece aos mesmos a avaliação ou o *rating* dos seus trabalhadores; e) A plataforma digital goza de poderes disciplinares, designadamente o de sancionar, por várias formas, o prestador que seja alvo de uma avaliação menos positiva, inclusive impedindo-o de aceder à aplicação que lhe permite contactar com a clientela".
Como se pode ver, qualquer uma destas propostas apresentadas na Assembleia da República é anterior à Proposta de Diretiva da Comissão Europeia de 9 de dezembro de 2021.

um terceiro ente-, o que não estava de acordo com o que tinha sido defendido nas Linhas de Reflexão para Políticas Públicas no *Livro Verde sobre o Futuro do Trabalho 2021*. Entretanto, a 20 de outubro de 2022, foi apresentada uma proposta de alteração a este artigo que melhorou, substancialmente, a redação do mesmo, que foi alterada a 15 de dezembro para uma versão ainda melhor e que é a que consta da versão final aprovada. Reconhece-se que é um artigo muito extenso – 12 números – e complexo, mas bastante melhor do que as duas anteriores versões apresentadas e com um saldo final que nos parece claramente positivo, por vários motivos[270].

A presunção do art. 12.ª-A é uma presunção legal o que origina a inversão do ónus da prova nos termos do art. 344.º do CC, mas é ilidível e, por isso, admite prova em contrário.

1.5.1. Em primeiro lugar, parece-nos de saudar que a presunção seja estabelecida entre a plataforma digital e o prestador de atividade que nela opera. Desaparece da presunção do n.º 1 a figura do intermediário. E este é um ponto muito positivo aliás em conformidade com a Proposta de Diretiva Europeia relativa à melhoria das condições de trabalho nas plataformas digitais, porque a existência deste ente de *permeio* traduzia uma mudança de visão do legislador e do próprio modelo de negócios da economia colaborativa.

Por outro lado, a existência deste intermediário poderia (e poderá) levantar vários problemas. Desde logo, porque esta terceira pessoa pode ser quem trabalha na plataforma, mas *transvestido/mascarado* de pessoa coletiva como acontece em vários casos de motoristas de plataformas, ainda que aí por imposição legal através da lei 45/2018, de 10 de agosto. Contudo, quanto a esta Lei, a denominada Lei da TVDE, o legislador também resolveu clarificar – e bem quanto a nós-, porque uma questão que se levantava nas anteriores versões era a de saber como conciliar a remissão da lei 45/2018, de 10 de agosto para o art. 12.º com o agora art. 12.º-A. Ora o legislador, no n.º 12 do art. 12.º-A, respondeu afirmativamente no sentido de defender que a presunção prevista no n.º 1 deste artigo também se aplica "às atividades de plataformas digitais, designadamente as que são reguladas por legislação especifica relativa

[270] No mesmo sentido veja-se JOÃO LEAL AMADO, "As plataformas digitais e o novo art. 12.º-A do Código do Trabalho: empreendendo ou trabalhando?", *in A Revista*, n.º 3, 2023, p. 13, "Trata-se, sem dúvida, de uma norma bastante complexa, que apresentou diversas versões ao longo do conturbado processo de elaboração do diploma, convertendo-se, a final, numa disposição muito (demasiado) extensa e longa, com nada menos de 12 números e diversas alíneas, que logra ocupar duas páginas inteiras de qualquer versão em papel do Código do Trabalho revisto!".

a transporte individual e remunerado de passageiros em veículos descaracterizados a partir de plataforma eletrónica". Isto significa, na nossa opinião, que a lei 45/2018, de 10 de agosto, terá de ser alterada em vários aspetos, sobretudo consideramos que tem de deixar de obrigar a que para alguém se conseguir registar numa plataforma digital, tenha de ser uma pessoa coletiva, tal como consta da lei, já que a presunção prevista no n.º 1 do art. 12.º-A é entre o prestador de atividade e a plataforma digital e é para esta que o número 12 remete.

Claro que a figura do intermediário não desaparece totalmente surgindo no n.º 5 deste artigo, mas apenas a título subsidiário e como uma forma da plataforma tentar ilidir a presunção. Porém, mesmo nesta situação, a lei clarificou que cabe ao tribunal determinar quem é a entidade empregadora.

Na verdade, algumas questões eram levantadas nas anteriores versões e parece-nos que com esta redação do n.º 6, ficam resolvidas ou, pelo menos, mais clarificadas. Assim, desde logo, questionava-se se existisse um contrato de prestação de serviços entre o prestador da atividade e o intermediário, poderia aquele intentar uma ação ao abrigo do art. 12.ª-A e demandar a plataforma como empregador provando 2 índices da presunção? Parecia-nos que sim e que, em tese, poderia demandar os 2 porque relativamente a esta presunção cremos que existe uma presunção quanto à natureza do negócio e outra presunção quanto à identidade do empregador.

E se existissem índices para os dois: intermediário e plataforma?

E se existisse um contrato de trabalho com o intermediário, mas, na verdade, todos os índices indicassem que o verdadeiro empregador era a plataforma, poderia invocar-se o princípio da primazia da realidade e aplicar-se o art. 12.º- A?

Ora, a redação deste número 6 parece-nos que veio defender que sim a estas questões, "cabendo ao tribunal determinar quem é a entidade empregadora"[271] [272].

[271] Neste mesmo sentido *vide* JOÃO LEAL AMADO, "As plataformas digitais...", cit. p. 17, "parece que esta "presunção de laboralidade" se revela, afinal, como uma *presunção bidimensional: objetiva,* sobre a natureza do negócio (contrato de trabalho ou uma qualquer modalidade de contrato de prestação de serviço?), mas também *subjetiva,* sobre os próprios sujeitos do negócio (a contraparte do prestador de atividade é a plataforma digital ou um intermediário da plataforma, que nela opera disponibilizando os serviços através dos seus trabalhadores?). Parece que os factos-base da presunção legal, vertidos no n.º 1, poderão conduzir o tribunal a decidir sobre ambas as questões: se há ou não um contrato de trabalho e quem é, afinal a entidade empregadora em tal contrato.

[272] Cf. sobre a questão processual TERESA COELHO MOREIRA e MARCO GONÇALVES, "Presunção de contrato de trabalho no âmbito de plataforma digital: alguns aspetos materiais e processuais", *in Revista do Ministério Público,* n.º 175, no prelo.

1.5.2. Por outro lado, outro aspeto que nos parece muito positivo é a proibição da discriminação no n.º 7, assim como, a consagração da responsabilidade solidária prevista no número 8 entre a plataforma digital e o intermediário "pelos créditos do trabalhador emergentes de contrato de trabalho, ou da sua violação ou cessação, celebrado entre o trabalhador e a pessoa singular ou coletiva que atue como intermediário da plataforma digital, bem como pelos encargos sociais correspondentes e pelo pagamento de coima aplicada pela prática de contraordenação laboral relativos aos últimos três anos".

Reforçamos a importância deste número porque se formalmente o trabalhador pode ter como empregador o intermediário, substancialmente pode ter outro que é a plataforma digital.

E a importância desta responsabilidade solidária está, exatamente, se tivermos em atenção casos passados noutros ordenamentos jurídicos, onde os intermediários surgem como uma espécie de subcontratantes, podendo organizar a sua mão-de-obra.

Por isso, consideramos positiva que na nova redação se tenha consagrado a responsabilidade solidária entre as plataformas e o intermediário.

1.5.3. No entanto, não podemos deixar de considerar que o legislador poderia ter tido mais cuidado na redação das características previstas no n.º 1 deste artigo[273]. Se lermos as várias alíneas deste número parece-nos que o legislador utilizou uma terminologia própria da existência de um contrato de trabalho quando estamos ainda na presunção da sua existência.

Assim, a existência de um poder de direção não é característica da existência de um contrato de trabalho? No entanto, o legislador utilizou esta mesma terminologia na alínea b) do n.º 1.

[273] Secundamos JOÃO LEAL AMADO, "As plataformas digitais...", cit. nota n.º 12, p. 14, quando defende relativamente à redação da alínea d) deste número que "A redação desta alínea não prima pela clareza, afigurando-se que o segmento "através da aplicação de sanções" aparece deslocado, devendo ser feita essa referência, quando muito, na parte final da alínea, como possível forma de a plataforma efetivar a restrição da autonomia do prestador de atividade quanto à organização do trabalho. Ficaria melhor assim, como pensamos ser a intenção do legislador: a plataforma digital restringe a autonomia do prestador de atividade quanto à organização do trabalho, especialmente quanto à escolha do horário de trabalho ou dos períodos de ausência, à possibilidade de aceitar ou recusar tarefas, à utilização de subcontratados ou substitutos, à escolha dos clientes ou de prestar atividade a terceiros via plataforma, através da aplicação de sanções.".

Ou a redação da alínea c) – controlar e supervisionar em tempo real, nomeadamente através da gestão algorítmica, não bastaria por si só para fazer funcionar a presunção?

E quanto à alínea e), ao referir-se à possibilidade de exercer o poder disciplinar, não estamos já num contrato de trabalho?

Cremos que o legislador deveria ter tido mais cuidado ao redigir estes índices – denominados de características –, até porque da forma como estão enunciados, mesmo que uma destas alíneas esteja preenchida não é suficiente porque têm de estar preenchidas, pelo menos, 2 características, o que não nos parece ser necessário. E, mesmo assim, será apenas uma presunção. Ora, não conseguimos vislumbrar que, provada a existência de um poder de direção e de um poder disciplinar, o tribunal não possa considerar estar-se perante um verdadeiro contrato de trabalho.

Entendemos ainda que falta aqui um índice/característica que é bastante importante, e que é o de o prestador da atividade não dispor de uma atividade empresarial própria, mas sim, estar inserido numa alheia, até porque tem sido um critério valorizado pela jurisprudência, bastando lembrar o acórdão do Tribunal Supremo Espanhol de 25 de setembro de 2020, e noutros casos decididos sobre esta questão, assim como pela própria redação do art. 11.º do CT.

Por outro lado, relativamente a estes índices, consideramos que há alguns que são mais fáceis de provar, como é o caso dos da alínea a), b) e c), e outros mais difíceis, como é o caso da alínea d).

Também é importante atender que as alíneas b) e c) são indícios fortes de subordinação, enquanto outros podem ser mais *fracos*.

1.5.4. O legislador ao ter aprovado esta alteração e criado esta presunção tornou Portugal o primeiro ordenamento jurídico a ter uma presunção tão ampla porque se aplica às plataformas de *crowdwork online* e de *crowdwork offline*, tal como consta da definição de plataforma digital do n.º 2. E isto é muito positivo até porque de uma coisa temos a certeza. Sem dúvida não temos nas plataformas digitais um trabalhador do século XIX, ou até do século XX, mas com toda a certeza que, em inúmeras situações, temos um trabalhador do século XXI. Temos um trabalhador subordinado de novo tipo, com contornos distintos dos tradicionais, mas, em última instância, ainda dependente e subordinado na forma como desenvolve a sua atividade.

Contudo, consideramos que a noção de plataforma prevista neste número poderia e deveria ter tido uma redação mais abrangente englobando também as plataformas de *open call* que são utilizados várias vezes e que colocam diversas questões[274], assim como retirar a parte de "componente necessária e essencial" porque não necessita destes elementos para ser uma plataforma englobada neste artigo[275]. Na verdade, esta definição pode originar uma *fuga* das plataformas invocando que a organização de trabalho prestado por indivíduos a troco de pagamento não é uma componente necessária e essencial.

1.5.5. Nesta presunção outro aspeto que nos parece positivo é a referência no n.º 9, que só se aplicarão as normas previstas "no presente Código que sejam compatíveis com a natureza da atividade desempenhada, nomeadamente o disposto em matéria de acidentes de trabalho, cessação do contrato, proibição do despedimento sem justa causa, remuneração mínima[276], férias, limites do período normal de trabalho, igualdade e não discriminação". Isto é bastante importante porque chama a atenção para um aspeto que é muitas vezes referido pelas plataformas como impedindo a aplicação das regras de Direito do Trabalho e que é a inaplicabilidade de vários aspetos das relações de trabalho ditas clássicas com estas novas formas de prestar trabalho. Conforme fomos vendo com a evolução do Direito do Trabalho, ele tem suficiente maleabilidade e flexibilidade para responder a estas situações e não aplicar certos aspetos e criar outros, e para se adaptar a estas novas formas de prestar trabalho por mais disruptivas que sejam.

E este parece-nos ser o grande desafio. A regulamentação laboral deste tipo de atividade por via legislativa e/ou por via da contratação coletiva.

[274] Ver neste sentido a redação da Proposta de Diretiva relativa à melhoria das condições de trabalho nas plataformas digitais aprovada pelo Parlamento Europeu a 2 de fevereiro deste ano e que no art. 2.º, n.º 1, alínea b) prevê esta possibilidade – "it is provided at the request of a recipient of the service **or it involves the allocation of work through an open call**".

[275] A Proposta de Diretiva relativa à melhoria das condições de trabalho nas plataformas digitais na versão referida na nota anterior também alterou esta parte, e quanto a nós bem, e passou a referir apenas "it involves the organisation of work performed by individuals, irrespective of whether that work is performed online or in a certain location ***and irrespective of the contractual designation of the relationship between that individual and the natural or legal person providing the service***", substituindo o que estava anteriormente e que influenciou a redação do nosso legislador – "it involves, ***as a necessary and essential component,*** the organisation of work performed by individuals, irrespective of whether that work is performed online or in a certain location".

[276] Convém esclarecer algo que parece óbvio da leitura do n.º 9 deste artigo, mas que tem de reafirmar-se. A presunção não consagra que se for considerado um contrato de trabalho a retribuição vá ser igual à retribuição mínima mensal garantida. O que este número garante é que, pelo menos, esta tem se ser cumprida. O mínimo. Nada impede que seja superior dependendo das circunstâncias do caso e das regras aplicadas ao mesmo.

1.5.6. Contudo, não podemos terminar sem apelar para que, finda esta primeira parte, se avance mais na regulamentação deste tipo de trabalho. Sem dúvida que muitas destas situações se enquadrarão em verdadeiro trabalho subordinado, mas logo a seguir surge uma questão de inquestionável relevo e que não tem sido tratada. Qual o regime que lhes será aplicável? Não teria mais lógica que se considerasse como uma modalidade de contrato de trabalho com especificidades próprias a nível de tempos de trabalho, de retribuição, de não concorrência? Porque consideramos que este é, sem dúvida, o verdadeiro desafio que coloca o trabalho nas plataformas digitais. É um contrato de trabalho. Mas que regras iremos aplicar? Claramente as que já constam do n.º 9 deste artigo. Porém, em vários outros aspetos, torna-se necessária uma reflexão e uma regulamentação próprias, *inter alia*, quanto a questões de horário flexível, da liberdade de gestão do tempo de trabalho.

1.5.7. Assim, o balanço final que fazemos deste artigo, apesar de não ser *perfeito* (mas temos muitas dúvidas que algum o seja), é bastante positivo porque permite que o Direito do Trabalho possa vir a acolher estes novos prestadores de serviços via plataformas no seu seio, procedendo à devida adaptação regimental, isto é, construindo um regime laboral próprio e ajustado às características destas novas formas de prestar serviços. Mas, sublinhamos, um regime laboral.

Se estas novas formas de prestar trabalho, criadas pela fantástica evolução da tecnologia, podem constituir, como por vezes se diz, uma *terra de grandes oportunidades*, não cremos que tal terra deva ser uma terra sem lei, máxime sem lei laboral. Seria até uma traição à missão histórica do Direito do Trabalho que este construísse – ou que este deixasse que se construísse – um muro conceptual e mantivesse aqueles que trabalham através de plataformas do lado de fora, do outro lado do muro. E o estabelecimento de uma presunção de laboralidade é um passo fundamental para a criação desta terra sem muros.

1.5.8. A não adoção de uma presunção legal de laboralidade significaria dizer às pessoas que consideram que são verdadeiros trabalhadores que teriam de recorrer aos tribunais e provar todos os factos quando estamos perante uma relação de desequilíbrio de poder e com total opacidade face à forma como trabalham, como funciona o algoritmo, sem cumprimento dos deveres de informação. Iniciar um processo judicial já é, por si só, bastante difícil. Demonstrar que se é trabalhador, sem ter acesso ao algoritmo ou aos documentos oficiais sobre o funcionamento da plataforma, é quase impossível. Significaria, diria, permitir que as plataformas continuassem a *explorar* os trabalhadores.

Esta presunção obviamente que não vai acabar com o trabalho autónomo. Com o verdadeiro trabalho autónomo! Mas, pelo contrário, acabará com a impunidade das plataformas. Exigir às plataformas que ilidam a presunção quando ela funcionar, forçá-las-á, finalmente, a serem transparentes e a assumirem a responsabilidade pela forma como organizam o trabalho e a enfrentar, assim, as suas obrigações legais e sociais[277].

2. Um novo tempo de trabalho e o direito à desconexão

2.1. Evolução histórica

2.1.1. As primeiras leis laborais, surgidas para pôr termo a uma igualdade meramente formal no seio das relações de trabalho, têm a sua base e ADN nos tempos de trabalho e na sua necessária redução e limitação.

Na verdade, de jornadas de trabalho praticamente infindáveis – 16 e, até, 18 horas diárias, sem qualquer descanso –, foi-se caminhando, aos poucos, para a sua limitação. E Portugal não foi exceção, com a *divisão tripartida* do dia em 8 horas para trabalhar, 8 horas para dormir e 8 horas para a realização social do trabalhador enquanto pessoa. Era e é, ainda, a concretização da *lenga lenga* britânica, ao tempo da Revolução Industrial, *eight hours to work, eight hours to play, eight hours to sleep and eight shillings a day.*

Esta temática é, pois, como que a marca de origem do Direito do Trabalho, o seu código genético. Na verdade, a primeira Convenção da OIT, adotada em Washington a 28 de novembro de 1919, e que entrou em vigor em 13 de junho de 1921, limitava o tempo de trabalho a 8 horas diárias e 48 horas semanais nos estabelecimentos industriais[278].

Mais tarde, a limitação dos tempos de trabalho associa-se à ideia de partilha de emprego.

[277] Tendo em atenção esta situação, não podemos concordar com REGINA REDINHA, "Agenda do trabalho digno: *what's in a name*?", *in APODIT, Newsletter Primavera'* 23, p. 7, quando defende a ideia de que a consagração desta presunção constitui um "precedente legislativo perigoso". Pelo contrário, constitui, para nós, um passo essencial para evitar a fuga ao Direito do Trabalho.

[278] Esta Convenção foi ratificada por Portugal pelo Dec. nº15 361, de 3 de abril de 1928.

Hoje é também claro que a limitação dos tempos de trabalho visa, ainda, objetivos fundamentais de segurança e saúde no trabalho. Assim, jornadas de trabalho infindáveis traduzem uma muito maior propensão para a sinistralidade laboral.

A tutela da saúde do trabalhador pressupõe, assim, que exista uma determinação quantitativa dos tempos de trabalho, ou seja, a fixação de um limite máximo da duração do trabalho.

ALAIN SUPIOT[279] vai mais longe e procede à interligação da saúde e segurança no trabalho aos empregos precários onde a incerteza do amanhã, a ignorância dos riscos e a precariedade do emprego têm efeito sinergético incalculável na sinistralidade laboral.

Há ainda que lembrar que a não contenção dos tempos de trabalho pode adensar o desemprego. Parece, pois, que a limitação do tempo de trabalho não pode deixar de prosseguir, também, objetivos de equilíbrio do mercado de emprego.

A determinação do tempo de trabalho surge, portanto, como uma questão de suma relevância para o trabalhador em que se joga a saúde e a própria liberdade deste[280]. Assim, e nas palavras de BERNARDO DA GAMA LOBO XAVIER[281], "a realização quotidiana e continuada da atividade laboral não só envolve uma dada intensidade de esforço e de fadiga do trabalhador, como ocupa uma parte considerável da sua existência. É, por isso, necessário que o Direito estabeleça limites ao nível de fadiga suscetível de ser imposto ao trabalhador (não relevando que tenha ou não o seu consentimento) e lhe garanta espaço para a família, o descanso e o lazer, salvaguardando, em suma, a *porção livre da sua existência*".

Em suma: o tempo de trabalho[282] é um dos temas mais sensíveis da política laboral[283].

279 *Transformations du travail et devenir du droit du travail en Europe*, Bélgica, 1999, p.38, assim como em *Au- delà de l'emploi*, Flammarion, 2016.

280 Como defende MARIA DO ROSÁRIO PALMA RAMALHO, *Tratado de Direito do Trabalho, II, Situações Laborais Individuais*, 6.ª ed., Almedina, Coimbra, 2016, p. 362, "a determinação do tempo de trabalho limita a subordinação do trabalhador perante o empregador e assegura a sua liberdade pessoal, que constitui um pressuposto axiológico fundamental do vínculo laboral". Neste sentido, a delimitação temporal da disponibilidade do trabalhador perante o credor surge como uma das condições que asseguram a compatibilidade da subordinação do trabalhador com a sua liberdade.

281 *Manual de Direito do Trabalho*, 4.ª ed., Verbo, Lisboa, 2020, p. 517 – itálico nosso.

282 ALBINO MENDES BAPTISTA, "Tempos de trabalho e de não trabalho", in *Memórias do V Congresso Nacional de Direito do Trabalho*, (coordenação de ANTÓNIO MOREIRA), Almedina, Coimbra, 2003, p.178.

283 ANTÓNIO MOREIRA, "Flexibilidade temporal", *in O Direito do Trabalho nos grandes espaços – entre a codificação e a flexibilidade*, Universidade Católica Editora, Lisboa, 2005, pp. 135 e ss., e "Flexibilidade temporal", *in Estudos de Direito do Trabalho em Homenagem ao Professor Manuel Alonso Olea*, (coord. ANTÓNIO MONTEIRO FERNANDES), Almedina, Coimbra, 2004, p. 107.

2.1.2. Por outro lado, defende-se que o trabalho dignifica o homem. Contudo, esta ideia não se compadece com jornadas de trabalho praticamente ilimitadas.

A nossa Constituição consagra, no art. 59º, que todos os trabalhadores têm direito ao repouso e aos lazeres, a um limite máximo da jornada de trabalho, ao descanso semanal e, na alínea b), garante-lhes o direito à organização do trabalho em condições socialmente dignificantes, de forma a facultar a realização pessoal e a permitir a conciliação da atividade profissional com a vida familiar, concretizando-se num dos deveres do empregador no art. 127.º, n.º 3 do Código do Trabalho, segundo o qual "O empregador deve proporcionar ao trabalhador condições de trabalho que favoreçam a conciliação da atividade profissional com a vida familiar e pessoal".

ALAIN SUPIOT[284] preconiza que os tempos dedicados à vida privada e familiar não devem significar " uma rutura na biografia profissional do trabalhador" mas antes "um momento normal da sua carreira".

Conclui-se, assim, pelo necessário equilíbrio entre tempos de trabalho e tempos livres, entre vida profissional e vida pessoal e familiar.

2.1.3. Relativamente a este tema a lei portuguesa assenta no binómio tempos de trabalho/período de descanso. O primeiro compreende duas modalidades diferentes: o tempo de trabalho efetivo, nos termos do art. 197.º, n.º 1; e os períodos de inatividade equiparados a tempo de trabalho, e que são as interrupções e os intervalos previstos no art. 197.º, n.º 2.

Há ainda que ter em atenção que o tempo de trabalho efetivo compreende não apenas o tempo em que o "trabalhador exerce a atividade", isto é, em que desempenha a sua prestação, mas também o tempo de disponibilidade para o trabalho, ou seja, "permanece adstrito à realização da prestação".

O período de descanso tem uma noção negativa no sentido que é o "o que não seja tempo de trabalho" o que está consagrado no art. 199.º do CT quando estatui que período de descanso é o que não seja período de trabalho.

Convém também atender que a lei nacional, vai mais longe definindo vários conceitos operatórios nesta matéria como o do período normal de trabalho, que nos termos do art. 198.º, é o "O tempo de trabalho que o trabalhador se obriga a prestar, medido em número de horas por dia e por semana" e o horário de trabalho, art. 200.º, que é a "determinação das horas de início e termo do período normal de trabalho diário e do intervalo de descanso, bem como

[284] *Transformations du travail...*, cit., pp.38 e ss, e *Au- delà...*, cit., p. 125.

do descanso semanal". Desta forma, o horário de trabalho delimita o período normal de trabalho diário e semanal.

Por outro lado, o art. 203.º do CT, estabelece que o período normal de trabalho diário não pode exceder 8 horas por dia e 40 horas por semana[285].

Nos termos do art. 214.º, o trabalhador tem direito a um período de descanso de, pelo menos, 11 horas seguidas entre 2 períodos diários de trabalho consecutivo e no art. 213.º, n.º 1, o período de trabalho diário deve ser interrompido por um intervalo de descanso.

O artigo 232.º, n.º 1, do CT prescreve que o trabalhador tem direito a, pelo menos, um dia de descanso por semana, podendo ser contratualizado, por via de IRCT ou contrato de trabalho, mais do que um dia por semana, sendo que a violação do direito ao descanso constitui uma contraordenação grave.

2.2. Tempo de trabalho na Era Digital

2.2.1. Assim, parece que o direito ao descanso do trabalhador tem implícita a possibilidade de o trabalhador desligar-se do ambiente de trabalho - com tudo o que isso implica-, até mesmo permanecer *offline*, fora dos limites do seu período de trabalho como acontece, *inter alia*, nos períodos de descanso intercorrentes, nos dias de descanso semanal, nos períodos de férias.

Desta forma, parece, à primeira vista, que do ponto de vista legal, nada impede o trabalhador de, uma vez findo o seu período de trabalho, fazer cessar a sua disponibilidade para atender ou dar resposta a chamadas telefónicas, *e-mails, sms, whatsapps* de índole profissional que entretanto lhe cheguem e de manter-se *offline* até ao termo do seu período de descanso.

Contudo, a flexibilidade do regime de tempo de trabalho, associada às tecnologias digitais, elimina, na prática, as fronteiras entre tempo de trabalho e tempos de não trabalho, uma vez que hoje, mais do que nunca, as empresas esperam que o trabalhador esteja contactável em qualquer lugar e a qualquer momento, simplesmente porque lhe forneceram um telemóvel ou um computador e porque o trabalhador não tem um horário fixo.

[285] Com as exceções previstas no CT, *inter alia*, IRCT, banco de horas, adaptabilidade, horário concentrado, trabalho suplementar.

2.2.2. Na verdade, uma das mais evidentes áreas de influência das tecnologias digitais no mundo do trabalho está relacionada com o tempo de trabalho[286]. Esta divisão tradicional e estes conceitos diluem-se com a inserção da tecnologia nas relações de trabalho.

Novos problemas levantam-se a esta limitação dos tempos de trabalho e que estão claramente relacionados com as novas tecnologias e com novas formas de prestar trabalho.

Historicamente, a temática da organização dos tempos de trabalho é a *marca de origem* do Direito do Trabalho e foi sempre uma das suas matérias mais importantes e também mais complexas de ser tratada[287]. O regime tradicional nestas matérias, como foi referido anteriormente, tinha subjacente a realidade do trabalho industrial, pelo que assentava numa conceção rígida e muito estável do tempo de trabalho, baseando-se nos conceitos operativos já mencionados, e que eram determinados em moldes fixos, numa base diária e semanal, que permitia estabelecer uma divisão clara entre o trabalho designado como *normal* e o trabalho suplementar que incluía toda e qualquer atividade realizada fora do horário de trabalho determinado, e que tinha por base, claramente, um carácter extraordinário, nos termos do art. 227.º.

Contudo, este paradigma foi ultrapassado na medida em que se evoluiu de um regime de matriz rígida tradicional para parâmetros de elevada flexibilidade, estando generalizados vários esquemas de adaptabilidade do tempo de trabalho, que passam pela fixação do período normal de trabalho em termos médios e que podem ser instituídos através das convenções coletivas, diretamente no contexto empresarial ou nos próprios contratos de trabalho. Por outro lado, também são comuns regimes de trabalho a tempo parcial ou

[286] Nas elucidativas palavras de MIA COUTO, "Os templos do tempo", *in O Universo* ..., cit., p. 199, "falamos da globalização como de algo que se traduzisse apenas em termos espaciais, nessa metáfora da aldeia global. Mas é sobretudo no domínio do Tempo que estamos a viver mudanças radicais. [...] Somos todos súbditos do reino da absoluta «atualidade», onde tudo se vive no tempo real, tudo é imediato e simultâneo, tudo é veloz e voraz. O império do «instantâneo» destronou o «ontem» como algo condenado, à nascença, a ser obsoleto e descartável".
Também o Cardeal TOLENTINO DE MENDONÇA, *O Hipopótamo de Deus*, Paulinas Editora, 2013, p. escreve que "Nós próprios nos tornamos uma espécie de «doentes de tempo». Parece que temos de viver sete vidas num dia só, ofegantes, ansiosos, desencontrados e meio insones. Um desenvolvimento sereno do tempo não nos basta. Desde os horários dilatados de trabalho às solicitações para uma comunicação praticamente ininterrupta, entramos num ciclo sôfrego de atenção, atividade e consumo. «Despacha-te, despacha-te» é o comando de uma voz que nos aprisiona e cujo rosto não vemos".

[287] Para uma evolução sobre esta matéria *vd.* JAN LUCASSEN, *História do Trabalho – uma nova história da Humanidade*, Temas e Debates, Lisboa, 2023, pp. 469 e ss..

com horários flexíveis, bem como contratos de trabalho sujeitos a um regime de tempo de trabalho modelado ou modelável, como é, paradigmaticamente, o caso do contrato de trabalho intermitente e, em alguns casos, do contrato de trabalho a tempo parcial[288].

Neste novo mundo do trabalho, o tempo de trabalho torna-se cada vez mais flexível, podendo originar, por um lado, uma melhor conciliação dos tempos de trabalho mas, simultaneamente, novos problemas com a sua limitação, já que hoje em dia os trabalhadores são muitas vezes avaliados pelos resultados que apresentam e não pelo trabalho que realizam, o que pode originar a sua intensificação, bem como dos tempos de trabalho. Na verdade, para muitos, flexibilidade temporal não significa liberdade, mas antes o seu contrário, tornando-se cada vez mais difícil a conciliação dos tempos de trabalho com os tempos pessoais. Cremos que a oportunidade do *anytime-anyplace* não pode tornar-se no *always and everywhere*[289] [290]. Há cada vez mais a confusão entre o que é urgente e o que é importante o que origina um aumento do síndrome de *burnout* ou FOMO – *fear of missing out*, que é uma forma de ansiedade social que origina que os trabalhadores desenvolvam quase uma relação obsessiva com as comunicações profissionais[291], até porque têm um grande receio que poderia denominar-se de FOBF – *fear of being fired.*

2.2.3. Por outro lado, a questão dos tempos de trabalho e da sua limitação, marca de origem do Direito do Trabalho, e constante presença em todas as suas alterações, adquire novas *roupagens* nesta economia digital. Quem pode dizer, atualmente, qual é o tempo de trabalho de um trabalhador digital? E qual o seu período de repouso se desde o primeiro minuto em que acorda

[288] Cf. JOÃO LEAL AMADO, "Tempo de Trabalho e Tempo de Vida: sobre o direito à desconexão profissional", *Revista do Tribunal Regional do Trabalho da 15.ª Região*, n.º 52, pp. 256 e ss.., e MARIA DO ROSÁRIO PALMA RAMALHO, *Economia Digital e Negociação Coletiva*, CRL, Lisboa, 2019, pp. 58-59.

[289] Cf, para maiores desenvolvimentos, TERESA COELHO MOREIRA, "O Direito à desconexão dos trabalhadores", *in Questões Laborais*, n.º 49, e "Algumas questões sobre o Direito à Desconexão dos Trabalhadores", *in Minerva, Revista de Estudos Laborais*, Ano IX, I da 4.ª série, n.º 2, pp. 129 e ss..

[290] *Vide* GRUPO KRISIS, *Manifesto Contra o Trabalho*, 2.ª edição, Antígona, Lisboa, 2017, pp. 32-33, que, a propósito deste constante trabalho, desta conexão permanente, do que apelidam de "moderno sistema de produção de mercadorias", referem que "Nesta esfera, separada da vida, o tempo deixa de ser vivido e vivenciado, torna-se simples matéria-prima que tem de ser otimizada: "tempo é dinheiro". Cada segundo é contabilizado, cada ida à casa de banho é um escândalo, cada conversa é um crime contra a finalidade autonomizada de produção".

[291] CHRISTOPHE DEGRYSE, *Digitalisation of the economy and its impact on labour markets*, ETUI Working Paper 2016.02, p. 45.

até ao último antes de adormecer está constantemente conectado, muitas vezes através da *Internet* das coisas?

Neste *Admirável Mundo Novo do Trabalho* coloca-se a questão da limitação dos tempos de trabalho. Esta questão é de fundamental importância, na medida em que parece poder permitir quase um novo tipo de escravatura[292] que, embora de feição diferente, está a colocar em causa um dos mais antigos e emblemáticos direitos consagrados dos trabalhadores – o direito a um descanso efetivo entre jornadas de trabalho. Na verdade, perante estas novas formas de prestar trabalho, novas questões se levantam. Desde logo, como regular o tempo de espera destes trabalhadores de plataformas? Como regular o tempo que têm de estar disponíveis mas sem trabalhar?

É cada vez mais visível uma menor separação, como que um esbatimento, entre as fronteiras da vida pessoal e da vida profissional do trabalhador, defendendo-se que o trabalhador tem um *direito à desconexão*, entendido como o direito à privacidade do século XXI. E se, à primeira vista, este direito à desconexão pode parecer uma contradição na medida em que fora dos tempos de trabalho o trabalhador não tem de responder às solicitações do empregador, contudo, no tempo da *cloud*, dos portáteis, dos *smartphones*, esta questão ganha uma grande importância[293], o que não deixa de ser paradoxal pois em 2020, 129 anos após a lei de 14 de abril de 1891, está a discutir-se novamente a limitação dos tempos de trabalho para "limites razoáveis".

Ocorre uma diluição crescente das fronteiras entre o tempo de trabalho e o tempo de repouso dos trabalhadores que se encontra relacionada com o crescente aumento do número de atividades de natureza intelectual, com o enorme aumento da facilidade das comunicações e com os novos recursos técnicos, pois numerosos trabalhadores podem aceder no seu computador pessoal, no seu telemóvel, ou no seu *tablet* ao seu ambiente de trabalho, bastando para tal serem dotados de uma ligação de acesso remoto e continuarem a trabalhar no que seria, teoricamente, o seu tempo de repouso, o que pode levantar inúmeras questões, nomeadamente em termos de relevância disciplinar de certos comportamentos.

[292] *Vide*, para maiores desenvolvimentos, art. 4.º da CEDH e ANTÓNIO MOREIRA, "Proibição da escravatura e do trabalho forçado", *in Comentário da Convenção Europeia dos Direitos Humanos e dos Protocolos Adicionais, vol. I*, (coord. PAULO PINTO DE ALBUQUERQUE), Universidade Católica Editora, 2019, pp. 737 e ss..

[293] JEAN-EMMANUEL RAY, "Grande accélération et droit à la déconnexion", *in DS*, n.º 11, 2016, p. 912.

Assim, os fantasmas da ubiquidade começam a aparecer, já que se pretende ter um ser humano disponível para trabalhar em todo o local e a toda a hora[294].

A tendência atual é exigir uma implicação cada vez maior dos trabalhadores na vida da empresa; que os trabalhadores estejam cada vez mais disponíveis, mesmo fora do horário de trabalho, o que origina uma maior dificuldade na altura de delinear a diferença entre a jornada laboral e a vida privada e familiar do trabalhador.

2.2.4. Diria, até, que é cada vez mais visível uma menor separação entre as fronteiras da vida pessoal e da profissional na medida em que os trabalhadores poderão usufruir, através destas tecnologias, de tempo pessoal, inclusive de carácter muito privado, durante o trabalho. Pode ocorrer, desta forma, uma evasão no local e no tempo de trabalho. O trabalhador navega na *internet*, acedendo a redes sociais, *inter alia*, para encontrar velhos conhecidos e amigos ou para discutir assuntos em determinados *chats* ou *newsgroups*. Todavia, um outro lado da questão, e que nos parece que está a aumentar exponencialmente, está relacionado com a enorme invasão da vida privada e familiar pelo trabalho. Durante o seu tempo de descanso, diário, semanal, em férias ou feriados, os trabalhadores são constantemente *perturbados* com questões profissionais e o problema que se coloca e que é de fundamental importância, é como contabilizar estes tempos de trabalho e como remunerá-los e estabelecer limites. Desta forma, a cortesia mínima do último século do milénio passado de não telefonar depois das 20.00 horas parece ter desaparecido com o advento destas novas tecnologias e com o declínio dos telefones fixos[295].

Elas invadem, simultaneamente, o domicílio e a vida privada do trabalhador e, assim, "as horas de trabalho oficiais não significam nada quando o trabalho pode levar-se para casa e continuar a ser realizado aí, sem qualquer limite temporal"[296]. Como esclarece ALAIN SUPIOT[297], as novas tecnologias estão a "criar novas formas de subordinação", o que provoca o surgimento de novos riscos, de novas formas de insegurança no emprego e de novas ameaças para os direitos dos trabalhadores defendendo-se que o trabalhador tem um

[294] Como entende ALAIN SUPIOT, "Travail, droit et technique", *in* DS, n.º 1, 2002, p. 21.

[295] Secunda-se o defendido por JEAN-EMMANUEL RAY e JEAN-PAUL BOUCHET, "Vie professionnelle, vie personnelle et TIC", *in* DS, n.º 1/2010, p. 45.

[296] Como entende ALAIN SUPIOT, "Travail, droit...", cit., p. 21, os "fantasmas da ubiquidade" começam a aparecer, já que se pretende ter um ser humano disponível em todo o local e a toda a hora para trabalhar.

[297] "Les nouveaux visages de la subordination", *in* DS, n.º 2, 2000, cit., p. 132.

direito à desconexão[298], entendido como o direito à vida privada do século XXI. O trabalhador tem direito a não ser incomodado permanentemente na sua vida privada e no seu tempo privado, criando-se um direito ao isolamento, à *desconexão*, a um repouso *efetivo*. Trata-se de uma desconexão técnica que, segundo JEAN-EMMANUEL RAY[299] é favorável pois os trabalhadores que não têm um tempo livre não se tornam mais produtivos, nem mais *fiéis* à empresa.

A lei, a jurisprudência e, sobretudo, as convenções coletivas de trabalho devem tentar garantir o direito ao isolamento e o direito à desconexão do trabalhador. Contudo, não devemos ver este direito como algo que é novo ou como um novo direito dos trabalhadores porque verdadeiramente do que se trata é de respeitar um direito que eles já têm. Na verdade, nas elucidativas palavras de JOÃO LEAL AMADO[300], a "obrigação de não perturbar, de não incomodar, recai sobre a empresa. O trabalhador goza, assim, de um "direito à não conexão" (dir-se-ia: de um *right to be let alone*) por parte da empresa, de um *do not disturb*! Resultante do contrato de trabalho e da norma laboral aplicável".

2.2.5. Se estas NTIC redesenharam a fórmula científica de TAYLOR de *produtividade = disciplina*, não será também verdade que os atuais trabalhadores do conhecimento, com a sua possibilidade de trabalharem onde quiserem e como quiserem graças aos seus *laptops*, aos seus telemóveis de última geração, aos seus *Ipads*, que defendem que a liberdade é fonte de produtividade, não estarão mais controlados e menos livres do que alguma vez estiveram? Será que estas novas tecnologias, em vez de os conduzir a uma liberdade reforçada, não acarretam antes uma servidão voluntária? Não originam antes um novo tipo de *escravatura*, dita moderna[301], ou, para utilizar uma terminologia mais adequada às NTIC, uma *escravatura de última geração, ou escravatura do homo connectus*?

Na verdade, se a carga de trabalho horária de TAYLOR e FORD era facilmente ponderada, a carga informacional e cognitiva dos neurónios de um trabalhador dito do *conhecimento* é bem mais difícil de calcular. Na altura do taylorismo e do fordismo era muito mais fácil assegurar o repouso efetivo e a separação

[298] Veja-se neste sentido JEAN-EMMANUEL RAY, "Avant-propos de la sub/ordination à la sub/organisation", *in* DS, n.º 1, 2002, pp. 6-7.

[299] Última *op.* cit., p. 7.

[300] "Tempo de trabalho...", cit., p. 263.

[301] *Vide* nota n.º 285.

entre a vida profissional e a vida privada atualmente do que garantir a desconexão dos neurónios dos trabalhadores. Na verdade, o colaborador/trabalhador do século XXI, com os seus *tablets* e os seus *smartphones*, está sempre presente, sempre conectado, permanentemente disponível e sempre reativo, não quantificando o seu tempo de trabalho, dilatado muito para além dos limites físicos do local e do tempo de trabalho.

Como controlar a duração do repouso e do trabalho quando certos trabalhadores trabalham 40 horas no local de trabalho e outras tantas ou mais em casa ou noutro local graças aos seus meios portáteis que levam para todo o lado, não importando qual o local e as horas, através de meios cada vez mais sofisticados, com o consequente empobrecimento das relações humanas?

Se as NTIC permitem uma excecional liberdade de movimento, quer intelectual, quer física, e possibilitam uma maior autonomia dos trabalhadores, simultaneamente originam uma teledisponibilidade permanente que faz desaparecer a distinção entre a vida profissional e a vida pessoal, não apenas para os teletrabalhadores mas para todos os trabalhadores que utilizam estas novas tecnologias[302].

2.2.6. Por outro lado, cada vez mais a gestão do tempo de trabalho é um elemento importante das estratégias competitivas das empresas. Tanto a redução dos custos médios na indústria, como o alargamento dos horários de funcionamento nos serviços, implicam que o tempo total de produção tem de ser mais longo. A adaptação às flutuações na procura dos consumidores e a ciclos sazonais exige uma distribuição mais variada do tempo de produção. Como consequência, têm surgido novos modelos de flexibilidade do tempo de trabalho que continuarão a ser implementados. Mas há também que reconhecer que algumas formas de flexibilidade do tempo de trabalho podem induzir à sua intensificação, com impacto na saúde e na segurança, na satisfação dos trabalhadores, na produtividade organizacional e nas oportunidades de formação.

2.2.7. Atendendo a todas estas considerações, defendemos que não podem esquecer-se todas as regras legais impostas, quer da União Europeia[303],

[302] *Vide*, para maiores desenvolvimentos, TERESA COELHO MOREIRA, "Novas tecnologias: Um admirável Mundo Novo do Trabalho", *in Estudos de Direito do Trabalho*, reimp. da 1.ª edição, Almedina, Coimbra, 2016, pp. 191 e ss..

[303] E defendidas em várias decisões do TJUE.

quer nacionais, relativamente ao respeito do descanso dos trabalhadores, regras que visam uma melhor proteção da segurança e da saúde do trabalhador[304].

Hoje fala-se muito de uma *porosidade do tempo de trabalho* que interfere muitas vezes no tempo pessoal e familiar dos trabalhadores[305]. Porém, não pode aceitar-se que o tempo de descanso, o tempo de repouso dos trabalhadores, seja integralmente composto por tempo em que o trabalhador se obriga a estar disponível no seu domicílio ou noutro local à espera de uma eventual ordem do empregador.

Assim, defende-se, tal como já foi decidido em 2 de outubro de 2001 pela *Cour de Cassation*, que o "trabalhador não tem de aceitar trabalhar no domicílio, nem pode ser obrigado a levar os seus *dossiers* e instrumentos de trabalho para lá".

Esta parece-nos ser a posição a seguir na medida em que, embora as NTIC permitam *trabalhar em qualquer local e a qualquer hora* não relevando estes fatores, para o Direito do Trabalho a situação é totalmente diferente e releva onde e quando se trabalha. Na verdade, se podemos trabalhar em qualquer local, o domicílio não é um local como os outros, mas o local onde se desenrola a vida privada e mais íntima dos trablhadores.

Assim, o interesse geral leva-nos a defender um direito ao isolamento, à desconexão, como uma forma de garantir um verdadeiro direito ao repouso contínuo e efetivo.

Mas como aplicar a figura da desconexão aos trabalhadores mais jovens, à geração *Millennium* e *Y*, que vivem constantemente conectados, cujo *smartphone* é uma espécie de terceira mão, considerando que obrigá-los a desconectar-se é de um enorme paternalismo? Como dizer a uma geração que não se conecta mais e que vive conectada numa constante mistura de vida profissional/vida privada[306]?

Contudo, não nos parece possível nesta matéria um retrocesso, e qualquer acordo que derrogue o mínimo estabelecido nas regras nacionais e da

[304] Veja-se a Comunicação da Comissão Europeia, de 24 de Março de 2010, em que se estabeleceu que "a protecção da saúde e da segurança dos trabalhadores deve manter-se o principal objectivo de toda a regulamentação sobre tempos de trabalho". Cf. sobre o tema, MICHEL MINÉ, "Le droit du temps de travail à la lumière des droits fondamentaux de la personne", *in* DO, n.º 750, Janeiro de 2011, p. 41.

[305] Veja-se E. GENIN, *"Proposal for a Theorethical Framework for the Analysis of Time Porosity", International Journal of Comparative Labour Law and Industrial Relations, vol.32, n.º 3, p. 280-300.*

[306] JEAN-EMMANUEL RAY, "Grande accélération ...", cit., p. 913.

União Europeia, que visam a defesa destes princípios essenciais e tão caros ao Direito do Trabalho, será ilegal.

E se, sem dúvida, os tempos de trabalho atuais e as necessidades das empresas não se compadecem com a forma de organização temporal tradicional, também não é menos certo que esta flexibilidade temporal tão desejada tem limites que se encontram relacionados com os direitos fundamentais dos trabalhadores.

Não pode esquecer-se, na verdade, que, mesmo para os trabalhadores que têm isenção de horário de trabalho[307] prevista nos arts. 218.º e ss. do CT, isto é, que não estão sujeitos a um horário de trabalho, os descansos diários e semanais têm de ser respeitados. Aliás, esta figura, que, em geral, dá origem a um complemento retributivo previsto no art. 265.º n.º 1, e que varia consoante o tipo de isenção que o trabalhador tiver, conforme o art. 219.º, tem limites temporais e estes são os limites máximos estabelecidos legalmente para o trabalho suplementar - art. 228.º. E se esta figura foi pensada durante bastante tempo como uma figura jurídica que poderia reconduzir o trabalhador para uma situação de prestação laborativa praticamente sem limites temporais, o entendimento mais recente é diferente.

2.2.8. Hoje são os *alfa mais* na linguagem de ALDOUS HUXLEY, os ditos *trabalhadores do conhecimento* para a UE, aqueles que mais trabalham e que mais teledisponibilidade têm de manifestar.

Os trabalhadores *não podem perder a vida quando estão justamente a ganhá-la.* Os trabalhadores têm de ter direito a um descanso efetivo, a não serem constantemente incomodados quando estão de férias, quando estão doentes, quando estão nos seus tempos de descanso. Não pode ser esquecido que para se usufruir de um descanso total é tão necessário um descanso material como um descanso psicológico. As ligações humanas mais importantes, entre pais e filhos, entre família, necessitam de um tempo, mas de um tempo exclusivo, sem interrupções.

Na verdade, do que se precisa é de *soberania*[308] sobre o tempo pessoal. Necessita-se de um tempo em que os trabalhadores sejam soberanos do mesmo, de um tempo que seja deles.

[307] Sobre o tema vd. ANTÓNIO MENEZES CORDEIRO, *Isenção de Horário, Subsídios para a Dogmática Actual do Direito da Duração do Trabalho*, Almedina, Coimbra, 2000, e ANTÓNIO MOREIRA, Comentário à Sentença do Tribunal Administrativo do Círculo do Porto, in MINERVA - *Revista de Estudos Laborais*, Ano I, nº1, 2002, pp.172-175.

[308] Expressão utilizada por MIA COUTO, "Os Templos do Tempo", *in O Universo ...*, cit., p. 201, escrevendo que "não é uma questão de quantidade mas de soberania".

Preconizamos, assim, que tem de existir a defesa do necessário equilíbrio entre tempos de trabalho e tempos livres.

Coloca-se, por isso, a seguinte questão: não será urgente estudar as consequências desta conexão permanente e proclamar, *expressis verbis*, a necessidade de os trabalhadores poderem desconectar-se, de poderem não estar sempre disponíveis, sempre *online*?

O trabalhador que tem de estar constantemente à disposição do empregador mesmo no seu domicílio, pode considerar que o tempo, mesmo sem trabalho, não é tempo livre. O exercício dos direitos fundamentais dos trabalhadores, nomeadamente o de ter direito a uma vida pessoal ou de conciliar a vida profissional com a vida familiar e pessoal, implica o direito a poder organizar-se, e o tempo sem trabalho não é, nesta sociedade do *always on, always connected, ipso facto*, tempo livre para exercer os seus direitos. E esta limitação cada vez maior nos tempos de repouso afigura-se desastrosa, não só para a saúde dos trabalhadores, mas também para a própria promoção da igualdade e da não discriminação.

A dignidade da pessoa humana, conceito polissémico, permite ao Direito do Trabalho, proteger os trabalhadores contra atividades ou condições de trabalho particularmente excessivas. E não será o que acontece com estes novos tempos de trabalho? Não será a política de ter de estar constantemente *online*, de não poder usufruir do necessário descanso e repouso, um atentado à dignidade humana dos trabalhadores?

Entende-se, assim, que sendo o trabalhador uma pessoa, com todo o significado que lhe está associado, a sua liberdade e a sua dignidade não poderão ser afetadas por um regime de tempo de trabalho que desconsidere esta essencialidade, tornando-se fundamental encarar o tempo de trabalho como tempo de vida do trabalhador e a empresa tem de assegurar que o trabalhador recupere as suas energias e que usufrua de um necessário repouso efetivo.

Na verdade, o problema da *ultra conexão*, antes de ser uma questão de segurança e de saúde no trabalho, é uma questão de qualidade de vida no trabalho e de qualidade do próprio trabalho.

2.2.9. Outra das circunstâncias que contribuem para esta situação e do denominado *tecnostress* é o da falta de conciliação entre a vida profissional e a vida pessoal e familiar, ou seja, o denominado *blurring*.

E este *tecnostress*, no caso do trabalho nas plataformas digitais, tanto pode advir de uma sobrecarga de trabalho como da ausência do mesmo, onde o trabalhador tem de estar permanentemente à disposição da plataforma e aguardar pela tarefa a realizar, o que pode gerar um clima de tensão constante. Como o tempo que tem de estar disponível não é retribuído, o trabalhador vê-se *incitado* a aumentar a sua disponibilidade renunciando, muitas vezes, ao seu tempo de descanso e passando a estar disponível 24 horas por dia.

Na verdade, apesar de poder defender-se que é o trabalhador quem decide conectar-se ou não nas plataformas digitais, não pode deixar de atender-se que a desconexão do mesmo implica uma perda de retribuição que, muitas vezes, já é bastante baixa. Daí que não pareça poder falar-se aqui da liberdade de conectar-se ou não[309].

No caso da lei da TVDE, estatui-se no art. 13.º, n.ºs 1 e 2, que é a plataforma, ou as plataformas, que devem "implementar mecanismos" que garantam o cumprimento que os motoristas não conduzam veículos por mais de dez horas dentro de um período de 24 horas, independentemente do número de plataformas para as quais trabalhem.

2.2.10. A questão, e também o problema, por vezes, é que com as NTIC, e neste *Admirável Mundo Novo do Trabalho*, surge um novo tipo de trabalhador, o *infotrabalhador*, que se pode caracterizar, tal como as próprias tecnologias com que trabalha, como ambíguo, na medida em que realiza atividades complexas, com tecnologia de ponta, mas que herdou as condições de trabalho do século passado, estando, contudo, sujeito a um controlo quase total, que provoca inúmeros problemas sociais, físicos e psíquicos.

Mas, como é visto como um colaborador, mais do que um *mero trabalhador*, não se revolta contra esta situação. Contudo, se pensarmos nos tempos que se estão a viver, não são estes colaboradores os primeiros a serem penalizados em tempos de crise?

2.2.11. Em matéria de regulamentação das NTIC e do poder de controlo do empregador e dos tempos de trabalho devemos lembrar-nos dos princípios essenciais para um exercício correto do poder de controlo do empregador e na imposição de limites concretos que efetivamente consagrem o direito ao repouso dos trabalhadores perante a característica da ubiquidade que estas novas tecnologias representam. Desta forma, o trabalhador tem direito a desligar-se, a desconectar-se totalmente quando se encontra nos seus tempos de repouso.

[309] Não há heróis de estômago vazio.

2.2.12. Contudo, por vezes, são os próprios trabalhadores os responsáveis pela *infobesidade* tecnológica porque enviam *e-mails* com conhecimento para todos, muitas vezes qualificando-os de urgentes (para parecer importante), reencaminhando-os (para dar a informação) e utilizam sistematicamente o *responder a todos* para mostrar ativismo e participação[310].

Na verdade, parece-nos que, por vezes, a questão mais do que legal é de ordem cultural. Por mais leis ou convenções coletivas de trabalho que se aprovem ou negociem sobre a matéria, não será fácil inverter uma mentalidade que leva a que se julgue negativamente um trabalhador que não se mantém contactável nos seus períodos de descanso. Como escreve JOÃO LEAL AMADO[311], "ousar desconectar-se pode implicar, a curto ou a médio prazo, ser desligado da empresa... E o receio da perda do emprego, a luta infrene para escapar às agruras do desemprego, ou, mesmo que em moldes menos drásticos, a simples preocupação em assegurar que os canais permanecem abertos para uma eventual progressão na carreira (promoções, p. ex.), tudo isto redunda em que o trabalhador, mesmo se fatigado, desgastado, perturbado, contrariado, devassado, no limiar do esgotamento, sem tempo para si e para os seus, não ousará desconectar-se".

Na verdade, atualmente cultiva-se uma espécie de obsessão da *performance*. Há, ainda, uma internacionalização e globalização das empresas, que leva à necessidade de adaptação a outros fusos horários e, por parte dos trabalhadores, um certo *pânico* do esquecimento pois receiam que a obrigação de desconexão leve a que se tornem *dispensáveis*, a que se associa um certo *receio* de má reputação junto dos colegas já que há, infelizmente, trabalhadores que têm a convicção de que o *melhor* trabalhador é o que está não em *desconexão* mas em *hiperconexão*, é aquele que está sempre disponível e comprometido para a empresa, que sacrifica a sua vida pessoal em favor da profissional, sendo por vezes as próprias empresas a cultivarem esta competição entre os trabalhadores.

2.3. Legislação existente sobre o direito à desconexão e propostas legislativas

Em todo o caso, o legislador não tem sido insensível em relação a estes novos problemas. Vejamos.

310 JEAN-EMMANUEL RAY, "Actualités des TIC tous connectés, partout, tout le temps", *in DS*, n.º 5, 2015, p. 520.

311 "Tempo de trabalho e...", cit., p. 262.

2.3.1. A nível europeu, o Parlamento Europeu propôs que se avançasse com regulação europeia em matéria de direito à desconexão, tendo aprovado, no dia 21 de janeiro de 2021, uma resolução que recomenda a adoção de uma Diretiva sobre esta questão[312] [313]. Em concreto, a Resolução do Parlamento Europeu avança com recomendações[314] no sentido de assegurar que os empregadores não possam exigir aos trabalhadores que estejam disponíveis fora do seu horário de trabalho e que também os colegas de trabalho devem evitar, nesses períodos, contactos relacionados com trabalho; que os Estados-Membros devem garantir que os trabalhadores que invoquem o seu direito a desligar/desconexão estão protegidos contra eventuais repercussões e que há mecanismos para responder a queixas neste âmbito e que atividades de formação à distância devem ser consideradas enquanto atividade laboral e não devem portanto ter lugar em horários ou dias de não trabalho sem que haja lugar à devida compensação[315].

Também a Resolução do Parlamento Europeu, de 5 de julho de 2022, sobre a saúde mental no mundo do trabalho digital[316] defende que "o direito

[312] Resolução do Parlamento Europeu, de 21 de janeiro de 2021, que contém recomendações à Comissão sobre o direito a desligar (2019/2181(INL))

[313] Interessante é também o *European Social Partners Framework Agreemment on Digitalisation*, de junho de 2020, que defende este direito a desconexão ao estabelecer a "*Commitment from management to create a culture that avoids out of hours contact*", assim como "*Achievement of organisational objectives should not require out of hours connection. With full respect for working time legislation and working time provisions in collective agreements and contractual arrangements, for any additional out of hours contacting of workers by employers, the worker is not obliged to be contactable*".

[314] *Vide* considerando C, "Considerando que a utilização cada vez maior de ferramentas digitais para fins profissionais deu origem a uma cultura do «sempre ligado» ou «sempre em permanência», que pode ter efeitos prejudiciais para os direitos fundamentais dos trabalhadores e condições de trabalho justas, incluindo uma remuneração justa, a limitação do tempo de trabalho e do equilíbrio entre a vida profissional e familiar, a segurança e saúde física e mental no trabalho e o bem-estar e ainda – devido ao seu impacto desproporcionado sobre os trabalhadores com responsabilidades de prestação de cuidados, que tendem a ser mulheres – a igualdade entre homens e mulheres; considerando que a transição digital deve pautar-se pelo respeito dos direitos humanos e dos direitos e valores fundamentais da União e ter um impacto positivo nos trabalhadores e nas condições de trabalho", assim como considerando H "Considerando que o direito a desligar é um direito fundamental da nova organização do trabalho na nova era digital; considerando que esse direito deve ser visto como um importante instrumento de política social ao nível da União para assegurar a proteção dos direitos de todos os trabalhadores; considerando que o direito a desligar é particularmente importante para os trabalhadores mais vulneráveis e para os que têm responsabilidades de prestação de cuidados".

[315] Vejam-se, *inter alia*, os artigos 3.º e 4.º, com as epígrafes, respetivamente *direito a desligar* e *Medidas de execução sobre o direito a desligar*.

[316] (2021/2098(INI)).

a desligar é essencial para garantir o bem-estar mental dos trabalhadores por conta de outrem e dos trabalhadores por conta própria, nomeadamente das trabalhadoras e dos trabalhadores em formas atípicas de trabalho, e deve ser complementado por uma abordagem preventiva e coletiva aos riscos psicossociais relacionados com o trabalho; insta a Comissão a propor, em consulta com os parceiros sociais, uma diretiva relativa a normas e condições mínimas para garantir que todos os trabalhadores possam exercer efetivamente o seu direito a desligar e regulamentar a utilização das ferramentas digitais novas e existentes para fins profissionais, em linha com a resolução do Parlamento, de 21 de janeiro de 2021, que contém recomendações à Comissão sobre o direito a desligar, tendo simultaneamente em conta o acordo-quadro dos parceiros sociais europeus em matéria de digitalização; insta, além disso, os Estados-Membros a coordenarem melhor o intercâmbio de boas práticas, uma vez que alguns deles estão a pôr em prática algumas políticas e projetos muito inovadores".

2.3.2. Em França, após a consagração em várias convenções coletivas, em 2016 estabeleceu-se este direito à desconexão na lei, já que o artigo L-2242-8 do *Code du Travail*, determinou que as empresas com mais de 50 trabalhadores – e apenas estas-, tinham de negociar este direito no seio das negociações anuais obrigatórias, com efeito a partir de 1 de Janeiro de 2017, na parte da "igualdade profissional e qualidade de vida", tendo de ser discutidas questões como o direito à desconexão e o controlo dos meios informáticos para assegurar o respeito pelo direito ao repouso e à vida familiar e pessoal[317].

A questão que se colocou imediatamente foi porquê estas empresas, e não as as que têm menos de 50 trabalhadores. Por outro lado, trata-se de uma norma mais programática do que imperativa na sua execução prática. Se se analisar este preceito legislativo vê-se que, apesar de demonstrar uma preocupação pela questão, não estabelece qualquer norma imperativa bem como qualquer sanção ou consequência pela infração, remetendo para a negociação coletiva a possibilidade de estabelecer as regras sobre estas matérias

[317] Estas disposições relativas ao direito à desconexão aplicavam-se somente aos trabalhadores do setor privado. Contudo, na Administração Pública, alguns municípios colocaram em prática sistemas de desconexão. Exemplo disto é Paris que estabeleceu um modelo de desconexão que define por exemplo qual o momento em que o envio de *emails* é de evitar ou onde os trabalhadores não são obrigados a responder.

de desconexão digital para assegurar o respeito pelo tempo de descanso e de férias dos trabalhadores e a conciliação com a sua vida pessoal e familiar[318].

Relativamente a esta questão há, inclusivamente, uma decisão da *Cour de Cassation* de 12 de julho de 2018 que condenou a empresa britânica *Rentokil Initial* ao pagamento de uma coima no valor de 60 mil euros, por violação do direito à desconexão, referida expressamente pelo Tribunal.

A 5 de setembro de 2018, porém, esta parte foi revogada e consequentemente eliminada qualquer referência ao "*droit à la déconnexion*" neste inciso legal através da *Loi n.° 2018-771 du 5 septembre 2018 pour la liberté de choisir son avenir professionnel* que alterou o artigo L2242-8 do *Code du Travail*, introduzindo, em todo o caso, um regime de penalidades aplicável às empresas que não tenham promovido a negociação coletiva ou a elaboração de um "plano de ação" sobre a igualdade profissional entre homens e mulheres e sobre a qualidade de vida no trabalho[319], matéria que integra o âmbito de discussão obrigatória em sede de negociação coletiva por força do artigo L2242-1 do *Code du Travail*[320].

Este direito passou a fazer parte das possibilidades de negociação mas não de negociação obrigatória. Contudo, o art. L. 2242-17, relativo à igualdade profissional entre homens e mulheres no trabalho e à qualidade de vida no trabalho, estabeleceu no n.º 7 o direito à desconexão. Porém, se não existir qualquer acordo com os sindicatos, que deixa de ser obrigatório, é o empregador que estabelecerá as regras, o que não nos parece ser

[318] O que, em última instância, pode originar que se mantenha tudo como estava porque a Lei não estabelecia qualquer força vinculativa a estas Cartas. Neste sentido LIBERAL FERNANDES, "Organização do trabalho e tecnologias de informação e comunicação. *Exhausted but enable to disconnect*", *in QL*, n.º 50, p. 17.

[319] "*Les entreprises d'au moins cinquante salariés sont soumises à une pénalité à la charge de l'employeur en l'absence d'accord relatif à l'égalité professionnelle entre les femmes et les hommes à l'issue de la négociation mentionnée au 2° de l'article L. 2242-1 ou, à défaut d'accord, par un plan d'action mentionné à l'article L. 2242-3. Les modalités de suivi de la réalisation des objectifs et des mesures de l'accord et du plan d'action sont fixées par décret. Dans les entreprises d'au moins 300 salariés, ce défaut d'accord est attesté par un procès-verbal de désaccord*".

[320] "*Dans les entreprises où sont constituées une ou plusieurs sections syndicales d'organisations représentatives, l'employeur engage au moins une fois tous les quatre ans :*
1° Une négociation sur la rémunération, notamment les salaires effectifs, le temps de travail et le partage de la valeur ajoutée dans l'entreprise ;
2° Une négociation sur l'égalité professionnelle entre les femmes et les hommes, portant notamment sur les mesures visant à supprimer les écarts de rémunération, et la qualité de vie au travail".

a melhor opção, assim como não prevê qualquer sanção para incumprimento desta obrigação[321].

2.3.3. No ordenamento jurídico belga, a Lei intitulada *Loi relative au renforcement de la croissance économique et de la cohésion sociale*, de 26 de março de 2018, estabeleceu na Secção 2, com a epígrafe *Concertation sur la déconnexion et l'utilisation des moyens de communication digitaux*, que "*En vue d'assurer le respect des temps de repos, des vacances annuelles et des autres congés des travailleurs et de préserver l'équilibre entre le travail et la vie privée, l'employeur organise une concertation au sein du Comité pour la Prévention et la Protection au Travail tel que visée à l'article I.1-3, 14° du code du bien-être au travail, à des intervalles réguliers et à chaque fois que* ***les représentants des travailleurs au sein du Comité le demandent, au sujet de la déconnexion du travail, et de l'utilisation des moyens de communication digitaux***[322].

Le Comité peut formuler des propositions et émettre des avis à l'employeur sur la base de cette concertation".

Como se pode ver, é um sistema diferente do estabelecido no ordenamento jurídico francês porque tem o objetivo de consagrar um direito à desconexão, mas de estabelecer um direito a discutir este direito no seio da comissão.

2.3.4. Em Itália, a lei 81/2017 de 22 de maio de 2017, *misure per la tutela del lavoro autonomo non imprenditoriale e misure volte a favorire l'articolazione flessibile nei tempi e nei luoghi del lavoro subordinato*, no art. 19.º, determinou que o trabalhador deve acordar com o empregador a fixação do tempo de repouso e, em especial, das "medidas técnicas e organizativas necessárias para garantir a desconexão do trabalhador dos seus instrumentos tecnológicos de trabalho". O legislador consagrou, contudo, um âmbito de aplicação setorial, limitando-se ao domínio do *lavoro agile*, o qual é definido como "a forma de organização do trabalho por fases, ciclos e objetivos, sem fixação de horário

[321] "*7° Les modalités du plein exercice par le salarié de son droit à la déconnexion et la mise en place par l'entreprise de dispositifs de régulation de l'utilisation des outils numériques, en vue d'assurer le respect des temps de repos et de congé ainsi que de la vie personnelle et familiale. A défaut d'accord, l'employeur élabore une charte, après avis du comité social et économique. Cette charte définit ces modalités de l'exercice du droit à la déconnexion et prévoit en outre la mise en oeuvre, à destination des salariés et du personnel d'encadrement et de direction, d'actions de formation et de sensibilisation à un usage raisonnable des outils numériques*".

[322] Negrito nosso.

e local de trabalho e assente na possibilidade de utilização de instrumentos tecnológicos na prestação da atividade laboral"[323].

Porém, contrariamente ao preceito francês, o legislador italiano não qualifica expressamente a desconexão digital como um direito, embora na tramitação parlamentar esta questão tenha sido abordada[324]. O *lavoro agile* assemelha-se a um *tertium genus* entre trabalho presencial e trabalho à distância, sendo nesta segunda vertente, que ocorre quando a atividade é realizada em casa, que se deverão aplicar estas regras da desconexão digital.

2.3.5. Em Espanha, foi aprovada a Lei Orgânica 3/2018, de 5 de dezembro, de Proteção de Dados Pessoais e garantia dos direitos digitais e que consagrou, no artigo 88.º, o direito à desconexão[325]

Também no *Estatuto de los Trabajadores*, o art. 20bis, com a epígrafe *Derechos de los trabajadores a la intimidad en relación con el entorno digital y a la desconexión* estabelece, tendo em atenção o disposto na Lei Orgânica 3/2018, que *"Los trabajadores tienen derecho a la intimidad en el uso de los dispositivos digitales puestos a su disposición por el empleador, a la desconexión digital y a la intimidad frente al uso de dispositivos de videovigilancia y geolocalización en los términos establecidos en la legislación vigente en materia de protección de datos personales y garantía de los derechos digitales"*.

[323] *"1. L'accordo relativo alla modalità di lavoro agile è stipulato per iscritto ai fini della regolarità amministrativa e della prova, e disciplina l'esecuzione della prestazione lavorativa svolta all'esterno dei locali aziendali, anche con riguardo alle forme di esercizio del potere direttivo del datore di lavoro ed agli strumenti utilizzati dal lavoratore. L'accordo individua altresì i tempi di riposo del lavoratore nonché le misure tecniche e organizzative necessarie per assicurare la disconnessione del lavoratore dalle strumentazioni tecnologiche di lavoro"*.

[324] Ver, para maiores desenvolvimentos, DI MEO, "Il diritto alla disconnessione nella prospetiva italiana e comparata", *in Labour & Law Issues*, n.º 2, 2017, p. 28.

[325] *"Artículo 88. Derecho a la desconexión digital en el ámbito laboral.*
1. Los trabajadores y los empleados públicos tendrán derecho a la desconexión digital a fin de garantizar, fuera del tiempo de trabajo legal o convencionalmente establecido, el respeto de su tiempo de descanso, permisos y vacaciones, así como de su intimidad personal y familiar.
2. Las modalidades de ejercicio de este derecho atenderán a la naturaleza y objeto de la relación laboral, potenciarán el derecho a la conciliación de la actividad laboral y la vida personal y familiar y se sujetarán a lo establecido en la negociación colectiva o, en su defecto, a lo acordado entre la empresa y los representantes de los trabajadores. 3. El empleador, previa audiencia de los representantes de los trabajadores, elaborará una política interna dirigida a trabajadores, incluidos los que ocupen puestos directivos, en la que definirán las modalidades de ejercicio del derecho a la desconexión y las acciones de formación y de sensibilización del personal sobre un uso razonable de las herramientas tecnológicas que evite el riesgo de fatiga informática. En particular, se preservará el derecho a la desconexión digital en los supuestos de realización total o parcial del trabajo a distancia así como en el domicilio del empleado vinculado al uso con fines laborales de herramientas tecnológicas".

Contudo, não nos parece, mais uma vez, que seja a melhor opção deixar a cargo do empregador esta possibilidade.

Por outro lado, tal como referimos anteriormente, o referido dispositivo legal estabelece a desconexão digital como um direito e não como um dever ou uma garantia dos trabalhadores, e não consagra qualquer sanção para o seu incumprimento, o que não parece ser a melhor solução.

Deve acrescentar-se que mesmo antes da consagração deste direito, algumas empresas já tinham regulamentado em convenções coletivas este direito, como foi o caso da empresa AXA, que em 2017 estabeleceu que "excetuando causa de força maior ou circunstâncias excecionais, a AXA reconhece o direito dos trabalhadores de não responderem aos correios eletrónicos ou às mensagens profissionais fora do seu horário de trabalho", em vigor até 2020. Este acordo visava incluir a necessidade de impulsionar o direito à desconexão digital uma vez finalizada a jornada de trabalho.

Contudo, como bem realça EDUARDO TALÉNS VISCONTI[326], a primeira parte do parágrafo desta convenção não é mais do que uma mera declaração de intenções sem qualquer repercussão real, e a parte final, apesar de debruçar-se sobre a questão, fá-lo de forma ainda incipiente.

Por outro lado, trata-o, novamente, como um direito dos trabalhadores quando seria preferível tratá-lo como um dever negativo dos empregadores, isto é, como uma garantia dos trabalhadores, pois ao ser um direito e não um dever parece que não se acautela suficientemente o direito dos trabalhadores.

Acresce, ainda, que não existem quaisquer repercussões para o incumprimento pelo empregador. O art. 14.º da Convenção apenas reconhece o direito de os trabalhadores não responderem aos *e-mails* profissionais fora do horário de trabalho, mas não lhes confere qualquer canal especial para reclamar no caso de a previsão não ser cumprida, e não se referindo aos representantes dos trabalhadores.

Mais recentemente, o art. 18.º do *Real Decreto-ley 28/2020*, de 22 de setembro, *sobre trabajo a distancia*, com a epígrafe *Derecho a la desconexión digital*, estabelece que "*1. Las personas que trabajan a distancia, particularmente en teletrabajo, tienen derecho a la desconexión digital fuera de su horario de trabajo en los términos establecidos en el artículo 88 de la Ley Orgánica 3/2018, de 5 de diciembre. El deber empresarial de garantizar la desconexión conlleva una limitación del uso de los medios tecnológicos de comunicación empresarial y de trabajo durante los periodos*

[326] "La desconexión digital en las relaciones laborales: un deber empresarial todavía por construir en España", *in Revista Direito das Relações Sociais e Trabalhistas*, Vol. 4, n.º 1, pp. 49-50.

de descanso, así como el respeto a la duración máxima de la jornada y a cualesquiera límites y precauciones en materia de jornada que dispongan la normativa legal o convencional aplicables.". Este artigo seguiu de perto o que já estava consagrado nas Leis anteriormente citados e, por isso, parece-nos que, mais uma vez, o legislador deveria ter ido mais longe e, sobretudo, adaptar este direito à realidade do teletrabalho. A forma como está é, novamente, mais pedagógica do que efetiva.

2.3.6. No ordenamento jurídico português já se discutiu, também, a eventual regulação deste direito, com várias propostas de diferentes partidos apresentadas em sede parlamentar, todas no âmbito da Legislaturas anteriores, tendo sido aprovado o *dever de abstenção de contacto*, no art. 199.º – A, através da lei 83/2021, de 6 de dezembro, que é uma norma de alcance geral e cujo n.º 1 é do seguinte teor "O empregador tem o dever de se abster de contactar o trabalhador no período de descanso, ressalvadas as situações de força maior".

2.3.6.1. Relativamente aos projetos anteriores, existia o projeto de Lei do BE N.º 552/XIII/2.ª, (09/06/2017), que visava consagrar expressamente um dever de não conexão no período de descanso do trabalhador associado à possibilidade de, por instrumento de regulamentação coletiva de trabalho, serem garantidas formas de desconexão profissional; estabelecia também, que a conexão profissional com o trabalhador no seu período de descanso podia constituir uma forma de assédio, verificados os pressupostos previstos na lei; e reintroduzia o dever de envio do mapa de horário de trabalho para a ACT por parte do empregador.

Com esse objetivo preconizava-se a alteração de vários artigos do CT, incluindo o art. 199.º que passaria a ter a seguinte redação:

"2. O período de descanso deve corresponder a um tempo de desconexão profissional.

3. As formas de garantir o tempo de desconexão profissional, designadamente através da não utilização das tecnologias de informação e comunicação durante o período de descanso do trabalhador, podem ser estabelecidas mediante instrumento de regulamentação coletiva de trabalho.

4. A violação do disposto no n.º 2 pode constituir assédio, nos termos e para os efeitos do disposto no artigo 29.º deste Código"[327].

[327] Neste mesmo sentido, JOÃO LEAL AMADO, "Tempo de trabalho...", cit., pp. 266-267.

2.3.6.2. Outro dos projetos apresentados foi o do PS, o Projeto de Lei N.º 644/XIII, que visa reforçar o direito ao descanso do trabalhador. Este projeto retira várias ideias da Lei francesa e pretendia "assegurar que a utilização de ferramenta digital no âmbito da relação laboral não possa impedir o direito ao descanso do trabalhador, admitindo, no entanto, casos excecionais assentes em exigências imperiosas do funcionamento da empresa. Adicionalmente, habilita-se a possibilidade de, através de instrumento de regulamentação coletiva de trabalho, poder ser regulada a utilização de ferramenta digital durante o período de descanso, férias e dias feriados, prevendo-se ainda um quadro normativo para as empresas com 50 ou mais trabalhadores, admitindo que, na falta de instrumento de regulamentação coletiva de trabalho sobre a matéria, o empregador promova junto da comissão de trabalhadores, da comissão intersindical ou das comissões sindicais da empresa representativas dos trabalhadores, a celebração de um acordo que regule a matéria ou, **na falta de acordo, adote regulamento sobre utilização de ferramentas digitais no âmbito da relação laboral**"[328]. Ora, esta solução parece-nos que em vez de defender o direito ao descanso e à desconexão fragiliza-o, legitimando de certa forma a conexão às empresas e permite que, por regulamento interno, o empregador estabeleça essas regras e, por outro lado, não estabelece qualquer contraordenação para o seu incumprimento que, quanto a nós deveria ser ou grave ou, mesmo, muito grave.

É verdade que a OIT[329] defendeu que deveria "ampliar-se a soberania sobre o tempo", considerando que "os trabalhadores e as trabalhadoras precisam de maior autonomia sobre o seu tempo de trabalho, sem deixar de atender às necessidades da empresa. Utilizar a tecnologia para expandir o leque de oportunidades e melhor conciliar o trabalho com a vida pessoal pode ajudá-los a alcançar esse objetivo e lidar com as pressões decorrentes da diluição das fronteiras entre horário de trabalho e tempo pessoal". Contudo, entende-se que a utilização do termo soberania talvez não seja a expressão adequada, e deve ser vista sempre em benefício do trabalhador e nunca em seu prejuízo. Aliás, como também reforça a OIT[330] "demasiados trabalhadores e trabalhadoras continuam a trabalhar um número excessivo de horas, o que os deixa numa situação de pobreza de tempo – (*time poor*)".

[328] Negrito nosso.

[329] *Trabalhar para ...*, cit., pp. 13.

[330] Última *op.* cit., p. 42.

2.3.6.3. Outro projeto é o Projeto de Lei n.º 640/XIII/3.ª, do PAN, que concretiza expressamente o direito à desconexão profissional, estabelecendo um novo artigo "Artigo 214.º-A Períodos de descanso e desconexão profissional e que estabelece que : "Sem prejuízo da existência de razões de força maior, as quais podem ser estabelecidas mediante instrumento de regulamentação coletiva de trabalho, é atribuído ao trabalhador, durante os períodos de descanso, o direito à desconexão profissional.

2. Entende-se por direito de desconexão profissional o direito do trabalhador obstar, não atender ou fazer cessar, o fluxo comunicacional de carácter profissional que com este seja estabelecido pela entidade empregadora, pelos seus trabalhadores ou por terceiros, durante os períodos de descanso, designadamente através de meios informáticos ou eletrónicos.

3. Não carece de comunicação prévia o exercício do direito de desconexão profissional por parte do trabalhador.

4. O exercício do direito de desconexão profissional não obsta ao cumprimento pelo trabalhador dos deveres que, pela sua natureza, não dependem da efetiva prestação de trabalho.

5. É expressamente vedado à entidade empregadora obstar, dificultar ou sancionar, de modo direto ou indireto, o exercício pelo trabalhador do direito de desconexão profissional.

6. Constitui contraordenação grave a violação, pelo empregador, do direito à desconexão profissional."

2.3.6.4. Existiu também o Projeto de Lei N.º 643/XIII/3ª, dos Verdes, que qualificava como contraordenação muito grave a violação do período de descanso, inclusivamente através da utilização de tecnologias de informação, pelo empregador.

2.3.6.5. É interessante notar que, ao nível da contratação coletiva, existem algumas convenções coletivas que consagram este direito. Duas onde constitui uma garantia do trabalhador a proibição do empregador "exigir que o trabalhador se mantenha conectado durante os seus períodos de descanso", nos termos da cláusula 14, alínea h) do AE Banco de Portugal/SNQTB e Banco de Portugal/FEBASE[331], assim como numa outra que na cláusula 44, com a epígrafe *Utilização de ferramenta digital no âmbito da relação laboral,*

[331] Publicado no BTE, n.º 48/2018.

do CC APROSE/ STAS[332], estabelece que "A utilização da ferramenta digital, cedida pela empresa, não pode impedir o direito ao descanso consignado neste CCT e na lei, nomeadamente nos períodos de descanso entre jornadas, descanso semanal obrigatório, férias e dias feriados. 2- Somente por exigência imperiosa, referente ao funcionamento da empresa, resultante de ocorrências externas imprevistas ou anomalias inesperadas no normal funcionamento daquela, é permitida a interrupção dos períodos indicados no número anterior"[333].

No Acordo de Empresa celebrado entre A Fidelidade / SINAPSA[334] pode ver-se na cláusula 11.º com a epígrafe *Utilização de ferramenta digital no âmbito da relação laboral* que "A empresa regulará a utilização de ferramentas digitais no âmbito da relação laboral a fim de salvaguardar o direito ao descanso do trabalhador, de acordo com as regras previstas neste ACT e na lei relativamente à organização do tempo de trabalho, nomeadamente períodos de descanso entre jornadas, descanso semanal obrigatório, férias e dias feriados, mas tendo também em consideração a salvaguarda de exigências de funcionamento da empresa, a existência de regimes especiais acordados com os trabalhadores nos termos da lei ou deste ACT, ou a natureza das suas funções". Note-se como este acordo remete esta matéria para regulamento interno. Um pouco semelhante a este é cláusula 21, com a epígrafe *Utilização de ferramenta digital no âmbito da relação laboral* do AE Seguradoras Unidas/ SINAPSA[335], também admitindo a possibilidade de regulação por regulamento interno, mas obrigando a audição as estruturas de representação coletiva na empresa[336].

332 Publicado no BTE 40/2018.

333 Neste mesmo sentido veja-se a claúsula 26.º do AC GENERALI/SINAPSA, publicado no BTE n.º 13/2019, a claúsula 7.º do AE AIG EUROPE/STAS publicado no BTE n.º 17/2019 e a cláusula 23.º do AC LUSITÂNIA/SINAPSA, publicado no BTE n.º 21/2019.

334 Publicado no BTE n.º 5/ 2019.

335 Publicado no BTE 5/2019.

336 "1- A utilização de ferramentas digitais deverá ter em consideração a necessária conciliação com o direito ao descanso do trabalhador, de acordo com as regras previstas neste AE e na lei relativamente à organização do tempo de trabalho, sem prejuízo das necessidades de funcionamento da empresa, bem como a natureza das funções de cada trabalhador. 2- A matéria prevista no número anterior poderá ser objecto de regulamentação pela empresa, designadamente através de regulamento interno, caso em que deverá ser ouvida a comissão de trabalhadores ou, na sua falta, as comissões intersindicais, as comissões sindicais ou os delegados sindicais".

Também o AE CITEFORMA / SITESE[337], na clásula 25.ª, 6 estabelecesse que "deve ser assegurado aos trabalhadores em teletrabalho o direito à desconexão, nomeadamente através da adequação dos meios de controlo de assiduidade e da utilização dos meios de comunicação em conciliação com os horários de trabalho.

No AE GENERALI / SINAPSA[338] na cláusula 21.º, n.º 2 consagra-se como um dever de a empresa desenvolver "ações de formação e sensibilização de todos os trabalhadores para um uso razoável das ferramentas tecnológicas que evite o risco de fadiga".

2.4. Solução preconizada no art. 199.º-A e diálogo social

2.4.1. Para se conseguir esta verdadeira desconexão defende-se, muitas vezes, mais do que um direito à desconexão[339], um verdadeiro dever de desconectar, ou de um dever do empregador de não conectar, de não incomodar os trabalhadores, na medida em que, não raramente, a utilização destas NTIC parece ser um fator de ineficiência e causador de danos à produtividade. Na verdade, defende-se que o melhor caminho é a consagração como uma garantia dos trabalhadores, um dever negativo a não incomodar o trabalhador nos seus períodos de descanso, e estabelecê-lo no art. 129.º do CT, e, depois, na parte relacionada com os tempos de trabalho, podendo até em determinadas situações, se não for respeitada, vir a ser considerada como uma situação de assédio moral.

Atualmente, a maior parte das pessoas vive em permanente conexão, mantendo os seus dispositivos móveis, os seus *smartphones*, junto a si, no bolso, na carteira, na roupa que veste e, à noite, próximo da cama, e, por isso, o constante *bombardeamento*, a constante *perseguição* com *e-mails*, mensagens, telefonemas por parte dos empregadores, pode redundar numa situação de assédio. Assim, concorda-se integralmente com JOÃO LEAL AMADO[340], a propósito da eventual situação de assédio e da redação do art. 29.º do CT, quando defende que "Perante a amplitude desta previsão legal de assédio, que abrange práticas discriminatórias ou não e que abrange práticas intencionais ou não, não cremos que restem grandes dúvidas sobre a possibilidade

[337] BTE 22/2022.

[338] BTE 8/2022.

[339] Já que não se trata de um direito novo.

[340] "Tempo de trabalho e...", cit., pp. 264 e ss..

de a violação do tempo de desconexão correspondente ao período de descanso do trabalhador vir, em tese, a constituir assédio moral. Trata-se, tipicamente, de condutas empresariais que têm como efeito (ainda que, quiçá, não como objetivo) perturbar a pessoa do trabalhador, práticas suscetíveis, como se sabe, de lhe causar danos da mais variada espécie, desde logo afetando gravemente a sua saúde (*stress, burnout*, etc.) – as quais podem, portanto, constituir assédio, nos termos e para os efeitos previstos no art. 29.º do CT. Mas, neste quadro, admite-se que talvez não fosse pior que o legislador fosse mais explícito e previsse expressamente, na letra da lei, a possibilidade de a violação do tempo de desconexão profissional por parte da empresa integrar a prática de assédio moral".

É que, na verdade, conseguir-se a desconexão durante as férias é fundamental, mas muitas vezes o que gera sintomas de fadiga, *stress* e síndrome de *burnout* ou mesmo assédio, é a inobservância diária, constante, contínua, deste direito dos trabalhadores ao descanso. Porque, no fundo, é disso que se trata.

Também no *Livro Verde sobre o Futuro do Trabalho*[341] defendia-se como uma das linhas de reflexão para políticas públicas "Efetivar e regular o direito à desconexão ou desligamento profissional, criando mecanismos para prevenir o prolongamento dos tempos efetivos de laboração e proteger os trabalhadores face às consequências negativas da conectividade permanente e de uma cultura de trabalho "sempre ativa", assegurando assim um direito ao desligamento e à desconexão nos tempos de descanso, em articulação **com o dever do empregador de, por regra, assegurar que não é estabelecida conexão com o trabalhador após a conclusão da jornada de trabalho**"[342].

Ora, foi isto que o nosso legislador consagrou no art. 199.º-A do CT com a epígrafe *dever de abstenção de contacto*, que estabelece um verdadeiro dever de o empregador não *incomodar* o trabalhador nos seus períodos de descanso, salvo casos de força maior.

Este dever vai para além do direito a desconectar, pois impõe aos empregadores o dever de não perturbar os trabalhadores durante o seu período de descanso, fora do seu horário normal de trabalho. Foi também definido no n.º 2 como discriminatório qualquer tratamento desfavorável – nomeadamente em termos de condições de trabalho ou de progressão na carreira – reservado a um trabalhador que exerça este direito.

[341] P. 180.

[342] Negrito nosso.

Isto significa que a entidade empregadora não deve contactar o trabalhador fora do horário de trabalho, exceto por motivos de "força maior". Admitimos que a consagração deste dever tem uma grande relevância socorrendo-nos das elucidativas palavras de JOÃO LEAL AMADO[343] "Este é um dever que visa combater a cultura de disponibilidade permanente que se instalou no mundo empresarial, é um dever que tenta preservar o descanso e o tempo de vida livre do trabalhador, que tenta salvaguardar a sua saúde e evitar o *burnout* resultante da conectividade permanente" mas que levanta algumas questões. Uma dessas prende-se com o que é "força maior", porque não está definido na lei. De acordo com a definição clássica do Direito Civil, é uma situação imprevista e urgente, como caso de incêndios, acidentes ou circunstâncias semelhantes. Mas entendemos que a "força maior", conceito clássico indeterminado, deve ser aqui interpretado com alguma flexibilidade, de modo a abranger, porventura, situações como as previstas no Código do Trabalho, no n.º 2 do art. 227º, relativamente ao trabalho suplementar. Não apenas os tradicionais casos de força maior ou de caso fortuito – incêndio, terramoto, inundação, etc.-, mas todos aqueles inadiáveis, em que o contacto imediato se revele "indispensável para prevenir ou reparar prejuízo grave para a empresa ou para a sua viabilidade".

Outro aspeto que a nova lei também não esclarece é a forma como este dever de abstenção de contacto se aplicará a profissionais que não estejam sujeitos a qualquer constrangimento de horário de trabalho ou outros que, por natureza da sua função, trabalhem com equipas que operem em fusos horários diferentes.

Note-se, ainda, que este artigo incidirá não apenas sobre os empregadores, mas também sobre os superiores hierárquicos do trabalhador.

Por outro lado, e seguindo de perto o defendido por JOÃO LEAL AMADO[344], este artigo não qualifica a violação do dever de abstenção como uma situação de assédio mas nada impede se estiverem preenchidos os pressupostos que o possa ser. Contudo, o art. 199.º-A já admite uma outra situação no n.º 2 deste artigo e que é, conforme já referimos, o que qualificar como discriminatória a conduta do empregador que desfavoreça um trabalhador que tenha "resistido à violação de tal dever de abstenção de contacto" [345].

[343] "A desconexão profissional e a DGAEP: tomemos a sério o dever de abstenção de contacto", *in Observatório Almedina*, 18 de abril de 2022, *in https://observatorio.almedina.net/index.php/2022/04/18 /a-desconexao-profissional-e-a-dgaep-tomemos-a-serio-o-dever-de-abstencao-de-contacto/* ".

[344] JOÃO LEAL AMADO, "Teletrabalho: os deveres especiais das partes", *in QL*, n.º 60, p. 135.

[345] *Vide*, para maiores desenvolvimentos, JOÃO LEAL AMADO e TERESA COELHO MOREIRA, "Telework", *in Diritti lavori mercati" (international section)*, n.º 2/2022, e JOÃO LEAL AMADO, "Teletrabalho:...", cit., pp. 133 e ss..

E, nesta temática, parece-nos também que os parceiros sociais, através do diálogo social, têm um papel fundamental. Considera-se essencial que se consiga um novo tipo de compromisso sobre flexibilidade temporal relacionada com uma *life-phase aproach*, tendo em consideração os interesses de todos os sujeitos envolvidos.

2.4.2. Considera-se, ainda, essencial uma alteração da própria conexão durante os tempos de trabalho. Trata-se da gestão da conexão/desconexão durante esses tempos[346]. Para esta situação parece-nos muito positivo o acordo da Sociedade *Orange*, de 27 de setembro de 2016, o primeiro acordo de empresa para enfrentar os desafios da sociedade digital, e que estabelece que os trabalhadores devem estabelecer tempos de não utilização do *e-mail* durante os tempos de trabalho, nomeadamente em reuniões, ou para facilitar a concentração.

O regulamento da empresa *Solvay*[347] de fevereiro de 2016, estabelece que é fundamental fazer-se um "bom uso do *e-mail*, para uma maior eficiência no trabalho e para assegurar o respeito dos tempos de trabalho e de não trabalho" e, por isso, os trabalhadores devem gerir as prioridades, fixar horários para responder às mensagens e "desconectar-se para poder realizar a reflexão necessária das questões importantes".

Este, sem dúvida, parece-nos o caminho a seguir. Os trabalhadores, para evitar toda esta *obesidade digital* ou *toxicomania numérica*, deverão interrogar-se, *inter alia*, sobre a pertinência da utilização do *e-mail* face aos outros dispositivos de comunicação; sobre quem deverão ser os destinatários dos *e-mails*; devem utilizar com moderação as funções de envio do *e-mail* com conhecimento; devem evitar o envio de ficheiros demasiado volumosos; e devem redigir um objetivo claro e preciso no assunto do *e-mail* para que o seu destinatário consiga, mais facilmente, identificar o conteúdo do correio. Considera-se, também, que para tentar evitar situações de *stress* na utilização destes dispositivos, os trabalhadores deverão pensar qual o momento mais oportuno para enviar estes correios eletrónicos, para realizar chamadas ou enviar mensagens

[346] Tal como preconizam KOSTADIN KUSHLEV e ELIZABETH W. DUNN, "Checking email less frequently reduces stress", *in Computers in Human Behaviour*, novembro 2014, p. 220, a diminuição da visualização de *e-mails* nas empresas por parte dos trabalhadores diminuiu o *stress* dos mesmos e aumentou até a sua produtividade e a sua saúde. Veja-se, no mesmo sentido, KATHRIN REINKE e THOMAS CHAMORRO-PREMUZIC, "When email use gets out of control: Understanding the relationship between personality and email overload and their impact on burnout and work engagement", *in Computers in Human Behaviour*, maio 2014, p. 502.

[347] *Apud* JEAN-EMMANUEL RAY, "Grande accélération... », cit., p. 916.

durante o tempo de trabalho; também não devem solicitar uma resposta imediata se tal não for necessário, pois quando tudo é urgente, nada é importante.

2.4.3. Contudo, já não nos parece que seja a melhor opção, nem sequer viável, a proibição absoluta de aceder aos servidores da empresa se isto significar que quando os trabalhadores chegam ao trabalho depois destas pausas são completamente *inundados* com *emails* para responder. Para evitar esta situação parece-nos interessante a figura que foi criada no Acordo de Empresa *Daimler*, na Alemanha, em 2014, que introduziu a possibilidade técnica de *modo férias* que automaticamente apaga todos os *emails* recebidos quando o trabalhador está ausente e aciona este mecanismo, recebendo o remetente da mensagem uma mensagem a informar do seu apagamento e de que deve contactar outro trabalhador enquanto o colega estiver ausente[348].

2.4.4. Trata-se, assim, de promover uma alteração do modelo de trabalhar, de promover uma cultura e uma organização do trabalho que vise favorecer um equilíbrio entre a atividade profissional e a vida pessoal e familiar e uma certa autonomia e flexibilidade temporal em sentido positivo.

Trata-se de promover uma desconexão técnica e intelectual, pois a primeira não basta já que não é pelo facto de o trabalhador não ter acesso ao servidor da empresa que deixará de trabalhar já que as ideias e o trabalho intelectual não estão confinadas ao tempo de trabalho.

Por outro lado, é importante ter em atenção que este direito à desconexão não pode ser apenas vertical, mas também horizontal, isto é, o trabalhador não tem de estar disponível para o empregador fora dos tempos de trabalho, como também não tem de o estar para os colegas de trabalho.

A desconexão é, em primeiro lugar, uma questão de formação sobre uma utilização razoável das NTIC, de organização individual, mas também coletiva, isto é, de saber viver e sobreviver neste mundo digital, defendendo a necessária conciliação e equilíbrio entre a vida profissional e a vida pessoal e familiar.

Por isso, considera-se que, depois de uma consagração legislativa mais genérica como a que temos no art. 199.º-A, deve ser ao nível do diálogo social e das empresas, através de regulamento interno, que devem ser obtidas as regras sobre organização das comunicações na empresa já que as questões

[348] Veja-se, ainda, o acordo de empresa *Flexibel arbeiten, bewusst abschalten* do Grupo BMW, na Alemanha, de 2014 e, para mais desenvolvimentos, K. QUANDT-SCHUBERT "BMW: Mobilarbeit – Flexibel arbeiten, bewusst abschalten", *in Unternehmen der nächsten Generation*, (coord. M. BARTZ, A. GNESDA, T. SCHMUTZER), Springer Gabler, Berlin, Heidelberg, 2017.

são diferentes consoante o seu tipo, a sua dimensão à luz do art. 100.º do CT, a atividade a que se dedicam, assim como o próprio tipo de trabalhadores que para elas trabalha e os instrumentos de trabalho que utilizam[349].

Uma das possibilidades que está prevista em França em algumas convenções coletivas é a adoção de regras técnicas simples, sejam iniciativas de tipo *pop up* lembrando que, a partir das 20.00h, o envio de *e-mails* pode esperar pelo dia seguinte, ou regras obrigatórias, estabelecendo manchas horárias durante as quais podem enviar-se *e-mails*; seja direcionando os mesmos para um outro trabalhador quando se está ausente; ou solicitando ao departamento informático um balanço dos números de *e-mails* trocados fora dos tempos de trabalho e durante o fim-de-semana, embora, neste último caso, respeitando sempre todos os direitos de personalidade, sobretudo o art. 22.º do CT.

Neste sentido, pode ver-se, mais uma vez, o acordo de empresa da Sociedade *Orange* que, no art. 3.º, n.º 2, 2, a), estabelece "uma proposta de balanço individualizado e coletivo da utilização dos meios eletrónicos", indicando dois níveis de controlo: um individual, propondo comunicar anualmente aos trabalhadores um balanço quantitativo individualizado da utilização dos *e-mails* e da rede social da empresa, parecendo-nos esta proposta muito corajosa pois poderá servir de prova do trabalhador contra a empresa em caso de assédio moral ou de trabalho suplementar[350]; um outro nível é o coletivo, permitindo o envio de um balanço a cada setor da empresa para detetar uma utilização quotidiana excessiva, superior à média, devendo uma vez por ano realizar-se um estudo sobre a utilização destes meios e o impacto do mundo digital sobre as condições de trabalho, que será apresentado ao comité de higiene, segurança e condições de trabalho.

Este direito à desconexão significa, em algumas convenções coletivas, que o empregador para contactar o trabalhador nos seus tempos de descanso tem de demonstrar uma urgência para a utilização da mensagem eletrónica ou do telefone profissional.

Este direito à desconexão significa também que se os empregadores solicitarem com carácter regular trabalho aos trabalhadores nos seus tempos de descanso podem ser condenados por assédio moral.

[349] Veja-se no mesmo sentido, EUROFOUND e OIT, *Working anytime, anywhere: The effects on the world of work*, Luxembourg e Genebra, 2017, pp. 49 e ss..

[350] Neste sentido JEAN-EMMANUEL RAY, "Grande accélération...", cit., p. 919.

Atendendo a esta possibilidade, várias empresas, em França, já recorrem à tecnologia através da instalação de sistema de alertas com o objetivo de avisar os trabalhadores que se conectam muitas vezes fora dos tempos de trabalho ou que não respeitam as 11 horas de intervalo entre as jornadas de trabalho[351].

2.4.5. Na verdade, a ideia defendida atualmente do *Always on*, das 24 horas sobre 24 horas, de estar sempre disponível, revela-se ruinosa para o que deve ser essencial na vida das pessoas, pois se o trabalho não pode reduzir-se a uma mera prestação de atividade, sendo um local de desenvolvimento profissional e pessoal, o que é certo é que a sociedade do conhecimento modificou radicalmente a relação entre a vida profissional e a vida privada e familiar.

E se, sem qualquer dúvida, as NTIC atribuem a uma infinidade de pessoas novos objetivos e desafios que se tornam fundamentais na sociedade atual, que muitos podem ser apaixonados pelo trabalho sem se tornarem *workaholic*, e que todos podem ter um *stress* positivo que até ajuda a melhorar as suas capacidades, deve refletir-se no *reverso da medalha*, sendo que a defesa destes valores não poderá significar a possibilidade de um retrocesso quanto a certos direitos fundamentais, principalmente o direito ao descanso, ao repouso e à integridade física e mental dos trabalhadores.

Não defendemos, contudo, um retrocesso em matéria de evolução das empresas, pois elas têm de ser competitivas, e essa competitividade passa necessariamente pela sua informatização e pela aquisição crescente de NTIC, que têm inúmeros aspetos positivos. Mas, se é inquestionável que as empresas devem ser eficientes, dinâmicas e atualizadas, não é menos certo que esses objetivos não podem ser conseguidos à custa da dignidade dos trabalhadores, à custa de direitos fundamentais que tão duramente foram conquistados. Não vale tudo. As empresas devem pensar o trabalho e a sua organização em função da pessoa humana e não o inverso, nomeadamente em matéria de limitação dos tempos de trabalho, sob pena de caminharmos para um novo tipo de escravatura, muito mais difícil de erradicar e provar porque, aparentemente, é quase, diríamos, ainda que antagonicamente, voluntária.

E se, atualmente, vivemos uma época admirável, num *Admirável Mundo Novo do Trabalho*, não podemos esquecer-nos que as ligações e os valores

[351] *Vide* LEROUGE LOÏC, *Le droit à la déconnexion à la française*, *in* http://www.cielolaboral.com/fr/francais-le-droit-a-la-deconnexion-a-la-française/ .

fundamentais para uma sã convivência nesta sociedade globalizada, da informação e do conhecimento, não se compadecem com uma cultura da urgência. E se estas ligações não têm "horror do vazio" têm, contudo, um *horror pela velocidade*[352], pelo que, por vezes, este nosso *Admirável Mundo Novo do Trabalho*, mais parece um *"Abominável" Mundo Novo do Trabalho*.

3. Igualdade e não Discriminação

3.1. Introdução

3.1.1. O direito à igualdade e a proibição da discriminação constitui um direito universal, reconhecido pela Declaração Universal dos Direitos Humanos, pela Convenção das Nações Unidas sobre a eliminação de todas as formas de discriminação contra as mulheres, pelos Pactos Internacionais das Nações Unidas sobre os Direitos Civis e Políticos e sobre os Direitos Económicos, Sociais e Culturais, e pela Convenção para a Proteção dos Direitos Humanos e das Liberdades Fundamentais, de que Portugal é signatário. Por outro lado, a Convenção n.º 111 de 1958[353] da Organização Internacional de Trabalho proíbe a discriminação em matéria de emprego e atividade profissional.

Na verdade, os direitos à igualdade e à não discriminação não tiveram um significado homogéneo ao longo do tempo. Por este motivo a configuração destes direitos foi recorrendo a instrumentos supranacionais que foram ampliando estes conceitos.

Em Portugal, a base destes direitos é a Constituição, desde logo o art. 13.º que, no n.º 2, proíbe práticas discriminatórias em razão de diversos fatores, entre os quais o sexo.

[352] JEAN-EMMANUEL RAY, "La guerre des temps...", cit., p. 9.
[353] Ratificada pelo Decreto-Lei n.º 42520, de 23 de setembro de 1959.

Também ao nível da UE esta proibição da discriminação está consagrada a vários níveis[354] [355].

Durante décadas a UE defendeu a proibição da discriminação como uma forma de tentar conseguir um mercado interno mais forte, podendo defender-se, atualmente, que existe uma forte proteção a este nível contra a discriminação na medida em que esta não acontece apenas ao nível individual mas, também coletivo pois é dirigida várias vezes contra grupos ou comunidades[356] [357], o que levanta a questão da discriminação múltipla.

No Direito da União Europeia não há consagração específica deste tipo de discriminação, apesar de o Considerando 14 da Diretiva 2000/43/CE, e de o considerando 8 da Diretiva 2000/78/CE se referirem à possibilidade de discriminações múltiplas. Contrariamente, nas Diretivas sobre género não há qualquer referência a esta situação. Contudo, de acordo com uma interpretação teleológica do Direito secundário ou derivado da UE, e com uma interpretação "dinâmica" do TJUE pode considerar-se que a interpretação

[354] Logo ao nível da Carta Comunitária dos Direitos Sociais Fundamentais dos Trabalhadores pode ler-se que um dos motivos para a adoção deste documento é a luta contra a discriminação: "Considerando que, para assegurar a igualdade de tratamento, lutar contra todas as formas de discriminação, designadamente as baseadas no sexo, na cor, na raça, nas opiniões e nos credos e que, num espírito de solidariedade, importa lutar contra a exclusão social".
Também ao nível do Conselho da Europa, na Carta Social Europeia pode ver-se esta defesa quando se estabelece que um dos motivos para o surgimento deste documento é a proibição da discriminação: "Considerando que os direitos sociais devem ser assegurados sem qualquer discriminação em razão da raça,. Etnia, sexo, religião, opinião política, nacionalidade ou origem social" – "Considering that the enjoyment of social rights should be secured without discrimination on grounds of race, colour, sex, religion, political opinion, national extraction or social origin".

[355] Conforme defende o Advogado-Geral POIARES MADURO no caso *Coleman*, processo C-303/06, parágrafo 9, "No seu nível mínimo, a dignidade humana implica o reconhecimento da igualdade de valor de todos os indivíduos. A vida de cada pessoa vale pelo mero facto de cada pessoa ser um ser humano, e não há vida que valha mais ou menos do que outra. Como Ronald Dworkin recordou recentemente, mesmo quando estamos em profundo desacordo sobre questões de moralidade política, de estrutura das instituições políticas e do funcionamento dos nossos Estados democráticos, continuamos, ainda assim, a partilhar de um compromisso para com este princípio fundamental. Por este motivo, a actuação dos indivíduos e das instituições políticas não deve negar a importância intrínseca de cada vida humana".

[356] LILLA FARKAS, *How to Present a Discrimination Claim – Handbook on seeking remedies under the EU Non-discrimination Directives*, European Commission, Luxemburgo, 2011, p. 7. Ver, ainda, EUROPEAN UNION AGENCY FOR FUNDAMENTAL RIGHTS, *Handbook on European Non-Discrimination Law*, Luxemburgo, 2011.

[357] Por exemplo, a discriminação em função da raça apresenta-se, muitas vezes, como uma discriminação múltipla pois é frequente que uma minoria seja discriminada, não apenas em função da sua raça ou origem étnica, como também das suas convicções religiosas.

que deve ser feita das Diretivas leva à proibição da discriminação múltipla. Porém, não há casos do TJUE sobre esta matéria. Pode referir-se o caso *Parris*, processo C-443/15, de 24 de novembro de 2016, onde a Advogada-Geral JULIANE KOKOTT abordou a questão de uma eventual discriminação múltipla em razão da orientação sexual e em razão da idade[358]. Contudo, o Tribunal não concordou considerando que não existia discriminação em razão da orientação sexual e que a discriminação em razão da idade era justificada[359]. O TJUE considerou os dois fatores isoladamente sem ter em atenção que a especificidade da discriminação múltipla é exatamente a de analisar os vários fatores em conjunto e não isoladamente, como fez, parecendo-nos que, neste caso, a opinião da AG estava mais em conformidade com esta noção e que deveria ter sido seguida pelo Tribunal.

Em Portugal, a Lei n.º 93/2017, de 23 de agosto, que estabelece o regime jurídico da prevenção, da proibição e do combate à discriminação, em razão da origem racial e étnica, cor, nacionalidade, ascendência e território de origem, revogando a lei n.º 18/2004 estabeleceu no art. 3.º, n.º 1, alínea e), uma noção de discriminação múltipla, o que nos parece muito positivo.

3.1.2. A legislação em matéria não discriminatória faz parte do quadro legislativo europeu desde a introdução das leis sobre igualdade do género da década de 70 do século passado.

Conforme o TJUE estabeleceu no caso *Defrenne II*, C-43/75, de 8 de Abril de 1976, sobre discriminação entre homens e mulheres relativa ao princípio da igualdade retributiva, combater a discriminação "faz parte dos objetivos sociais da Comunidade"[360].

[358] Veja-se o n.º 4 das Conclusões onde pode ler-se que: "Merece atenção especial, no caso vertente, o facto de a eventual discriminação do interessado poder dever-se à combinação de dois fatores: a idade e a orientação sexual. O Tribunal de Justiça só poderá ter em devida conta a realidade da vida se apreciar a combinação dos dois fatores, em vez de considerar isoladamente os aspetos da idade e da orientação sexual. Além disso, há que ter em consideração que a exigência controvertida de contrair matrimónio ou constituir uma união de facto antes do 60.º aniversário se revelou um obstáculo intransponível para todo um grupo da população na Irlanda".

[359] "Os artigos 2.º e 6.º, n.º 2, da Diretiva 2000/78 devem ser interpretados no sentido de que uma regulamentação nacional, como a que está em causa no processo principal, não é suscetível de estabelecer uma discriminação baseada no efeito combinado da orientação sexual e da idade, quando essa regulamentação não constitui uma discriminação em razão da idade nem da orientação sexual, consideradas isoladamente".

[360] Parágrafo 10.

O princípio da não discriminação ocupa um lugar central na UE e foi reforçado no Tratado de Lisboa pois, conforme se estabelece no TUE, art. 2.º, "A União funda-se nos valores do respeito pela dignidade humana, da liberdade, da democracia, da igualdade, do Estado de direito e do respeito pelos direitos do Homem, incluindo os direitos das pessoas pertencentes a minorias. Estes valores são comuns aos Estados-Membros, numa sociedade caracterizada pelo pluralismo, a não discriminação, a tolerância, a justiça, a solidariedade e a igualdade entre homens e mulheres"[361].

O Tratado de Lisboa consolidou preceitos específicos sobre igualdade e não discriminação. Desde logo através do art. 10.º do TFUE que estabelece que "Na definição e execução das suas políticas e ações, a União tem por objetivo combater a discriminação em razão do sexo, raça ou origem étnica, religião ou crença, deficiência, idade ou orientação sexual". Este artigo integra um catálogo anti-discriminatório, no seguimento do anterior art. 13.º do Tratado de Roma, após a sua alteração pelo Tratado de Amesterdão. Não nos parece, contudo, que o elenco de fatores discriminatórios proibidos se restrinja aos que estão previstos neste artigo, pois tem de ser necessariamente conciliado com o art. 21.º, n.º 1, da CDFUE que prevê um catálogo anti-discriminatório mais amplo e de carácter puramente exemplificativo estabelecendo que "É proibida a discriminação em razão, **designadamente**[362], do sexo, raça, cor ou origem étnica ou social, características genéticas, língua, religião ou convicções, opiniões políticas ou outras, pertença a uma minoria nacional, riqueza, nascimento, deficiência, idade ou orientação sexual"[363].

O artigo 10.º do TFUE assume enorme importância pois alarga o conceito de *mainstreaming* não apenas à discriminação em razão do sexo mas, também, a todas as outras formas de discriminação, incluindo-o nas políticas de emprego e nas relações externas.

O Tratado de Lisboa consolidou, ainda, no art. 19.º, n.º 1, do TFUE, uma norma mais específica nesta matéria ao consagrar que "Sem prejuízo das demais disposições dos Tratados e dentro dos limites das competências que estes conferem à União, o Conselho, deliberando por unanimidade, de acordo com um processo legislativo especial, e após aprovação do Parlamento

[361] Este artigo, conforme defende MARCELO REBELO DE SOUSA, na anotação, *in Tratado de Lisboa – Anotado e Comentado*, (coord. MANUEL LOPES PORTO e GONÇALO ANASTÁCIO), Almedina, Coimbra, 2012, p. 29, em última análise não é menos importante do que o art. 1.º, pois se este apresenta a União, aquele explica a sua razão de ser, isto é substancializa a sua identidade.

[362] Negrito nosso.

[363] No mesmo sentido DULCE LOPES, em anotação a este artigo *in Tratado de Lisboa...*, cit., pp. 229-230.

Europeu, pode tomar as medidas necessárias para combater a discriminação em razão do sexo, raça ou origem étnica, religião ou crença, deficiência, idade ou orientação sexual"[364].

Em 2000, a UE introduziu duas diretivas em matéria de não discriminação, a Diretiva 2000/43/CE, de 29 de junho de 2000, relativa à implementação do princípio da igualdade de tratamento entre as pessoas sem distinção de raça ou de origem étnica, e a Diretiva 2000/78/CE, de 27 de novembro de 2000, que estabeleceu um quadro geral em favor da igualdade de tratamento no trabalho e no emprego. Estas duas Diretivas inserem o combate à discriminação numa política mais abrangente da promoção da igualdade de tratamento e da dignidade humana[365].

As diretivas relativas à não discriminação aplicam-se a todas as pessoas o que significa que não estão condicionadas à cidadania ou à nacionalidade, proibindo tratamentos discriminatórios com base na raça, origem étnica, religião ou convicções, deficiência, idade, orientação sexual e sexo[366]. Contudo, na legislação da UE não há uma definição destes fatores para além do sexo/género que inclui não só o biológico mas também o caso dos transexuais[367].

[364] Sobre este artigo veja-se RUI MOURA RAMOS em anotação aos arts. 18.º a 23.º, *in Tratado de Lisboa...*, cit., pp. 259-260.

[365] Neste sentido JÚLIO GOMES, *Direito do Trabalho, volume I*, Coimbra Editora, Coimbra, 2007, p. 386, onde critica um pouco a opção do legislador da União Europeia, escrevendo que "o edifício das normas anti-discriminação que está a ser laboriosamente construído arrisca-se a transformar-se num imponente labirinto", manifestando a sua surpresa perante o silêncio do legislador comunitário sobre a discriminação com base nas convicções políticas ou ideológicas, na filiação sindical ou na nacionalidade.

[366] Veja-se BERNARD TEYSSIÉ, *Droit Européen du travail*, 4.ª edição, Litec, Paris, 2010, pp. 274 e ss.

[367] Em várias decisões do TJUE invocaram-se os considerandos destas diretivas para chamar a atenção da importância da proibição deste tipo de discriminações para a manutenção dos princípios da UE. Veja-se, a título de exemplo, o acórdão *Palácios de la Villa*, caso C-411/05, de 16 de Outubro de 2007, onde se citam vários considerandos da Diretiva 2000/78, sobretudo os n.ºs 11 e 12 "A discriminação baseada na religião ou nas convicções, numa deficiência, na idade ou na orientação sexual pode comprometer a realização dos objectivos do Tratado CE, nomeadamente a promoção de um elevado nível de emprego e de protecção social, o aumento do nível e da qualidade de vida, a coesão económica e social, a solidariedade e a livre circulação das pessoas.
(12)Para o efeito, devem ser proibidas em toda a Comunidade quaisquer formas de discriminação directa ou indirecta baseadas na religião ou nas convicções, numa deficiência, na idade ou na orientação sexual, nos domínios abrangidos pela presente directiva. Esta proibição de discriminação deve-se aplicar igualmente aos nacionais de países terceiros, mas não abrange as diferenças de tratamento em razão da nacionalidade nem prejudica as disposições que regem a entrada e a estadia de nacionais de países terceiros e o seu acesso ao emprego e à actividade profissional".

A transposição destas Diretivas foi realizada pelo Código do Trabalho – art. 2.º, alíneas i) e j) do Diploma Preambular -, e estão atualmente tratadas nos arts. 23.º e ss., ainda que, no que concerne à Diretiva 2000/43/CE, se trate de uma transposição parcial na parte respeitante aos aspetos concernentes ao contrato de trabalho, sendo que nos restantes aspetos a transposição foi realizada pela Lei n.º 18/2004, de 11 de Maio, entretanto revogada pela Lei 93/2017, de 23 de agosto[368].

As duas Diretivas basearam-se na versão anterior do art. 19.º do TFUE e um dos objetivos das mesmas é providenciar que, conforme o Considerando 29 da Diretiva 2000/78, "As pessoas que tenham sido vítimas de discriminação em razão da religião, das convicções, de uma deficiência, da idade ou da orientação sexual devem dispor de meios de proteção jurídica adequados", ou no Considerando n.º 19 da Diretiva 2000/43, que "As pessoas que tenham sido objeto de discriminação baseada na origem racial ou étnica devem dispor de meios adequados de proteção jurídica".

Nestas Diretivas também se aproveitou a possibilidade para introduzir alterações em matéria de ónus da prova em casos de discriminação, aproveitando em grande parte a legislação existente em matéria de igualdade de género, assim como a própria jurisprudência do Tribunal de Justiça, tal como se pode depreender dos Considerandos 30 a 32 da Diretiva 2000/78[369], assim como 20 a 22 da Diretiva 2000/43[370].

[368] Relativamente à transposição das Diretivas noutros Estados membros pode ver-se ISABELLE CHOOPIN e THIEN UYEN DO, *Developing Anti-Discrimination Law in Europe – The 27 EU Member States, Croatia, Formar Yogoslav Republica of Macedonia and Turkey compared*, European Commission, Luxemburgo, 2011, sobretudo, pp. 106 e ss..

[369] "(30) A aplicação efectiva do princípio da igualdade exige uma protecção judicial adequada contra actos de retaliação.

(31) Impõe-se a adaptação das regras relativas ao ónus da prova em caso de presunção de discriminação e, nos casos em que essa situação se verifique, a aplicação efectiva do princípio da igualdade de tratamento exige que o ónus da prova incumba à parte demandada. Não cabe, contudo, à parte demandada provar que a parte demandante pertence a uma dada religião, possui determinadas convicções, apresenta uma dada deficiência ou tem uma determinada idade ou orientação sexual.

(32) Os Estados-Membros podem decidir não aplicar as regras relativas ao ónus da prova nos processos em que a averiguação dos factos caiba ao tribunal ou à instância competente. Os processos em questão são aqueles em que a parte demandante está dispensada de provar os factos cuja averiguação incumbe ao tribunal ou à instância competente".

[370] "(20) A aplicação eficaz do princípio da igualdade exige uma protecção judicial adequada em matérias cíveis contra actos de retaliação.

(21) Impõe-se a adaptação das regras do ónus da prova em caso de presumível discriminação e, nos casos em que essa situação se verifique, a aplicação efectiva do princípio da igualdade de tratamento exige que o ónus da prova incumba à parte demandada.

Esta legislação anti-discriminatória tem assim por objetivos fundamentais a promoção da igualdade, a proibição da discriminação, a proibição do assédio, a proibição da *retaliação*, o estabelecimento de adaptações razoáveis para pessoas portadoras de deficiência, o facilitar o ónus da prova em casos de discriminação e permitir a adoção de medidas positivas para assegurar igualdade de oportunidades.

3.2. Inteligência artificial e discriminação

3.2.1. Todo este acervo legislativo anti-discriminatório é importante para a questão do trabalho na era digital pois, desde logo, uma questão que se coloca é a de saber como aplicar a legislação nesta matéria a estas novas formas de prestar trabalho.

E esta questão não tem sido muito tratada, existindo antes um enorme silêncio quando se começa a abordar a questão do género, ou da raça, ou da etnia, ou da idade, ou da deficiência, ou outro fator, e da eventual discriminação nestas formas de prestar trabalho. Silêncio este que, felizmente, começa a ser quebrado.

Claro que poderia pensar-se que uma das razões para este silêncio estava relacionada com o facto de neste trabalho na era digital não existir uma questão de discriminação já que existiria uma neutralidade a esse nível. Contudo, isto não corresponde à realidade. Na verdade, os vários tipos de discriminação possíveis existem na mesma quando se utilizam algoritmos[371].

Assim, desde logo no contexto de aprendizagem automática, pode acontecer casos de discriminação direta quando a pertença de um indivíduo a determinado grupo protegido é utilizada como dado de entrada – *input* no

(22) Os Estados-Membros podem decidir não aplicar as regras relativas ao ónus da prova nos processos em que a averiguação dos factos caiba ao tribunal ou à instância competente. Os processos em questão são aqueles em que a parte demandante está dispensada de provar os factos, cuja averiguação incumbe ao tribunal ou à instância competente".

[371] Um algoritmo é uma sequência de raciocínios, instruções ou operações para alcançar um objetivo sendo necessário que os passos sejam finitos e operados sistematicamente, contando, assim, com a entrada – *input*, saída – *output*, de informações mediadas pelas instruções. Por sua vez, um sistema de decisão automatizado é um processo automatizado que utiliza dados e algoritmos para otimizar a tomada de decisões. Um sistema de decisão automatizado pode ser composto por um ou vários algoritmos. *Vide* MINISTERIO DE TRABAJO Y ECONOMIA SOCIAL, *Información algorítmica en el âmbito laboral – guía práctica y herramienta sobre la obligación empresarial de información sobre el uso de algoritmos en el ámbito laboral*, maio de 2022, p. 6.

modelo, atribuindo-se-lhe pontuações mais baixas em razão da característica protegida.

Também relativamente à discriminação por associação isto pode acontecer. Aliás, diríamos que neste caso há um *terreno fértil* para estas situações, já que são potenciados pela utilização de sistemas automatizados no processo de decisão pois os algoritmos têm uma capacidade para, através da inferência de correlações entre os dados, detetar com maior precisão relações de proximidade entre a pessoa analisada e a característica protegida detida por outrem com quem tenha uma relação de proximidade que configure essa associação[372].

Na realidade, relativamente à questão de género, muitos defendem que esta transformação digital pode reforçar a posição das mulheres no mercado de trabalho ou porque cria formas mais flexíveis de realizar o trabalho, ou porque com a automatização irão ser substituídas desde logo atividades rotineiras e onde se exige uma menor formação e, por isso, cria-se uma vantagem para as mulheres porque nesta altura elas já ultrapassam os homens no nível de formação[373].

Mas isso não corresponde totalmente à verdade e as várias questões que se colocam na igualdade de género no mundo real, como a conciliação entre a vida profissional e a vida familiar e pessoal, o assédio, a discriminação e a desigualdade retributiva, existem igualmente no mundo virtual, e nestas novas formas de prestar trabalho[374]. Se a digitalização e as inovações tecnológicas podem auxiliar a avançar nesta questão, também podem aumentar as desigualdades existentes que podem existir, desde logo, no acesso às mesmas, já que, em grande parte dos casos, a população sem acesso é pobre e maioritariamente feminina, mas também na falta de incentivos para as mulheres aprenderem mais a este nível, assim como a criação de estereótipos negativos, que só levam ao aumento do que é conhecido pelo *gender digital divide*[375],

[372] *Vide* PILAR RIVAS VALLEJO, "Sesgos de género en el uso de inteligencia artificial para la gestión de las relaciones laborales: análisis desde el derecho antidiscriminatorio", *in E-RIPS*, vol. VII, n.º 1, e MARIANA ALVES TEIXEIRA, *Da (des)proteção do candidato a emprego em face da utilização de sistemas de Inteligência Artificial no processo de recrutamento*, Dissertação de mestrado, Escola de Direito da Universidade do Minho, 2022, pp. 33-34.

[373] Cf. OCDE, *Going Digital: The Future of Work for Women*, 2017, p. 1.

[374] No mesmo sentido veja-se GIULIO CENTAMOR e LUCA RATTI, "Oltre il dilemma qualificatorio: potenzialità e limiti del diritto antidiscriminatorio nella protezione del lavoratore on-demand", *in Impresa, lavoro e non lavoro nell'economia digitale*, (coord. CRISTINA ALESSI, MARZIA BARBERA e LUCIANA GUAGLIANONE), Cacucci Editore, Itália, 2019, p. 670.

[375] *Vd.* MARTA OCHOA, "The path to genderless digitalization", *in Policy Choices for a digital age*, Friends of Europe, 2017, p. 66.

e que existe mesmo quando se utilizam os algoritmos, incluindo *robots* e a inteligência artificial.

Por outro lado, tanto as mulheres, como os homens, podem ter muito a ganhar, mas também a perder com a revolução digital e com as novas formas de prestar trabalho. E, por isso, se a digitalização irá aumentar ou diminuir o *gap* entre os géneros depende largamente da política que for adotada[376].

3.2.2. Nestas novas formas de prestar trabalho há claramente uma questão de género porque mesmo estudos realizados demonstram que as mulheres recebem menos do que os homens[377] – cerca de 82% do que eles ganham – e em parte devido a que ainda são as mulheres a realizar a maior parte do cuidado informal[378]. Na verdade, as mulheres tendem a trabalhar em atividades que lhes permitam continuar a ser as principais cuidadoras e, por isso, que lhes possibilitem uma maior flexibilidade nos tempos de trabalho ou a trabalhar menos horas consecutivas a partir de casa. E o *crowdwork* pode permitir isso com a realização de *microtarefas* que exigem mais ou menos qualificação, sendo que a maior diferença retributiva existe nas tarefas que exigem uma menor qualificação[379], mas que podem ser realizadas a partir do domicílio de quem as faz, porque muitas que realizam este tipo de atividades têm filhos

[376] Cf., ANA DE LA PUEBLA PINILLA, "Cambio tecnológico e impacto sobre el trabajo de las mujeres", *in A Igualdade nas Relações de Trabalho, Estudos* APODIT, vol. 5, (coord. MARIA DO ROSÁRIO PALMA RAMALHO E TERESA COELHO MOREIRA), AAFDL, Lisboa, 2019, pp. 27 e ss..

[377] ABIGAIL ADAMS e JANINE BERG, "When home affects pay: an analysis of the gender pay gap among crowdworkers", outubro, 2017, disponível *in https://papers.ssrn.com/sol3/papers.cfm?abstract_id=3048711*

[378] Tal como se refere em *Como o mercado de trabalho e a igualdade de género influenciam a fecundidade em Portugal*, Centro de Competências de Planeamento, de Políticas e de Prospetiva da Administração Pública, Lisboa, 2023, p. 67, disponível em https://planapp.gov.pt/wp-content/uploads/2023/06/PlanAPP_NA_FecundidadePortugal.pdf, p. 41, é preciso ter em consideração que o desequilíbrio entre vida pessoal, familiar e trabalho pago não afeta de igual modo homens e mulheres. "Na esfera do trabalho não pago, importa examinar as desigualdades relativas à execução de tarefas domésticas e à prestação de cuidados a crianças ou pessoas adultas dependentes. Segundo dados do Inquérito à Fecundidade de 2019, as mulheres continuam a realizar a maior parte das tarefas domésticas – sobretudo lavar e cuidar da roupa, preparar as refeições diárias e fazer a limpeza da casa –, enquanto a participação dos homens se concentra em atividades como fazer pequenos arranjos e restauros na casa ou pagar contas.".

[379] Vejam-se os inúmeros casos citados em ABIGAIL ADAMS e JANINE BERG, *op.* cit., pp. 17-18.

e cuidam deles, assim como de outros familiares[380] e que, contrariamente a muitos homens, só realizam este tipo de atividade[381].

Continua a existir uma sub-representação das mulheres nas atividades mais bem remuneradas e uma sobre representatividade das mesmas nas piores remuneradas[382] [383], assim como uma percentagem superior das mesmas em trabalhos precários, afetando muito os jovens[384].

Na verdade, esta menor disponibilidade laboral origina enormes prejuízos para as mulheres, não apenas em termos económicos, mas também sociais, que se enraizaram profundamente na sociedade, o que faz com que tenhamos, apesar de inúmeras leis bem-intencionadas nesta matéria, a persistência destas situações até aos dias de hoje[385].

380 Cf. ABIGAIL ADAMS e JANINE BERG, *op.* cit., p. 7.

381 Segundo dados fornecidos na última *op.* cit., p. 8, os homens tendem a ter outra atividade para além desta que exercem em regime de *crowdwork* numa percentagem superior à das mulheres – mais cerca de 9%.

382 Conforme se pode ver em CIG, *Igualdade de género em Portugal: Boletim estatístico 2022*, 2022, disponível em https://www.cig.gov.pt/wp-content/uploads/2022/12/Igualdade-de-Genero-em-Portugal_-Boletim-Estatistico-2022P1.pdf, p. 69 "Com o ensino básico as mulheres ganham em média, de remuneração base, menos 15,9% do que os homens, mas com ensino superior elas chegam a ganhar, em média, menos 25,9% do que eles. Esse diferencial é ainda maior se tivermos em consideração os ganhos, onde as mulheres com ensino superior chegam a ganhar em média menos 592,38€ do que os homens, que se traduz num gap de 26,3%", sendo que quanto mais qualificadas são as mulheres, menos elas ganham relativamente aos homens. Na verdade, conforme consta do relatório, a igualdade salarial entre mulheres e homens não é constatada em nenhuma atividade económica e a grande maioria das atividades económicas apresenta um *gender pay gap* com significativo prejuízo para as mulheres.

383 "Mesmo que as mulheres tenham ampliado significativamente a sua participação no mercado de trabalho, este processo não tem ocorrido de modo igualitário. As mulheres investem mais tempo do que os homens na sua qualificação profissional, contudo, este investimento não se traduz na ocupação equitativa das posições de liderança ou dos salários recebidos. As mulheres ocupam mais postos de trabalho em setores económicos que pagam salários mais baixos. Deste modo, a igualdade salarial entre homens e mulheres em Portugal tem decorrido mais pelo aumento do salário mínimo nacional, que iguala as pessoas na base da pirâmide salarial, do que pela garantia de salários iguais para postos de trabalho iguais. A desigualdade salarial resulta em menos recursos financeiros para que a mulher possa planear as suas decisões de parentalidade". *Como o mercado de trabalho ...*, cit..

384 Em 2022, o peso dos trabalhadores temporários entre os trabalhadores jovens continuava a ser superior a 45%, sendo as mulheres as mais afetadas – 47%. Dados disponíveis em *Como o mercado de trabalho ...*, cit., p. 21.

385 Na verdade, de acordo com TERESA COELHO MOREIRA e GUILHERME DRAY, *Livro Verde...*, cit., p. 100 "pese embora as representações sobre a organização do trabalho não pago sejam hoje mais igualitárias, e apesar de haver sinais positivos sobre a participação masculina, existe uma grande distância entre aqueles que são os ideais declarados e a efetiva partilha de responsabilidades e práticas quotidianas. Apesar de mulheres e homens valorizarem de igual modo o trabalho pago,

Por outro lado, estudos realizados mostram que nas plataformas digitais as mulheres recebem uma menor cotação do que os homens e recebem menos do que eles[386].

3.3. Conciliação entre a vida profissional e a vida pessoal e familiar[387]

3.3.1. Assim, torna-se fundamental também nestas novas formas de prestar trabalho, no trabalho na era digital, abordar-se a questão da conciliação entre a vida profissional e a vida familiar e pessoal, e aplicar-se as mesmas regras do trabalho *offline* ao trabalho *online*, com políticas de apoio ao cuidado de pessoas e de um melhor regime de licenças.

A conciliação entre a vida profissional e a vida pessoal e familiar é uma questão fundamental para qualquer trabalhador e encontra-se relacionada com várias outras, como o aumento da participação laboral principalmente das mulheres no mercado de trabalho, tornar o emprego mais sustentável, assegurar igualdade de oportunidades entre homens e mulheres e enfrentar os desafios demográficos que se avizinham[388].

são ainda as mulheres que mais dificuldades sentem na conciliação entre trabalho e vida familiar e pessoal, sendo que, entre trabalho pago e não pago, as mulheres trabalham em cada dia útil mais uma hora e 13 minutos do que os homens e apenas 19% dos homens declaram fazer pelo menos uma hora de trabalho doméstico por dia, contra 78% das mulheres. Por outro lado, quase 40% das mulheres declaram já ter interrompido a carreira para cuidar de filhos, uma proporção que compara com pouco mais de 8% no caso dos homens130, e a maior parte dos cuidadores informais, pessoas que abdicam, total ou parcialmente, a título temporário ou definitivo, do pleno envolvimento no trabalho remunerado para prestar assistência a cônjuge, pais, filhos, outros familiares em condição de fragilidade ou de dependência, são mulheres". Acrescenta-se, ainda, p. 101 que "Em 2020, mais de 80% dos beneficiários que solicitaram o apoio excecional à família, destina-se aos trabalhadores com crianças até aos 12 anos que têm de ficar em casa com os filhos devido ao encerramento das escolas provocado pela pandemia Covid-19, foram mulheres. O que mostra o grande desequilíbrio que continua a existir quando se trata de assegurar o cuidado das crianças em Portugal".

[386] Cf. ARIANNE BARZILAY e ANAT BEN-DAVID, "Platform Inequality: Gender in the Gig-Economy", *in Setton Hall Law Review*, vol. 47, 2017, pp. 404 e ss..

[387] Para maiores desenvolvimentos veja-se TERESA COELHO MOREIRA, "O princípio da igualdade de tratamento e a proibição de discriminação: a conciliação entre a vida profissional e a vida pessoal e familiar em Portugal", *in Documentación Laboral*, n.º 113, vol. I, 2018, e "A conciliação entre a vida profissional e a vida pessoal e familiar, *in* Igualdade de Género: Velhos e Novos Desafios, (coordenação Patrícia Jerónimo), Direitos Humanos – Centro de Investigação Interdisciplinar (DH-CII), Braga, 2019.

[388] A nível da UE a maior evolução no caminho para assegurar uma melhor conciliação e corresponsabilidade ocorreu em 2019 com a aprovação da Diretiva (UE) 2019/1158 do Parlamento Europeu

Na verdade, uma utilização mais equitativa dos regimes que favorecem a conciliação entre vida familiar e profissional entre os trabalhadores dos diversos sexos tem um impacto positivo na empregabilidade das mulheres[389] e é considerada um dos pré-requisitos para atingir uma maior igualdade de género no emprego, em particular, e na sociedade, em geral, quer no mundo *offline*, quer no mundo *online*.

e do Conselho, de 20 de junho de 2019, relativa à conciliação entre a vida profissional e a vida familiar dos progenitores e cuidadores e que revogou a Diretiva 2010/18/UE do Conselho, transposta para o ordenamento jurídico nacional pela lei 13/2023, de 3 de abril. Esta Diretiva, apesar de não ser uma novidade absoluta no que diz respeito aos direitos de conciliação entre os progenitores, consegue, contudo, mudar de visão em alguns aspetos essenciais pois, desde logo, torna visível as necessidades de cuidado de pessoas mais velhas, doentes e dependentes enquadrando-as nas tarefas de conciliação entre a vida profissional e pessoal. Assim, esta Diretiva traz para a *luz do dia* algo que até aí estava quase invisível e marginal, saindo do âmbito privado para passar a converter-se numa questão de grande interesse para a relação laboral. A Diretiva deixa de ser apenas dirigida aos filhos para passar a ser multidirecional e dirigir-se ao cuidado não apenas de descendentes mas, também, de ascendentes, ou pessoas que vivam com a pessoa em causa e que necessitem de cuidados e de ajuda. Por outro lado, defende que as políticas de conciliação terão de passar a ter em atenção "as alterações demográficas, nomeadamente os efeitos do envelhecimento da população", nos termos do considerando 6. Por outro lado, esta Diretiva assume claramente que o problema da efetividade da conciliação está muitas vezes em estereótipos enraizados na sociedade pretendendo combate-los como se pode ler no considerando 11 da mesma.
Aliás, a questão de estereótipos perpassa todos os fatores de discriminação. Citando as assertivas palavras de MIA COUTO, "O livro que era uma casa", *in O Universo num grão de areia*, Caminho, Lisboa, 2019, p. 38, "O mundo em que nasci e me fiz homem alimentava-se do preconceito. Criava muralhas para separar e graduar as raças. As muralhas não ofendiam apenas os que ficavam do lado de lá. Os do lado de cá convertiam-se eles mesmos em estereótipos. Éramos, de um e do outro lado, diminuídos pelo medo e pelo desconhecimento. Acreditamos que o efeito dos preconceitos raciais e tribais é o de tentar desvalorizar uma outra raça. E isso é verdade. Esses preconceitos resultam também numa outra pérfida consequência que é a negação da existência de pessoas singulares, cada uma com a sua identidade própria. Eis o que faz o racismo, o sexismo e o tribalismo: cada pessoa deixa de ser uma criatura única, passando a ter a identidade do seu grupo. Deixa-se de ter um rosto, uma voz, uma alma: passamos a ser identificados por um rótulo geral".
Esta Diretiva também tem outro aspeto que nos parece bastante positivo e que é o da vinculação entre a conciliação e o direito fundamental à igualdade e à não discriminação entre homens e mulheres no trabalho e também o de relacionar-se com o princípio 9 do Pilar Europeu dos Direitos Sociais que preconiza que "Os trabalhadores com filhos e familiares dependentes têm o direito de beneficiar de licenças adequadas, de regimes de trabalho flexíveis e de aceder a serviços de acolhimento. As mulheres e os homens têm igualdade de acesso a licenças especiais para cumprirem as suas responsabilidades familiares e devem ser incentivados a utilizá-las de forma equilibrada.". Este Pilar desvincula-se da conciliação como uma questão feminina ou restringida apenas aos descendentes o que nos parece muito importante.

[389] Ver COMISSÃO EUROPEIA, *Gender equality and work life balance, Pillar of Social Rights, , in http://ec.europa.eu/social/main.jsp?catId=1226&langId=en.*

As políticas favoráveis à conciliação entre a vida profissional e vida familiar são importantes para estimular tendências demográficas positivas, visto que a precariedade laboral e as más condições de trabalho têm efeitos negativos no planeamento familiar.

A gestão equilibrada do tempo surge, pois, como uma variável decisiva nas condições de conciliação entre a vida profissional e a vida pessoal e familiar e constitui, por isso, um elemento crítico do ponto de vista da melhoria das perspetivas demográficas do país. E se é certo que esta dimensão assume uma preponderância particular para as mulheres, dada a sobrecarga a que estão ainda sujeitas, a questão dos tempos de trabalho surge de forma transversal como elemento crítico das medidas de incentivo à natalidade.

De acordo com o índice de bem-estar divulgado pelo INE[390], o indicador "balanço vida-trabalho", que mede a apreciação subjetiva do tempo afeto à família e ao trabalho, teve um aumento importante entre 2004 e 2019. Contudo, a evolução não foi linear: o indicador aumentou de forma significativa até 2010, mas diminuiu depois ligeiramente e estabilizou até 2019. Em particular, é de referir a descida pronunciada, entre 2012 e 2016, do índice de conciliação do trabalho com as responsabilidades familiares e do índice de realização de atividades de apoio familiar, que viriam depois a estabilizar até 2019.

Em sentido oposto, o índice de autoapreciação do tempo empregue nos contactos familiares ou outros e em atividades de lazer e o índice de satisfação com o trabalho, vida familiar e social registaram aumentos relevantes entre 2007 e 2016 e entre 2011 e 2016, respetivamente, estabilizando depois até 2019.

Existem várias medidas possíveis pois o acesso aos diferentes tipos de licença, ou a uma melhor flexibilização dos tempos de trabalho, ou a um regime de ausências justificadas, permitem às pessoas beneficiar de licenças em diferentes momentos da sua vida e aumentam a participação no mercado de trabalho, a eficiência e a satisfação no trabalho.

Contudo, defende-se que para conciliar-se a vida profissional, a vida pessoal e a vida familiar não existe uma solução igual para todos, pelo que é necessário encontrar um equilíbrio adequado a cada pessoa, a fim de responder às suas necessidades pessoais e familiares, tendo sempre em atenção que só se poderá alcançar uma qualidade de vida se as pessoas tiverem tempo suficiente fora do trabalho para o seu desenvolvimento pessoal.

390 Disponível em file:///C:/Users/teres/Downloads/10IBemEstar2019.pdf

Por outro lado, apesar de o número de horas de trabalho ter vindo a diminuir ao longo das últimas décadas, alguns trabalhadores continuam a trabalhar longas horas, com um aumento enorme do número de trabalhadores que trabalham aos domingos[391] e em regime de turnos[392], e o número de trabalhadores a trabalharem em regime de trabalho a tempo parcial tem vindo a aumentar com um número mais elevado de mulheres do que de homens a utilizarem esta modalidade de contrato de trabalho[393].

A este trabalho tem ainda de adicionar-se, o trabalho não pago, de cuidado, sendo que este é muito superior nas mulheres do que nos homens. Por outro lado, muitos trabalhadores chegam a ter de abandonar o trabalho para tomar conta de familiares dependentes, que não se resumem apenas a filhos, pois cerca de 80% do cuidado na UE é realizado a nível informal pela família e o apoio para este tipo de atividades está muito menos organizado do que do que o relativo ao cuidado das crianças.

3.3.2. Assim, estas novas formas de prestar trabalho podem estar a aumentar ainda mais a desigualdade de género, já que conciliar a vida privada e familiar quando se está num regime de trabalho *on call*, pode tornar-se muito difícil. Na verdade, as mulheres é que continuam a assegurar a maior parte dos cuidados a nível familiar, enquanto as atividades mais lucrativas e mais bem remuneradas pertencem a quem não tem estes encargos, o que pode originar um aumento das diferenças retributivas também no trabalho na era digital.

3.3.3. Contudo, as NTIC e as novas formas de prestar trabalho também podem auxiliar a uma melhor conciliação entre a vida profissional e a vida privada e familiar se forem bem utilizadas através de uma reorganização que permita uma flexibilidade real e não uma mera aparência, porque a ideia do ciberespaço como uma realidade onde todos podem participar igualmente, livre de qualquer discriminação não corresponde à realidade que é bem mais complexa[394].

Na verdade, quando o trabalho é realizado no domicílio há um claro esbatimento das fronteiras entre a vida profissional e a vida privada[395].

[391] 30%, segundo o *Sixth European Working Conditions Survey 2015*.

[392] 21%, segundo o *Sixth European Working Conditions Survey 2015*.

[393] 33% de mulheres e 10% de homens, segundo o *Sixth European Working Conditions Survey 2015*.

[394] Neste sentido veja-se ARIANNE BARZILAY e ANAT BEN-DAVID, *op.* cit., pp. 401-402.

[395] Veja-se para maiores desenvolvimentos NAOMI SCHOENBAUM, "Gender and the Sharing Economy", *in Fordham Urb. L. J.*, vol. XLIII, 2016, pp. 1024 e ss..

E o ordenamento jurídico português prevê várias medidas para tentar conseguir obter uma maior conciliação entre a vida profissional e a vida pessoal e familiar.

Pode dizer-se que uma das modalidades para obter esta conciliação está relacionada com a flexibilização dos tempos de trabalho e várias são as disposições que a permitem.

O art. 55.º do CT estatui que o trabalhador com filho menor de 12 anos ou, independentemente da idade, filho com deficiência ou doença crónica que com ele viva em comunhão de mesa e habitação, tem direito a trabalhar a tempo parcial. Esta prestação de trabalho a tempo parcial pode ser prorrogada até dois anos ou, no caso de terceiro filho ou mais, três anos, ou ainda, no caso de filho com deficiência ou doença crónica, quatro anos.

O art. 56.º do CT estabelece que trabalhador com filho menor de 12 anos ou, independentemente da idade, filho com deficiência ou doença crónica que com ele viva em comunhão de mesa e habitação, tem direito a trabalhar em regime de horário de trabalho flexível, podendo o direito ser exercido por qualquer dos progenitores ou por ambos.

O art. 57.º do CT prescreve o procedimento a adotar para se poder beneficiar desta flexibilidade temporal e o empregador apenas pode recusar o pedido com fundamento em exigências imperiosas do funcionamento da empresa, ou na impossibilidade de substituir o trabalhador se este for indispensável. Contudo, a justificação do empregador tem de ser considerada válida pela CITE. Se esta entender que não o é, o empregador só pode recusar o pedido do trabalhador após decisão judicial que reconheça a existência de motivo justificativo.

Também no que concerne à adaptabilidade dos períodos normais do trabalhador o legislador nacional, estabeleceu limites ao poder diretivo do empregador ao estabelecer no art. 206.º, n.º 4, alíneas b) e c) e no art. 208.º-B, n.º 13, alíneas b) e c), respetivamente adaptabilidade grupal e adaptabilidade por banco de horas grupal, que constituem exceções à aplicabilidade deste regime o "trabalhador com filho menor de três anos ou, independentemente da idade, com deficiência ou doença crónica, salvo manifestação, por escrito, da sua concordância; ou c) Trabalhador com filho entre os três e os seis anos, que apresente declaração de que o outro progenitor exerce atividade profissional e está impossibilitado de prestar assistência.".

São relevantes, ainda, os arts. 58.º, 59.º e 60.º, que estabelecem a dispensa de algumas formas de organização dos tempos de trabalho, do trabalho suplementar e do trabalho noturno para as trabalhadoras grávidas, puérperas e lactantes, mas também para os pais no caso de aleitamento.

Há ainda a possibilidade de recurso ao teletrabalho nos termos do art. 166.º- A, n.ºs 2 a 5, que consagra o direito ao regime de teletrabalho em determinadas situações quer de pessoas com filhos até 3 anos ou independentemente da idade, com deficiência, doença crónica ou doença oncológica que com ele viva em comunhão de mesa e habitação no n.º 2, e 8 anos no n.º 3, ou com pessoas a cargo e que tenha sido reconhecido o estatuto de cuidador informal não principal, ainda que neste último caso, nos termos do n.º 6, o empregador possa opor-se "quando não estejam reunidas as condições aí previstas ou com fundamento em exigências imperiosas do funcionamento da empresa"[396].

Por último, é necessário adequar também os próprios sistemas de segurança social e de proteção social para estas novas formas de prestar trabalho.

3.3.4. Claro que com estas novas formas de prestar trabalho também há a possibilidade de inserção no mercado de trabalho de mulheres que estariam afastadas devido às suas tarefas de cuidadoras, mas cremos que se desenvolvessem melhores políticas de conciliação entre a vida profissional e a vida privada e familiar já não existiria esta necessidade de inserção das mulheres, consideradas ainda como um grupo *vulnerável* de trabalhadores sujeitas a uma maior precariedade.

[396] "2 – Além das situações referidas no número anterior, o trabalhador com filho com idade até três anos ou, independentemente da idade, com deficiência, doença crónica ou doença oncológica que com ele viva em comunhão de mesa e habitação, tem direito a exercer a atividade em regime de teletrabalho, quando este seja compatível com a atividade desempenhada e o empregador disponha de recursos e meios para o efeito.
3 – O direito previsto no número anterior pode ser estendido até aos 8 anos de idade nas seguintes situações:
a) Nos casos em que ambos os progenitores reúnem condições para o exercício da atividade em regime de teletrabalho, desde que este seja exercido por ambos em períodos sucessivos de igual duração num prazo de referência máxima de 12 meses;
b) Famílias monoparentais ou situações em que apenas um dos progenitores, comprovadamente, reúne condições para o exercício da atividade em regime de teletrabalho.
4 – O empregador não pode opor-se ao pedido do trabalhador efetuado nos termos dos números anteriores.
5 – Tem ainda direito a exercer a atividade em regime de teletrabalho, pelo período máximo de quatro anos seguidos ou interpolados, o trabalhador a quem tenha sido reconhecido o estatuto de cuidador informal não principal, mediante comprovação do mesmo, nos termos da legislação aplicável, quando este seja compatível com a atividade desempenhada e o empregador disponha de recursos e meios para o efeito.

Na verdade, o termo *trabalho precário*, não é um conceito único nem unívoco, mantendo-se ainda hoje um pouco vago e multifacetado, variando por vezes consoante o ordenamento jurídico, a região, assim como com a estrutura social e económica do próprio sistema político e o Direito do Trabalho.

Contudo, parece ser possível encontrarem-se algumas características comuns que auxiliam na identificação do trabalho precário, assim como na inter-relação entre modalidades de contrato de trabalho flexíveis e precariedade.

Estas características comuns podem ser divididas, parece-nos, em tipos de contrato celebrado, por um lado, e condições de trabalho, por outro.

Relativamente às primeiras, tem-se a existência de um contrato de trabalho com uma duração determinada[397], ou um contrato a tempo parcial, ou com outra qualificação diferente, ou, ainda, a falta de clareza quanto à identificação do empregador, e uma certa *ambiguidade* na determinação do tipo de relação laboral existente.

No que concerne às segundas, pode enunciar-se a existência de uma retribuição baixa, baixa proteção no caso de cessação do contrato, dificuldade em sindicalizar-se e negociar a nível coletivo.

Apesar da precariedade poder afetar todos os tipos de trabalhadores, existem alguns que podem ser considerados mais *vulneráveis* relativamente a outros e mais afetados por formas de trabalho e condições precárias[398]. É o caso, *inter alia*, dos contratos de trabalho a tempo parcial involuntários que afetam mais as mulheres.

Em Portugal, a tradicional divisão do trabalho que se baseava na velha ideia reacionária: *dos homens espera-se que sustentem; das mulheres espera-se que cuidem*, ou, em linguagem mais crua: *o trabalho da mulher é a casa; o trabalho do homem é a rua*, ainda continua, infelizmente, a produzir resultados na sociedade atual e, por isso, as mulheres ainda continuam excessivamente representadas em setores considerados precários, como seja o trabalho doméstico, o trabalho no domicílio ou no setor do vestuário, no setor da restauração, e também em

[397] *Inter alia*, contratos de trabalho a termo, contratos de trabalho temporários.

[398] Cf. a noção de trabalho vulnerável e trabalhadores vulneráveis apresentada pela TUC, Commission on Vulnerable Employment, *Hard Work, Hidden Lives*, em http://www.vulnerableworkers.org.uk/files/CoVE_full_report.pdf, que defende "*Vulnerable work is insecure and low paid placing workers at high risk of employment rights abuse. It offers very little chance of progression and few opportunities of collective action to improve conditions. Those already facing the greatest disadvantage are more likely to be in such jobs and less likely to be able to move out of them. Vulnerable employment also places workers at greater risk of experiencing problems and mistreatment at work, though fear of dismissal by those in low-paid sectors with high levels of temporary work means they are often unable to challenge it*".

determinados modalidades de contrato de trabalho como seja o contrato a tempo parcial involuntário, discordando em absoluto do argumento utilizado de que o trabalho precário para as mulheres é melhor do que não ter trabalho. Na verdade, há uma percentagem muito superior de mulheres relativamente aos homens, muitas vezes com filhos, a trabalhar em regime de contrato de trabalho a tempo parcial involuntário, onde imperam os baixos rendimentos e as baixas qualificações.

3.4. Género e trabalho na era digital

3.4.1. Esta tendência pode acentuar-se nas novas formas de prestar trabalho, porque a tendência gerada pela digitalização no sentido de uma maior flexibilização das práticas laborais pode conduzir a formas precárias de emprego que afetam em maior número as mulheres.

Por outro lado, deve ter-se em atenção que nas atividades que se apresentam como novas oportunidades nesta era digital há uma questão de género porque muitas das atividades baseiam-se no uso das NTIC e onde, atualmente, ainda dominam os homens e, por isso, claramente irá afetar diferentemente as mulheres e os homens.

Se nada se fizer, as mulheres irão perder no futuro as melhores oportunidades de carreira e irá agravar-se a diversidade de género em determinados setores, já que há uma grande diferença de género relativamente à formação nestas áreas. De facto dos 5,5% dos trabalhadores da OCDE que exercem esta atividade apenas 1,4% são mulheres e esta situação não é diferente em Portugal[399] onde estas atividades continuam a ser predominantemente realizadas por homens.

Na verdade, em termos da UE as mulheres continuam a estar fortemente sub-representadas nos cursos universitários no domínio das TIC, já que apenas cerca de 20% dos licenciados neste domínio são mulheres e só 3% de todas as mulheres licenciadas têm um diploma no domínio das TIC. Acresce a isto que as mulheres enfrentam grandes dificuldades para se integrarem e para permanecerem no setor das TIC pois é um ambiente de trabalho dominada por homens, já que só 30% da mão-de-obra é do sexo feminino, o que contribui para que muitas mulheres abandonem o setor das TIC poucos anos depois

[399] OCDE, *op.* cit., p. 5.

de concluírem o seu curso universitário[400]. E este, sem dúvida, é outro dos problemas porque a percentagem de mulheres nestes setores tende a diminuir com a idade, já que quando têm menos de 30 anos ocupam cerca de 20%, entre os 31 e os 45 anos já diminui a participação para 15,4%, e com mais de 45 anos só existe uma percentagem de 9%, devido a motivos de conciliação entre a vida profissional e a vida pessoal e familiar, falta de exemplos femininos nestas carreiras e problemas a nível das empresas[401].

Por outro lado, há que ver que, na Europa, só 9% das mulheres são responsáveis pelo desenvolvimento de programas, apenas 19% dos trabalhadores que ocupam cargos de direção no setor das TIC são do sexo feminino – em comparação com 45% noutros setores dos serviços -, e que as mulheres representam só 19% dos empresários – em comparação com 54% noutros setores dos serviços-[402].

Na verdade, existem importantes diferenças entre homens e mulheres no acesso a oportunidades profissionais e educativas no domínio das tecnologias da informação e da comunicação e das competências informáticas, o que pode levar à criação de estereótipos negativos das mesmas.

Torna-se, assim essencial ultrapassar estereótipos de género e combater a segregação educacional e ocupacional, já que as mulheres enfrentam vários desafios porque, por um lado, continua a existir uma distribuição desigual nas tarefas ditas *domésticas*, como resultado de estereótipos culturais e sociais pré-existentes, o que só por si já origina que tenham menos tempo para a formação e a educação; a juntar-se a este fator, há, ainda, a falta de encorajamento para assumirem funções nestas áreas.

Há, assim, claramente uma diferença de género nestas atividades no trabalho na era digital[403].

[400] Cf. dados do PARLAMENTO EUROPEU, *Igualdade de género e autonomia das mulheres na era digital*, Parlamento Europeu, PT8_TA(2016)0204, de 28 de abril de 2016, Considerando K.

[401] EUROPEAN PARLIAMENT'S POLICY DEPARTMENT FOR CITIZENS' RIGHTS AND CONSTITUTIONAL AFFAIRS, *The underlying causes of the digital gender gap and possible solutions for enhanced digital inclusion of women and girls*, 2018, pp. 19-20.

[402] Toda esta informação pode ser consultada em *Igualdade ...*, cit., Considerando C.

[403] Dados de um estudo realizado no Reino Unido sobre a *gig economy* demonstram que quem opera nesta economia são maioritariamente os homens, com cerca de 69% de homens e só 31% de mulheres. BALARAM, WARDEN e WALLACE-STEPHENS, "Good Gigs", *in SA*, 2017, p. 16.

3.4.2. Defende-se, por isso, ser essencial uma aproximação holística a esta situação e incentivar através de verdadeiras políticas de integração o aumento da participação das mulheres no mercado de trabalho. O trabalho na era digital representa uma oportunidade sem precedentes de colocar a igual participação das mulheres no mercado de trabalho digital no centro dos preparativos para as mudanças que necessariamente irão ocorrer no mundo do trabalho.

Assim, para alterar esta situação, defende-se que deve promover-se imediatamente a participação das mulheres nas áreas denominadas de STEM[404] – ciência, tecnologia, engenharia e matemática –, pois o aumento das competências digitais e da literacia informática representa uma oportunidade única para aumentar a inclusão no mercado de trabalho das mulheres. Também o aumento da percentagem de mulheres no setor das TIC – que é um dos setores com salários mais elevados – pode contribuir para a sua autonomia e independência financeiras, assim como para diminuir as desigualdades salariais existentes entre homens e mulheres. Na UE, por exemplo, apenas 20% das mulheres com mais de 30 anos e que têm um curso superior nestas áreas decidem manter-se a trabalhar neste setor[405].

Por outro lado, deve fomentar-se a formação a este nível para evitar o desemprego sobretudo de mulheres, devendo ainda estimular o seu acesso e a utilização das NTIC pois diminuiria a desigualdade existente já que as mulheres continuam a ter menor acesso e menor utilização destas tecnologias comparativamente com os homens. Na verdade, há estudos[406] que indicam que um maior equilíbrio de género nestes setores conduz a melhores resultados a todos os níveis, incluindo os financeiros, originando melhores decisões e mais sucessos.

3.5. Algoritmo e discriminação

3.5.1. Uma outra questão é a eventual discriminação de certos grupos que ocorre com o recurso a algoritmos e à inteligência artificial. Os algoritmos tornaram-se os novos supervisores dos trabalhadores e, por isso, assiste-se, nalguns casos, a um aumento da discriminação realizada por estes, já que

[404] Iniciais em inglês destes termos.

[405] Vejam-se os dados presentes no Relatório do WORLD ECONOMIC FORUM, *The Global Gender Gap Report*, 2017, pp. 31-32.

[406] EUROPEAN PARLIAMENT'S POLICY DEPARTMENT FOR CITIZENS' RIGHTS AND CONSTITUTIONAL AFFAIRS, *The underlying causes*...cit., p. 22.

nenhum é neutro. Bem pelo contrário[407]. Eles refletem muitas vezes os preconceitos que existem no mundo real e que também existem nos programadores e nos clientes. E no caso das avaliações feitas por estes, muitas vezes são o reflexo dos seus preconceitos. Os algoritmos condenam-nos a repetir o passado do qual queríamos fugir, ao replicar os preconceitos que definem muitas vezes as pessoas que os programam, mas com uma capacidade muito superior de discriminação.

Na verdade, os empregadores têm atribuído uma série de características ou vantagens aos algoritmos, como a fiabilidade e a imparcialidade, defendendo que os algoritmos são desprovidos dos preconceitos das pessoas e fornecem respostas objetivas e eficientes. Contudo, estudos revelam que a gestão algorítmica do trabalho pode ser uma fonte de discriminação[408], afetando particularmente a economia das plataformas[409].

Os critérios segundo os quais os trabalhadores são classificados são genéricos e aplicam-se a todos os trabalhadores por igual, independentemente das suas circunstâncias pessoais e privadas. Se um dos critérios de pontuação for, por exemplo, a disponibilidade para prestar serviços, a decisão do algoritmo pode afetar qualquer causa legalmente protegida. As ausências dos trabalhadores podem dever-se, *inter alia*, à necessidade de conciliar a sua vida pessoal ou familiar, a doença, a deficiência ou o exercício do direito à greve e originar discriminação[410].

[407] A descrição de ALAIN SUPIOT, *La Gouvernance par les nombres*, 2015, de um mundo moderno distópico governado por números e programas científicos, aparentemente neutros, eficazes, eficientes, objetivos, transparentes, mas fundamentalmente desumanos, é triste e ironicamente cada vez mais suportado por uma quantidade emergente de dados, confirmando que os algoritmos não são menos tendenciosos do que os humanos que os programam, operam e usam.

[408] MARIA EMILIA CASAS BAAMONDE, "Trabajo de las mujeres y digitalización", *in Revista de Derecho Laboral vLex*, n.º 4, 2021, pp. 71 e ss..

[409] Na Uber foi identificada uma disparidade salarial entre homens e mulheres, com as mulheres a receberem menos sete por cento do que os homens. *Vide* COOC, DIAMOND, HALL, LIST, e OYER, "The gender earnings gap in the gig economy: evidence from over a million rideshare drivers", *The Review of Economic Studies*, vol. 88, n.º 5, 2021, pp. 2210 e ss..

[410] Para maiores desenvolvimentos veja-se TERESA COELHO MOREIRA, "Digital era, employment and discrimination: is there a discriminatory algorithm?", *in Trabalho na era digital: que direito? | Work in a digital era: legal challenges, Estudos APODIT* 9, AAFDL/ Fundação Calouste Gulbenkien, Lisboa, 2022, "Algorithms, Discrimination and Collective Bargaining", *in Collective Bargaining and the Gig Economy – a Traditional Tool for New Business Models*, (coord. José Maria Miranda Boto e Elisabeth Brameshuber), Hart Publishing, Londres, 2022, e CARMEN SÁEZ LARA, "El algoritmo como protagonista de la relación laboral. Un análisis desde la perspectiva de la prohibición de discriminación", *in TL*, núm. 155, 2020, pp. 41 e ss..

Contudo, tem de ter-se consciência das dificuldades que enfrentam as vítimas de discriminação algorítmica na demonstração do seu caso porque, apesar de terem uma base comum a qualquer caso de discriminação, as mesmas resultam manifestamente agravadas no contexto das novas formas de discriminação algoritmicamente induzidas[411].

Conforme preconiza CATHY O'NEIL[412], nós vivemos na era do algoritmo. Cada vez mais, as decisões que afetam as vidas das pessoas estão a ser tomadas não por seres humanos, mas por modelos matemáticos. Teoricamente, isso deveria originar uma maior justiça e transparência, porque todos são julgados de acordo com as mesmas regras e a discriminação é eliminada. Mas, na realidade, isso não acontece. Os modelos usados hoje são opacos, não são regulamentados e são considerados, por muitos, como incontestáveis, mesmo quando estão errados. E, ainda mais problemático, é que eles reforçam a discriminação.

Na teoria, parece que o conceito de remover humanos do processo de tomada de decisão também eliminará a discriminação. O paradoxo, no entanto, é que, em alguns casos, a tomada de decisões automatizada serviu para replicar e ampliar até a discriminação[413].

O uso de algoritmos traz a promessa de objetividade. As pessoas assumem que os resultados do algoritmo são *neutros*. Essa neutralidade é, no entanto, uma ilusão. Os algoritmos não são tão imparciais quanto pensamos e o risco de discriminação aumenta.

Os algoritmos não são de forma alguma infalíveis. As decisões que tomam podem ser tão tendenciosas quanto as de qualquer ser humano, não podendo ser consideradas "superiores" ou mais objetivas do que as de qualquer pessoa[414].

[411] Neste sentido veja-se RAPHAËLE XENIDIS, "Tuning EU equality law to algorithmic discrimination: Three pathways to resilience", *in Maastricht Journal of European and Comparative Law*, vol. 27, n.º 6, 2020, pp. 736 e ss..

[412] *Weapons of Math Destruction* – How Big Data Increases Inequality and Threatens Democracy, Crown/Archetype, 2017. A autora defende que "os algoritmos prometem eficácia e imparcialidade mas, por vezes, distorcem a educação superior, aumentam a dívida, estimulam o encarceramento em massa, discriminam os pobres em várias situações e podem colocar em causa a própria democracia".

[413] IFEOMA AJUNWA, "The paradox of automation as anti-bias intervention", *in* 41 CARDOZO. L. REV., 2020, p. 1, assim como CARL FREY e MICHAEL A. OSBORNE, *The future of employment: How susceptible are jobs to computerisation?*, Oxford, Oxford Martin School, 2013, https://www.oxfordmartin.ox.ac.uk/downloads/academic/The_Future_of_Employment.pdf.

[414] Veja-se o que consta da Recommendation CM/Rec(2020)1 of the Committee of Ministers to member States on the human rights impacts of algorithmic systems, de 8 de abril de 2020, "most algorithmic systems are based on statistical models in which errors form an inevitable part, sometimes with feedback loops that maintain, replicate and reinforce pre-existing biases, errors and assumptions".

Na verdade, "os algoritmos não são empáticos: não decifram, nem compreendem os conceitos de humanidade ou probidade. Eles não esquecem, eles não perdoam, eles não estão cientes de sua própria falibilidade. Eles não têm uma escala de valores, nem distinguem as diferenças culturais ou sociais intrínsecas a eles. E como se isso não bastasse, eles não se autocorrigem sob critérios de compreensão, equilíbrio, justiça, ética, moralidade ou alteridade. Hoje, a compreensão humana continua, e continuará a sê-lo a longo prazo, essencial para a tomada de decisões sob critérios justos e equitativos"[415].

A criação de perfis do comportamento humano e os dados deles resultantes permitem que a administração faça julgamentos sobre quem são as pessoas, bem como preveja o seu comportamento futuro. Na verdade, espera-se que os dados gerados pelo computador sejam confiáveis e neutros e ajudem na previsão.

Os trabalhadores são cada vez mais selecionados e *descartados*, substituídos e considerados quase *descartáveis* neste "sistema de referência profana"[416]. A reputação no mercado de trabalho *on-line* tornou-se incrivelmente importante para o trabalho na era digital.

Contudo, o trabalho nas plataformas *online* ainda não está muito regulamentado, levando-o a "assemelhar-se a uma arena *neodarwinista* de incerteza: a discriminação é totalmente experimentada *offline*, mas é gerada *online* onde as relações sociais do trabalho são mascaradas e anónimas"[417].

As decisões são cada vez mais baseadas em algoritmos, colocando um novo problema para a sociedade, que é o desenvolvimento de uma sociedade baseada em um novo tipo de *black box* – a *black box society*- dada a opacidade e a falta de transparência dos algoritmos[418]. Nesse cenário, é essencial lembrar que todos os tipos de controlo devem obedecer ao princípio da transparência, que é o conhecimento dos trabalhadores sobre o como, quando, onde e como o controlo é realizado. Este princípio é essencial para o correto processamento de dados pessoais das pessoas em geral, e dos trabalhadores, em especial.

415 *Vd.* UGT, *Las decisiones algorítmicas en las Relaciones Laborales*, fevereiro 2021, p. 4.

416 PAV AKHTAR e P. MORE, "The psychosocial impacts of technological change in contemporary workplaces and trade union responses", *in International Journal of Labour Research*, 2016, 8, 1/2, p. 112.

417 PAV AKHTAR a P. MORE, *op*, cit., p. 112.

418 PEDRO DOMINGOS, *A Revolução do Algoritmo Mestre – como a aprendizagem automática está a mudar o mundo*, Letras & Diálogos, Lisboa, 2017, p. 18, defende que "quando uma nova tecnologia é tão abrangente e tem uma capacidade interventiva tão grande como a aprendizagem automática, não é sensato deixar que a mesma continue a ser uma caixa negra. A opacidade abre a porta ao erro e ao uso indevido".

Além disso, esse direito é reforçado no Regulamento Geral de Proteção de Dados e deve ser aplicado ao controlo executado pelos algoritmos, passando de uma *black box society* para uma espécie de *transparent box society*[419] [420].

Ao usar os algoritmos, os empregadores podem processar grandes quantidades de dados para obter informações relevantes, que podem ser usadas para a tomada de decisões automatizadas. Por exemplo, os algoritmos podem acelerar o processo de recrutamento eliminando um grande número de currículos ou analisando entrevistas realizadas por vídeo, por exemplo, e selecionando os candidatos mais adequados. Os empregadores também podem usar algoritmos para avaliar o desempenho dos trabalhadores ou determinar qual trabalhador deve ser promovido. Segundo uma pesquisa efetuada, 40% das funções de Recursos Humanos de empresas internacionais estão atualmente usando aplicativos de IA[421].

Além disso, os algoritmos são usados pelas empresas, para distribuição de atividades, recompensas ou para despedir pessoas. O uso de algoritmos pode otimizar estes processos e reduzir custos, uma vez que são necessárias menos pessoas para o recrutamento e avaliação dos trabalhadores ou dos candidatos. No entanto, o uso desses algoritmos não é isento de riscos, pois eles podem discriminar os mesmos como tem acontecido em vários casos[422].

Com efeito, tal como apontado por VALERIO DE STEFANO[423], a Inteligência artificial pode ser utilizada para monitorizar a produtividade dos trabalhadores, identificar inovação e comportamentos desviantes, e a gestão baseada em algoritmos pode conduzir a formas de discriminação incluindo também a discriminação no acesso ao emprego. Assim, a falta de transparência e explicação

[419] E. MAGRANI, "New perspectives on ethics and the laws of artificial intelligence", *Internet Policy Review, vol.* 8, 3, 2019.

[420] Em França a CNIL defendeu em *Comment permettre à l'homme de garder la main? Les enjeux éthiques des algorithmes et de l'intelligence artificielle*, 2017, este princípio da transparência, na medida em que as pessoas que são afetadas pela atuação de *software* com algoritmos devem poder compreender o funcionamento dos mesmos para compreenderem de que forma estes podem afetar os seus direitos e evitar uma dependência das decisões adotadas pelos mesmos.
Também é interessante que na Alemanha, o primeiro código de princípios éticos que foi elaborado para definir os princípios de programação de veículos autónomos, *Automated and Connected Driving*, estabeleça no ponto 9 que "In the event of unavoidable accident situations, any distinction based on personal features (age, gender, physical or mental constitution) is strictly prohibited".

[421] PWC, *Artificial Intelligence in HR: a no Brainer*, 2018, *in https://www.pwc.at/de/publikationen/verschiedenes/artificial-intelligence-in-hr-a-no-brainer.pdf.*

[422] Veja-se TERESA COELHO MOREIRA, "A discriminação algorítmica", *in QL*, n.º 58, 2021.

[423] "Introduction: Automation, Artificial Intelligence, and Labour Protection", *in Comparative Labor Law & Policy Journal*, Vol. 41, No. 1, 2019.

sobre o funcionamento da decisão e predição dos algoritmos pode conduzir à exclusão de candidatos a emprego por força de fatores alheios ao perfil do posto de trabalho a preencher, bem como à insegurança dos trabalhadores. Neste último caso, ao permitir uma monitorização da *performance* dos trabalhadores, esta inteligência artificial pode aumentar a pressão sobre estes e aumentar o *stress* dos mesmos.

Como advertem JEREMIAS PRASSL e AURIANE LAMINE[424], o sistema de classificação que a maioria das plataformas usa permite uma avaliação "puramente quantitativa", "desumanizante ou reificadora do desempenho dos trabalhadores". Esse sistema de *rating* é a *cobertura* de muitas plataformas que tentam dar a impressão da qualidade do serviço de seus trabalhadores[425].

O problema que se levanta logo, para além da clara discriminação, é o de que uma avaliação mais baixa realizada nestas novas formas de prestar trabalho tem consequências diretas na posição que o trabalhador ocupa e na possibilidade de o mesmo obter uma nova tarefa, podendo originar a eventual *desativação* dos mesmos como é o caso da *Uber*.

Mesmo no caso dos algoritmos, a questão mantém-se até porque eles baseiam-se no comportamento anterior do utilizador, e as decisões assentam muitas vezes nos dados históricos armazenados, ou seja, nas avaliações realizadas anteriormente pelos clientes[426]. No caso da *Uber*, por exemplo, o algoritmo utilizado permite que o condutor aceite a viagem (tem 15 segundos para decidir) e no final há uma avaliação através da plataforma que

[424] "Collective Autonomy for On Demand Workers", *in Collective Bargaining Developments in Times of Crisis*, (Editor Sylvaine Laulom), Bulletin of Comparative Labour Relations, Wolters Kluwer, vol. 99, 2018, p. 282.

[425] Como se pode ler no caso da Uber *Guidelines*, "If your rating is lower than the minimum average rating in your city, we will let you know. And drivers, riders, delivery people, or restaurants that don't meet the minimum average rating for their city may lose access to the Uber apps". E há um mínimo de *rating* – "There is a minimum average rating in each city" e, ainda, "For delivery people, drivers, and restaurants, if you consistently decline trip or order requests in a row, our technology may assume you do not want to accept more trips or orders or have forgotten to log out, and you may be temporarily logged out". Por isso, conforme já defendemos anteriormente, II, 1, parece-nos que existe em muitas destas situações um verdadeiro contrato de trabalho, com um controlo e um seguimento enorme.

[426] BAROCAS e SELBST, "Big Data's Disparate Impact", *in California Law Review*, 671, 2016, pp. 682 e ss., assim como SANDRA WACHTER, BRENT MITTELSTADT e LUCIANO FLORIDI, "Why a Right to Explanation of Automated Decision-Making Does Not Exist in the General Data Protection Regulation", *in International Data Privacy Law*, 2017, defendendo a necessidade de criação de um órgão independente que avalie as decisões tomadas pela inteligência artificial e afira da eventual discriminação das mesmas, e onde citam inúmeros casos de discriminação feita por algoritmos.

usa um algoritmo. E é o sistema automático que decide quais os condutores que poderão ser suspensos ou *desativados* por não terem aceitado um número suficiente de corridas, ou por terem uma pontuação baixa, ou também pode tentar que trabalhem mais horas ou em determinados locais ao aumentar o preço em determinadas alturas. E esta possibilidade reflete-se negativamente sobre as mulheres porque muitas vezes o aumento do preço acontece em alturas de *horas de ponta* que na maioria das vezes coincidem com momentos em que são exigidas determinadas tarefas na vida pessoal e familiar que são ainda maioritariamente feitas por mulheres, ou em determinadas horas da noite e aos fins-de-semana, em que há uma maior necessidade de assegurar determinadas atividades extraprofissionais. E se as mulheres recusarem estas corridas também podem sofrer consequências que podem chegar à eventual *desativação* da plataforma por não terem cumprido o mínimo de percentagem necessária para se manterem ativas na mesma. Na verdade, o mercado da condução via plataformas digitais reflete o que se passa no mundo *offline* onde a maior parte dos condutores são homens, sendo que o único caso em que há uma percentagem superior de mulheres a conduzir é o de condução de crianças. Mas, uma vez mais, estão a replicar-se os modelos existentes na vida *offline*, sendo que muitas vezes são as próprias plataformas a criarem imagens estereotipadas[427] [428].

Na verdade, a inteligência artificial e os algoritmos baseiam-se na informação que lhes é fornecida, incluindo comportamentos que podem ser discriminatórios e, por isso, não podemos esquecer-nos, conforme já referimos anteriormente[429], que a tecnologia é em si mesma neutra, o mesmo não se podendo dizer de quem a utiliza, cujo *leitmotiv* pode ser a eventual discriminação das pessoas. Através da linguagem que é transmitida ao algoritmo está-se a, consciente ou inconscientemente, possibilitar uma discriminação

[427] No caso da plataforma *TaskRabbit's*, vê-se que para as tarefas de limpeza o anúncio tem uma imagem de uma mulher branca a limpar a cozinha com uma outra mulher (presumivelmente a cliente) a segurar um bébé no fundo. Para a tarefa de mudanças vê-se um homem negro a levantar caixas.

[428] NAOMI SCHOENBAUM, *op.* cit., pp. 1055 e ss..

[429] Cf., I, 2.

muitas vezes de grupos de pessoas que já enfrentam problemas de desigualdade, *inter alia*, em razão do género[430] [431], raça, idade e deficiência[432].

Os algoritmos são, no final, construções humanas: eles são criados, programados e treinados por seres humanos. As escolhas feitas pelos mesmos durante a programação de um algoritmo afetam toda a operação e resultados do mesmo. Assim, os algoritmos não estão livres de inspiração humana. Além disso, os algoritmos são treinados com dados históricos. Se esses dados forem tendenciosos contra certos indivíduos ou grupos, o algoritmo replicará o viés humano e aprenderá a discriminá-los[433].

[430] Cf. OIT, *Final Report – Meeting of Experts on Violence against Women and Men in the World of Work*, 2016, pp. 40-41.

[431] Como refere IFEOMA AJUNWA, "The paradox...", cit, p. 3, em outubro de 2018 o serviço de notícias *Reuters* informou que a equipa de engenharia da Amazon em Edimburgo tinha criado 500 modelos de computadores usados para "examinar os currículos de candidatos anteriores e receber cerca de 50.000 *keywords*". Usando essas *keywords* selecionadas, "o sistema rastrearia a *web* para recomendar quais seriam os melhores candidatos". No entanto, decorrido um ano de uso deste sistema, os engenheiros observaram que os resultados do sistema de contratação automatizada eram desfavoráveis para as mulheres candidatas; o sistema preferia homens "e provavelmente porque os modelos de computador foram treinados para currículos predominantemente masculinos". Resultou daqui que o sistema concluísse que os homens eram candidatos preferenciais.

[432] Um estudo realizado com base no ordenamento jurídico norte-americano demonstrou que os motoristas que são mais vezes escolhidos não pertencem a minorias religiosas ou raciais. Ver YANBO GE, CHRISTOPHER R. KNITTEL, DON MACKENZIE e STEPHEN ZOEPF, "Racial and Gender Discrimination in Transportation Network Companies", *in NBER Working Paper n.º. 22776*, 2016.

[433] Cf. a decisão do Tribunal de Bolonha, secção social, de 31 de dezembro de 2020, onde se condenou o algoritmo da plataforma *Deliveroo* por ter sido considerado discriminatório. Pela primeira vez, uma decisão jurisprudencial italiana reconhece que o algoritmo não é neutro na hora de tomar decisões, mas é conscientemente capaz de discriminar porque reproduz infinitamente a lógica de seus programadores. De acordo com o Tribunal de Bolonha, o complexo mecanismo utilizado pela plataforma *Deliveroo* para organizar reservas de *tarefas* de trabalho dos *riders*, privilegia o acesso às oportunidades de emprego, com base num *ranking* de reputação, dificultando a participação dos mesmos em ações de luta sindical. Especificamente, o modelo organizacional da plataforma baseado na reputação digital privilegia ou prefere o *rider* totalmente disponível durante as *tarefas* aceitadas em que se pretende realizar a atividade de entrega. E, ao contrário, o sistema penaliza quem, tendo aceitado uma *tarefa*, posteriormente a cancele, seja por motivos de saúde, assistência a familiares ou por adesão a iniciativas de greve sindical. O sistema algorítmico de gestão utilizado pela *Deliveroo*, e denominado Frank, valoriza como elemento de preferência para a atribuição de sucessivas *tarefas*, bem como para a escolha de os melhores horários para o serviço de entrega, os estafetas que não cancelam, mesmo com antecedência, a *tarefa* previamente feita pelo *rider*. Desta maneira, Frank está a excluir lentamente o *rider* que não garante disponibilidade total. O Tribunal decidiu que "aderir a uma iniciativa de abstenção coletiva do trabalho prejudica as estatísticas do *rider*, uma vez que se participar da greve abstém-se da atividade laboral e, portanto, não participa da *tarefa* reservada. Isto levará, inevitavelmente, a uma diminuição da sua pontuação sob o perfil

O processo de seleção dos dados para inserir e *treinar* o algoritmo também é importante. Dados desatualizados, incorretos ou incompletos podem levar a erros de aprendizagem dos mesmos e interpretações erradas. Eventualmente, os algoritmos são tão bons quanto os dados nos quais eles são *ensinados*. É o que é normalmente denominado de *garbage in, garbage out* ou *discrimination in, discrimination out*.

Secundado o defendido por TOM SLEE[434] "os sistemas de *rating* falham na tarefa básica de fornecer informações de qualidade". Estes algoritmos de *rating* são "the *boss from hell: an erratic, bad tempered and unaccountable manager that may fire you at any time, on a whim, with no appeal*".

Na realidade, os operadores das plataformas dependem de um monitoramento interminável por algoritmos que levam a um controlo quase sem limites, controlando todos os aspetos de como o trabalho é feito, qual a rapidez do mesmo, e a frequência com que um trabalhador aceita novas tarefas ou todas as microtarefas, com qualquer desvio do sistema que a ser sancionado em tempo real através de classificações mais baixas neste sistema de *rating*.

3.6. Novo conceito de igualdade e não discriminação

3.6.1. Contudo, perante este cenário, não cremos que devamos ser tão pessimistas porque a tecnologia, sendo neutra, pode ser utilizada para melhorar as condições de trabalho destes trabalhadores e permitir-lhes ser ouvidos e criarem um espaço próprio de discussão sobre estas matérias. Na verdade, se desde o início se criar a tecnologia através de uma aproximação aos direitos humanos, inserindo uma visão de defesa da igualdade e da proibição

de fiabilidade e, eventualmente, também sob o perfil de participação, quando *tarefa* é colocada no intervalo de tempo entre as 20h00 e as 22h00 do fim-de-semana. A magistrada de Bolonha considerou na sua decisão que o modelo de valorização adotado pela plataforma decorre de uma "escolha consciente" da empresa, que ignorou de forma consciente e insensível, ou não deseja ter em consideração os diversos motivos que poderiam justificar o cancelamento da *tarefa* pelo *rider*. A discriminação reside precisamente nesta cegueira consciente do algoritmo.
Para mais desenvolvimentos sobre esta decisão *vide* SONIA FERNÁNDEZ SÁNCHEZ, "Frank, el algoritmo consciente de *Deliveroo*. Comentario a la Sentencia del Tribunal de Bolonia 2949/2020, de 31 de diciembre", *in Revista de Trabajo y Seguridad Social. CEF*, n.º 457, 2021, p. 189 e ss. e ILARIA PURIFICATO, "Behind the scenes of *Deliveroo's* algorithm: the discriminatory effect of Frank's blindness", *in Italian Labour Law-e Journal*, vol. 14, n.º. 1, 2021, pp. 169 e ss..

434 *Apud* JEREMIAS PRASSL e AURIANE LAMINE, *op.* cit., pp. 282-283.

da discriminação, de transparência e de sustentabilidade, considera-se que poderá melhorar-se bastante esta situação de discriminação.

Na verdade, este Novo Mundo Digital do Trabalho não necessita de ser assustador. Com as ferramentas adequadas, com a tecnologia amiga da igualdade, como uma espécie de Igualdade desde a Conceção e por Defeito[435] [436], e com a necessária educação, é possível adaptar-se e trabalhar-se com as máquinas.

Esta ideia de Igualdade desde a Conceção e por Defeito parece ser essencial para combater-se a discriminação que muitos continuam a sofrer mesmo quando trabalham via plataformas digitais, tentando facilitar-se a prova da mesma porque esta, no mundo virtual, pode ser muito difícil. Por isso defende-se que tem de ser revisto e adequado à realidade virtual o conceito de igualdade e a proibição de discriminação, quer direta, quer indireta, assim como as regras sobre repartição do ónus da prova.

Deve mudar-se, então, de atitude deixando de questionar-se quem fez a discriminação, e antes como é que a discriminação está a ser feita e como é que as plataformas a proporcionam através dos algoritmos que são introduzidos e que reproduzem muitos dos preconceitos, estereótipos e discriminação do mundo real, transferindo-os para o mundo virtual.

Por isso, torna-se fundamental a criação de um novo conceito de igualdade que atue desde o início, desde a conceção, e por defeito, utilizando a tecnologia exatamente para diminuir a discriminação. Na verdade, as plataformas têm inserida uma série de informação sobre os trabalhadores, desde quanto é que recebem por hora, a pontuação que lhes é atribuída, o perfil, podendo utilizar esses dados para diminuir a desigualdade, enviando, por exemplo, quanto é que é o custo de cada tarefa, ou o custo das horas de cada trabalhador, independentemente do género de cada um, providenciando *guidelines* completamente transparentes para avaliar a atuação dos trabalhadores[437].

3.6.2. Detetar discriminação por algoritmos não é fácil, especialmente porque eles são cada vez mais complexos. Na *black box* dos algoritmos, os dados que são inseridos na entrada, como, *inter alia*, o CV dos candidatos ou o desempenho de um trabalhador, ou na saída, por exemplo, qual o candidato que será chamado para uma entrevista de emprego ou qual o trabalhador que

[435] Semelhante ao previsto no Regulamento 2016/679, de 27 de abril de 2016, relativamente à proteção de dados pessoais que estabelece no art. 25.º a proteção de dados desde a conceção e por defeito.

[436] No mesmo sentido ARIANNE BARZILAY e ANAT BEN-DAVID, *op.* cit, pp. 394 e ss..

[437] Segue-se de perto o defendido por ARIANNE BARZILAY e ANAT BEN-DAVID, *op.* cit., pp. 429-430.

irá a ser promovido, são claros. No entanto, a forma como o algoritmo chegou a essa conclusão é um processo bastante opaco.

É por isso que se defende que os algoritmos devem ser transparentes e incluir o princípio da igualdade de tratamento desde o início do processo de construção dos mesmos.

Por outro lado, considera-se que têm de ser passíveis de ser auditadas as decisões tomadas automaticamente e aqui o Regulamento Geral de Proteção de Dados proíbe o estabelecimento de decisões totalmente automatizadas e o *profiling*, bastando ter em atenção o Considerando 71 do Regulamento que estabelece "O titular dos dados deverá ter o direito de não ficar sujeito a uma decisão, que poderá incluir uma medida, que avalie aspetos pessoais que lhe digam respeito, que se baseie **exclusivamente** no tratamento automatizado e que produza efeitos jurídicos que lhe digam respeito ou o afetem significativamente de modo similar, como a recusa automática de um pedido de crédito por via eletrónica ou **práticas de recrutamento eletrónico sem qualquer intervenção humana**. Esse tratamento inclui a definição de perfis mediante qualquer forma de tratamento automatizado de dados pessoais para **avaliar aspetos pessoais relativos a uma pessoa singular**, em especial a análise e previsão de **aspetos relacionados com o desempenho profissional**[438], a situação económica, saúde, preferências ou interesses pessoais, fiabilidade ou comportamento, localização ou deslocações do titular dos dados, quando produza efeitos jurídicos que lhe digam respeito ou a afetem significativamente de forma similar", assim como o art. 22.º com a epígrafe *Decisões individuais automatizadas, incluindo definição de perfis.*

Assim, defende-se a existência de auditorias externas na utilização destes algoritmos. Os empregadores que submetam os mesmos a auditorias externas poderiam receber uma espécie de marca de certificação que distinguisse favoravelmente esses empregadores no mercado de trabalho. É que, na verdade, parece que, atualmente, a inteligência artificial não consegue lidar muito bem com a diversidade e, por isso, a defesa da construção de um novo tipo de algoritmo que insira o princípio da igualdade desde a conceção e por defeito.

Também é importante ter em atenção que as pessoas geralmente acreditam que quando o algoritmo desconhece variáveis, como sexo, idade ou raça, é incapaz de discriminar por esses motivos. No entanto, mesmo excluindo atributos específicos como uma variável de entrada, nada impede que o algoritmo produza resultados tendenciosos. Nesse caso, as chamadas *informações de proxy*

[438] Negrito nosso.

podem causar um algoritmo tendencioso. Muitos exemplos mostram que a linguagem utilizada por alguém pode indicar indiretamente o sexo ou a raça. Um código postal pode indicar indiretamente a raça, origem étnica ou social de alguém. Como resultado, pode acontecer na mesma uma discriminação[439].

3.6.3. Atendendo a tudo isto parece-nos também ser bastante importante o que foi defendido pelo GRUPO DE TRABALHO DO ART. 29.º[440] "O responsável pelo tratamento não pode eximir-se do disposto no artigo 22.º fabricando uma intervenção humana. Por exemplo, se alguém aplicar de forma sistemática perfis gerados automaticamente a pessoas sem ter qualquer influência efetiva no resultado, tratar-se-á, ainda assim, de uma decisão tomada exclusivamente com base no tratamento automatizado.

Para que se considere haver uma intervenção humana, o responsável pelo tratamento tem de garantir que qualquer supervisão da decisão seja relevante, e não um mero gesto simbólico. Essa supervisão deve ser levada a cabo por alguém com autoridade e competência para alterar a decisão e que, no âmbito da análise, deverá tomar em consideração todos os dados pertinentes".

Esta ideia parece-nos de fundamental importância nestes casos.

Não conseguimos vislumbrar, na verdade, uma justificação para uma eventual diferenciação em razão, *v.g.*, do género, ou da raça, ou da etnia no caso do trabalho virtual. Não parece concebível uma situação em que o género possa constituir um requisito essencial e determinante para o exercício da atividade que justifique que se aceitem apenas trabalhadores do género masculino.

A COMISSÃO EUROPEIA[441] estabeleceu que um dos requisitos para uma Inteligência Artificial de confiança é o da supervisão humana, defendendo que "ajuda a garantir que um sistema de IA não põe em causa a autonomia humana nem produz outros efeitos negativos. A supervisão pode ser realizada

[439] Como refere IFEOMA AJUNWA, "Automated employment discrimination", *in https://papers.ssrn.com/sol3/papers.cfm?abstract_id=3437631&download=yes*, "a racial housing segregation has resulted in a concentration of better-resourced schools in majority-white neighbourhoods where students who attend receive better preparation for taking standardized tests. Thus, although performance on standardized tests may be considered probative of job fitness, the use of such criterion could result in disparate impact. In recognition of the historical taint of structural bias on data that could otherwise be probative, some scholars have called for "algorithmic affirmative action," which focuses on transparency about the biases encoded in the data and the correction of the data the algorithms use rather than merely in the design of algorithms".

[440] *Orientações sobre as decisões individuais automatizadas e a definição de perfis para efeitos do Regulamento (UE) 2016/679*, p. 23.

[441] *Orientações éticas para uma IA de confiança*, Bruxelas, 2019, p. 19.

mediante mecanismos de governação como as abordagens de intervenção humana (*human-in-the-loop* — HITL), de fiscalização humana (*human-on--the-loop* — HOTL), ou de controlo humano (*human-in-command* — HIC).

Um outro requisito muito importante que é assinalado pela Comissão Europeia[442] é o da privacidade e proteção de dados, considerando que "os sistemas de IA devem garantir a privacidade e a proteção de dados ao longo de todo o ciclo de vida de um sistema".

É importante assinalar, também, o princípio da transparência que, conforme refere a Comissão Europeia[443] está relacionado com o princípio da explicabilidade e abrange a transparência dos elementos relevantes para um sistema de IA: os dados, o sistema e os modelos de negócio.

Não pode deixar de atender-se que a própria Comissão Europeia considera que um outro requisito essencial é o da diversidade, não discriminação e equidade. Como defende "A inclusão e a diversidade têm de estar presentes em todo o ciclo de vida do sistema de IA para que a IA de confiança se torne uma realidade. Além da consideração e do envolvimento de todas as partes interessadas ao longo do processo, tal implica também que a igualdade de acesso mediante processos de conceção inclusivos e a igualdade de tratamento sejam asseguradas. Este requisito está estreitamente relacionado com o princípio da equidade". Também é importante referir que "Os conjuntos de dados utilizados pelos sistemas de IA (tanto para treino como para funcionamento) podem ser afetados pela inclusão de desvios históricos inadvertidos, bem como por lacunas e por maus modelos de governação. A manutenção de tais desvios pode dar origem a discriminação e preconceitos (in)diretos não intencionais contra determinados grupos ou pessoas, agravando o preconceito e a marginalização".

Por último, um outro requisito que defendem, e que consideramos essencial, é o princípio da responsabilização, sobretudo o subprincípio da auditabilidade pois significa a defesa da avaliação de algoritmos, dos dados e de processos de conceção. Claro que tem de acautelar-se alguns direitos como o sigilo de certos negócios e, por isso, nem sempre as informações sobre os modelos de negócios e a propriedade intelectual relacionadas com o sistema de IA têm de estar publicamente disponíveis. Contudo, a avaliação por auditores internos e externos, assim como, a disponibilidade dos relatórios de avaliação, podem contribuir para a fiabilidade da tecnologia.

442 Última *op.* cit., p. 21.
443 Última *op.* cit., p. 21.

Também a própria OIT[444] defendeu o mesmo quando considerou que deveria existir um "ser humano no comando" que garantisse que decisões finais que afetem o trabalho sejam tomadas por seres humanos, considerando que "Deveria estabelecer-se um sistema de governação internacional para as plataformas digitais de trabalho de forma a exigir que estas plataformas (e os seus clientes) respeitem certos direitos e proteções mínimas. Os avanços tecnológicos exigem também a regulação do uso de dados e da responsabilização quanto aos algoritmos usados no contexto do mundo do trabalho". Também é importante atender que "A gestão de algoritmos, a vigilância e o controlo através de sensores e de outras formas de monitorização, precisa de ser regulado para proteger a dignidade dos trabalhadores. O trabalho não é uma mercadoria; nem é um robô".

No mesmo sentido, a OCDE, em maio de 2019, estabeleceu cinco princípios para uma Inteligência Artificial "inovadora, de confiança e que respeita os direitos humanos e os valores democráticos"[445].

Não esquecer, ainda, que a Proposta de Regulamento do Parlamento Europeu e do Conselho que estabelece regras harmonizadas em matéria de inteligência artificial (regulamento inteligência artificial) e altera determinados atos legislativos da União, de 21 de abril de 2021[446], chama a atenção para esta situação no considerando 36.

3.6.4. O *Livro Verde sobre o Futuro do Trabalho 2021*[447] estabeleceu algumas linhas de reflexão para políticas públicas sobre esta matéria, tendo em atenção o que referimos anteriormente, consagrando que se deve "**Regulamentar a utilização de algoritmos, nomeadamente na distribuição de tarefas, organização do trabalho, avaliação de desempenho e progressão**, em particular no âmbito do trabalho prestado através de plataformas, que representa um redobrado distanciamento entre empregador

[444] *Trabalhar para...*, cit., p. 13.

[445] OCDE, *Recommendation of the Council on Artificial Intelligence*, OECD/LEGAL/0449, 2019.

[446] Ter em atenção que no dia 6 de dezembro de 2022 o Conselho Europeu adotou uma posição comum – orientação geral – sobre este Regulamento, tendo como objetivo garantir que os sistemas de IA colocados no mercado da UE e utilizados na União sejam seguros e respeitem a legislação em vigor em matéria de direitos fundamentais e valores da União. Também em 14 de junho de 2023, o Parlamento Europeu, após a aprovação nas comissões parlamentares de Mercado Interno e da Proteção dos Consumidores e das Liberdades Cívicas, Justiça e Assuntos Internos com 84 votos a favor, sete contra e 12 abstenções, aprovou uma versão deste Regulamento passando agora a discussão para o diálogo interinstitucional.

[447] *Op.* cit.

e trabalhador, tanto físico como pela intermediação tecnológica da relação, evitando assim potenciais enviesamentos e discriminações", assim como "**Regular a utilização de algoritmos** nas suas diferentes dimensões, de modo a promover a transparência e responsabilidade do seu uso, nomeadamente no âmbito das relações de trabalho; **Incentivar, em particular, a regulação da utilização dos algoritmos em sede de negociação coletiva, envolvendo os parceiros sociais** e assegurando o tratamento da matéria ao nível das convenções coletivas de trabalho, de forma a garantir uma adequação adequada da IA e a refletir as necessidades específicas de cada setor; **Introduzir disposições na legislação que minimizem os novos riscos associados ao comportamento autónomo da IA**, estabelecendo requisitos para assegurar a proteção da privacidade e dos dados pessoais, da igualdade e não-discriminação, da ética, da transparência e da explicabilidade dos sistemas baseados em algoritmos, quer ao nível da seleção de candidatos a emprego, quer ao nível da execução do contrato de trabalho e da fiscalização da atividade profissional do trabalhador", e ainda "**Prevenir mecanismos e práticas discriminatórias no uso de inteligência artificial e de algoritmos**[448] no quadro das relações de trabalho, ponderando a criação de um sistema que responsabilize os respetivos utilizadores ou criadores, em caso de comportamentos ilícitos".

3.6.5. No mesmo sentido, o Código do Trabalho, na alteração introduzida pela Lei n.º 13/2023, de 3 de abril, consagrou algumas regras nesta matéria desde a fase de formação do contrato de trabalho, passando pela sua execução, até a sua cessação e quanto a nós bem, ainda que consideremos que a redação pudesse ser melhor sobretudo ao parecer equiparar algoritmos a inteligência artificial, o que não corresponde à realidade.

Assim, acrescentou uma nova alínea o) no art. 3.º, n.º 3, relativamente ao "Uso de algoritmos, inteligência artificial e matérias conexas, nomeadamente, no âmbito do trabalho nas plataformas digitais", o que significa que as normas legais reguladoras destas matérias só podem ser afastadas por instrumento de regulamentação coletiva de trabalho em sentido mais favorável aos trabalhadores. Desta forma, os preceitos legais sobre utilização de algoritmos e sistemas de inteligência artificial gozam de imperatividade mínima.

Tem-se, ainda, no n.º 3, do art. 24.º, relacionado com a igualdade e não discriminação, uma parte primeira que estabelece que "O disposto nos números anteriores também se aplica no caso de tomada de decisões baseadas em

448 Negritos nossos.

algoritmos ou outros sistemas de inteligência artificial"[449]. Significa isto que o direito à igualdade de oportunidades e de tratamento do trabalhador ou candidato a emprego assim como a proibição de discriminação, consagrados nos números 1 e 2 do art. 24.º, se aplicam também no caso de tomada de decisões baseadas em algoritmos ou outros sistemas de inteligência artificial. Assim, o recurso a estas ferramentas tecnológicas não justifica quaisquer decisões discriminatórias por parte do empregador.

No art. 106.º, relacionado com o dever de informação, adita-se uma nova alínea, alínea s), com o seguinte teor: "Os parâmetros, os critérios, as regras e as instruções em que se baseiam os algoritmos ou outros sistemas de inteligência artificial que afetam a tomada de decisões sobre o acesso e a manutenção do emprego, assim como as condições de trabalho, incluindo a elaboração de perfis e o controlo da atividade profissional", que é igual ao que se adiciona no art. 424.º, n.º 1, relativo ao conteúdo do dever de informação às comissões de trabalhadores na nova alínea, alínea j), assim como ao art. 466.º, n.º 1, alínea d), quanto ao conteúdo do direito à informação e consulta dos delegados sindicais.

Estas três alterações significam que o legislador tentou diminuir a opacidade dos algoritmos e a sua falta de transparência, quer ao consagrar um dever de informação individual aos trabalhadores[450], quer a nível coletivo às comissões de trabalhadores, quer aos delegados sindicais. Contudo, não podemos deixar de mostrar alguma estranheza quanto ao diferente âmbito nesta matéria relativa à comissão de trabalhadores – que parece ter somente um

[449] Refira-se que o número anterior estabelece que: "2 – O direito referido no número anterior respeita, designadamente:
a) A critérios de selecção e a condições de contratação, em qualquer sector de actividade e a todos os níveis hierárquicos;
b) A acesso a todos os tipos de orientação, formação e reconversão profissionais de qualquer nível, incluindo a aquisição de experiência prática;
c) A retribuição e outras prestações patrimoniais, promoção a todos os níveis hierárquicos e critérios para selecção de trabalhadores a despedir;
d) A filiação ou participação em estruturas de representação colectiva, ou em qualquer outra organização cujos membros exercem uma determinada profissão, incluindo os benefícios por elas atribuídos.".

[450] Não esquecer que, de acordo com os arts. 107.º, n.º 4, e 109.º, n.º 1ª informação deve ser prestada, por escrito, aos trabalhadores no prazo de um mês a contar do início da execução do contrato de trabalho ou, no caso de alteração relativa a esta informação durante a execução do contrato de trabalho, até à data em que essa alteração produza efeitos.

direito de informação, e não de consulta já que nada consta do art. 425.º – e dos delegados sindicais – que têm reconhecido os dois nos termos do art. 466.º[451].

Por outro lado, pode questionar-se o que deve ser entendido por este dever de informação.

Socorrendo-nos do que consta do documento do MINISTERIO DE TRABAJO Y ECONOMIA SOCIAL[452], podemos referir que a referência a parâmetros, os critérios, as regras e as instruções deve ser interpretada – sem prejuízo da falta de consenso técnico na interpretação destes termos – como a obrigação da empresa de fornecer informações sobre (a) as variáveis e parâmetros, entendidos como a importância relativa de cada variável no algoritmo; e b) As regras e instruções, referentes às regras de programação que conduzem ao processo de tomada de decisão. No fundo, a referência conjunta a "parâmetros, regras e instruções" deve ser entendida como referindo-se à lógica, às características de funcionamento do algoritmo e às suas consequências.

3.6.6. É preciso criar uma ética sobre estas matérias porque, em muitas situações, há discriminação, violência, muitas vezes psicológica, racismo, xenofobia e assédio.

É interessante salientar o disposto na *Carta Portuguesa dos Direitos Humanos na Era Digital*[453], que no art. 9.º, com a epígrafe *Uso da inteligência artificial e de robôs,* estabelece esta transparência, auditabilidade e controlo ao consagrar nos números 1 e 2 que "A utilização da inteligência artificial deve ser orientada pelo respeito dos direitos fundamentais, garantindo um justo equilíbrio entre os princípios da explicabilidade, da segurança, da **transparência** e da responsabilidade, que atenda às circunstâncias de cada caso concreto e estabeleça processos destinados a evitar quaisquer preconceitos e formas de discriminação" "2 – As decisões com impacto significativo na esfera dos destinatários que sejam tomadas mediante o uso de algoritmos **devem ser comunicadas aos interessados, sendo suscetíveis de recurso e auditáveis**[454], nos termos previstos na lei".

[451] No mesmo sentido, JOSÉ JOÃO ABRANTES e ISABEL VALENTE DIAS, "Regulação do uso do algoritmo nas relações laborais", *in QL*, n.º 63, nota n.º 16.

[452] *Op.* cit., p. 11.

[453] Lei n.º 27/2021, de 17 de maio.

[454] Negrito nosso.

Devemos ter em mente que as leis antidiscriminatórias visam preservar a igualdade de oportunidades para todos e que impõem um dever aos empregadores de trabalharem para esse fim, impondo um especial dever aos empregadores para evitar decisões que comprometam a igualdade social.

3.6.7. No ordenamento jurídico espanhol a *Ley 12/2021, de 28 de septiembre*[455]*, por la que se modifica el texto refundido de la Ley del Estatuto de los Trabajadores, aprobado por el Real Decreto Legislativo 2/2015, de 23 de octubre, para garantizar los derechos laborales de las personas dedicadas al reparto en el ámbito de plataformas digitales* e que introduz uma nova alínea no art. 64.º, n.º 4.º do ET que obriga a que as comissões de trabalhadores serem informadas sobre os parâmetros, as regras e instruções em que se baseiam os algoritmos ou sistemas de inteligência artificial que afetam a tomada de decisões que podem afetar as condições de trabalho, o acesso e a manutenção do emprego, incluindo a definição de perfis".

Mais recentemente a *Ley 15/2022, de 12 de julio, integral para la igualdad de trato y la no discriminación,* estabelece no art. 3.º, 1, que se aplica a "Inteligencia Artificial y gestión masiva de datos, así como otras esferas de análoga significación", assim como no art. 23.º, n.ºs 3 e 4, consagra-se respetivamente que "Las administraciones públicas y **las empresas**[456] promoverán el uso de una Inteligencia Artificial ética, confiable y respetuosa con los derechos fundamentales, siguiendo especialmente las recomendaciones de la Unión Europea en este sentido" e que "Se promoverá un sello de calidad de los algoritmos."

3.6.8. Também a Proposta de Diretiva sobre a melhoria das condições de trabalho nas plataformas digitais tem um capítulo próprio relativo à gestão algorítmica, defendendo a ideia do *human in command* e também o princípio da transparência que consideramos poder indicar o caminho para várias situações e não apenas para o trabalho nas plataformas digitais, sobretudo quando se utilizar os meios que estão lá previstos.

Relativamente a este objetivo podem ser identificados dois tipos de medidas. Por um lado, existem medidas ligadas aos direitos individuais e coletivos de gestão algorítmica concedidos aos trabalhadores da plataforma. Estes direitos são estabelecidos no Capítulo III da proposta, sob o título *Gestão algorítmica* – artigos 6.º a 10.º. Por outro lado, existem medidas ligadas

[455] Que resulta do *Real Decreto-ley* 9/2021, de 11 de *mayo*.

[456] Negrito nosso.

às obrigações de transparência impostas às plataformas digitais. Estas obrigações estão estabelecidas nos Capítulos IV e V da proposta, intitulados respetivamente *Transparência no trabalho sobre plataformas* e *Recursos e aplicação efectiva* – artigos 11.º, 12.º, 15.º e 16.º.

As disposições do Capítulo III da Proposta, arts. 6.º a 10.º, visam aumentar a transparência e exigir uma avaliação humana de sistemas automatizados de monitorização e de tomada de decisão que afetam as condições de trabalho dos trabalhadores de plataforma, referindo-se, particularmente, à obrigação de informar os trabalhadores sobre o facto de tais sistemas estarem a ser utilizados e as características principais dos sistemas automatizados de monitorização e de tomada de decisão, bem como disponibilizar essa informação às autoridades laborais e aos trabalhadores das plataformas[457].

No fundo, as disposições deste capítulo relacionam-se com a obrigação de transparência e de tratamento de dados pessoais, de controlo humano e avaliação das decisões tomadas ou apoiadas por sistemas automatizados com o direito a revisão humana.

Assim, a Proposta de diretiva visa aumentar a transparência na utilização de algoritmos pelas plataformas nos termos do art. 6.º, assegurando o acompanhamento humano do respeito das condições de trabalho, consagrando a visão do *human in command* no art. 7.º, e conferindo o direito de contestar decisões automatizadas nos termos do art. 8.º, sendo que estes novos direitos serão concedidos tanto aos trabalhadores por conta de outrem, como aos verdadeiros trabalhadores independentes ou às pessoas em situações equiparadas[458].

[457] Isto é essencial pois, conforme estabelece o considerando 8 da Proposta "Persons performing platform work subject to such algorithmic management often lack information on how the algorithms work, which personal data are being used and how their behaviour affects decisions taken by automated systems".

[458] Veja-se o considerando 16 da Proposta "The provisions on algorithmic management which are related to the processing of personal data should also apply to genuine self-employed and other persons performing platform work in the Union who do not have an employment relationship", assim como o 40 "Persons who do not have an employment relationship constitute a significant part of the persons performing platform work. The impact of automated monitoring and decision-making systems used by digital labour platforms on their working conditions and their earning opportunities is similar to that on platform workers. Therefore, the rights in Articles 6, 7 and 8 of this Directive pertaining to the protection of natural persons in relation to the processing of personal data in the context of algorithmic management, namely those regarding transparency on automated monitoring and decision-making systems, restrictions to process or collect personal data, human monitoring and review of significant decisions, should also apply to persons in the Union performing platform work who do not have an employment contract or employment relationship".

A maioria destas disposições, para além de ser consistente com os requisitos estabelecidos no RGPD ,vai além deste, pois a Proposta reconhece que o trabalho através de plataformas digitais coloca questões relativas à proteção de dados pessoais que não são suficientemente resolvidas pelo Regulamento[459]. Por isso, é importante notar que a Proposta requer que as plataformas digitais forneçam informações também em casos em que a sua tomada de decisão é **apoiada**[460] por sistemas automatizados nos termos do art. 8.º, n.º 1[461], enquanto o RGPD rege especificamente os instrumentos de tomada de decisão totalmente automatizados. Esta visão parece-nos muito positiva e capaz de resolver alguns dos problemas de interpretação que resultam do art. 22.º do RGPD.

A proposta requer ainda que as plataformas estabeleçam uma supervisão humana de sistemas automatizados e procedimentos internos para reparação de decisões tomadas ou apoiadas por sistemas automatizados.

Além disso, a Proposta estipula regras mais específicas sobre o tratamento de dados pessoais das plataformas relativamente aos trabalhadores, assim como aos seus representantes, nos termos do art. 9.º[462].

Considera-se, ainda, importante o que consta do art. 15.º da Proposta pois impõe uma obrigação às plataformas digitais de criar um canal de comunicação através das suas infraestruturas ou meios digitais igualmente eficazes no campo dos direitos coletivos de gestão algorítmica[463].

[459] Veja-se o Considerando 29 "While Regulation (EU) 2016/679 establishes the general framework for the protection of natural persons with regard to the processing of personal data, it is necessary to lay down rules addressing the concerns that are specific in the processing of personal data in the context of platform work. This Directive provides for more specific rules in the context of platform work, including to ensure the protection of the rights and freedoms in respect of the processing of employees' personal data within the meaning of Article 88 of Regulation (EU) 2016/679.".

[460] Negrito nosso.

[461] "Member States shall ensure that platform workers have the right to obtain an explanation from the digital labour platform for any decision taken or **supported** by an automated decision-making system that significantly affects the platform worker's working conditions, as referred to in Article 6(1), point (b)." – negrito nosso.

[462] Art. 9.º, n.º 1, "Without prejudice to the rights and obligations under Directive 2002/14/EC, Member States shall ensure information and consultation of platform workers' representatives or, where there are no such representatives, of the platform workers concerned by digital labour platforms, on decisions likely to lead to the introduction of or substantial changes in the use of automated monitoring and decision-making systems referred to in Article 6(1), in accordance with this Article".

[463] "Member States shall take the necessary measures to ensure that digital labour platforms create the possibility for persons performing platform work to contact and communicate with

4. Segurança e saúde no trabalho e novos riscos psicossociais

4.1. Introdução

4.1.1. Os trabalhadores que efetuam atividades nestas novas formas de prestar trabalho estão sujeitos a vários riscos quanto à segurança e saúde no trabalho e estes existem quer sejam trabalhadores subordinados, quer sejam autónomos, ou com contratos equiparados a contratos de trabalho, nos termos do art. 10.º do CT, aplicando-se-lhes o regime legal a nível da segurança e saúde no trabalho.

Na verdade, há uma combinação de fatores que está a aumentar os desafios e tem de tentar evitar-se o aumento dos riscos físicos e psíquicos, desde logo porque não pode esquecer-se que há alterações demográficas importantes que alteram o mundo do trabalho e há a necessidade de assegurar políticas proativas que auxiliem neste *Novo Mundo do Trabalho*. As pessoas estão a reformar-se cada vez mais tarde e o facto de muitos dos sistemas de segurança social serem privados não ajuda a esta questão. Por outro lado, em muitas destas formas de prestar trabalho domina a informalidade e a precariedade, o que nada auxilia o acesso dos trabalhadores a programas de saúde e segurança no trabalho. Acresce que, os problemas mentais e físicos afetam comportamentos dos trabalhadores e a própria gestão das empresas e se pensarmos que um em cada 6 trabalhadores europeus já teve algum problema do foro mental, são cerca de 84 milhões, e que a doença Diabetes tipo 2 está a aumentar, afetando cerca de 10% da população europeia, assim como 53,1% dos adultos na Europa sofre de peso a mais e obesidade, muito relacionada com estas novas formas de prestar trabalho, sobretudo o *crowdwork online* ou mesmo o teletrabalho. Daí a necessidade de agir e de atuar. Todas estas situações trazem inúmeros custos sociais e económicos[464].

4.1.2. A lei n.º 102/2009, de 10 de setembro, sobre segurança e saúde no trabalho, prevê no art. 3.º a aplicação das regras laborais em matéria de segurança e saúde dos trabalhadores, aos trabalhadores independentes, mas,

each other, and to be contacted by representatives of persons performing platform work, through the digital labour platforms' digital infrastructure or similarly effective means, while complying with the obligations under Regulation (EU) 2016/679. Member States shall require digital labour platforms to refrain from accessing or monitoring those contacts and communications.".

[464] Ver, para maiores desenvolvimentos, *The Impact of the Digital Transformation on EU Labour Markets*, Luxemburgo, 2019, p. 25.

na prática, essa aplicação pode colocar dificuldades acrescidas, em especial no caso destas novas formas de prestar trabalho.

Por outro lado, de acordo com o artigo 127.º, n.º 1, alíneas c), g), h) e i) do CT, o empregador tem o dever geral de assegurar boas condições de trabalho, de prevenir riscos e acidentes de trabalho, de adotar as prescrições e medidas previstas na lei ou em instrumento de regulamentação coletiva de trabalho em matéria de segurança e saúde no trabalho, e de informar e formar os trabalhadores nesta matéria, sendo este dever geral, depois, concretizado pela Lei nº 102/2009, de 10 de setembro.

Por seu lado, o trabalhador tem o dever, de acordo com o art. 128.º, n.º 1, alíneas e) e i), de respeitar as regras de segurança e saúde no seu local de trabalho e de cooperar para a manutenção das condições de segurança e saúde no local de trabalho, assim como tem o direito a ser informado e a receber formação nestas matérias, conforme o estabelecido nos arts. 18º e ss. da Lei nº 102/2009.

4.2. Novos riscos com a era digital

4.2.1. Nestas novas formas de prestar trabalho existem inúmeros novos riscos e a possibilidade de aumento de alguns anteriores, mas também há alguma diminuição de certos riscos tradicionais. Assim, por um lado, a possibilidade de automatização de várias atividades pode originar uma diminuição da existência de ambientes perigosos para a saúde dos trabalhadores. Contudo, esta automatização pode trazer consigo riscos diferentes associados a um enorme controlo, transparência e à utilização cada vez maior de algoritmos.

Na verdade, atualmente, alguns dos problemas mentais que os trabalhadores enfrentam são semelhantes aos de natureza física do século XIX, quando a industrialização alterou a forma de trabalhar. O aumento do controlo sobre os trabalhadores, a necessidade de ter de estar constantemente *online* e disponível, a mudança frequente de atividades e de trabalhos, e o controlo através de algoritmos, aumenta, e muito, os níveis de *stress* dos trabalhadores[465].

Assiste-se, contudo, a uma diferença a nível dos riscos psicossociais, porque há uma mudança bastante importante no tipo de trabalho, no local de trabalho e na forma como o mesmo é gerido. Há um desaparecimento cada

465 *The Impact of the Digital...*, cit., p. 37.

vez maior entre as fronteiras da vida profissional e da vida pessoal, com um controlo cada vez maior associado à ubiquidade destas tecnologias e ao trabalho nas plataformas digitais. Existe, sem dúvida, um novo tipo de controlo, o controlo eletrónico do trabalhador, controlo este des-verticalizado, objetivo, incorporado na máquina e sistema com o qual interage, tornando-se um controlo à distância, em tempo real, com uma enorme capacidade de armazenamento, capaz de memorizar, cruzar e reelaborar detalhadamente muitos dos comportamentos dos trabalhadores.

Considera-se, assim, que as características das novas tecnologias aplicadas à relação laboral estão a permitir a substituição de um controlo periférico, descontínuo e parcial, realizado pela hierarquia humana, por um controlo centralizado e objetivo, incorporado na máquina, que se verifica em tempo real, originando o aparecimento de um novo e sofisticado tipo de controlo que consiste na reconstrução do perfil do trabalhador, através do armazenamento e reelaboração de uma série de dados aparentemente inócuos.

No controlo realizado através destes meios, diferentemente dos meios tradicionais, pode não existir uma simultaneidade entre a atividade de controlo e o resultado que se obtém, querendo com isto dizer-se que, embora o controlo seja direto sobre a atividade ou comportamento do trabalhador, não pode defender-se que permita o seu conhecimento direto e imediato. O controlo realiza-se através da recolha sistemática e exaustiva de dados do comportamento dos trabalhadores que, devidamente recolhidos, armazenados, tratados e reelaborados, permitem uma projeção deste comportamento e a criação de perfis de trabalhadores. Esta nova forma de controlo origina uma alteração da estrutura do poder de controlo, incidindo esta, fundamentalmente, na possibilidade de recolher dados, que podem ser tratados e reelaborados para fins distintos. Assim, o controlo não se baseia somente na eventual possibilidade de recolher informação sobre o trabalhador, mas também na virtualidade de tal informação ser devidamente tratada até obter resultados adequados ao fim do controlo.

As novas formas de controlo tornaram-se também automáticas, não estando os supervisores limitados pelo que podem ver, mas pela quantidade de dados e de aspetos que conseguem recolher através do controlo exercido pelos algoritmos. O controlo torna toda a realidade transparente, provocando a visibilidade do que até aí era ignorado ou invisível. O *olho eletrónico*[466] torna-se

[466] Alusão à obra de DAVID LYON *The Electronic Eye – The Rise of Surveillance Society*, Polity Press, Reino Unido, 1994.

omnipresente e mecânico, conduzindo a sensações de controlo total que podem alterar os sentimentos dos trabalhadores e provocar o seu medo pelo facto de não estar confinado espacialmente ao local de trabalho, podendo estender-se para outros locais, inclusive sítios muito íntimos, e por não ter barreiras temporais[467].

Por outro lado, o facto de a remuneração nas plataformas não ser contínua, mas à peça, atendendo a cada microtarefa que os trabalhadores realizam, aumenta a pressão de tempo. A ideia que se defende e que se incute nestes trabalhadores é de *trabalhar mais para ganhar mais; não parem agora porque podem ganhar mais*. Tendo em conta que o que ganham é muito pouco, vê-se como este *slogan*, esta ideia, origina muitos problemas a nível físico e psíquico.

Acresce a isto o facto de que há uma enorme precariedade no pagamento já que, em alguns casos, mesmo após executado o trabalho, este pode ser considerado inaceitável e não pago pelo cliente, devido à cláusula de satisfação de cliente. Na verdade, a intensidade de trabalho, com prazos apertados ou a baixo preço por unidade, sem quaisquer pausas, acarreta a exaustão física e mental de quem presta os serviços.

Nestas situações, muitas vezes os custos com a segurança e a saúde no trabalho são externalizados para o trabalhador porque ele não recebe nada se estiver doente e, por isso, tem o ónus de *não ter direito a ficar doente*.

4.2.2. Acresce, ainda, a falta de uma formação adequada que aumenta exponencialmente o risco de acidentes, até porque muitas das atividades tipicamente exercidas por trabalhadores das plataformas digitais pertencem a tarefas que são consideradas particularmente perigosas, como a construção e o transporte.

Na verdade, há uma possibilidade do aumento de acidentes, não somente pela falta de formação, mas também pela ausência de clareza na especificação do trabalho, de falta de equipamentos ou de vestuário de segurança.

Acrescenta-se a isto as interrupções e as distrações, com os alertas enviados pela plataforma durante a execução de um serviço, que podem chegar a ser fatais.

Por outro lado, a interpenetração das atividades laborais e não laborais também dificulta a concentração no trabalho, bastando imaginar o trabalho realizado no domicílio do trabalhador.

[467] Para maiores desenvolvimentos *vide* TERESA COELHO MOREIRA, "As novas tecnologias de informação e comunicação e o poder de controlo electrónico do empregador", *in Estudos de Direito do Trabalho*, reimp. da 1.ª edição, Almedina, Coimbra, 2016.

Noutras situações faltam, por vezes, as qualificações necessárias e exigidas por lei para certos tipos de atividades.

De tudo isto pode concluir-se como são vários os riscos para a segurança e saúde dos trabalhadores.

4.2.3. A questão fundamental é que a natureza dos riscos depende, claramente, das circunstâncias em que o trabalho é efetuado e que estão relacionadas com a ausência de uma regulamentação jurídica sobre este tipo de trabalho, o tipo de plataformas utilizadas, a natureza da atividade que vai ser desenvolvida, o modo e o local das mesmas, as condições de trabalho, com o tempo de trabalho, com o eventual desfasamento entre a qualificação do trabalhador e a atividade que lhe é atribuída e o mercado mundial em que compete[468]. E a digitalização traz, sem dúvida, inúmeros novos riscos e desafios ao nível da segurança e saúde no trabalho, sobretudo a nível ergonómico, já que os trabalhadores trabalham longas horas e sentados, o que levanta problemas a nível de saúde física[469], organizacional e psicológica.

Existem, assim, riscos físicos, para além dos psicológicos, associados a uma exposição permanente a campos eletromagnéticos ou a ecrãs de visualização, fadiga visual, posturas forçadas nalgumas situações quando o trabalhador permanece sentado durante longos períodos de tempo, ou os movimentos repetitivos que podem gerar transtornos musculoesqueléticos[470] .

Contudo, também não podem ser esquecidas todas as novas oportunidades que são criadas[471].

[468] Neste mesmo sentido veja-se SECRETARÍA DE SALUD LABORAL Y MEDIO AMBIENTE DE UGT-CEC, *El trabajo en la economía colaborativa y la prevención de riesgos laborales,* 2018, pp. 34-35.

[469] Relativamente à ergonomia, há que ver que muitas destas atividades são executadas sentadas, originando um enorme sedentarismo por parte das pessoas, chegando a utilizar-se a expressão *sitting is the new smoking, in* EUROPEAN AGENCY FOR SAFETY AND HEALTH AT WORK, *Foresight on new and emerging occupational safety and health risks associated digitalisation by 2025 — Final report,* Luxemburgo, 2018, p. 49.

[470] Neste sentido ver LUCÍA ÁLVAREZ DE SOTOMAYOR, "Incidencia de las tecnologías digitales en la salud psicossocial de los trabajadores", *in Riesgos psicosociales y organización de la empresa,* (coord. MARGARITA ISABEL RAMOS QUINTANA), Aranzadi, Navarra, 2017, pp. 77-78.

[471] Ver para maiores desenvolvimentos, *Foresight on new ....* cit., pp. 6 e ss. e BEATRIZ AGRO VIFORCOS, "Riesgos laborales en la industria y el trabajo 4.0", *in 4.ª Revolución Industrial: Impacto de la Automatización y la Inteligencia Artificial en la Sociedad y la Economía Digital,* Thomson Reuters, Aranzadi, Espanha, 2018, pp. 611-612.

Torna-se assim necessária uma atuação proativa de identificação dos riscos para a segurança e saúde dos trabalhadores nesta constante mutação de locais de trabalho.

4.2.4. Atualmente, nestas novas formas de prestar trabalho, a divisão do trabalho em microtarefas, assim como o desaparecimento do posto de trabalho tradicional, geram bastante insegurança para quem efetua este tipo de atividades, convertendo-se em mais um risco para a sua segurança e saúde já que a inexistência de um local de trabalho predeterminado dificulta a identificação e o controlo dos fatores de risco.

Através desta fragmentação da atividade, os trabalhadores quase que são obrigados a estarem permanentemente à procura de novas atividades e a tentar compatibilizá-las para conseguirem um rendimento condigno[472]. E esta constante procura de novas tarefas, com exigências diversificadas, exige formação específica e preparação adequada, o que levanta mais riscos para a segurança e saúde dos trabalhadores.

Por outro lado, a reduzida compensação económica que recebem, já que têm de assumir vários custos, leva a que muitos trabalhem imensas horas sem qualquer respeito pelos tempos de trabalho. Assim, os intervalos de descanso entre as jornadas de trabalho são reduzidos, o que aumenta, e muito, o perigo para a saúde física e psíquica dos trabalhadores. Os trabalhadores têm de estar quase constantemente a trabalhar ou, pelo menos, a terem de trabalhar longas horas para auferir um rendimento digno.

E este é outro risco psicossocial, e que é a imposição do cumprimento mínimo de metas ou de trabalhos, sob pena de desativação do trabalhador da plataforma. Mesmo na ausência desta exigência, quem se dispõe a trabalhar para as plataformas tem de ter consciência que a inatividade não lhe permite receber uma boa avaliação e pode originar até a sua desativação. Por isso, o trabalhador prefere comprometer os seus períodos de desconexão, por não contar com outra alternativa que não seja a de estar sempre disponível. E não nos podemos esquecer que a avaliação a que são sujeitos por parte dos clientes não atende aos eventuais problemas psicossociais que estejam a atravessar, às responsabilidades familiares que tenham, ou a outras situações que podem

[472] Aliás, de acordo com os dados apresentados pelo JOINT RESEARCH CENTRE SCIENCE FOR POLICY REPORT, *Platform workers in Europe*, Publicações da União Europeia, 2018, pp. 35-36, em média, mais de metade dos trabalhadores nas plataformas digitais realizam mais de um tipo de tarefas através das mesmas: cerca de 40% realizam entre duas a três tarefas de diferentes tipos e 20% pelo menos três.

originar que o trabalhador não consiga realizar corretamente a sua atividade. Creio, até, que muitas vezes os clientes se esquecem que também muitos deles são trabalhadores e comportam-se de forma diferente.

4.2.5. Atualmente, ocorre uma diluição crescente das fronteiras entre o tempo de trabalho e o tempo de repouso dos trabalhadores, conforme já referimos anteriormente[473], que se encontra relacionada com o crescente aumento do número de atividades de natureza intelectual, com o enorme aumento da facilidade das comunicações e com os novos recursos técnicos, pois numerosos trabalhadores podem aceder no seu computador pessoal ao seu ambiente de trabalho, bastando para tal que sejam dotados de uma ligação de acesso remoto, podendo continuar a trabalhar no que seria, teoricamente, o seu tempo de repouso, o que pode levantar inúmeras questões, nomeadamente em termos de relevância disciplinar de certos comportamentos.

Os trabalhadores nas plataformas digitais, mas não só, trabalham a um ritmo repetitivo e apressado, imposto pela necessidade de assegurar muitas tarefas simultaneamente. Este tipo de atividade tem um ritmo de trabalho que pode ser muito intenso e que provoca grande esforço físico, fadiga emocional e mental enorme e, muitas vezes, grande ansiedade porque não sabem o dia de amanhã, dada a elevada precarização deste tipo de atividades. O trabalhador muitas vezes recebe simultaneamente diversas solicitações e tem segundos para aceitar qual é que aceita ou, noutros casos, recebe pedidos enquanto está a realizar outras atividades, o que origina interrupções no trabalho[474].

Por outro lado, há tarefas que são mais complexas do que outras e que influenciam o ritmo de trabalho e o próprio descanso do trabalhador, aumentando também o ritmo do mesmo e levando a uma sobrecarga de trabalho[475].

Contudo, na linha do já defendemos anteriormente, os trabalhadores *não podem perder a vida quando estão justamente a ganhá-la*. Os trabalhadores têm o direito a um descanso efetivo. E, ao não usufruírem dele, aumentam, e muito, os riscos ao nível da segurança e saúde no trabalho.

Também pode acontecer o contrário, isto é, o trabalhador pode estar bastante tempo sem receber solicitações, o que gera incerteza sobre o futuro e a dúvida sobre se irá ter ou não mais tarefas, o que origina *tecnostress*.

[473] *Supra* II, 2.

[474] CHRISTOPHE DEGRYSE, *Digitalisation of...*, cit., pp. 44-45.

[475] Neste sentido ANA RIBEIRO COSTA, *Os riscos psicossociais na relação jurídico-laboral*, tese de doutoramento, Faculdade de Direito, Escola do Porto, Universidade Católica Portuguesa, 2019, p. 60.

Na verdade, este *tecnostress* tanto pode advir de uma sobrecarga de trabalho como da ausência do mesmo, onde o trabalhador tem de estar permanentemente à disposição da plataforma e aguardar pela tarefa a realizar, o que pode gerar um clima de tensão constante. Como o tempo que tem de estar disponível não é retribuído, o trabalhador vê-se *incitado* a aumentar a sua disponibilidade, renunciando muitas vezes ao seu tempo de descanso, e passando a estar disponível 24 horas por dia.

E, claramente, como estas características fazem parte deste tipo de trabalho, os trabalhadores destas plataformas digitais estão mais sujeitos a riscos de saúde, sobretudo mentais, como o síndrome de *burn out*, depressões, doenças cardiovasculares ou musculoesqueléticas, por exemplo[476].

4.2.6. Outro dos problemas que pode surgir está relacionado com a enorme competição que existe entre os trabalhadores para obter uma determinada tarefa, o que aumenta a pressão para conseguir uma avaliação mais elevada.

Os trabalhadores destas plataformas têm de competir entre si para conseguir a tarefa ou a micro tarefa que devem executar, e que pode ser um elemento fundamental para a reputação que têm, pois a reputação, muitas vezes, aumenta quando o trabalhador completa o maior número de tarefas e estas têm uma pontuação mais elevada. Desta forma, quem aceitar mais tarefas terá melhor reputação[477] e isto determina que tenha mais trabalho para realizar, podendo originar uma espiral de sobrecarga de trabalho. Claramente, esta pressão para conseguir uma boa avaliação dos clientes, aliada a um eventual excesso de trabalho, traduz graves riscos para a saúde física e psíquica dos trabalhadores[478]. Por exemplo, no caso dos *riders* a necessidade de obter uma pontuação elevada para não perderem as próximas corridas e conseguirem manter um nível de pontuação elevado pode originar que cometam erros, infrações ao Código de Estrada ou que vão trabalhar quando não estão em boas condições de saúde[479]. Na verdade, a maioria deles ao fazerem entregas não recebe qualquer formação de segurança. Ademais, os trabalhadores não possuem equipamentos de segurança adequados, como o colete de visibilidade, e são incentivados a conduzir em condições climatéricas adversas ou ao

[476] Neste sentido, *El trabajo en la...*, cit., p. 102.

[477] Este argumento foi referido em várias decisões jurisprudenciais um pouco por todo o mundo, conforme já analisamos em II, 1.3..

[478] MOORE, PHOEBE, UPCHURCH, MARTIN, WHITTAKER, XANTHE, *Humans and Machines at Work: Monitoring, Surveillance and Automation in Contemporary Capitalism*, Palgrave Macmillan, 2018, p. 9.

[479] Neste sentido, *El trabajo en la...*, cit., p. 53.

final da tarde ou até à noite, com pouca visibilidade, a que acrescem a pressão para concluir rapidamente a tarefa designada e a distração no trânsito em virtude dos ruídos produzidos pela plataforma no telemóvel. Algumas plataformas emitem um alerta sobre o trabalho com uma janela temporal para que o trabalhador tenha que confirmar rapidamente se o aceita. E, perante estas condições, os *riders* ficam propensos a coimas ou acidentes.

E esta reputação levanta uma outra questão relacionada com um dos novos direitos criados pelo Regulamento Geral de Proteção de Dados Pessoais, Regulamento n.º 2016/679, de 27 de abril, que está previsto no art. 20.º[480] e que é o direito à portabilidade de dados. Este direito tem um impacto na relação de trabalho pois os trabalhadores, enquanto titulares de dados, têm direito a receber os dados pessoais que lhes digam respeito e que tenham fornecido a um responsável pelo tratamento, num formato estruturado, de uso corrente e de leitura automática, e o direito de transmitir esses dados a outro responsável pelo tratamento sem que este o possa impedir, se o tratamento for realizado por meios automatizados. Isto significa que o trabalhador, nos termos do n.º 2, tem direito de exigir, nestes casos, que os dados sejam transmitidos diretamente entre os responsáveis pelo tratamento, sempre que tal seja tecnicamente possível.

Contudo, tem de ter-se em atenção que este direito à portabilidade de dados só se aplica se o tratamento de dados for feito de forma automática, não abrangendo a maior parte dos ficheiros em formato tradicional ou em papel.

Porém, atendendo às novas formas de prestar trabalho na *sharing economy*, onde o trabalho é realizado *online* através das plataformas digitais, e onde os trabalhadores têm uma reputação também *online*, e onde tudo é processado de forma automática, este direito adquire grande importância e poderá implicar, até, que as empresas tenham de coordenar de certa forma os respetivos formatos de portabilidade de dados pessoais, protegendo, simultaneamente, os seus sistemas de informação e tornando-os interoperativos[481].

O problema é que muitas destas avaliações são fornecidas por terceiros. Significa isto que o trabalhador não as vai poder levar com ele? Considera-se

[480] Cf., ainda, o Considerando 68 do Regulamento "Para reforçar o controlo sobre os seus próprios dados, sempre que o tratamento de dados pessoais for automatizado, o titular dos dados deverá ser autorizado a receber os dados pessoais que lhe digam respeito, que tenha fornecido a um responsável pelo tratamento num formato estruturado, de uso corrente, de leitura automática e interoperável, e a transmiti-los a outro responsável".

[481] Neste sentido ver GRUPO DO ART. 29.º, *Guidelines on the right to data portability*, adotado a 13 de dezembro de 2016 e alterado a 5 de abril de 2017, pp. 8-9.

que seria melhor a interpretação que abrangesse também estes dados, atendendo mesmo ao certificado que o empregador tem de entregar ao trabalhador nos termos do art. 341.º do CT. Poderia interpretar-se de forma a englobar esta nova situação. Inclusive a própria Comissão Europeia mostrou-se favorável à possibilidade das plataformas digitais permitirem a portabilidade dos dados, incluindo as avaliações aos interessados[482].

Por outro lado, há um grande problema com estas avaliações e que podem gerar constrangimentos, situações de assédio, de ciber-assédio[483], discriminações e depressões ou até o simples receio do trabalhador da avaliação dos clientes. E estas avaliações podem ser extremamente injustas já que uma má avaliação não está necessariamente relacionada com o desempenho do trabalho. Nos serviços de transporte ou plataformas de passeio, por exemplo, é provável que o condutor possa obter uma avaliação mais baixa por atraso em virtude de serem horas de ponta ou pela perda de cobertura de dados móveis, ou por ter ficado sem internet. Também é possível ter uma avaliação mais baixa pelo facto de ter um carro que não esteja muito limpo devido à chuva ou ao local em que o condutor precisou de circular. Diante dessa conjetura, o problema consiste na *desativação* por parte da plataforma do trabalhador sem sequer lhe dar oportunidade de se justificar ou de se defender[484].

Na verdade, estas avaliações pelos clientes provocam, ou podem provocar, sentimentos de *stress* e até de injustiça para os trabalhadores, agravando os riscos psicossociais. Estas avaliações são muito subjetivas não tendo os clientes qualquer preparação ou formação para avaliar os trabalhadores, levando que estes se sintam compelidos a serem eficientes, agradáveis, disponíveis e, mesmo assim, sujeitarem-se a ter uma avaliação negativa devido, *inter alia*, ao seu género, raça, etnia, idade ou, até, nacionalidade.

4.2.7. Também o facto de se trabalhar juntamente com *robots* pode gerar insegurança e *stress* dos trabalhadores, assim como o seu mau funcionamento pode originar ciber-ataques e o controlo que podem exercer sobre os humanos

[482] Communication from the Commission, *Online platforms and the Digital Single Market Opportunities and Challenges for Europe*, 2016.

[483] Cf., para maiores desenvolvimentos, VALERIO DE STEFANO, ILDA DURRI, CHARALAMPOS STYLOGIANNIS E MATHIAS WOUTERS, *"System needs update": Upgrading protection against cyberbullying and ICT-enabled violence and harassment in the world of work, ILO Working Paper 1*, 2020.

[484] P. V. MOORE, *The Threat of Physical and Psychosocial Violence and Harassment in Digitalized Work*, International Labour Office, Geneva, 2018, p. 8.

pode provocarum aumento enorme a nível do *tecnostress*[485]. Desta forma, o efeito da automatização na saúde e integridade dos trabalhadores não pode ser analisado apenas no plano da segurança e saúde, mas também, e de forma muito especial, no plano psicossocial, porque podem reduzir-se alguns riscos físicos, mas aumentam os riscos psicológicos ou, pelo menos, surgem novas fontes de *stress*.

Os trabalhadores atualmente trabalham várias vezes ao lado de sistemas de Inteligência Artificial ou *collaborative Robots – cobots*[486] –, e muitos são avaliados, controlados, auxiliados e geridos por estes, o que origina, para muitos, maiores níveis de ansiedade, *stress* devido à perda de controlo sobre a sua própria responsabilidade, assim como um aumento enorme do controlo que é realizado. Por outro lado, este controlo constante também pode afetar a saúde dos trabalhadores por sentirem que estão permanentemente a ser avaliados. Mas há mais riscos para a saúde dos trabalhadores quando, por exemplo, há uma colisão entre os humanos e os *robots* que pode provocar reações imprevisíveis por parte destes, riscos de segurança onde a internet pode afetar o *software* dos mesmos e riscos para o meio ambiente, já que a degradação de sensores e até a atuação humana pode originar problemas[487].

Atualmente o trabalho está a ser cada vez mais coordenado por algoritmos e, no futuro, toda a gestão de recursos humanos pode vir a depender bastante da Inteligência Artificial, com o estabelecimento de perfis. É sem dúvida nesta área que várias questões se levantam para a segurança e saúde dos trabalhadores, desde logo, com a quantidade maciça de dados pessoais que circulam sobre as pessoas e que permitem a criação dos seus perfis como pequenas peças de puzzles. O denominado também *human analythics* é utilizado para recrutamento de trabalhadores, para a sua promoção, para aferir quem mais facilmente irá manter-se no emprego e para selecionar os futuros supervisores[488]. Servem ainda para cruzar informação sobre dados pessoais, inclusive dados pessoais sensíveis, para verificar o estado de saúde e a *moral*

[485] Cf. VALERIO DE STEFANO e ANTONIO ALOISI, *Il tuo capo è un algoritmo – Contro il lavoro desumano*, Tempi Nuovi, 2020.

[486] PHOEBE MOORE, *The mirror for...*, cit., pp. 10 e ss. aborda esta questão, analisando a sua evolução e a existência de vários em inúmeras empresas.

[487] Neste sentido veja-se NETHERLANDS ORGANISATION FOR APPLIED SCIENTIFIC RESEARCH (TNO). *Emergent risks to workplace safety; Working in the same space as a cobot. Report for the Ministry of Social Affairs and Employment*, Países Baixos, 2018, p. 18-19.

[488] PHOEBE MOORE, última *op.* cit., p. 2, escreve que *"Human resource (HR) tools called 'people analytics' that apply machine learning tools to predict worker performance and behaviour are expected to demonstrate a 'predictive' intelligence"*.

dos trabalhadores. E, atualmente, cerca de 40% de empresas admitem recorrer à Inteligência Artificial[489].

Contudo, relativamente aos algoritmos, defende-se que têm de ser passíveis de ser auditadas as decisões tomadas automaticamente, remetendo para o que defendemos *supra*[490].

Este seguimento total que pode ser produzido através do próprio instrumento de trabalho, contínuo, total, em tempo real, que permite um enorme controlo à distância espacial, mas sobretudo temporal, regista todos os comportamentos do trabalhador e diminui-lhe a liberdade e a autonomia, já que sabe que está a ser constantemente vigiado e controlado.

Estas tecnologias têm uma capacidade inquisitória que parece não ter limites e que afeta o próprio contrato de trabalho, chamando a atenção para uma profunda mudança no próprio poder de controlo porque grande parte do seu exercício, dado o carácter ambivalente destas novas tecnologias, é realizado à distância, passando este poder de elemento eventual da atividade para uma parte própria da atividade laboral. Há, assim, uma extensão do poder de controlo, tanto do ponto de vista qualitativo, como quantitativo, assim como uma descentralização da subordinação e uma dificuldade em distinguir entre a estrutura de controlo, o seu objeto e a sua finalidade, na medida em que todas estas vertentes parecem estar integradas numa mesma função e momento temporal com a própria atividade laboral do trabalhador. Há, assim, um enorme aumento do poder de controlo do empregador sem que exista, simultaneamente, uma articulação de formas de contrapeso a esse poder.

O controlo é impessoal, sub-reptício e constante, convertendo-se num substituto perfeito dos tradicionais meios de controlo, diretos e pessoais, contribuindo para um aumento da dimensão desumana do poder de controlo e que pode originar o quase total desaparecimento da privacidade dos trabalhadores. O enorme aumento do poder de controlo pode levar ao adormecimento e, mesmo, ao esquecimento de que a liberdade pessoal dos trabalhadores e os seus direitos fundamentais são limites infranqueáveis a este poder do empregador. Esta dimensão desumana do poder, ao permitir um controlo potencialmente vexatório, contínuo e total, comporta riscos para a saúde dos trabalhadores, tanto físicos, como psíquicos, nomeadamente por saber ou sentir-se constantemente vigiado, o que pode provocar, *inter alia*,

[489] PWC, *Artificial Intelligence in HR: a no Brainer*, 2018, *in https://www.pwc.at/de/publikationen/verschiedenes/artificial-intelligence-in-hr-a-no-brainer.pdf*.

[490] II, 3.5..

uma grande pressão psicológica que poderá conduzir a casos de assédio moral e doenças como depressões e *stress*.

Desta forma, se estas tecnologias facilitam, incontestavelmente, o trabalho humano, elas são, simultaneamente, uma fonte de aumento de riscos para a saúde no trabalho, principalmente pela intensificação deste. Pode dizer-se, assim, que com este tipo de controlo há uma omnipresença dos riscos psicológicos e sociais e o aparecimento de doenças deste foro.

O enorme aumento das formas de controlo e as possíveis consequências psicológicas que lhe estão associadas levam que se esteja a colocar em causa o primeiro direito histórico dos trabalhadores e que é o respeito pela sua integridade e a sua saúde, anteriormente física, hoje mental.

Na verdade, hoje há um seguimento total dos trabalhadores porque com a inteligência artificial consegue-se a realização de tarefas de controlo muito mais rapidamente do que a efetuada por humanos e, com a ajuda dos algoritmos, criam-se padrões de comportamento e perfis, através do número de teclas digitadas, das redes sociais, dos telefonemas feitos, dos locais visitados fora do local do trabalho, através do GPS, e muito mais formas de controlo. No trabalho na era digital há um controlo das próprias plataformas sobre os trabalhadores através de sistemas que permitem controlar imensos dados.

4.2.8. Contudo, existem ainda mais riscos para a segurança e saúde dos trabalhadores. Desde logo, quando o trabalho é realizado totalmente *online*, o local mais habitual é muitas vezes o domicílio e os riscos são os mesmos que existem no caso do teletrabalho, sobretudo devido a dois fatores: o primeiro será o elemento espacial, relacionado com o facto de a prestação laboral ser realizada fora do local da empresa, o que dificulta ao empregador a identificação dos riscos existentes, a adoção de medidas preventivas oportunas e a verificação do cumprimento das regras por parte do teletrabalhador; o segundo fator será o elemento instrumental associado ao recurso às tecnologias de informação e de comunicação já que estas podem gerar riscos novos por vezes difíceis de identificar e de combater.

Acresce ainda que nestes casos, é difícil garantir a aplicação das regras sobre segurança e saúde num ambiente de trabalho que não coincide com as instalações empresariais, onde pode não ser tão óbvio o acesso dos serviços inspetivos ao local de trabalho e pode ser mais difícil responsabilizar o empregador pelo incumprimento das referidas regras.

Por outro lado, outro dos grandes problemas ou desvantagens apontadas a estas novas formas de prestar trabalho é o do isolamento, já que não têm canais diretos de comunicação com os clientes e não podem trocar ideias com os colegas, tendo de trabalhar autonomamente o que aumenta, e muito, os riscos psicossociais. As relações pessoais ficam muitas vezes desumanizadas, tornando-se os trabalhadores invisíveis, ou até, conforme já referimos *supra*[491], *coisificados*, ou mesmo *insignificantes*, sendo tratados muitas vezes de forma impessoal e neutra, quer pelas plataformas digitais, quer pelos próprios clientes. Estes sentimentos podem originar riscos psicossociais como a depressão ou *stress*.

No caso do teletrabalho o legislador tentou acautelar os perigos deste isolamento, tanto relativamente ao contacto com os restantes colegas, como no que respeita à falta de inserção na estrutura organizativa da empresa e, por isso, consagrou a possibilidade de reversão da situação através da possibilidade de o trabalhador regressar ao regime comum, mediante acordo escrito com o empregador, nos termos do art. 166.º, n.º 5 do CT, assim como através da consagração do dever de *sociabilidade informática* pelo empregador que deve proporcionar ao teletrabalhador, nos termos do art. 169.º, n.º 3, "contactos regulares com a empresa e os demais trabalhadores", assim como a participação e representação coletivas do teletrabalhador consagradas no art. 171.º, ambos do CT.

Assim, ao nível dos riscos para a segurança e saúde do trabalhador existe, *inter alia*, o problema do isolamento, a falta de socialização entre trabalhadores, a ausência de representação dos mesmos, a não utilização de equipamento adequado, dado o local onde trabalham, assim como a própria organização do trabalho.

4.2.9. Outro risco para a segurança e saúde que os trabalhadores podem ter está relacionado com situações de assédio e de discriminação, que poderão ocorrer dada a crescente utilização de algoritmos na relação de trabalho

Há uma enorme falta de transparência do algoritmo, uma falta de informação sobre a forma como a Inteligência Artificial está a analisar os dados pessoais e a utilizá-los. Se os trabalhadores não sabem e não compreendem como os algoritmos são utilizados e como funcionam, podem considerar difícil interagir com os mesmos e reconhecer quando eles agiram erradamente, levando mais uma vez a situações de *stress* e de ansiedade porque não sabem o que se está a passar e porque se se está a passar[492].

[491] II, 1.2..

[492] Relativamente a esta parte remete-se para o que escrevemos *supra* no número anterior no que concerne à igualdade e não discriminação, II, 3.5..

4.2.10. Contudo, não pode ser esquecido que há vários aspetos positivos em termos de segurança e saúde no trabalho com a automatização. Na verdade, a utilização de veículos autónomos, a automatização de determinadas tarefas, a utilização de *robots* e até de drones pode reduzir a exposição dos trabalhadores a espaços que apresentam riscos, como espaços fechados, com elevados níveis de ruído, ou trabalho em altura, assim como a diminuição de tarefas repetitivas.

Porém, estas mesmas tecnologias podem produzir riscos para a saúde e segurança dos trabalhadores, nomeadamente quando se trabalha com os denominados *robots* colaborativos, ou *cobots* e, nos primeiros tempos, os acidentes podem aumentar, bastando pensar na possível danificação dos sensores colocados nestes últimos para auxiliar no trabalho, os riscos de acidentes aumentam[493] colocando-se a questão da determinação da responsabilidade. Quem fabricou o *cobot*? Ou a empresa que utiliza o *cobot*? A complexidade aumenta assim como a própria noção de acidente de trabalho. Ou, se pensarmos nos casos em que um trabalhador tem como atividade *tomar conta* de uma máquina, pode receber notificações e atualizações nos telemóveis ou objetos pessoais em horas que deveriam ser de descanso e, claramente, levantam-se questões de *stress* e de falta de conciliação entre tempo de trabalho e tempo de vida pessoal.

Por outro lado, existem ainda os *chatbots*, utilizados em *call centers* que servem para responder automaticamente a certas questões colocadas pelos clientes. Aqueles *chatbots* podem libertar os trabalhadores destes locais de algumas tarefas repetitivas, mas podem, simultaneamente, trazer novos problemas para os trabalhadores relacionados com o *stress* de serem substituídos por aqueles com o inerente receio do desemprego.

Perante estas situações defende-se que os trabalhadores têm de ter formação sobre a utilização dos novos meios.

4.2.11. Outro problema associado a esta questão é a falta de organização dos trabalhadores nas plataformas digitais a nível coletivo. Na verdade, a posição frequentemente precária deste tipo de trabalhadores, aliada às características específicas deste trabalho, nomeadamente o enorme isolamento e a competitividade entre eles, tende a dificultar a sua organização coletiva e,

[493] *Vide* KNOWLEDGE AT WORK, *The future of safety in the digital age*, 2017, *in* https://www.ulehs sustainability.com/blog/workplacesafety/the-future-of-safety-in-the-digital age, e *Foresight on new...*, cit., pp. 47-48.

desta forma, a defesa dos seus direitos e interesses, bem como o desenvolvimento do diálogo social. A maioria destes trabalhadores não se conhecem, existindo uma rotação elevada dos mesmos.

Contudo, considera-se que o diálogo social e a participação dos parceiros sociais, tanto a nível da concertação social como ao nível da negociação coletiva, podem conduzir a que sejam encontradas respostas inovadoras nestas matérias, nomeadamente quanto ao desenvolvimento do emprego, à luta contra a exclusão e à melhoria da qualidade de vida e das condições de trabalho. Podem conseguir-se respostas apropriadas, porque portadoras de novas flexibilidades e de segurança renovada aos grandes desafios de hoje, como o desenvolvimento da formação ao longo da vida, a melhoria das condições ao nível de segurança e saúde no trabalho, o reforço da mobilidade, o envelhecimento ativo ou ainda a promoção da igualdade de oportunidades e da diversidade perante um mundo de trabalho que está a sofrer uma verdadeira revolução[494].

Porém, deve também atender-se que estas novas formas de prestar trabalho originam uma alteração da própria ideia de diálogo social, surgindo a questão de saber qual o diálogo social na era digital. Deverão surgir novas formas de diálogo social[495]?

Crê-se ainda que o próprio conteúdo do diálogo social deve alterar-se pois as condições de trabalho na era digital são diferentes das tradicionais, e isto tem de refletir-se na discussão entre os parceiros sociais[496].

4.2.12. Atendendo a estes perigos, várias empresas começaram a ter em consideração os riscos psicossociais, criando departamentos específicos para o seu acompanhamento começando pela atuação ao nível preventivo e formação dos trabalhadores para reconhecerem e auxiliarem colegas em situações de *stress*, de *burnout*, de depressão. Este investimento, para além de todos os benefícios não patrimoniais, tem também benefícios económicos.

[494] Cf., para maiores desenvolvimentos, N. COUNTOURIS e VALERIO DE STEFANO, *New trade union strategies for new forms of employment*, ETUC, Bruxelas, 2019.

[495] Veja-se o caso da plataforma digital *fairCrowdWork watch*, foi colocada em linha pelo Sindicato Alemão IG Mettal, ao qual se associaram vários outros sindicatos de diferentes países, que visa permitir a todos os que trabalham através do *Crowdsourcing* conhecerem os seus direitos e melhorar as condições de trabalho – http://www.faircrowdwork.org/de/watch, ou o caso da Couriers and Logistics Branch of the Independent Workers of Great Britain, https://iwgbclb.wordpress.com/.

[496] Cf., para maiores desenvolvimentos, MARIA DO ROSÁRIO PALMA RAMALHO, *A Economia Digital ...*, cit..

Estudos recentes realizados na UE mostram que por cada euro investido em Programas de Assistência aos trabalhadores, as empresas poupam 5 euros em termos de redução de absentismo[497]. Na verdade, "De acordo com a EU-OSHA, os riscos psicossociais são o resultado de deficiências na conceção, na organização e na gestão do trabalho, assim como de um contexto socioprofissional desfavorável. Entres os riscos psicossociais incluem-se: cargas de trabalho excessivas; exigências contraditórias; falta de clareza das funções do posto de trabalho; não participação na tomada de decisões que afetam trabalhadores/as; falta de influência relativamente à forma como o trabalho é levado a cabo; má gestão das mudanças organizacionais; insegurança do emprego; comunicação ineficaz; falta de apoio por parte da direção ou dos colegas; assédio e violência" [498].

Assim, a digitalização pode ter um papel importante nesta situação ao aumentar o problema ou, pelo contrário, ao potenciar situações que criem uma solução pessoal, acessível para todos e pouco custosa.

Devem adotar-se políticas para aumentar o foco na prevenção destas doenças e na recuperação das pessoas por elas vitimizadas e em políticas que assegurem o acesso ao serviço para todos. Tudo isto pode ser feito, desde logo, através de campanhas que visem promover a desmistificação de problemas mentais, permitindo a existência de um diálogo próprio e informado sobre estas questões para diminuir a discriminação que muitos trabalhadores sofrem. Com esta abordagem diminuir-se-ia o estigma que pesa sobre muitos e aumentava-se a possibilidade de recuperação.

Outra via possível é a de estabelecer políticas de incentivos financeiros para as empresas que adotem este tipo de programas ou torná-los mesmo obrigatórios. Obviamente que esta solução só funciona se começar-se desde cedo a identificar as questões tendo as empresas de ser transparentes relativamente aos resultados obtidos[499].

Através da contratação coletiva também é possível a inclusão de medidas que visem melhorar esta situação, através de melhor formação de todos, nomeadamente de supervisores, assim como mediante o fomento de atividades de sensibilização.

[497] *The Impact of the Digital...*, cit., p. 37.

[498] OIT, *Acabar com a violência e o assédio contra mulheres e homens no mundo do trabalho*, Genebra, 2018, p. 78.

[499] No mesmo sentido *The Impact of the Digital...*, cit., p. 38.

A contratação coletiva pode também abordar os riscos psicossociais. Na Europa, este é frequentemente o resultado da aplicação do Acordo-Quadro sobre o Stress Ligado ao Trabalho, de 2004, que foi transposto para a legislação nacional de muitos países europeus através de convenções coletivas celebradas a nível nacional, setorial e empresarial[500].

Deve, também, considerar-se a Convenção n.º 155 da OIT, relativa à segurança, à saúde dos trabalhadores e ao ambiente de trabalho que, apesar de ser de 1981[501], tem aspetos que devem ser tidos em atenção nestas matérias. Assim, logo o art. 14.º determina que "Deverão ser tomadas medidas que visem encorajar, de acordo com as condições e a prática nacionais, a inclusão de temas de segurança, higiene e ambiente de trabalho nos programas de educação e formação a todos os níveis, incluindo o ensino superior técnico, médio e profissional, de modo a satisfazer as necessidades de formação de todos os trabalhadores". Por seu lado, o art. 12.º, alínea c), determina que "Deverão ser tomadas medidas, em conformidade com a legislação e a prática nacionais, de forma que as pessoas que concebem, fabricam, importam, põem em circulação ou cedem, a qualquer título, máquinas, materiais ou substâncias de utilização profissional ... c) Procedam a estudos e a investigações ou acompanhem por qualquer outra forma a evolução dos conhecimentos científicos e técnicos, tendo em vista o cumprimento das obrigações que lhes incumbem", o que está relacionada com a necessidade contínua de análise dos riscos existentes. Acresce que o próprio art. 5.º, alínea b), estabelece que as políticas sobre segurança e saúde no trabalho devem ter em atenção "As relações que existem entre os componentes materiais do trabalho e as pessoas que executam ou supervisionam o trabalho, assim como a adaptação das máquinas dos materiais, do **tempo de trabalho, da organização do trabalho e dos processos de trabalho às capacidades físicas e mentais dos trabalhadores**"[502], um dos problemas mais recorrentes hoje em dia.

E é importante atender, ainda, que na 108ª sessão da Conferência Internacional do Trabalho realizada em Genebra em junho de 2019, foi adotada a Convenção n.º 190 sobre Violência e Assédio no Mundo do Trabalho.

Esta Convenção parece-nos de extremo relevo na medida em que define em termos amplos a violência e o assédio no trabalho e onde esses atos podem ocorrer. O documento destaca que no mundo laboral "todos têm o direito de

[500] OIT, *Acabar com a violência...*, cit., p. 81.

[501] Aprovada pelo Decreto do Governo n.º 1/85, de 16/01, e publicada no Diário da República I, n.º 13, de 16/01/1985

[502] Negrito nosso.

estar livres de violência e do assédio, incluindo a violência baseada no género". A Convenção exige medidas dos governos para proteger os trabalhadores, especialmente as mulheres, da violência e do assédio e inclui ainda recomendações para que os governos implementem mudanças.

Na verdade, o bem-estar dos trabalhadores deve estar no centro das políticas económicas e sociais e o princípio orientador no trabalho dos diversos países é a promoção da dignidade humana. Ora o emprego decente é sinónimo de uma vida digna.

Por outro lado, esta Convenção reconhece que a violência e o assédio no mundo do trabalho "podem constituir uma violação ou abuso dos direitos humanos. O documento define violência e assédio como comportamentos, práticas ou riscos "que visam, ou resultam, ou são suscetíveis de resultar em danos físicos, psicológicos, sexuais ou económicos". A Convenção relembra aos Estados-membros que têm a responsabilidade de promover um "ambiente geral de tolerância zero".

Deve realçar-se que esta convenção pretende proteger os trabalhadores independentemente do seu estatuto, incluindo trabalhadores, estagiários, pessoas que estão desempregadas, voluntários, pessoas à procura de emprego, reconhecendo claramente que também os superiores podem sofrer deste tipo de assédio e violência[503].

É de salientar que os conceitos de violência e de assédio englobam também as novas formas de prestar trabalho e a utilização de NTIC, nos termos do art 3.º, alínea d)[504].

4.2.13. O desafio atualmente é, assim, o da adaptação prática dos regimes tradicionais em matéria de segurança e saúde no local de trabalho às novas formas de prestar trabalho que decorrem das tecnologias digitais e aos riscos profissionais inerentes, sendo que um dos desafios é o de antecipar os riscos destas novas formas de prestar trabalho, já que os riscos psicossociais

[503] *The new international labour standard aims to protect workers and employees, irrespective of their contractual status, and includes persons in training, interns and apprentices, workers whose employment has been terminated, volunteers, job seekers and job applicants. It recognizes that "individuals exercising the authority, duties or responsibilities of an employer" can also be subjected to violence and harassment.*

[504] *The standard covers violence and harassment occurring in the workplace; places where a worker is paid, takes a rest or meal break, or uses sanitary, washing or changing facilities; during work-related trips, travel, training, events or social activities; work-related communications (including through information and communication technologies), in employer-provided accommodation; and when commuting to and from work. It also recognizes that violence and harassment may involve third parties.*

têm consequências a nível físico, incluindo doenças cardiovasculares, musco-esqueléticas, hipertensão, e problemas ao nível do foro mental, como, entre outros, síndrome de *burnout* e de depressão[505].

Defende-se, contudo, que não existem obstáculos para a aplicação dos princípios sobre segurança e saúde no trabalho a quem trabalha nas plataformas digitais. Na verdade, a sua tutela encontra-se relacionada com a dignidade da pessoa humana e também com a ideia de trabalho decente, conforme a própria OIT reconhece. O objetivo não é que todo o trabalho se enquadre no modelo típico, mas que todo o trabalho seja decente[506].

4.2.14. Esta proteção começa logo na fase de seleção porque todo o processo pode ser qualificado de *stressante* já que há uma enorme competição entre todos, na medida em que a plataforma vive da reputação que tem *online*. Esta reputação tem influência nas condições laborais de quem para ela presta atividade e na possibilidade de vir ou não a obter uma nova tarefa, o que origina imediatamente riscos para a segurança e saúde dos trabalhadores já que podem sujeitar-se a trabalhar em ambientes insalubres, com más condições de trabalho, sob uma enorme pressão e sem qualquer limite pelos tempos de trabalho.

Contudo, preconiza-se que não pode ser assim. O trabalho tem de adaptar-se ao Homem e não o oposto. E o desafio é grande porque tem de conseguir encontrar-se um justo equilíbrio entre a segurança e a saúde dos trabalhadores e as novas formas de prestar trabalho, onde se exige uma maior flexibilidade das relações laborais, uma utilização cada vez mais intensiva das novas tecnologias e uma virtualização das próprias relações de trabalho. Defende-se a prevenção como princípio basilar, princípio este que se aplica a ambos os sujeitos da relação de trabalho, considerando-se, ainda, que a solução tem de ser encontrada a nível internacional, já que as questões colocadas são claramente transnacionais.

A Diretiva do Parlamento Europeu e do Conselho relativa a condições de trabalho transparentes e previsíveis na União Europeia, de 16 de abril de 2019, poderá ser o início de um caminho ou, pelo menos, uma esperança ao defender uma mesma tutela para todos.

[505] OIT, *Safety and health at the heart of the future of work – Building on 100 years of experience*, Genebra, 2019, pp. 55-56.

[506] OIT, *O emprego atípico no mundo: desafios e perspetivas*, Genebra, 2016.

Porém, uma das grandes questões é que, com os avanços na Inteligência Artificial e com estas novas formas de prestar trabalho, a tecnologia *will be done to you* e não *will be there for you*. E esta mudança traz grandes questões que necessitam de ser pensadas e tratadas a nível internacional.

O *stress*, o *tecnostress*, a ansiedade e a depressão, são muitas vezes comuns devido à precariedade destas formas de prestar trabalho, à falta de previsibilidade nestas *zonas cinzentas* de trabalho, à sua intensificação, ao seu controlo constante e permanente, ao facto de se trabalhar juntamente com *robots* e à correspondente falta de autonomia, ao ciber-assédio, e às pressões da própria Inteligência Artificial para a intensificação do trabalho conhecido como o *digital whip*.

Na verdade, os riscos psicossociais incluem o isolamento, a dependência da tecnologia, a sobrecarga de informação, o esgotamento e problemas posturais. Todo o trabalho em plataformas digitais pode aumentar o risco do *stress* através da avaliação e classificação contínua do desempenho, de mecanismos de concorrência para a atribuição do trabalho, da retribuição incerta e do esbatimento das fronteiras entre a vida profissional e a vida pessoal e familiar. Finalmente, a insegurança do trabalho, a incerteza do amanhã, que é uma das características intrínsecas a este tipo de trabalho, constitui um fator que contribui para as más condições de saúde entre este tipo de trabalhadores.

Torna-se assim essencial tentar encontrar respostas a estas novas situações e uma delas consiste na formação ao longo da vida, com um novo tipo de formação, constante para todos os trabalhadores e dirigida às novas questões que se levantam, já que, hoje em dia, a maior parte dos trabalhadores não vai trabalhar a vida toda para um único empregador ou realizar sempre a mesma atividade e, por isso, a segurança e a saúde no trabalho não podem direcionar-se apenas para os riscos de uma só atividade mas da vida profissional em geral, tratando de temas como, *v.g.*, a insegurança no trabalho, a precariedade, a ansiedade e o *stress*. Por outro lado, parece-nos que deve fazer-se a ligação entre políticas de segurança e saúde e políticas públicas de saúde, porque esta ligação pode originar a necessidade de promover locais de trabalho mais saudáveis que previnam o surgimento de doenças através de melhorias na organização. Parece que questões como a nutrição, que permita o acesso a uma alimentação saudável durante o tempo de trabalho, o aumento da atividade física, dormir-se bem, com corretos padrões de sono, ter-se em atenção e abordar-se os riscos psicossociais, pode ser o caminho, assemelhando-se-nos que existe a possibilidade de uma boa ligação entre vários mecanismos de serviços de saúde e segurança no trabalho com serviços de saúde públicos ou privados para apoiar a saúde dos trabalhadores. Existe um crescente reconhecimento da ligação entre a saúde e a segurança no trabalho com a prevenção de riscos psicossociais e outras doenças como hipertensão, diabetes, doenças cardiovasculares, desordens gastrointestinais e outras que têm originado muitas mortes[507].

Deve ter-se em atenção, como a própria OIT[508] reconheceu, que a segurança e a saúde no trabalho devem ser reconhecidas como princípios e direitos fundamentais do trabalho e, por isso, apesar de o futuro ser incerto e de apresentar muitos desafios e dificuldades, considera-se que é a altura de empregadores, de trabalhadores e de parceiros sociais aproveitarem a oportunidade para tentar criar um futuro do trabalho mais saudável e seguro para todos[509].

5. O Controlo dos Trabalhadores na Era Digital

5.1. Introdução

A faculdade de vigilância e controlo é necessária para a organização laboral da empresa, representando um instrumento fundamental para a valoração das formas de execução do contrato de trabalho. O empregador tem, desta forma, o poder de, na fase de execução do contrato de trabalho, controlar e vigiar a prestação de trabalho realizada pelo trabalhador. A doutrina é unânime em entender que este poder de controlo é inerente ao próprio contrato de trabalho já que não teria qualquer lógica que o empregador pudesse ditar ordens e instruções ao abrigo do seu poder diretivo e, depois, não pudesse verificar se elas estariam a ser bem cumpridas. Não pode, desta forma, duvidar-se da faculdade do empregador controlar o cumprimento por parte dos trabalhadores das suas obrigações, já que o seu fundamento tem alicerces constitucionais na liberdade de empresa e, também, na própria definição de contrato de trabalho do art. 11.º do CT.

Este poder de controlo vem definido em direta relação com o dever de subordinação do trabalhador, sendo o acento tónico colocado não nas características do contrato de trabalho, mas na modalidade de desenvolvimento da prestação de

[507] OIT, última *op.* cit., p. 60.

[508] *Trabalhar para ...*, cit., p. 12.

[509] Para maiores desenvolvimentos veja-se ADRIÁN TODOLI SIGNES, MAHEDAH JALIL NAJI e JULEN LLORENS ESPADA, *Riesgos Laborales Específicos del trabajo en las Plataformas Digitales*, Osalan, Bilbau, 2020.

trabalho. O trabalhador, submetido à dependência de outrem, insere-se numa organização produtiva alheia onde o seu titular tem a possibilidade de ditar ordens, instruções, diretrizes, e de verificar o seu correto cumprimento. Assim, a questão do poder de controlo, legitimada constitucional, legal e contratualmente, coloca-se não tanto em relação à sua existência, mas antes em relação aos seus limites, já que o controlo sobre a prestação de trabalho constitui um elemento natural e indispensável próprio de qualquer relação sinalagmática.

5.2. A revolução digital e novas formas de controlo

5.2.1. Este tipo de vigilância e de controlo impregnaram o *código genético* da forma de organização do trabalho desde a aplicação da teoria de TAYLOR, na versão fordista. Um papel muito importante, neste tipo de organização, é realizado pelo controlo e pela vigilância feita pelo pessoal de gestão, de forma a obter a realização de determinados objetivos produtivos[510].

Atualmente, as transformações na organização da empresa e na estrutura produtiva e as mudanças na organização do trabalho, originadas pela introdução das novas tecnologias, estão a afetar o poder de controlo e a exigir novas formas de racionalização e de gestão dos recursos humanos, assim como a favorecer o aparecimento de novas formas de controlo e de vigilância. Se o controlo por parte do empregador não é novo nem proibido, a novidade provém do facto de surgirem novas tecnologias que têm maior efetividade de controlo e com uma capacidade de recolher dados que, por vezes, parecem não ter limites. Estas novas tecnologias, umbilicalmente ligadas aos meios informáticos, poderão mesmo determinar uma mudança no poder de controlo do empregador na medida em que grande parte da direção, controlo e vigilância serão realizados à distância através do computador. Esta realidade exige que se redobrem os esforços no sentido de assegurar a posição do trabalhador perante o exercício do controlo por parte do empregador.

[510] Neste sentido BELLAVISTA, "Le prospettive della tutela dei dati personali nel rapporto di lavoro", *in* RGLPS, I, 2003, p. 55. Também DAVID LYON, *op.* cit., pp. 121-122, dá o exemplo da primeira industrialização como uma forma de controlo dos trabalhadores sem necessidade de recurso à força, pois a forma de controlo baseia-se nas novas formas de gestão industrializada. E refere MARX como um autor que conseguiu demonstrar estas novas formas de controlo. Este autor defendeu que colocar os trabalhadores juntos era uma forma de os manter controlados e antecipou, também, como as novas tecnologias seriam o instrumento para manter esse controlo.

Os próprios poderes do empregador e, entre eles, o poder de controlo, não constituem conceitos isolados e estanques em relação às mutações ocorridas na sociedade a nível político, social, económico e tecnológico, bem pelo contrário.

5.2.2. Com as inovações tecnológicas o problema do controlo dos trabalhadores conheceu uma nova realidade e uma nova atualidade. O controlo do empregador não é novo, nem proibido, pois não teria sentido o empregador poder dar ordens e instruções se não pudesse verificar como estariam a ser cumpridas. A questão que se coloca não é a legitimidade do controlo, mas a dos seus limites, tendo em consideração que com estas tecnologias ressurgiu o clássico debate relativo ao equilíbrio entre o direito fundamental à privacidade dos trabalhadores e os legítimos direitos dos empregadores de dirigir os trabalhadores e controlar as suas tarefas. O grande perigo advém das tecnologias que são utilizadas, já que com elas foram criadas formas mais sofisticadas e efetivas de controlar os trabalhadores. Assim, se estas têm inúmeras vantagens para o funcionamento interno das empresas, é inquestionável que suscitam importantes questões jurídicas em diversas áreas, com especial incidência no campo laboral. É o caso das relativas à privacidade e à dignidade dos trabalhadores aquando da sua utilização, que não podem ser descuradas, bem como a capacidade de conservação de toda a sua movimentação.

Se o poder de controlo do empregador configura um aspeto essencial da subordinação dos trabalhadores e da própria relação de trabalho, reconduzível ao interesse próprio do credor de trabalho, a difusão destas tecnologias na era digital aumentou, e muito, as potencialidades deste poder. Através do recurso à Inteligência Artificial é possível seguir os trabalhadores para, praticamente, todos os locais, controlar a sua *produtividade*, o que fazem nos seus tempos de não trabalho e até, eventualmente, despedi-los[511].

5.2.3. Entende-se que um dos aspetos mais inquietantes da introdução da tecnologia informática está relacionado com as novas formas do exercício do poder de controlo do empregador, pois estas tecnologias aumentam-no de uma forma inusitada, sem precedentes. É verdade que este poder existiu desde sempre, mas perante a vigilância tradicional, limitada, a monitorização

[511] O sistema de controlo utilizado pela *Amazon* mede a produtividade dos trabalhadores e envia alertas sobre a mesma que pode, inclusive, implicar a cessação da relação sem notificar os supervisores. Cf. sobre esta matéria ETUI, *Labour in the age of AI: why regulation is needed to protect workers*, 2020, p. 2.

digital pressupõe um salto qualitativo já que se está perante um controlo à distância, frio, incisivo, sub-reptício, aparentemente infalível, tornando possível um controlo total, ou quase total, de todos os movimentos da vida dos trabalhadores, o que origina que o trabalhador se torne *transparente* e sempre conectado – *homo connectus* – com os empregadores, deixando de se sentir livre. Na verdade, com a absorção das novas tecnologias, o poder de controlo do empregador sobre a prestação de trabalho e sobre o próprio trabalhador aumentou exponencialmente porque está muito mais presente na medida em que é da sua própria essência. Com o aparecimento das novas tecnologias operou-se como que uma verdadeira migração das tecnologias de controlo da periferia até ao coração do processo de trabalho propriamente dito.

Ao trabalho subordinado, modelo TAYLOR, de inícios do séc. XX, sucede um novo tipo de relações sociais ancoradas numa base contraposta, a autonomia, podendo agora transformar-se o sonho num pesadelo, a ubiquidade. Na verdade, uma das principais dificuldades destas tecnologias é o facto de serem extremamente ambivalentes, na medida em que constituem uma fonte evidente de liberdade e autonomia mas também podem, inversamente, reenviar o *Big Brother* para a idade da pedra, e fazer passar TAYLOR por um aprendiz pois após o seu aparecimento é permitido um acumular de informações incomparável, tendo junto uma memória de um computador[512].

Com as NTIC entrou-se numa nova etapa na vigilância e controlo do homem-trabalhador, já que, atualmente, o computador permite um conhecimento do modo de pensar do trabalhador, permite conhecer a "caixa negra"[513] que é o pensamento dos trabalhadores, e efetuar conclusões de natureza preditiva, através do controlo das técnicas de trabalho, mas igualmente pela atenção centrada nos seus interesses pessoais registados nas diversas conexões que realiza. O instrumento informático pode recriar um perfil do trabalhador, assim como a sua própria evolução[514]. Pode defender-se, assim, que o controlo passou de uma vertente física para um nível qualitativo inegável. Para o empregador torna-se fácil apreender a forma de pensar e de reagir dos seus

[512] JEAN-EMMANUEL RAY, "Avant-propos...", cit., p. 7, chamando a atenção para esta ubiquidade das novas tecnologias, que permitem a existência de um "supervisor virtual", muitas vezes com o desconhecimento dos trabalhadores, assim como para o facto das possibilidades de controlo serem, hoje, praticamente infinitas.

[513] THIBAULT ARANDA, "La vigilância del uso de internet en la empresa y la protección de datos personales", *in* RL, n.ºs 5-6, 2009, p. 68.

[514] Ver *supra*, II,3.5..

trabalhadores, tornando-se difícil, para não dizer impossível, disfarçar uma parte da sua vida privada.

Nota-se, desta forma, como, com a introdução destas tecnologias, há uma mudança no alcance do poder de controlo do empregador, renovando a clássica questão dos seus limites, e no espaço de liberdade dos trabalhadores[515].

5.2.4. Existe uma outra característica das NTIC que aumenta, e muito, a possibilidade de controlo e que é o seu carácter ambivalente na medida em que estas tecnologias se empregam, simultaneamente, como instrumento para desempenhar a atividade produtiva e como mecanismo de controlo da prestação de trabalho executada pelo trabalhador. Opera-se, desta forma, uma perfeita concentração numa mesma máquina da atividade produtiva e de controlo, de tal forma que enquanto estes meios são utilizados para fins produtivos pelo trabalhador, estão, simultaneamente, a proporcionar uma enorme quantidade de dados aos empregadores, por vezes dados muito pessoais, contribuindo para aumentar a esfera de exercício do seu poder, e originando também uma participação direta do trabalhador na atividade de controlo. O trabalhador torna-se, simultaneamente, sujeito ativo e passivo e de tal forma que é possível realizar um controlo bidirecional.

O controlo tornou-se, pelo menos do ponto de vista técnico, impercetível, tendo uma capacidade inquisitória que parece não ter limites e que afeta o próprio contrato de trabalho, o que origina uma profunda mudança no próprio poder de controlo porque grande parte do seu exercício, dado o carácter ambivalente destas novas tecnologias, será feito à distância através dos meios digitais. Há, assim, uma extensão do poder de controlo tanto do ponto de vista qualitativo como quantitativo, assim como uma descentralização da subordinação e uma dificuldade em distinguir entre a estrutura de controlo, o seu objeto e a sua finalidade, na medida em que todas estas vertentes parecem estar integradas numa mesma função e momento temporal, com a própria atividade laboral do trabalhador. Há, assim, um enorme aumento do poder de controlo do empregador sem que exista, simultaneamente, uma articulação de formas de contrapeso a esse poder.

[515] Como escreve AMIN MAALOUF, *O naufrágio das civilizações*, Marcador, Lisboa, 2020, pp. 216-217, ainda que noutro contexto, "Além de estarmos sujeitos a ser escutados, podemos ser, a todo o momento localizados, e, à vezes, até filmados, graças aos nossos telemóveis, às câmaras de vigilância, aos drones, satélites e outros instrumentos sofisticados que não deixarão de ser inventados".

5.2.5. Através destas tecnologias há um esbatimento das fronteiras espácio-temporais, alterando-se profundamente a relação de proximidade que existia entre empregador e trabalhador e que havia caracterizado o poder de controlo no passado. As novas tecnologias permitem que se transcenda a própria noção de tempo, bastando lembrar a enorme capacidade de armazenamento destes meios tecnológicos e a possibilidade de deixar sempre rasto e de ser invisível, o que pode constituir uma grande ajuda para os empregadores ao permitir-lhes carrear elementos de prova para eventuais litígios. Os computadores como que se tornaram nos *novos supervisores* dos trabalhadores.

5.2.6. Na esteira de G. LYON-CAEN[516], há que ter em atenção que "o direito, principalmente o relativo às liberdades individuais, não pode inclinar-se perante o estado da tecnologia; esta é que deve adaptar-se, e tem virtualidades para isso, às exigências fundamentais do direito"[517]. Assim, as medidas de controlo, sejam digitais ou não, têm de ser avaliadas de acordo com o facto de se considerar o trabalhador um sujeito ou um objeto[518], e se na imposição da medida o empregador atua com veracidade e lealdade, isto é, sem destruir o clima de confiança mútua que tem de impregnar a relação laboral.

Pensa-se que, apesar destas tecnologias constituírem um desenvolvimento muito positivo dos recursos colocados à disposição dos trabalhadores e dos empregadores, simultaneamente, podem ser usados de forma a lesar certos direitos fundamentais dos trabalhadores, sobretudo a sua dignidade e a sua privacidade. Mas não pode esquecer-se que, com o advento destas inovações tecnológicas, é fundamental que os trabalhadores possam usufruir dos mesmos direitos fundamentais que não podem ser mera relíquia de um passado muito próximo. A dignidade da pessoa humana impõe-se sobre quaisquer outras considerações.

Parece-nos que, nesta matéria, devemos sustentar que nem tudo o que é tecnicamente possível é juridicamente admissível. Assim, os direitos à privacidade e à dignidade dos trabalhadores nunca podem ceder perante argumentos de maior produtividade ou maior eficácia. Com estas novas formas de controlo do empregador pode surgir uma nova forma de *taylorização*, agora de carácter digital. Se tal fosse permitido criar-se-ia cada vez mais um local

[516] *Apud* ANTONMATTEI, "NTIC et vie personnelle au travail", *in* DS, n.º 1, 2002, p. 38.

[517] Deve existir, desta forma, uma adaptação do trabalho ao homem e não o contrário.

[518] O que é claramente interdito.

de trabalho mecanizado, onde o trabalhador é visto como qualquer outro instrumento de trabalho, não muito diferente dos instrumentos digitais que usa. E se é inquestionável que as empresas devem ser eficientes, dinâmicas, devendo estar atualizadas, não é menos certo que esses objetivos não podem ser conseguidos à custa da dignidade dos trabalhadores, da sua coisificação ou reificação.

5.2.7. Há que pensar, por outro lado, que, atualmente, a alteração da estrutura das empresas e a dissolução das fronteiras entre a vida profissional e a vida pessoal originam inúmeras questões. Depois da tecnologia portátil relacionada com a internet das coisas que podem gerar uma conexão permanente, mais ou menos voluntária em qualquer local desde a casa até à empresa, com a banalização do GPS, de dispositivos dotados de radiofrequência, de câmaras milimétricas, de *Google Glass* e outros *smartwatches*, sem dúvida que a sociedade mudou. E se tivermos em atenção que, segundo dados recentes, daqui a 5 anos os trabalhadores terão, em média, 10 objetos de comunicação, desde a geolocalização, à crono-localização e, depois, o *profiling* geográfico, certamente que novas questões se colocam[519].

As novas formas de controlo e vigilância podem aumentar desmesuradamente a capacidade de controlo do empregador na medida em que pode ser quase total, mastodôntica, omnímoda. Está-se, assim, perante um tipo de controlo desumanizante, muito mais penetrante e incisivo que os tradicionais meios de controlo não eletrónicos, na medida em que permite uma vigilância total e completa da atividade do trabalhador. Com a introdução destas novas formas de controlo assiste-se a um aumento do desequilíbrio entre as partes do contrato de trabalho por propiciar que a subordinação do trabalhador atinja patamares impensáveis, com a regressão que isso comporta perante um controlo contínuo e permanente, permitindo ao empregador uma maior concentração de poder. E a tecnologia é a primeira responsável por este aumento de controlo já que não se utilizam apenas as formas tradicionais, mas, sobretudo, outros sistemas mais avançados relacionados com os meios digitais.

Este tipo de controlo tem uma potencialidade investigadora enorme, que desconhece fronteiras, registando todos os actos dos trabalhadores, incluindo aqueles que fazem parte dos aspectos mais íntimos da sua vida, tendo um enorme efeito psicológico nas pessoas controladas.

[519] JEAN-EMMANUEL RAY, "Actualités des TIC ...", cit., p. 520.

5.2.8. Perante estas inúmeras tecnologias a questão que se coloca é a de saber o que resta dos direitos de personalidade dos trabalhadores, sobretudo do seu direito à privacidade. E as questões colocam-se: Com o trabalho na *cloud*, os trabalhadores virtuais podem estar a realizar o trabalho em qualquer local e os empregadores podem estar a gravar todos os movimentos que são realizados. Como conciliar tudo isto com o direito à privacidade na vertente de proteção de dados pessoais[520]? Claramente que é necessário reequacionar a noção de privacidade e salvaguardá-la destes novos tipos de ameaças.

Desta forma, torna-se necessário, diria mesmo imperioso, aferir qual a extensão da proteção da privacidade. Porém, um dos grandes problemas é o de que o tempo tecnológico está sempre a acelerar e o tempo da justiça mantém-se à mesma velocidade, quase que de *cruzeiro*.

A *Internet*, graças às possibilidades de desmultiplicação quase ao infinito associada à virtualidade de realização de uma consulta quase instantânea e imediata no mundo inteiro, através de um simples *clique*, desafiam o jurista na medida em que o tempo da justiça não é o mesmo da rede e, relativamente às empresas, este desfasamento temporal pode acarretar inúmeros prejuízos, nomeadamente em matéria de concorrência e divulgação de segredos empresariais.

Com estas novas formas de controlo os empregadores podem criar quase o *trabalhador perfeito* ou o *super-Homem trabalhador*, através de métodos e testes de vigilância que permitem prever o futuro a vários níveis dos trabalhadores. E retoma-se Pitonisa.

E se associarmos a tudo isto a invisibilidade cada vez maior destas novas tecnologias, invisibilidade não só *virtual*, na medida em que um enorme número de informação que há alguns anos atrás significaria vários sacos cheios de papel pode agora ser enviada em poucos segundos para qualquer local do planeta, mas também uma enorme invisibilidade *real* pois a possibilidade de retirar informação deste tipo da empresa é feita através de meios informáticos cada vez de menor dimensão e com uma enorme capacidade de armazenamento, vê-se que se colocam novas questões ao Direito.

Atualmente, estas tecnologias podem ser instaladas de uma forma muito menos custosa do que há uns anos atrás, mas com uma capacidade de controlo exponencialmente superior, podendo até dizer-se que o seu custo é inversamente proporcional à sua capacidade de controlo. Surgem novas formas de controlo relacionadas, nomeadamente, com a utilização de serviços *online* ou

[520] Ver MIRIAM CHERRY, "A taxonomy of virtual work", *in Georgia Law Review*, vol. 45, n.º 4, 2011, p. 993.

de dados de localização a partir de dispositivos inteligentes que, apesar de serem muito menos visíveis para os trabalhadores quando comparados com os meios tradicionais de controlo, não deixam de ter uma enorme capacidade de controlo. E esta aparente *invisibilidade* técnica do controlo realizado pelo empregador levanta questões relacionadas com a extensão do seu conhecimento real pelos trabalhadores.

5.2.9. As NTIC tiveram e têm uma enorme repercussão no desenvolvimento do Direito do Trabalho dando origem, mesmo, a um novo tipo de controlo, o controlo eletrónico do empregador. O uso destas novas tecnologias, principalmente a *internet* e o *e-mail*, a utilização de redes sociais como, *inter alia*, o *facebook*, o *twitter* ou o *instagram*, tornou o controlo do empregador cada vez mais presente e intrusivo, afetando em cada vez maior grau a privacidade dos trabalhadores e colocando novas questões aos juristas. Os empregadores podem, com a utilização destas NTIC, reunir informação sobre os trabalhadores através da observação do que fizeram durante o tempo e no local de trabalho, descobrir os seus interesses e preferências, através da análise dos *sites* mais visitados, possibilitando a criação de perfis dos trabalhadores e a sua seleção baseada nestes dados. Podem, ainda, na fase de seleção, consultar a informação que os candidatos colocam nas redes sociais ou nos seus *blogs* pessoais e excluí-los, de acordo com o conteúdo dessa informação.

Desta forma, a tecnologia digital permite, graças à sua capacidade praticamente ilimitada de captar, armazenar, relacionar e transmitir todo o tipo de dados, reunir, de forma personalizada a partir de vários tipos de informação, múltiplas facetas da vida dos trabalhadores e conhecer, de algum modo, a sua própria forma de pensar, efetuando conclusões de natureza preditiva sobre o próprio futuro da relação laboral.

5.2.10. Pode defender-se, desta forma, que são vários os fatores que originam que este tema seja sempre controverso e complexo, impondo várias reflexões, mas sem a pretensão ou veleidade de considerar que existe uma sistematização definitiva desta matéria. Ocorrendo uma evolução nos sistemas de produção e nos próprios modelos de organização e gestão empresarial, há um enorme aumento das possibilidades de controlo eletrónico do empregador, o que origina novas questões e o repensar de outras, relacionadas com a enorme capacidade inquisitória que permitem.

Desta forma, o problema da utilização destas tecnologias está no facto de o empregador poder servir-se delas para finalidades nem sempre legítimas, disfarçadas com *biombos linguísticos* sob a forma de interesses produtivos ou comerciais, quando na realidade pode ser de controlo puro e duro que se trate.

Esta tecnologia obriga ainda o juslaboralista a repensar os quadros institucionais em que tem vindo a desenvolver o seu raciocínio e a interessar-se por matérias que, geralmente, se encontram bastante afastadas da sua área de atuação, como acontece, *inter alia*, com a ligação à informática, com o direito de imprensa e de comunicação.

Não pode esquecer-se que, com o advento destas inovações tecnológicas, é fundamental que os trabalhadores possam usufruir dos mesmos direitos e que foram arduamente conseguidos. Como defendeu JEAN RIVERO[521] "no contrato, o trabalhador coloca à disposição do empregador a sua força de trabalho, mas não a sua pessoa". Este parece ser o elemento de reflexão essencial na altura de analisar as repercussões deste aumento exponencial do poder de controlo do empregador.

A tentativa de encontrar um justo equilíbrio entre os poderes do empregador e os direitos e liberdades fundamentais dos trabalhadores constitui o objeto do Novo Direito do Trabalho. "O direito do Trabalho está a mudar de paradigma: de um direito dos trabalhadores passa-se para um direito dos direitos da pessoa no trabalho"[522], sendo que a dignidade do Homem impõe-se sobre quaisquer outras considerações.

Conforme já se referiu anteriormente[523], os poderes do empregador, nomeadamente o poder de controlo, têm fundamento constitucional na ideia de liberdade de empresa. Mas não é pelo facto destes poderes terem este fundamento que se pode defender a ideia de que as faculdades de controlo do empregador são ilimitadas, atendendo à posição de subordinação jurídica do trabalhador, já que as empresas não constituem mundos separados e estanques do resto da sociedade. Este poder do empregador, por muito que tenha uma base constitucional, terá sempre por limite os direitos fundamentais dos trabalhadores, não podendo existir "liberdade de empresa sem liberdade na empresa"[524]. Assim, defende-se que o contrato de trabalho não pode, de forma alguma, incompatibilizar a manutenção e o exercício dos direitos fundamentais

[521] "Les libertés publiques dans l'entreprise", *in* DS, n.º 5, 1982, p. 424.

[522] GILES TRUDEAU, "En conclusion...Vie professionnelle et vie personnelle ou les manifestations d'un nouveau droit du travail", *in* DS, n.º 1, 2010, p. 76.

[523] Cf., *supra*, I. 2..

[524] MICHEL ROCARD, *apud* JOSÉ JOÃO ABRANTES, "A autonomia do Direito, a Constituição laboral e o art. 4.º do *Código do Trabalho*", *in Estudos de Direito do Trabalho em Homenagem ao Professor Manuel Alonso Olea*, Almedina, Coimbra, 2004, p. 420.

de que o trabalhador é titular, quer enquanto trabalhador, quer enquanto cidadão. Assim, e atendendo a esta circunstância, a questão que deve colocar-se é a de saber em que condições e em benefício de que interesses pode o exercício dos direitos fundamentais ser condicionado, devendo ter-se em atenção que nenhum direito é absoluto e que nos parece, assim, que a mudança no poder de controlo do empregador está intimamente relacionada com uma modificação dos seus limites, já que o aparecimento da ideia do trabalhador-cidadão conferiu uma extensão dos direitos da pessoa que lhe atribuíram uma parte irredutível da sua liberdade e dos seus direitos fundamentais, não abandonando os seus direitos quando celebra um contrato de trabalho.

O contrato de trabalho tem por objeto uma prestação personalíssima por parte do trabalhador pois a sua pessoa está intrinsecamente implicada na relação de trabalho. Este carácter tão pessoal implica uma integração completa do ser físico e psíquico do trabalhador no âmbito da organização do empregador, o que determina que o poder de controlo deste vai incidir sobre esta esfera pessoal do trabalhador e, consequentemente, sobre os direitos que este tem enquanto pessoa.

Estes direitos, alvo do exercício do poder de controlo, afirmam-se plenamente vigentes e efetivos na relação laboral, estando o empregador vinculado ao seu respeito[525], pois estes têm eficácia direta nestas relações[526] [527], sendo hoje uma exigência relacionada com a dignidade da pessoa humana. É o reconhecimento da inferioridade substancial da situação dos trabalhadores

[525] *Vd.* CANARIS, *Direitos Fundamentais e Direito Privado*, Almedina, Coimbra, 2003, pp. 2 e ss..

[526] Secunda-se GOMES CANOTILHO e VITAL MOREIRA, *op.* cit., pp. 384-385, quando defendem que os preceitos sobre "direitos, liberdades e garantias" vinculam também as entidades privadas, adquirindo desta forma eficácia geral, ou *erga omnes*. Por isso estes autores consideram incorrecta a designação "eficácia externa" ou "eficácia em relação a terceiros", *Drittwirkung* pois estas designações ainda pressupõem o "paradigma liberal assente na ideia das relações indivíduo-Estado". Mas, perante a CRP, os particulares não são "terceiros", não sendo uma parte "externa" da eficácia directa destes direitos, liberdades e garantias.

[527] Não irá abordar-se a problemática da eficácia directa ou indirecta dos direitos fundamentais nas relações privadas remetendo-se, para maiores desenvolvimentos, para TERESA COELHO MOREIRA, *Da esfera privada...*, cit., pp. 46 e ss.. Mas poderá referir-se que, independentemente da adoção por uma ou outra teoria, todas elas concordam nalguns pontos essenciais. Desde logo, todas chegam à conclusão de que os sujeitos privados "poderosos" não podem ser tratados como quaisquer outros indivíduos e, por isso, devem ser tidas como ilícitas as relações privadas onde as diferenças de tratamento atinjam a dignidade das pessoas, sendo que esta consideração é de especial interesse para o âmbito deste estudo pois a relação de trabalho insere-se nas relações de poder onde o empregador detém uma posição de supremacia em relação ao trabalhador que se encontra não só numa situação de subordinação jurídica mas, na esmagadora maioria das vezes, também económica.

em relação aos empregadores e da situação de desequilíbrio entre os poderes de uma e da outra parte que se encontra na base do relevo dado pela CRP aos direitos daqueles[528]. A sua situação de inferioridade impõe que os empregadores fiquem vinculados às normas constitucionais que reconhecem estes direitos, isto é, aos direitos, liberdades e garantias não só da pessoa enquanto trabalhador, mas também do trabalhador enquanto pessoa, ou seja, aos direitos, liberdades e garantias atribuídos a todos os cidadãos.

A relação estabelecida entre os trabalhadores e os empregadores é um dos exemplos mais claros de uma situação de poder real de um dos sujeitos contratuais sobre o outro e, por este facto, a vinculação das entidades privadas prevalece sobre a autonomia privada.

Assim, os direitos fundamentais que os trabalhadores têm enquanto pessoa e enquanto cidadão gozam de efetiva aplicação e vigência no interior da organização do empregador, embora o seu exercício, atendendo às especiais características da relação de trabalho, possa originar uma certa modalização ou compressão para os tornar compatíveis com as exigências vigentes na própria relação de trabalho. É o caso do exercício dos poderes do empregador relacionados com o direito à liberdade de empresa, embora respeitando sempre o conteúdo destes direitos e tendo em atenção que todas as limitações têm de estar justificadas pelo princípio da necessidade de salvaguardar outro princípio de valor superior, e respeitar sempre o princípio da proporcionalidade.

Não nos parece possível, assim, uma mera invocação da necessidade de compressão do exercício dos direitos fundamentais dos trabalhadores, sendo necessário que a própria natureza da relação de trabalho postule essa compressão. Afigura-se, ainda, que, caso seja necessária, e dada a posição prevalente dos direitos fundamentais, a modulação só pode ser permitida para o correto desenvolvimento da atividade produtiva, o que implica a necessidade de proceder a uma ponderação adequada que respeite a correta definição do direito ou direitos fundamentais em causa e das obrigações laborais que podem condicionar o seu exercício. Desta forma, defende-se que estas modulações têm de ser indispensáveis e estritamente necessárias para satisfazer um interesse do empregador que seja merecedor de tutela e de proteção. Se existirem outras possibilidades de satisfação de tal interesse menos agressivas e que afetem menos os direitos em causa, terão de ser adotadas em

528 JOÃO CAUPERS, *Os direitos fundamentais dos trabalhadores e a Constituição*, Almedina, Coimbra, 1985, pp. 172-173, refere expressamente que, normalmente, não há igualdade material entre as duas partes de um contrato de trabalho, encontrando-se o trabalhador, pela dependência económica em relação ao empregador, em situação desvantajosa.

detrimento das primeiras, respeitando-se sempre o princípio da proporcionalidade na sua tripla vertente, já que a constitucionalidade de qualquer medida restritiva de direitos fundamentais é determinada pela estrita observância deste princípio.

Preconiza-se que perante um conflito ou colisão entre os interesses organizativos e produtivos do empregador e o respeito devido à dignidade e privacidade dos trabalhadores ou, eventualmente, a outros direitos fundamentais, deve dar-se primazia a estes últimos. A não ser assim, parece que estariam a esvaziar-se de sentido os princípios e fins básicos que caracterizam o Direito do Trabalho como disciplina compensadora e equilibradora de desigualdades reais entre empregadores e trabalhadores.

Defende-se que o poder de controlo e de vigilância do empregador não pode atingir uma dimensão tal que ofenda a dignidade da pessoa humana e o pleno gozo dos seus direitos fundamentais conferidos pela Constituição. O contrato de trabalho configura-se, desta forma, como um limite ao poder de controlo do empregador, de tal forma que este não pode ir além dos aspetos que têm uma relação direta com o trabalho e qualquer extralimitação deste poder torna-se ilícita, reconduzindo-se para a desobediência legítima.

Não pode concluir-se, assim, que os trabalhadores abandonam os seus direitos fundamentais enquanto pessoa, e especificamente, o seu direito à privacidade e à proteção de dados pessoais quando celebram um contrato de trabalho. De facto, eles têm uma fundada e legítima expectativa de um certo grau de privacidade no local de trabalho, na medida em que desenvolvem uma parte significativa das suas relações com outros seres humanos nesse local e, por isso, há que tutelar esta expectativa.

5.3. Privacidade e Proteção de Dados Pessoais

5.3.1. A questão essencial que se coloca então neste *Admirável Ciber Mundo Novo do Trabalho* é a necessidade de estabelecer limites à enorme intromissão e invasão da privacidade dos trabalhadores e, ainda aos próprios empregadores. Assim, o problema centra-se no estabelecimento de limites, e estes estão relacionados com a aplicação dos princípios de proteção de dados pessoais, ou seja, a vertente positiva, dinâmica, da privacidade.

Na verdade, um dos direitos que mais tem sido afetado por estas tecnologias é o direito à privacidade. Contudo, a conceção dos direitos fundamentais e, especificamente, a conceção de privacidade, surgiu num contexto de mercado de trabalho estruturado na denominada *relação de trabalho típica*, estável, que, atualmente, sofreu inúmeras modificações e, por isso mesmo, também esta conceção tem de refletir a nova realidade e as novas ameaças que a estes direitos se colocam *ipso facto*.

A privacidade é reconhecida no mundo, *urbi et orbe*, nas mais diversas regiões e culturas. Está protegida por quadros legislativos diferenciados, internacional e nacional, e, dentro desta, no plano constitucional.

Parece-nos ser possível entender a privacidade numa dupla vertente, positiva e negativa. Assim, pode ligar-se o termo privacidade à capacidade e ao direito de os indivíduos controlarem a informação que lhes diz respeito, isto é, uma faceta positiva, relacionada com o controlo do fluxo informacional, independentemente de a informação ser de cariz íntimo ou não. Trata-se de abranger dentro do conceito de privacidade o denominado direito à autodeterminação informativa, relacionado com uma função dinâmica da privacidade. Passa-se, assim, de um direito a ser deixado só – *the right to be let alone* – para um direito a manter um controlo sobre a própria informação, e de um direito à privacidade visto numa aceção negativa, para uma função dinâmica, com um âmbito suficientemente amplo para adaptar-se a novas realidades, dignas, sem dúvida, de proteção pelo ordenamento jurídico. Este direito está relacionado com a ideia de confidencialidade, controlo e reserva, essenciais para proteger as pessoas perante as NTIC, principalmente no nosso tempo em que tudo perdura na *cloud*.

O direito à privacidade assenta na ideia da dignidade da pessoa humana, já que esta implica que a cada pessoa sejam atribuídos direitos que representam um mínimo, criando uma esfera onde cada um possa ter espaço para desenvolver a sua personalidade.

No ordenamento jurídico português a proteção da privacidade não se restringe ao Direito constitucional, alargando-se ao Direito civil, penal e laboral, sendo que, atualmente, não é desejável dissociar estas várias vertentes.

5.3.2. Acresce que, perante estas inúmeras tecnologias, coloca-se a questão é a de saber o que resta da privacidade, na vertente de proteção de dados pessoais[529]?

Na era da *Big Data*, cada vez mais pessoas, incluindo trabalhadores, usam dispositivos móveis que recolhem, armazenam e cruzam informação, por vezes de cariz extremamente privado.

[529] Tal como já tínhamos referido anteriormente, I, 4..

Nesta sociedade imperam os megadados que se referem a conjuntos enormes de dados detidos por empresas e governos, entre outras entidades, que são depois amplamente analisados através de algoritmos, e que resultam da confluência de várias tecnologias, desde o *cloudcomputing*, da Internet das Coisas, da Inteligência Artificial e das comunicações de banda muito larga[530]. Sendo assim, atendendo a esta enorme possibilidade de controlo, à diluição crescente entre o mundo *offline* e o *online* e à possibilidade de conexão com vários instrumentos de trabalho, o empregador tem de respeitar vários direitos dos titulares dos dados pessoais que são, no caso das relações de trabalho, os trabalhadores.

E se a *Big Data* promove, por vezes, uma melhor eficiência do trabalho e até o aumento da sua produtividade, assim como uma melhoria ao nível da segurança e saúde no trabalho, também permite um controlo e uma monitorização quase constantes que colocam em risco os direitos fundamentais dos trabalhadores, sobretudo o da privacidade, na vertente de proteção de dados pessoais, sendo necessário, sem dúvida, encontrar-se um equilíbrio, principalmente num mundo em constante mutação, que levanta novas questões ao direito à proteção de dados pessoais dos trabalhadores relacionadas, sobretudo, com o facto do esbatimento das fronteiras geográficas relativamente à localização desses dados já que muitos estão na *cloud*, ou com a mudança de *software* estático para *software* dinâmico, o que provoca questões a nível da responsabilidade por certos atos que violam os direitos dos titulares dos dados pessoais, assim como a existência de programas que permitem controlar quase todos os aspetos da vida dos trabalhadores.

Se considerarmos que o dom da ubiquidade é apanágio divino, a Internet granjeou, atualmente esse atributo, colocando cada vez mais incisivamente questões delicadas à privacidade. E a informática entronizou-se, deificou-se, como um verdadeiro símbolo da nossa cultura a tal ponto de se denominar a sociedade moderna como a era da *Big Data*, que coloca novos desafios à privacidade das pessoas em geral, e dos trabalhadores em especial, parecendo dar-se prevalência ao valor económico, relacionado com os dados pessoais, e não ao seu valor jurídico. O computador transformou a economia, a sociedade, a cultura e, inclusive, o ser humano. Esta nova realidade não poderia passar à margem do Direito do Trabalho, de tal modo que hoje é corrente a expressão *nudez tecnológica* do trabalhador, na medida em que existe uma automatização de dados sobre ele que, muitas vezes, incide sobre aspetos

[530] Para maior informação veja-se a *Opinion 03/2013 on purpose limitation*, de 3 de abril de 2013, do Grupo de Proteção de Dados do art. 29.º.

que fazem parte da sua privacidade e que, por isso, estão protegidos e tutelados juridicamente. Estes dados tornaram-se uma nova forma de economia e com um elevado valor económico e social, sendo que a questão essencial que se coloca agora já não é a de saber quem pode aceder aos dados pessoais das pessoas mas onde estão esses dados na medida em que, com as novas formas de comunicação, qualquer pessoa pode ser um "controlador de dados"[531]. Acresce que se torna muito difícil escapar ao passado na *Internet* pois cada fotografia, atualização de estado ou *tweet* perdura para sempre na *nuvem*. Existem ainda outros dispositivos que alteraram completamente a forma de trabalhar como, *v.g.*, a Internet das Coisas, o *cloud computing*, e que tiveram e têm um impacto profundo no mundo do trabalho a nível mundial.

5.3.3. Acresce que existe, atualmente, uma enorme quantidade de dispositivos eletrónicos, desde, *v.g.*, a videovigilância, que engloba agora todos os sensores num contexto da Internet das Coisas, a audiovigilância, a geolocalização, o controlo das comunicações eletrónicas, o controlo através das redes sociais, das mensagens instantâneas, dos dados biométricos, do reconhecimento facial, da crescente utilização da *Inteligência Artificial*, que permite monitorizar, virtualmente, todos os aspetos da vida profissional, assim como a vida extraprofissional, e mesmo, por vezes, a vida íntima dos trabalhadores, muitas vezes através do cruzamento deste tipo de informação, bastando imaginar um sistema de videovigilância que utilize, simultaneamente, um sistema de reconhecimento facial para analisar o padrão de comportamento dos trabalhadores e que, com base nele, puna disciplinarmente quem se desvie do padrão estabelecido[532]. A inteligência artificial permite escrever um novo capítulo no controlo dos trabalhadores[533]. É possível, assim, tratar, armazenar, regular e controlar grande número de informações sobre as pessoas, o que permite um elevado controlo sobre elas podendo implicar que o trabalhador deixe de realizar certas atividades, já que múltiplos aspetos pessoais, extremamente íntimos, podem ser revelados, incluindo opiniões políticas, saúde mental e física e, mesmo, a vida sentimental.

[531] Cf. JANE YAKOWITZ, "Tragedy of the Data Commons", *in Harvard Journal of Law Technology*, vol. 25, n.º 1, 2011, pp. 2-3.

[532] Veja-se o exemplo dado pelo Grupo de Trabalho do Artigo 29.º em *Opinion 2/2017 on Data Processing at Work*, de 8 de junho de 2017, p. 19.

[533] Neste sentido, citando inúmeros exemplos, ALOISI e ELENA GRAMANO, "Artificial Intelligence Is Watching You at Work. Digital Surveillance, Employee Monitoring and Regulatory Issues in the EU Context", *in Comparative Labor Law & Policy Journal*, vol. 41, 1, p. 105.

Há, na verdade, inúmeros desafios para a privacidade dos trabalhadores na vertente de dados pessoais na era da *Big Data*, pois a possibilidade de utilização indevida e abusiva dos mesmos é muito superior na era digital. Neste sentido, a proteção dos dados pessoais, sobretudo no campo da internacionalização, deve ser aprimorada e alterada. Contudo, isto não significa que não se devam ter em atenção as inúmeras vantagens da era da *Big Data*, parecendo-nos que a tensão entre proteção de dados e interesses económicos pode ser parcialmente resolvida com uma maior e melhor proteção daqueles, podendo a mesma tornar-se até numa vantagem competitiva[534].

5.3.4. Regulamento Geral de Proteção de Dados Pessoais

5.3.4.1. Atendendo aos perigos inerentes a esta situação, a Comissão Europeia elaborou, a 25 de janeiro de 2012, um *pacote de medidas* destinadas a alterar a regulamentação da proteção de dados pessoais numa espécie de *Revolução Copernicíana*, apresentando uma Proposta de Regulamento sobre Proteção de Dados Pessoais[535].

Na verdade, os sistemas informáticos não esquecem, sendo capazes de acumular informação quase que de modo ilimitado. Os computadores não esquecem e não perdem a sua memória, deixando uma série de *pistas digitais* que permitem a comparação à entrada de determinados locais de uma cópia digitalizada e a imagem da pessoa em causa.

Após um longo périplo legislativo, foi aprovado o Regulamento Geral de Proteção de Dados Pessoais 2016/679, de 27 de abril.

Este Regulamento entrou em vigor no dia 25 de maio de 2016 e previa um período transitório de dois anos para a sua total aplicação, o que aconteceu a 25 de maio de 2018, devendo as organizações utilizar aquele período de tempo, aquela *vacatio legis*, para se adaptarem às novas regras. Como se trata de um Regulamento, é diretamente aplicável a todos os Estados Membros, sem necessidade de qualquer transposição, tentando garantir, desta forma,

[534] Neste sentido *White Paper Work 4.0*, Alemanha, 2016, p. 35

[535] Cf., sobre a matéria, com maiores desenvolvimentos, TERESA COELHO MOREIRA, "Algumas Implicações Laborais do Regulamento Geral de Proteção de Dados Pessoais no Trabalho 4.0", *in Questões Laborais*, n.º 51, "Algumas questões sobre o Regulamento Geral de Proteção de dados e as relações de trabalho", *in O Regulamento Geral de Proteção de Dados e as Relações de Trabalho, Estudos* APODIT, *volume VI* (coord. MARIA DO ROSÁRIO PALMA RAMALHO e TERESA COELHO MOREIRA), AAFDL, 2020, pp. 15 e ss.. e "Dados pessoais: breve análise do art. 28.º da lei n.º 58/2019, de 8 de agosto", *in QL*, n.º 55, pp. 41 e ss..

uma verdadeira harmonização legislativa ao nível da Proteção de Dados. Contudo, há áreas em que essa harmonização não é tão bem conseguida dadas as inúmeras especificidades e as sensibilidades de certas matérias, tentando conseguir-se tão só uma harmonização mínima e, uma dessas áreas é, exatamente, o Direito do Trabalho.

Neste Regulamento há uma mudança de paradigma já que a responsabilidade de garantir a legalidade do tratamento de dados pessoais passa para o responsável pelo tratamento, que terá de a comprovar, nos termos do art. 5.º, n.º 2. Este artigo acarreta um novo princípio no tratamento de dados pessoais que é o princípio da responsabilidade ou do *accountability principle*, na medida em que passa-se de uma filosofia de avaliação preventiva por parte das autoridades de proteção de dados para uma atividade fiscalizadora *a posteriori*, devendo as empresas assegurar *a priori* a *compliance* com as regras estabelecidas[536].

Este Regulamento traz inúmeras implicações para as relações de trabalho, quer através da clarificação de alguns conceitos, quer através do surgimento de novos direitos, quer, ainda, através do surgimento de novas figuras[537].

Acresce que se trata de um Regulamento *atípico*, na medida em que deixa em inúmeros aspetos uma grande amplitude aos Estados-Membros, bastando ver, a título meramente exemplificativo, o disposto no art. 9.º, n.º 4[538].

O Regulamento Geral de Proteção de Dados consagra no art. 17.º desde logo o direito a ser esquecido e ao apagamento de dados, em grande parte devido aos inúmeros problemas que existem hodiernamente para deixar de ter um perfil *online*. Através deste Direito pretende-se tornar real um direito que já existe, mas que não tem concretização prática, possibilitando que o perfil da pessoa deixe de existir, e não simplesmente que fique numa espécie de *hibernação* até ser novamente acionado. Não significa, obviamente, que se defenda um direito à total eliminação da história, mas antes, à eliminação de informação pessoal que as pessoas tenham fornecido sobre elas próprias.

536 Não pode deixar de atender-se, ainda, à obrigação prevista no Considerando 13 e no artigo 30.º do Regulamento Geral, relacionada com os registos das atividades de tratamento, porque apesar desse Considerando derrogar esta obrigação para empresas com menos de 250 trabalhadores, o n.º 5 do art. 30.º, estabelece que "As obrigações a que se referem os n.os 1 e 2 não se aplicam às empresas ou organizações com menos de 250 trabalhadores, a menos que o tratamento efetuado seja suscetível de implicar um risco para os direitos e liberdades do titular dos dados, não seja ocasional ou abranja as categorias especiais de dados a que se refere o artigo 9.º, n.º 1, ou dados pessoais relativos a condenações penais e infrações referido no artigo 10.º".

537 Para maiores desenvolvimentos *vide* TERESA COELHO MOREIRA, "Algumas Implicações ...", cit..

538 "Os Estados-Membros podem manter ou impor novas condições, incluindo limitações, no que respeita ao tratamento de dados genéticos, dados biométricos ou dados relativos à saúde".

Desta forma, os trabalhadores terão o direito de exigir que o empregador apague os seus dados pessoais em determinadas circunstâncias. Pode ser o caso em que os dados deixem de ser necessários para a finalidade para a qual foram originalmente recolhidos ou quando o trabalhador retirou o seu consentimento.

5.3.4.2. A relação de trabalho exige, por vezes, o tratamento de inúmeros dados pessoais dos trabalhadores, na aceção do art. 4.º, n.º 1, do Regulamento Geral de Proteção de Dados Pessoais, assim como o seu tratamento[539], na medida em que é necessária a obtenção de informação e esta é arquivada, acedida e analisada. Vários são os dados que poderão ser alvo deste tratamento, desde dados pessoais, como os CV, certificados de formação, candidaturas, notas de entrevistas, assim como dados pessoais como imagens de videovigilância, ou dados de geolocalização, assim como dados sensíveis[540], como sejam, *inter alia*, os dados biométricos, os dados de saúde ou os dados genéticos. É ainda possível o tratamento de dados pessoais relacionados com a informação sobre quando o trabalhador iniciou a sua jornada de trabalho e quando a terminou através de *logins* informáticos – que poderão utilizar o recurso a dados biométricos -, ou de sistemas de controlo de assiduidade, que também poderão utilizar estes mesmos dados[541].

O art. 88.º com a epígrafe *Tratamento no contexto laboral*, é bastante importante[542] e resulta da consciencialização das inúmeras possibilidades de

[539] Art. 4.º, n.º 2, do RGPD.

[540] Cf. art. 9.º, n.º 1 do RGPD.

[541] Especificamente sobre a matéria do registo dos tempos de trabalho e a questão dos dados pessoais *vide* DIOGO PEREIRA DUARTE, "Registo de tempos de trabalho e proteção de dados pessoais", *in Tempo de Trabalho e Tempos de Não Trabalho – O Regime nacional do Tempo de Trabalho à luz do Direito Europeu e Internacional, Estudos APODIT 4* –, (coord. MARIA DO ROSÁRIO PALMA RAMALHO e TERESA COELHO MOREIRA), AAFDL, 2018, pp. 173 e ss., assim como DUARTE ABRUNHOSA E SOUSA, Registo dos tempos de trabalho e proteção de dados pessoais", *in Tempo de Trabalho e Tempos de Não Trabalho* ..., cit., pp. 117 e ss..

[542] "Os Estados-Membros possam estabelecer, no seu ordenamento jurídico ou em convenções coletivas, normas mais específicas para garantir a defesa dos direitos e liberdades no que respeita ao tratamento de dados pessoais dos trabalhadores no contexto laboral, nomeadamente para efeitos de recrutamento, execução do contrato de trabalho, incluindo o cumprimento das obrigações previstas no ordenamento jurídico ou em convenções coletivas, de gestão, planeamento e organização do trabalho, de igualdade e diversidade no local de trabalho, de saúde e segurança no trabalho, de proteção dos bens do empregador ou do cliente e para efeitos do exercício e gozo, individual ou coletivo, dos direitos e benefícios relacionados com o emprego, bem como para efeitos de cessação da relação de trabalho, sendo que estas normas incluem medidas adequadas e específicas

controlo através das novas tecnologias, assim como das diferenças em termos de proteção laboral relativamente ao tratamento de dados pessoais dos trabalhadores nos diferentes Estados-Membros.

Na verdade, o enorme aumento na quantidade de dados gerados no ambiente de trabalho, em combinação com novas técnicas para a sua análise e a correspondência cruzada, também pode criar riscos de processamento adicional incompatível e ilegítimo. Como exemplos podem ter-se o uso de sistemas que são legitimamente instalados para proteger a segurança do local e que depois são utilizados para controlar a disponibilidade, o desempenho e a facilidade de atendimento dos trabalhadores; outros incluem o uso de dados recolhidos através de um sistema CCTV para monitorizar regularmente o comportamento e o desempenho dos trabalhadores ou usar dados de um sistema de localização geográfica[543], para verificar constantemente os seus movimentos e o seu comportamento[544].

5.3.5. A Lei n.º 58/2019, de 8 de agosto

5.3.5.1. Tendo em consideração a redação deste artigo e a ampla proteção conferida no Código do Trabalho relativamente a esta matéria, consideramos muito positivo que o legislador português tenha acionado este artigo na Lei n.º 58/2019, de 8 de agosto, ao consagrar um artigo, com a epígrafe *Relações laborais* – art. 28.º, em que no n.º 1, prevê que "O empregador pode tratar os dados pessoais dos seus trabalhadores para as finalidades e com os limites definidos no Código do Trabalho e respetiva legislação complementar ou noutros regimes setoriais, com as especificidades estabelecidas no presente artigo."

Convém começar-se logo por este número do artigo e ver a mudança que o mesmo implicou desde a proposta apresentada inicialmente.

para salvaguardar a dignidade, os interesses legítimos e os direitos fundamentais do titular dos dados, com especial relevo para a transparência do tratamento de dados, a transferência de dados pessoais num grupo empresarial ou num grupo de empresas envolvidas numa atividade económica conjunta e os sistemas de controlo no local de trabalho, devendo os Estados-Membros notificarem a Comissão das disposições de direito interno que adotarem nos termos do n.º 1, até 25 de maio de 2018 e, sem demora, de qualquer alteração subsequente das mesmas".

[543] Como, por exemplo, o rastreamento WiFi ou Bluetooth.

[544] Neste sentido veja-se Grupo do Artigo 29.º, *Opinion 2/2017...*, cit., pp. 9 e ss..

Na Proposta de Lei n.º 120/XIII, de 26 de março[545], estabelecia-se no n.º 1 que "O empregador pode tratar os dados pessoais dos seus trabalhadores **nos termos definidos no Código do Trabalho e respetiva legislação complementar ou noutros regimes setoriais**[546], com as especificidades estabelecidas no presente artigo".

Porém, a redação deste número suscitava-nos algumas dúvidas. O legislador ao remeter na Proposta de Lei para "nos termos definidos no Código do Trabalho", pretenderia que se aplicasse tal como está estabelecido no CT? É que, a ser assim, nos arts. 20.º e 21.º do CT relativo aos meios de vigilância à distância, exige-se a autorização prévia da CNPD. Mas esta autorização prévia deixa de existir como regra no Regulamento na medida em que há uma mudança de paradigma, passando-se de um controlo preventivo para um controlo *a posteriori*. E mesmo que se tentasse conciliar este artigo com o art. 62.º, n.º 2, da Proposta encontrava-se alguma dificuldade de interpretação com esta alteração de paradigma porque este artigo estabelecia[547] que "Todas as normas que prevejam autorizações ou notificações de tratamento de dados pessoais à CNPD, **fora dos casos previstos no RGPD e na presente lei**[548], deixam de vigorar à data de entrada em vigor do RGPD". Ora, se a presente lei remetia para uma lei que exige uma autorização prévia, não ficava clara esta desnecessidade[549].

Na versão final o legislador alterou a redação para "O empregador pode tratar os dados pessoais dos seus trabalhadores **para as finalidades e com os limites definidos no Código do Trabalho e respetiva legislação complementar ou noutros regimes setoriais**[550], com as especificidades estabelecidas no presente artigo", mas considera-se que, apesar da diferente redação, algumas dúvidas subsistem.

Na verdade, tal como defende ALEXANDRE SOUSA PINHEIRO[551], em determinados casos, previstos no art. 36.º, n.º 5, do Regulamento Geral, os

545 Proposta que foi apresentada no quadro do Despacho n.º 7456/2017, de 24 de agosto, que criou um Grupo de Trabalho com o objetivo de preparar a legislação portuguesa para a aplicação do Regulamento Geral de Proteção de Dados em Portugal.

546 Negrito nosso.

547 E, muito importante, continua a estabelecer na Lei 58/2019, de 8 de agosto.

548 Negrito nosso.

549 A CNPD, no Parecer n.º 20/2018, p. 35, defendeu que "não se afigura uma solução coerente com o RGPD ou pelo menos suficientemente clarificadora".

550 Negrito nosso.

551 https://www.publico.pt/2019/10/30/sociedade/opiniao/videovigilancia-codigo-trabalho-luz-rgpd-lei-nacional-execucao-1891769.

Estados-Membros podem estabelecer mecanismos de controlo prévio, nas situações em que a finalidade do tratamento vise um interesse público[552], sendo que não se exige que o responsável pelo tratamento seja uma entidade pública ou uma entidade privada que formalmente prossiga o interesse público[553]. Atendendo ao disposto na lei, o critério para aferir baseia-se na própria atividade e não na natureza jurídica da entidade responsável pelo tratamento[554]. E, para confirmar esta situação, basta ver que a Lei n.º 58/2019 exige, no art. 19.º, n.º4, a autorização prévia da Comissão Nacional de Proteção de Dados nas situações de videovigilância com som quando as instalações não se encontrem encerradas[555].

Por outro lado, apesar de saber-se que a regra geral é a da intervenção *a posteriori*, atendendo à abertura que o art. 88.º do RGPD deu aos Estados Membros, assim como à natureza da relação de trabalho que se baseia numa relação de desigualdade entre as partes e cuja base genética ou o *ADN* é uma função tuitiva ou protecionista, não nos choca a manutenção do regime existente.

Na verdade, não pode deixar de atender-se a que o Direito do Trabalho surgiu como um ramo do direito que pretendia proteger os trabalhadores perante os arbítrios do empregador, sendo que a história laboral do direito é, em boa medida, a dos limites aos poderes dos empregadores com o fim de proteger socialmente os trabalhadores. A sua autonomização alicerça-se na tentativa de superar as insuficiências da aplicação do Direito civil às relações contratuais laborais, onde a igualdade das partes era meramente formal. E se, inicialmente, a resposta passou pela consagração de determinados direitos coletivos, *maxime*, a liberdade sindical, ligada à ideia da despersonalização

552 "Não obstante o n.º 1, o direito dos Estados-Membros pode exigir que os responsáveis pelo tratamento consultem a autoridade de controlo e dela obtenham uma autorização prévia em relação ao tratamento por um responsável no exercício de uma missão de interesse público, incluindo o tratamento por motivos de proteção social e de saúde pública".

553 No acórdão do Tribunal da Relação de Lisboa, de 6 de novembro de 2019, (relatora a Desembargadora Maria José Costa Pinto), defendeu-se a este propósito na nota 12 que "Vemos com dificuldade que possa qualificar-se a actividade desempenhada pela generalidade dos empregadores como uma "*missão de interesse público*", não se nos afigurando que a norma do RGPD pretenda reconduzir a este conceito a instalação de um sistema de protecção à distância com a finalidade de protecção de pessoas e bens".

554 Neste sentido ALEXANDRE SOUSA PINHEIRO, *op.* cit.

555 "Nos casos em que é admitida a videovigilância, é proibida a captação de som, exceto no período em que as instalações vigiadas estejam encerradas ou **mediante autorização prévia da CNPD**" – negrito nosso.

que acompanhou o trabalho na revolução industrial, rapidamente se começou a entender que os direitos dos trabalhadores poderiam ser ameaçados através de outras formas e meios, nomeadamente através da violação dos direitos de que era titular enquanto pessoa.

A relação laboral assenta, como é comummente aceite, na ideia de que as partes envolvidas não se encontram em pé de igualdade, apresentando-se o empregador como a parte contratual mais forte, dotada de um poder de conformação da prestação a que o trabalhador está submetido. Este, quando celebra um contrato de trabalho, aliena uma parte da sua autonomia e da sua liberdade, ficando colocado numa situação de dependência perante o empregador, que não se configura somente na ótica jurídica, mas também, quase sempre, na perspetiva económica,. o que conduz à ideia defendida de que "com independência do que possam dizer os economistas, o trabalho não é uma mercadoria mas sim uma emanação da natureza humana, íntima e indissociavelmente unida a esta. O trabalhador não vende uma suposta energia laboral, separável da sua pessoa, antes compromete na prestação laboral a sua própria pessoa"[556].

Estas razões parecem ser um possível argumento para a manutenção da intervenção prévia da CNPD.

Há ainda que atender a outra razão que poderá justificar esta intervenção e que é a previsto nos arts. 35.º e 36.º, relativos à *Avaliação do impacto sobre a proteção de dados e consulta prévia.*

Parece-nos que, atendendo à redação que é dada no art. 36.º, n.º 1, do Regulamento Geral de Proteção de Dados, ao estabelecer que "O responsável pelo tratamento consulta a autoridade de controlo antes de proceder ao tratamento quando a avaliação de impacto sobre a proteção de dados nos termos do artigo 35.º indicar que o tratamento resultaria num elevado risco na ausência das medidas tomadas pelo responsável pelo tratamento para atenuar o risco", justifica-se a manutenção do atual regime dos arts. 20.º e 21.º do CT e da necessidade de consulta prévia da CNPD em determinadas situações.

Aliás, parte do que foi referido foi defendido pelo GRUPO DE PROTEÇÃO DE DADOS do art. 29.º[557] ao defender a necessidade da realização desta avaliação no caso dos trabalhadores porque há um elevado risco, quer por se tratarem de titulares de dados numa situação de particular *vulnerabilidade*, dada a relação

[556] ANTONIO MONTOYA MELGAR, *La buena fe ...*, cit., p. 9.

[557] *Orientações relativas à Avaliação de Impacto sobre a Proteção de Dados (AIPD) e que determinam se o tratamento é «suscetível de resultar num elevado risco» para efeitos do Regulamento (UE) 2016/679*, adotada a 4 de abril de 2017 e revista a 4 de outubro de 2017.

desigual em que se encontram, quer nos casos em que os empregadores realizam um controlo sistemático das atividades dos trabalhadores[558], dando até como exemplo da necessidade desta AIPD, o caso de "uma empresa que controle sistematicamente as atividades dos seus empregados, incluindo o controlo dos computadores, da atividade internet, etc. dos seus empregados".

Mais ainda, consideram também que as autoridades nacionais devem ser consultadas quando os riscos residuais são elevados, sendo que, nestes casos, o responsável pelo tratamento de dados deve consultar a autoridade de controlo nos casos em que não seja possível dar uma resposta cabal aos riscos identificados pelo responsável pelo tratamento de dados, dando como exemplos de um risco residual inaceitavelmente elevado "os casos em que os titulares dos dados podem sofrer consequências significativas, ou mesmo irreversíveis, que podem não conseguir superar (p. ex. ... um despedimento)".

Acresce o facto de uma das últimas Leis que alterou o Código do Trabalho, a Lei n.º 93/2019, de 4 de setembro, ser posterior à lei 58/2019, de 8 de agosto, e não ter alterado o disposto no art. 21. º, n.º 1, não nos parecendo que da leitura do art. 62.º, n.º 2, desta última lei, resulte claro que esta autorização deixou de existir. Parece-nos, assim, que só não será de exigir a autorização prévia nas situações em que a atividade em causa não possa ser considerada como de interesse público[559].

Atendendo a todas estas situações, a manutenção do regime dos arts. 20.º e 21.º, na parte da necessidade de autorização prévia, ainda que sem certezas, não nos parece em desconformidade com o Regulamento Geral de Proteção de Dados, dado o próprio carácter *atípico* do mesmo ao deixar uma ampla margem de manobra aos Estados-Membros.

[558] "Com vista a fornecer um conjunto mais concreto de operações de tratamento que exigem uma AIPD devido ao elevado risco inerente, tendo em conta os elementos específicos dos artigos 35.º, n.º 1, e 35.º, n.º 3, alíneas a) a c), a lista a adotar a nível nacional nos termos do artigo 35.º, n.º 4, e dos considerandos 71, 75 e 91, e outras referências no RGPD a operações de tratamento «suscetível de implicar um elevado risco», devem ser considerados os seguintes nove critérios... Dados relativos a titulares de dados vulneráveis (considerando 75): **o tratamento deste tipo de dados constitui um critério devido ao acentuado desequilíbrio de poder entre os titulares dos dados e o responsável pelo tratamento dos dados, significando isto que os indivíduos podem não ser capazes de consentir, ou opor-se, facilmente ao tratamento dos seus dados ou de exercer os seus direitos. Os titulares de dados vulneráveis podem incluir [...] empregados**" - negrito nosso.

[559] No mesmo sentido, ALEXANDRE DE SOUSA PINHEIRO, *op.* cit.

5.3.5.2. Outra das ideias presentes no Regulamento Geral de Proteção de Dados, com enorme importância para a relação de trabalho, é a definição de consentimento do titular de dados pessoais para tratamento de dados.

Na verdade, este Regulamento Geral retirou o acento tónico do consentimento como fundamento jurídico válido para o tratamento de dados pessoais quando, nos termos do considerando 43, "exista um desequilíbrio manifesto entre o titular dos dados e o responsável pelo seu tratamento", como é o caso, claramente, da relação de trabalho. Este considerando é muito importante porque significa que para que um tratamento de dados pessoais realizado pelo empregador seja válido terá de assentar noutros princípios que não no mero consentimento do trabalhador. E esta ideia é reforçada quer pela redação do próprio art. 4.º, ao definir que o consentimento do titular dos dados é "uma manifestação de vontade, **livre**[560], específica, informada e explícita, pela qual o titular dos dados aceita, mediante declaração ou ato positivo inequívoco, que os dados pessoais que lhe dizem respeito sejam objeto de tratamento", assim como pelo próprio art. 7.º, sobretudo os números 1 e 4, que estabelecem, respetivamente, que "quando o tratamento for realizado com base no consentimento, o responsável pelo tratamento deve poder demonstrar que o titular dos dados deu o seu consentimento para o tratamento dos seus dados pessoais", e que "ao avaliar se o consentimento é dado livremente, há que verificar com a máxima atenção se, designadamente, a execução de um contrato, inclusive a prestação de um serviço, está subordinada ao consentimento para o tratamento de dados pessoais que não é necessário para a execução desse contrato" [561].

[560] Negrito nosso, sendo que este é o que falta numa relação de trabalho. As relações de trabalho são um exemplo paradigmático da existência de relações privadas desiguais, não só no plano factual, mas também no plano jurídico. Na verdade, no plano factual, os sujeitos contraentes – trabalhador e empregador – não dispõem da mesma liberdade no que concerne à celebração do contrato nem à estipulação de cláusulas contratuais, o que origina o aparecimento de um desequilíbrio contratual que se acentua em alturas de desemprego generalizado. No plano jurídico, a conclusão do contrato de trabalho coloca o trabalhador numa situação de subordinação face ao empregador. Assim, figurando-se o domínio económico e social de uma parte, não se pode invocar, sem mais, o princípio da liberdade contratual, para se poder escolher arbitrariamente a contraparte, ou seja, o trabalhador.

[561] É interessante notar que o Grupo de Proteção de Dados Pessoais do art. 29.º, no seu *Parecer 15/2011 sobre a definição de consentimento*, de 13 de julho de 2011, já tinha defendido que, para que o consentimento fosse válido como legitimador do tratamento de dados pessoais, teria de ser livre, considerando que "O consentimento apenas será válido se a pessoa em causa puder exercer uma verdadeira escolha e não existir nenhum risco de fraude, intimidação, coação ou consequências negativas importantes se o consentimento for recusado. Se as consequências do consentimento comprometerem a liberdade de

Parece-nos, sem dúvida, que a noção de consentimento, entendida como uma manifestação de vontade livre, específica e informada, é um conceito de difícil concretização preenchimento no contexto de uma relação de trabalho e, por isso, saúda-se, vivamente, a redação e a clarificação realizada no Regulamento.

Considera-se que, no âmbito laboral, o requisito do consentimento fica relegado para um segundo plano, já que o trabalhador interessado se encontra numa posição de desigualdade em relação ao responsável pelo tratamento, isto é, o empregador, desigualdade na sua necessidade de obtenção de um posto de trabalho, no caso dos candidatos a emprego, ou de manutenção do mesmo, no caso de trabalhadores. Não parece que neste tipo de relação se possa falar de um consentimento prestado livremente, principalmente quando o consentimento é requisito para a obtenção de um serviço essencial ou, no caso que nos interessa, para a manutenção de um posto de trabalho, não podendo falar-se *in casu* de uma verdadeira liberdade de escolha[562].

Quando uma das partes está submetida ao poder contratual de outrem, não usufruindo de suficiente margem de defesa dos seus próprios interesses e de autoafirmação, o seu consentimento em relação ao contrato e ao clausulado

escolha da pessoa, o consentimento não será livre. A própria diretiva prevê, no artigo 8.º, n.º 2, alínea a), que, em certos casos, a serem determinados pelos Estados-Membros, a proibição de tratamento de categorias especiais de dados pessoais não pode ser ultrapassada pelo consentimento da pessoa em causa. Um exemplo disto é o caso em que a pessoa em causa está sob a influência do responsável pelo tratamento dos dados, como no caso de um vínculo laboral. Neste exemplo, embora não necessariamente, a pessoa em causa pode encontrar-se numa situação de dependência em relação ao responsável pelo tratamento dos dados – devido à natureza da relação ou a circunstâncias especiais – e pode temer retaliações se não consentir no tratamento dos seus dados".

[562] O mesmo foi defendido pelo Grupo de Trabalho do art. 29.º, *Orientações relativas ao consentimento na aceção do Regulamento (UE) 2016/679*, adotadas em 28/11/2017, última redação revista e adotada em 10/04/2018, p. 7, quando estabelecem que "Atendendo à dependência que resulta da relação empregador/trabalhador, é improvável que o titular dos dados possa recusar ao seu empregador o consentimento para o tratamento dos dados sem que haja medo ou risco real de consequências negativas decorrentes da recusa. É improvável que um trabalhador responda livremente ao pedido de consentimento do empregador para, por exemplo, ativar sistemas de controlo como a observação do local de trabalho através de câmaras ou preencher formulários de avaliação, sem sentir qualquer tipo de pressão para dar esse consentimento. Por conseguinte, o GT29 considera problemática a questão de os empregadores procederem ao tratamento de dados pessoais dos seus trabalhadores atuais ou futuros com base no consentimento, uma vez que é improvável que esse consentimento seja dado de livre vontade. Relativamente à maior parte deste tratamento de dados no local de trabalho, o fundamento legal não pode nem deve ser o consentimento dos trabalhadores [artigo 6.º, n.º 1, alínea a)], devido à natureza da relação entre empregador e trabalhador".

deste não confere qualquer garantia substancial de integrar uma manifestação verdadeira de autodeterminação.

Na verdade, no Direito do Trabalho não pode dar-se por adquirida, bem ao contrário, a ideia de que tudo funciona como no Direito Civil relativamente à figura do consentimento do lesado. É quem na génese da separação das águas entre o Direito do Trabalho e o Direito Civil, está exatamente a ideia de que a igualdade formal não contribuía para um real equilíbrio negocial entre trabalhador e empregador. Aqui o trabalhador encontra-se numa situação de inferioridade contratual perante o empregador e, por isso, o seu consentimento é quase sempre irrelevante. Assim, no que concerne ao consentimento do trabalhador, é necessário não só que seja um consentimento esclarecido mas, principalmente, que seja prestado livremente, isto é, sem qualquer tipo de pressão. Parece-nos que este é o requisito essencial para a aplicação desta figura e que, tendo em atenção o facto de o trabalhador ser o contraente débil da relação jurídico-laboral, raramente acontece[563].

Contudo, não pode deixar de ter-se em atenção que na relação laboral torna-se necessária a recolha de numerosas informações dos trabalhadores para a correta execução do contrato de trabalho, sendo, assim, este tratamento uma consequência quase *natural* deste tipo de relações. Atendendo a tudo isto, defende-se uma inevitável evolução no sentido de colocar o pressuposto legitimador do tratamento de dados pessoais, não no consentimento individual do trabalhador, mas na ampliação do número de pressupostos alternativos a este consentimento. Entende-se que deve assumir importância a técnica de tipo objetivo, isto é, que assente a legitimidade do tratamento no respeito pelo princípio da finalidade e no prosseguimento de fins específicos e não de outros, colocando o acento tónico neste princípio e na ideia de o tratamento ser pertinente e necessário, respeitando sempre o princípio da proporcionalidade.

Esta construção parece-nos comportar uma maior dose de garantia do ponto de vista laboral, já que, ainda que o consentimento do trabalhador tenha

[563] Para PAULO MOTA PINTO, "A limitação voluntária do direito à reserva sobre a intimidade da vida privada", *in Estudos em Homenagem a Cunha Rodrigues*, vol. 2, Coimbra Editora, Coimbra, 2001, pp. 539-540, é necessário ter em atenção a verificação da "*integridade do consentimento*", dado que em determinadas situações de necessidade "as pessoas podem ser levadas a limitar a reserva sobre a sua vida privada por temerem as consequências de uma eventual recusa", dando o autor como exemplo a relação entre o trabalhador e o empregador para o exercício de certas formas de controlo ou para a realização de determinados testes. Torna-se assim necessário existir uma "prevenção da liberdade e do esclarecimento do titular".

sido prestado[564], se o tratamento não respeitar estes princípios, isto é, se não for pertinente, nem necessário, ou não tiver uma finalidade lícita, será sempre ilícito. O carácter irrenunciável dos direitos de personalidade a isso obsta.

No ordenamento jurídico português, a Lei n.º 58/2019, de 8 de agosto, estabeleceu no art. 28.º, n.º 3, algumas regras relativas ao consentimento do trabalhador, mas que nos parecem não ter a melhor redação, sobretudo o n.º 3, alínea a), que preconiza que "salvo norma legal em contrário, o consentimento do trabalhador não constitui requisito de legitimidade do tratamento dos seus dados pessoais: **se do tratamento resultar uma vantagem jurídica ou económica para o trabalhador**"[565]. Na verdade, retirar a necessidade de consentimento quando possa resultar uma vantagem jurídica ou económica não parece fazer muito sentido e afigura-se-nos ir contra o disposto no próprio Regulamento Geral já que este, no considerando 42, refere que o consentimento não é livre quando o titular de dados pessoais não possa recusar ou retirar o consentimento sem com isso ser prejudicado. O GRUPO DE PROTEÇÃO DE DADOS DO ARTIGO 29.º[566] defendeu que "o consentimento só pode ser válido se o titular dos dados puder exercer uma verdadeira escolha e **não existir qualquer risco de fraude, intimidação, coação ou consequências negativas importantes (p. ex. custos adicionais substanciais) se o consentimento for recusado. O consentimento não será dado livremente nos casos em que exista qualquer elemento de obrigatoriedade, pressão, incapacidade de exercício da livre vontade**"[567].

Defende-se, aliás, que deveria ter-se alterado a redação e colocado que "salvo norma legal em contrário, o consentimento do trabalhador não constitui requisito de legitimidade do tratamento dos seus dados pessoais:

[564] Sem a verdadeira liberdade que é essencial.

[565] Negrito nosso. Ver, em sentido oposto, isto é, considerando que pode entender-se como um consentimento livre, o § 26, 2, da *Bundesdatenschutzgesetz*, que estabelece que "*2) Erfolgt die Verarbeitung personenbezogener Daten von Beschäftigten auf der Grundlage einer Einwilligung, so sind für die Beurteilung der Freiwilligkeit der Einwilligung insbesondere die im Beschäftigungsverhältnis bestehende Abhängigkeit der beschäftigten Person sowie die Umstände, unter denen die Einwilligung erteilt worden ist, zu berücksichtigen.* ***Freiwilligkeit kann insbesondere vorliegen, wenn für die beschäftigte Person ein rechtlicher oder wirtschaftlicher Vorteil erreicht wird*** *oder Arbeitgeber und beschäftigte Person gleichgelagerte Interessen verfolgen. Die Einwilligung hat schriftlich oder elektronisch zu erfolgen, soweit nicht wegen besonderer Umstände eine andere Form angemessen ist. Der Arbeitgeber hat die beschäftigte Person über den Zweck der Datenverarbeitung und über ihr Widerrufsrecht nach Artikel 7 Absatz 3 der Verordnung (EU) 2016/679 in Textform aufzuklären*" – negrito nosso.

[566] *Orientações relativas ao...*, cit., p. 8.

[567] Negrito nosso.

se do tratamento não resultar uma vantagem jurídica ou económica para o trabalhador"[568], sob pena de, em nossa opinião, o preceito não fazer sentido[569].

Claro que um problema que se levanta é o de saber o que deve ser entendido por vantagem, porque o legislador não dá, da mesma, qualquer noção. Atendendo ao que foi dito, defende-se que tem de ser sempre uma verdadeira vantagem, uma vantagem inequívoca, e uma vantagem considerável, já que temos muitas dúvidas sobre a verdadeira liberdade do consentimento prestada por um trabalhador e, ainda mais, por um candidato. Concorda-se, por isso, com o decidido pela CNPD na Deliberação n.º 2019/494, de 3 de setembro, que decidiu desaplicar algumas normas desta Lei, nomeadamente o artigo 28.º, n.º 3, alínea a), por parecer traduzir-se "numa restrição não adequada, desnecessária e excessiva do direito fundamental à autodeterminação informacional ou à proteção dos dados enquanto direito ao controlo dos seus próprios dados, para lá do que é necessário à salvaguarda dos direitos e interesses dos trabalhadores".

5.3.5.3. Assim, tendo em atenção a irrelevância do consentimento[570], o tratamento de dados pessoais dos trabalhadores na relação de trabalho só

[568] Negrito nosso. Aliás, este aspeto foi também criticado no Parecer n.º 20/2018, de 2 de maio, da Comissão Nacional de Proteção de Dados, p. 36, onde se pode ler que a Comissão "admite que a redação decorra de um qualquer lapso que torna, na realidade, o preceito incompreensível. Pretende-se, talvez, clarificar que o consentimento do trabalhador não releva, por regra, como condição de licitude de tratamentos de dados pessoais pelo empregador, precisamente porque a natureza não paritária da relação laboral não permite assegurar a liberdade da manifestação de vontade do trabalhador, requisito imprescindível de relevância jurídica do consentimento".

[569] Perante esta aparente desnecessidade do consentimento do trabalhador quando resultar uma vantagem jurídica ou económica para o trabalhador, este não a pode recusar? Não nos parece. Entende-se que o trabalhador tem direito a recusar essa vantagem.

[570] A letra da lei parece sugerir uma leitura diversa e, dir-se-ia até, perversa, na medida em que se prescinde do consentimento do trabalhador para o tratamento dos dados quando do mesmo resulte uma vantagem jurídica ou económica para o trabalhador, o que parece poder levar a entender, em jeito de raciocínio *a contrario*, se do tratamento não resultar tal vantagem, seria necessário, e, quiçá, seria bastante, o consentimento do trabalhador. Assim sendo, as coisas acabariam colocadas, em bom rigor, *de pernas para o ar*, esquecendo que, como acima referimos, na relação de trabalho o consentimento do trabalhador ou do candidato a emprego não tem reais condições para ser livre. Na lição de Alain Supiot, *L'esprit de Philadelphie*, Éditions du Seuil, Paris, 2010, p. 48, o Direito do Trabalho foi construído, desde sempre, "sur une mise en doute méthodique du consentement du faible à la volonté du fort". Tendo isto em consideração, parece-nos quase um absurdo que, num domínio tão nuclear e sensível como o da proteção dos dados pessoais, o legislador esquecesse essa lição e permitisse que o mero consentimento do trabalhador bastasse para legitimar o seu tratamento pelo empregador. Não pode ser esta a interpretação que resulta deste inciso legal.

poderá ser feito atendendo a certos princípios fundamentais, que são os que já existem atualmente nos artigos 14.º a 22.º do CT, mas que agora foram de certa forma clarificados e reforçados pelo Regulamento Geral de Proteção de Dados Pessoais.

Desta forma, o único fundamento que pode legitimar o tratamento de dados pessoais na relação de trabalho é a prossecução de interesses legítimos do empregador aferíveis em função do caso concreto, e nos termos do art. 6.º, n.º 1, alínea b), do RGPD, quando o mesmo for necessário para a execução do contrato de trabalho.

Assim, o empregador, antes da adoção de qualquer medida de controlo eletrónico que implica um tratamento de dados pessoais do trabalhador que, até podem ser sensíveis, tem de respeitar o princípio da finalidade. Este princípio está previsto no art. 5.º, n.º 1, alínea b), do Regulamento e significa que os dados de carácter pessoal apenas podem ser recolhidos quando existam motivos determinados, explícitos e legítimos, não podendo ser tratados posteriormente de uma forma incompatível com essas finalidades, indicando que os dados pessoais dos trabalhadores só podem ser tratados se respeitarem estes pressupostos, sendo essencial a definição precisa destas finalidades.

Este princípio constitui, verdadeiramente, o princípio cardinal da proteção de dados, sendo os demais função deste na medida em que os dados devem ser adequados, pertinentes e não excessivos em relação à finalidade pretendida; devem ser exatos, completos e atualizados em função da finalidade; e só devem ser conservados pelo tempo que a finalidade exige.

Assim, a finalidade pretendida pelo empregador tem de ser legítima, isto é, deve estar em conformidade com o ordenamento jurídico, e ser especialmente respeitadora dos valores fundamentais.

O empregador terá, ainda, de respeitar sempre o princípio da proporcionalidade, previsto no art. 5.º, n.º 1, alínea c) do Regulamento Geral. Este princípio é considerado um princípio fundamental, sendo atualmente entendido como um princípio de controlo e um mecanismo de equilíbrio entre os diferentes direitos em causa, e tende a realizar a procura do equilíbrio entre as obrigações do trabalhador, que emanam do seu contrato de trabalho, e o âmbito de liberdade constitucional da sua privacidade, garantindo que a modulação deste direito fundamental vai ser realizada na medida estritamente imprescindível à sua correta observância, isto é, com as restrições na quantidade, na qualidade e no procedimento.

O empregador terá, por último, previamente à adoção de qualquer medida de controlo, de respeitar o princípio da transparência, que consiste no conhecimento da vigilância e do controlo exercido pelo empregador.

5.3.6. Direitos de personalidade

5.3.6.1. Introdução

5.3.6.1.1. Relacionada, claramente, com a matéria da proteção dos dados pessoais, estão os direitos de personalidade. Estes conhecem, atualmente, um grande desenvolvimento doutrinário e jurisprudencial, e se o século XX pode ser referido como tendo sido o período dos contratos, assim como do seu aprimoramento através do instituto da boa-fé, o século atual poderá ser entendido como uma "época de direitos das pessoas e do cinzelamento da sua dogmática"[571].

Os direitos de personalidade são aqueles sem os quais as pessoas não são tratadas como tais, sendo direitos que são exigidos pela sua iminente ligação à dignidade humana, constituindo fundamento ontológico da personalidade e da dignidade humana[572].

Assim, se estes direitos se encontram ligados à dignidade da pessoa humana, justifica-se a sua consagração ao nível do Direito do Trabalho. O contrato de trabalho pressupõe o reconhecimento da dignidade do trabalhador, sendo que a execução das obrigações que dele decorrem não pode traduzir-se num atentado à dignidade da pessoa do trabalhador, tendo o ordenamento jurídico que lhe garantir os direitos fundamentais que tem enquanto pessoa[573]. Os direitos de personalidade penetram, assim, na relação de trabalho, erigindo-se como um importante limite aos poderes do empregador e, ao mesmo tempo, como uma garantia do exercício de vários direitos fundamentais.

A consagração destes direitos corresponde à superação de uma distinção entre o estatuto geral do cidadão e o estatuto do trabalhador que, por força do contrato de trabalho e da subordinação jurídica a ele inerente, se encontraria,

[571] MENEZES CORDEIRO, "Os direitos de personalidade na civilística portuguesa", *in Estudos em Homenagem ao Professor Doutor Inocêncio Galvão Telles, volume* I – *Direito privado e vária*, Almedina, Coimbra, 2002, p. 21.

[572] PEDRO PAIS DE VACONCELOS, "Protecção de dados pessoais e direito à privacidade", *in Direito da Sociedade da Informação, volume I*, Coimbra Editora, Coimbra, 1999, p. 250.

[573] Conforme defende MARIA DO ROSÁRIO PALMA RAMALHO, *Tratado de Direito do Trabalho, parte II* ..., cit., p. 294, 2016, "um dos elementos de maior singularidade deste contrato reside no envolvimento da personalidade do trabalhador no vínculo que decorre da dificuldade de estabelecer uma delimitação clara entre a prestação de trabalho e a pessoa do prestador".

à partida, diminuído na sua liberdade e direitos[574], relacionando-se, assim, com uma certa constitucionalização[575] de par com uma certa democratização[576] da relação de trabalho[577]. Porém, não pode deixar de considerar-se que o trabalhador, ao celebrar o contrato de trabalho, está, explícita ou implicitamente, a limitar o exercício dos seus direitos de personalidade[578]. Mas só o poderá fazer dentro de apertados condicionalismos, ou seja, dentro dos limites previstos no art. 81º do CC. Não pode esquecer-se que o respeito pelos direitos de personalidade dos trabalhadores é, simplesmente,

[574] *Vd.* GOÑI SEIN, *El respeto a la esfera privada del trabajador – un estúdio sobre los limites del poder de control empresarial*, Civitas, Madrid, 1988, p. 21. Ver, ainda, JÚLIO GOMES, *op.*cit., pp. 265-266, "não existe, por um lado, o trabalhador e, por outro, o cidadão, mas antes a pessoa que é simultaneamente cidadão e trabalhador subordinado (ou empregador); como, por vezes, se diz, a cidadania não fica à porta da empresa".

[575] Atualmente, a constitucionalização dos direitos sociais e económicos é uma realidade presente e generalizada nas constituições da maioria dos países ocidentais. Assim, a nossa Constituição prevê, especificamente, um conjunto de normas e princípios laborais, a maioria dos quais se encontra na parte respeitante aos direitos fundamentais – Capítulo III do Título II da Parte I – arts. 53º a 57º – e Capítulo I do Título III, também da Parte I – arts. 58º e 59º.

[576] JOSÉ JOÃO ABRANTES, "Contrato de trabalho e meios de vigilância da actividade do trabalhador (breves considerações)", *in Estudos em Homenagem ao Prof. Doutor Raúl Ventura*, vol. II, (coord. OLIVEIRA ASCENSÃO), Coimbra Editora, Coimbra, 2003, pp. 809-811, assim como JÚLIO GOMES, *op.* cit, p. 265.

[577] Como defende JOÃO LEAL AMADO, *Trabalhar e amar: poderes patronais, relações amorosas e direitos de personalidade dos trabalhadores*, Gestlegal, 2019 pp. 19-20, "a relação jurídica laboral é uma relação duradoura, cuja execução envolve e compromete intensamente a pessoa do trabalhador e que, em regra, se desenvolve num quadro empresarial, onde múltiplas pessoas se encontram e interagem quotidianamente, onde se formam, amiúde, os círculos de convivialidade social que forjam a identidade e o quadro relacional de muitos trabalhadores.
Podemos e devemos não viver para o trabalho, mas é indesmentível que, em boa medida, vivemos do trabalho e vivemos no trabalho".

[578] JEAN RIVERO, *op.* cit., p. 422, perfilha a mesma opinião. Assim, defende que o contrato de trabalho "por natureza supõe da parte do trabalhador uma renúncia parcial à sua liberdade", entendida esta como liberdade pública segundo o conceito francês da mesma, "ele não dispõe mais da sua força de trabalho, ele coloca-a à disposição de uma vontade estranha à sua, à do empregador; que lhe atribui uma atividade e submete à sua autoridade". Contudo, as restrições à liberdade do trabalhador têm um limite, não podendo, em caso algum, trazer qualquer ameaça à dignidade da pessoa. Nas palavras de JOÃO LEAL AMADO, última *op.* cit., p. 22, "O que temos aqui, quase sempre, é um problema de conflito de direitos (dir-se-ia: o conflito entre a liberdade *de* empresa e a liberdade *na* empresa), a reclamar uma cuidada e laboriosa tarefa de concordância prática entre eles, de acordo com o princípio da proporcionalidade, na sua tríplice dimensão (conformidade ou adequação, exigibilidade ou necessidade, proporcionalidade *stricto sensu*)".

a reafirmação do trabalhador como pessoa e "do Direito do trabalho como Direito, desenvolvido e aplicado de acordo com os ditames da Ciência Jurídica"[579].

5.3.6.1.2. Na Constituição da República Portuguesa estão previstos direitos dos trabalhadores que são especificamente laborais, como, é o caso, *inter alia*, do direito à greve, previsto no art. 57.º e do direito ao trabalho do art. 58.º, e outros direitos que, embora não sendo especificamente laborais, podem ser exercidos pelo sujeito débil das relações laborais, adquirindo um conteúdo ou dimensão laboral. É um dos aspetos da constitucionalização do Direito do Trabalho e que se refere ao trabalhador como cidadão e aos direitos de cidadania como marco do contrato de trabalho. Se a primeira fase da constitucionalização do Direito do Trabalho correspondeu, fundamentalmente, à consagração dos denominados direitos fundamentais *específicos* dos trabalhadores, atualmente assiste-se à chamada *cidadania na empresa*, ou seja, à consagração dos direitos fundamentais não especificamente laborais[580].

Nas palavras de PALOMEQUE LÓPEZ[581] produz-se, assim, uma "impregnação laboral" de direitos de titularidade geral ou inespecífica pelo facto de serem utilizados por trabalhadores (ou empregadores, embora com menos frequência) no âmbito de um contrato de trabalho. "São direitos atribuídos com carácter geral aos cidadãos, que são exercitados no seio de uma relação jurídica laboral por cidadãos, que, ao mesmo tempo, são trabalhadores". Estes direitos convertem-se, assim, em verdadeiros direitos laborais. São

[579] MENEZES CORDEIRO, "O respeito pela esfera privada do trabalhador", *in I Congresso Nacional de Direito do Trabalho – Memórias*, (coord. ANTÓNIO MOREIRA), Almedina, Coimbra, 1998, p. 37. Também ICHINO, *Il contratto di lavoro – III – sospenzione le lavoro –sciopero – riservatezza e segreto-potere disciplinare--cessazione del rapporto-conservazione e gestione dei diritti*, Giuffrè Editore, Milão, 2003, p. 222, entende que a intensidade da implicação da pessoa do trabalhador na prestação de trabalho determina, necessariamente, em sede de estipulação do contrato de trabalho, uma renúncia parcial da parte deste prestador à tutela da sua privacidade.

[580] JOSÉ JOÃO ABRANTES, "Contrato de Trabalho e Direitos Fundamentais – Breves reflexões", *in II Congresso Nacional de Direito do Trabalho – Memórias*, (coord. ANTÓNIO MOREIRA), Almedina, Coimbra, 1999, p. 107. *Vd.* também do mesmo autor *Direitos fundamentais*...,cit. Também M.ª DO ROSÁRIO PALMA RAMALHO, "Contrato de Trabalho e Direitos Fundamentais da Pessoa", *in Estudos em Homenagem à Professora Doutora Isabel de Magalhães* Collaço, vol. II, Almedina, Coimbra, 2002, pp. 401-402, refere a relevância dos direitos fundamentais que se referem "ao trabalhador enquanto pessoa". Obviamente para os trabalhadores do séc. XIX a questão da "cidadania" na empresa não se colocava pois as jornadas de trabalho eram muito extensas e as condições de vida eram bastante precárias, o que implicava que não restasse tempo para a vida extraprofissional.

[581] *Los derechos laborales* ..., cit., p. 31.

direitos do "cidadão-trabalhador que os exercita enquanto trabalhador--cidadão"[582]. Este autor designa-os por *direitos laborais inespecíficos*, classificação que se subscreve, porque o facto de uma pessoa ser trabalhador não implica, de modo algum, a privação dos direitos que a Constituição lhe confere como cidadão e como pessoa[583]. No mesmo sentido JOSÉ JOÃO ABRANTES[584] quando defende que os trabalhadores, para além dos direitos que têm enquanto tais, gozam dos direitos pessoais e de participação política que a todos os outros cidadãos são reconhecidos.

A esta proteção constitucional veio juntar-se a proteção prevista no Código do Trabalho, evidenciando a necessidade de encontrar formas de conferir garantias aos trabalhadores enquanto pessoas, principalmente perante as *novas formas de trabalho*, já que as relações de trabalho *típicas* assentes no modelo taylorista ou fordista, correspondem cada vez menos à realidade, conforme já tivemos oportunidade de referir[585].

5.3.6.1.3. Sendo assim, a preocupação essencial do Direito do Trabalho deve ser a da tutela dos direitos de cidadania no âmbito da relação de trabalho, assegurando que os direitos do trabalhador não serão sujeitos, *v.g.*, a formas de controlo contrárias à sua dignidade, ou à sua privacidade, à defesa da sua liberdade de expressão ou à sua liberdade ideológica.

Esta matéria possui grande relevância, sendo necessário proteger os direitos de personalidade dos trabalhadores, numa lógica de proteção da dignidade humana. O Direito do Trabalho não poderia mais alhear-se desta proteção dos

[582] Como refere JOSÉ JOÃO ABRANTES, "Código do Trabalho e a...", cit., p. 136, "a Constituição laboral portuguesa aponta a necessidade de recolocar a pessoa humana no centro do ordenamento jurídico e coloca indiscutivelmente como questão central do Direito do Trabalho o respeito pelos direitos dos trabalhadores".

[583] Questão diferente é a de uma eventual limitação ao exercício destes direitos pela celebração do contrato de trabalho, facto que normalmente ocorre e, com especial incidência em relação a alguns destes direitos. Secundando JÚLIO GOMES, *op.* cit., p. 266, "a empresa não é nem o parlamento nem a praça pública, e que os direitos fundamentais do trabalhador encontrarão naturais limitações decorrentes do interesse da empresa e da coexistência e eventual confronto com os direitos fundamentais dos colegas e do próprio empregador entre os quais se contam os direitos constitucionalmente garantidos de propriedade privada e de liberdade de iniciativa económica". Também JOSÉ JOÃO ABRANTES, "O novo *Código do Trabalho* e os direitos de personalidade do trabalhador", *in A reforma do Código do Trabalho*, Coimbra Editora, Coimbra, 2004, p. 141, entende que é o próprio objeto do contrato de trabalho, isto é, a disponibilidade da força de trabalho, que "torna inevitável" uma série de limitações à liberdade pessoal do trabalhador.

[584] "O Direito do Trabalho...", cit., p. 64.

[585] I,2 e II, 11.

direitos de personalidade. No caso deste ramo do direito trata-se exatamente do contrário já que, atendendo às suas especificidades, deveria ocorrer uma consagração autónoma dos direitos de personalidade. E a razão afigura-se clara: a relação jurídico-laboral coloca em confronto os interesses dos sujeitos contratuais de uma forma muito viva. Mais do que em qualquer outra situação jurídica, a relação laboral atinge, de forma sem precedentes, a privacidade e a dignidade do trabalhador na medida em que assenta numa estrutura de poder-subordinação[586].

5.3.6.1.4. O Código do Trabalho incluiu uma subsecção relativa à tutela dos direitos de personalidade[587], embora a sua eventual não inclusão não implicasse que estes não estivessem assegurados nas relações laborais, pois o contrato de trabalho não é, nem foi nunca, um contrato para destruir a dignidade dos trabalhadores[588].

Porém, apesar desta regulação, não pode deixar de considerar-se a regulação constitucional, *inter alia*, arts. 26.º, 32.º, 34.º, 35.º, 36.º, e civil – arts. 70.º a 81.º – que desde sempre foram aplicados e que, mesmo com o Código do Trabalho, devem continuar a ser observados, principalmente se tivermos em consideração que o atual Código, a exemplo do anterior, só enuncia alguns direitos de personalidade, deixando de fora, *verbi gratia*, o direito à imagem, o direito à honra e o problema das revistas aos trabalhadores.

Importa referir, ainda, a tutela penal de que os direitos de personalidade gozam já que, dada a importância que revestem e os bens sobre os quais incidem, há uma tipificação como crimes na lei penal quanto a ofensas a alguns

[586] Convém lembrar que o art. 10.º do CT estabelece que as normas legais relativas aos direitos de personalidade serão aplicáveis às situações equiparadas ao contrato de trabalho onde, apesar de não existir subordinação jurídica, há subordinação económica, e este facto parece-nos bastante importante no trabalho na era digital.

[587] O que configurou em 2003 uma novidade já que, até à data do Código de Trabalho de 2003, não existia uma consagração desta matéria a nível laboral Cf. neste sentido PEDRO ROMANO MARTINEZ, "Considerações gerais sobre o Código do Trabalho", *in* VI *Congresso Nacional de Direito do Trabalho Memórias*, (coord. ANTÓNIO MOREIRA), Almedina, Coimbra, 2004, p. 51, e "O Código do Trabalho – Directrizes de reforma; sistematização; algumas questões", *in Estudos de Direito do Trabalho em Homenagem ao Professor Manuel Alonso Olea*, Almedina, Coimbra, 2004, p. 573.

[588] No mesmo sentido, *inter alia*, MONTEIRO FERNANDES, *Direito do Trabalho – Edição comemorativa dos 40 anos*, 18.ª edição, Almedina, Coimbra, 2017, p. 238. Contudo, como realça este autor, embora a "transposição" não fosse necessária para garantir a plena eficácia destes direitos, o facto da lei laboral os consagrar tem um "duplo alcance". O mesmo é também defendido por REGINA REDINHA, "Os direitos de personalidade no Código do Trabalho: actualidade e oportunidade da sua inclusão", *in A Reforma do Código do Trabalho*, Coimbra Editora, Coimbra, 2004, p. 162.

direitos de personalidade, tais como o direito à vida, à integridade física e moral, à honra, à intimidade privada e à imagem.

Deven considerar-se na aplicação destes direitos de personalidade, os artigos 18.º, n.º 2, da Constituição da República Portuguesa e 335.º do Código Civil. Na verdade, a compressão do exercício dos direitos de personalidade deve limitar-se ao necessário para salvaguardar outros direitos ou interesses constitucionalmente protegidos, segundo critérios de proporcionalidade e adequação, o que significa que os direitos de proporcionalidade só podem ceder se, à luz destes critérios, os benefícios que os empregadores puderem retirar dessa compressão forem superiores aos prejuízos daí decorrentes para o trabalhador[589].

5.3.6.2. Os Direitos de Personalidade em Geral

5.3.6.2.1. Em termos sistemáticos, a matéria respeitante aos direitos de personalidade encontra-se consagrada logo no início do Código, no Título II, relativo ao contrato de trabalho, no Capítulo I, respeitante a disposições gerais, secção II – sujeitos, subsecção II – direitos de personalidade – arts. 14.º a 22.º. Contudo, não pode esquecer-se a articulação com a matéria regulada nos arts. 23.º e ss. a propósito da igualdade e da não discriminação, assim como a proibição das situações de assédio quer sexual, na sua dupla vertente, quer moral, no art. 29.º.

5.3.6.2.2. A subsecção do Código do Trabalho visa garantir a defesa dos direitos de personalidade dos sujeitos laborais, embora a maior parte dos preceitos só faça sentido em relação ao trabalhador – vejam-se os artigos 17.º, 18.º, 19.º, 20.º, 21.º e 22.º.

Considera-se, ainda, que parece existir uma abordagem "personalista"[590], das matérias laborais, bastando ver a liberdade de expressão e de opinião,

[589] Conforme defende JOSÉ JOÃO ABRANTES, *Direitos Fundamentais da Pessoa Humana no Trabalho – em especial, a reserva da intimidade da vida privada*, Almedina, Coimbra, 2014, p. 20, "*em princípio, o trabalhador é livre para tudo aquilo que não diga respeito à execução do seu contrato.* Há aqui uma *presunção de liberdade*, a qual significa que qualquer limitação imposta à liberdade civil do trabalhador deverá revestir natureza absolutamente excepcional, não podendo justificar-se senão em obediência aos *critérios de proporcionalidade* e de respeito pelo conteúdo essencial mínimo do direito atingido".

[590] Termo utilizado pelo legislador já na Exposição de Motivos do Código de 2003.

a integridade física e moral, ou a reserva da intimidade da vida privada, que, porém, não originam uma compreensão clara de certas opções do legislador, que são visíveis em vários aspetos.

Desde logo, o legislador teve uma preocupação de assegurar uma posição igualitária para ambos os sujeitos contratuais e, em matéria de direitos de personalidade, esta preocupação nota-se na medida em que o reconhecimento de direitos de personalidade dos trabalhadores e da sua defesa é acompanhada por uma igual proteção dos direitos de personalidade dos empregadores. Mas será que esta proteção deve ser entendida nos mesmos moldes? Parece que esta foi a opção do legislador mas que, quanto a nós, não foi a melhor[591]. Não nos podemos esquecer que o trabalhador e o empregador não estão no mesmo *patamar* contratual. O trabalhador encontra-se numa posição de subordinação, não só contratual mas, muitas vezes, económica, em relação à contraparte. Assim, o envolvimento pessoal do trabalhador na relação de trabalho, atendendo à própria natureza da prestação que desempenha, é muito maior do que o do empregador[592]. O Código do Trabalho parece defender a ideia de que "o envolvimento integral do trabalhador no vínculo, por força da natureza da própria prestação", pode ser comparável ao envolvimento do empregador e como se "os direitos de personalidade em jogo fossem equiparáveis"[593]. Contudo, não nos podemos esquecer que o empregador não envolve a sua pessoa no contrato.

Esta preocupação igualitária nota-se também ao nível dos deveres de informação que incumbem às partes. Assim, ao dever do empregador de prestação de algumas informações sobre os principais aspetos da relação de trabalho – arts. 106.º e ss. do Código –, corresponde idêntico dever de informação por

[591] No mesmo sentido JOÃO LEAL AMADO, *Contrato de Trabalho* ..., cit., p. 213, para quem "esta *perspetiva paritária* não me parece feliz, por tender a obnubilar o problema específico colocado pela relação de trabalho nesta sede: o problema da extensão, da intensidade e dos limites dos poderes patronais. Por esta ser uma relação estruturalmente assimétrica, marcada, ademais, pelo profundo envolvimento da pessoa do trabalhador na execução da prestação, são os direitos deste, e não já do empregador, que ao Direito do Trabalho compete salvaguardar. Para tutelar os direitos do empregador, dir-se-á, o CCivil já bastaria...". Também MENEZES CORDEIRO, *Direito do Trabalho I – Direito Europeu, Dogmática Geral, Direito Coletivo*, Almedina, Coimbra, 2018, p. 535, considera que "a bilateralização assim operada é linguística: os direitos de personalidade assim reconhecidos têm utilidade laboral quando assistam aos trabalhadores".

[592] M.ª DO ROSÁRIO PALMA RAMALHO, "O Novo Código do Trabalho – Reflexões sobre a Proposta de Lei relativa ao novo Código de Trabalho", *in Estudos de Direito do Trabalho*, vol. I, Almedina, Coimbra, 2003, p. 29.

[593] M.ª DO ROSÁRIO PALMA RAMALHO, "O Novo Código do Trabalho...", cit., p. 29.

parte do trabalhador de uma forma que não se compreende. Este dever de informação em relação ao trabalhador poderá originar situações que violem os seus direitos de personalidade já que poderão ser considerados aspetos relevantes para a prestação dados que façam parte da sua vida privada.

Por outro lado, parece ainda existir o "reforço da essência eminentemente patrimonial do contrato de trabalho"[594], na medida em que o legislador consagra, ao lado dos direitos de personalidade dos trabalhadores, idênticos direitos do empregador e das empresas, o que atenua a especificidade do envolvimento pessoal das partes no contrato de trabalho.

5.3.6.2.3. Esta subsecção trata de proteger, particularmente, a situação pessoal do trabalhador perante as novas realidades relacionadas com os desenvolvimentos tecnológicos, tais como o desenvolvimento da informática, a utilização e o manuseamento de tecnologias de informação e comunicação, o incremento e utilização de técnicas de captação e armazenamento de imagens e de dados pessoais, bem como a utilização da ciência médica para efeitos de realização de testes ou exames para despistar doenças infetocontagiosas, assim como testes de consumo de álcool e de drogas e testes genéticos. Na verdade, a massificação do uso do computador, do *tablet*, dos *smartphones*, e das tecnologias de controlo, associadas às tecnologias digitais no local de trabalho, expõem o trabalhador a elevados níveis de controlo e vigilância durante toda a jornada de trabalho e mesmo na sua vida privada, estando os empregadores a criar diversas formas *esquizofrénicas* de controlo. Há uma enorme quantidade de programas informáticos que permitem controlar todos os passos dos trabalhadores, não só no local de trabalho, como fora dele, e se, no início do século passado, foi admitido, sendo mesmo prática corrente que as empresas contratassem investigadores privados para visitar os trabalhadores em casa para se assegurarem que não bebiam ou que não viviam em condições *imorais*, como aconteceu na empresa Ford, que tinha até um departamento específico com esse objetivo, atualmente, com estas novas formas de controlo, o empregador pode controlar muito mais e até fazer com que o trabalhador deixe de realizar certas atividades, como por exemplo, o trabalhador que tenha um telemóvel com GPS incluído ou um automóvel com GPS instalado pode deixar de se sentir à vontade para no final do trabalho dirigir-se a uma mesquita ou igreja para rezar ou para ir visitar a sua namorada, já que aspetos extremamente íntimos podem ser revelados, incluindo

594 M.ª DO ROSÁRIO PALMA RAMALHO, última *op.* cit., p. 30.

as sua opiniões políticas, a sua saúde mental e física e, mesmo, a sua vida sentimental. Acresce que, com os avanços na ciência médica, as fronteiras dos dados pessoais que podem ser conhecidos pelo empregador alteraram-se com a crescente possibilidade de realização, *inter alia*, de testes psicotécnicos, de inteligência, de personalidade, de honestidade, assim como de testes para despistar certas doenças infetocontagiosas e o consumo de drogas ou álcool pelos trabalhadores e, mais recentemente, no âmbito da pandemia provocada pela Covid 19, de testes de despistagem desta doença.

Desde a descoberta do ADN também aumentou a possibilidade e a realização de testes genéticos, permitindo ao empregador aceder aos aspetos mais íntimos acerca de uma pessoa e prever a suscetibilidade de vir a desenvolver determinado tipo de doenças. Acresce que, com a tecnologia informática, melhoraram os mecanismos de captação e manuseamento de imagens e som que, muitas vezes, estão associados a um computador e que permitiram um acesso imediato a qualquer imagem em qualquer local do mundo, bastando imaginar um sistema de videovigilância que utilize, simultaneamente, um sistema de reconhecimento facial para analisar o padrão de comportamento dos trabalhadores e com a possibilidade de punir disciplinarmente quem se desvie do padrão estabelecido.

Considerando tudo isto, há que ver que, muitos destes mecanismos e formas de controlo invadem a privacidade do trabalhador, desumanizando o local de trabalho.

5.3.6.2.4. Trata-se, ainda, de um regime que pretende abarcar diversas situações, desde os momentos preliminares da formação do contrato de trabalho, garantindo, assim, a proteção do candidato a emprego, bastando ver os art. 17.º e 19.º, à execução do contrato, protegendo os trabalhadores em geral, arts. 14.º a 22.º, e algumas categorias de trabalhadores em especial, de que é exemplo o art. 170.º para o teletrabalhador, todos do CT.

5.3.6.2.5. A regulação desta matéria, prevista no Código do Trabalho, resulta, ainda, das necessidades sentidas atualmente, onde o grande desafio do Direito do Trabalho é o de conseguir encontrar um modo de compatibilizar a competitividade das empresas com os direitos de cidadania e a dignidade dos trabalhadores, tendo em atenção que um certo grau de controlo e de tratamento de dados pessoais constitui uma normal e indispensável característica do contrato de trabalho[595]. As empresas necessitam de ter

[595] Conforme já referimos anteriormente, supra, II,5.2..

acesso, regularmente, a determinadas informações para saber como se está a desenvolver a relação de trabalho e se está a ser realizada de acordo com as diretrizes do empregador, para além de ser necessário por razões de segurança e saúde no trabalho. Porém, não pode deixar de ter-se em atenção que os direitos de personalidade do trabalhador são fundados na dignidade da pessoa humana e representam um *continuum* lógico da sua implicação pessoal na relação de trabalho, devendo considerar-se que, nesta matéria, a *realidade corre mais depressa do que o Direito*, e isto nota-se com particular acuidade no Direito do Trabalho.

Assim, parece-nos de secundar o entendimento de JÚLIO GOMES[596], quando entende que os direitos de personalidade previstos no Código do Trabalho se inserem numa visão destes não como meros limites externos dos poderes do empregador, mas verdadeiros limites internos que resultam de uma acertada compreensão de deveres como o de execução do contrato de trabalho de acordo com a boa-fé. Assim, a aplicação deste princípio nas relações laborais implica o devido respeito pela personalidade do trabalhador nas suas várias vertentes.

Também nos parece, ainda, perfilhando mais uma vez a opinião deste autor, que estes artigos comprovam a consciencialização do legislador de que os riscos para o trabalhador não se resumem aos riscos para o seu corpo, mas prolongam-se para outras facetas da sua pessoa, como sejam a imagem, a proteção de dados pessoais, e a tutela das suas comunicações, assim como da sua própria dignidade. Desta forma, há um reconhecimento de que a tutela devida deve estender-se para além da reserva sobre a intimidade da vida privada, englobando outras facetas.

Somos de opinião que os direitos de personalidade do trabalhador na relação de trabalho amparam não só a proteção das questões pertencentes à vida não laboral do trabalhador, como também determinadas formas de ingerência na relação de trabalho, já que estas poderão ser invasoras, *per se*, destes direitos do trabalhador. A privacidade deste não se limita, desta forma, a englobar os aspetos mais íntimos e pessoais, mas supera-os na medida em que assentam sobre o próprio marco da relação de trabalho, englobando diversos outros aspetos. Assim, pode entender-se que abrange, *inter alia*, o direito a ter um âmbito de reserva inacessível no local de trabalho que, contudo, não se

[596] *Op*. cit., pp. 267-268.

confina somente às casas de banho ou cacifos[597], estendendo-se também à intimidade das relações com os seus companheiros de trabalho, à própria atividade sindical, às comunicações por qualquer meio, incluindo o *e-mail* e a *Internet*, o *whatsapp* ou o serviço de mensagens instantâneas, à recolha e tratamento de dados pessoais, e não só os dados pessoais sensíveis, à captação de imagens e sons ou de dados de localização ou de radiofrequência, fora de determinados requisitos, à realização de testes de saúde para despistagem de determinadas doenças e testes genéticos, assim como à realização de testes para controlo do consumo de substâncias estupefacientes ou álcool.

5.3.6.3. Os Direitos de Personalidade em Especial

5.3.6.3.1. Liberdade de expressão e de opinião

O primeiro direito consagrado no CT é o direito à liberdade de expressão e de opinião no art. 14.º. Este artigo poderia parecer um pouco redundante já que igual proteção é conferida no art. 37.º da CRP. Porém, não se concorda com esta visão, já que a relação de trabalho é uma relação muito especial e, por isso, o exercício do direito à liberdade de expressão dos sujeitos contratuais pode ser comprimido, mas há que atender que esta compressão só pode ser realizada ao mínimo possível. Assim, perante uma situação concreta, há que apelar sempre ao art. 18.º, n.º 3, da CRP e admitir que possam existir limitações desde que não afetem a extensão e o alcance do conteúdo essencial destes direitos. Têm, ainda, de mostrar-se justificados por critérios de necessidade e de proporcionalidade. Só assim se conseguirá a concordância prática de todos os direitos em causa. Defende-se que não pode justificar-se esta limitação por razões empresariais porque, embora previsto no art. 14.º do Código do Trabalho, a liberdade de expressão continua a ser protegida a nível constitucional. Quando, em termos concretos, a liberdade de expressão do trabalhador conflituar com os direitos do empregador há que, então, fazer apelo a este juízo e recorrer-se à aplicação da figura do abuso do direito quando o empregador pretenda proibir atos que em nada o prejudiquem e que, até, correspondem a manifestações vulgares da personalidade dos trabalhadores.

[597] Sobre o problema das revistas ver, para maiores desenvolvimentos, TERESA COELHO MOREIRA, "Das revistas aos trabalhadores e aos seus bens em contexto laboral", *in Estudos em Comemoração do Décimo aniversário da Licenciatura em Direito da Universidade do Minho*, Almedina, Coimbra, 2004, pp. 839 e ss., e *Da esfera privada...*, cit., pp. 344 e ss..

Mesmo nos casos mais complexos, em que a liberdade de expressão só indiretamente colida com a relação laboral, em que estarão em causa deveres acessórios do trabalhador, devemos pautar a nossa solução pelos mesmos moldes. O caso clássico que se dá é o do engenheiro especialista em energia nuclear e trabalhador subordinado duma central atómica que, publicamente, exprime opiniões contrárias a essa forma de energia. Fá-lo fora do local e do horário de trabalho. Será que este trabalhador estará a violar o dever de lealdade? Não nos parece que assim seja. Ele poderá exprimir uma opinião genérica, desfavorável ao nuclear. Não nos podemos esquecer que o trabalhador é completamente livre fora da empresa e do quadro do trabalho. Situação diferente era se a tivesse proferido numa conferência patrocinada pela sua empresa e lhe tivesse causado danos ou se revelasse segredos da empresa[598].

A questão que se levanta hoje em dia é que com a *Internet* muitas fronteiras caíram o que, direta ou indiretamente, determinou a queda de outra barreira: a que separava a vida profissional e a vida pública da vida privada. Em qualquer local, através de telefones portáteis, podem ser filmados acontecimentos da vida privada que depois são colocados no *YouTube* ou no *Instagram*, ou noutra rede social, para que qualquer pessoa, em qualquer local do mundo, os possa visualizar. No mundo do trabalho, pode colocar-se o problema de *blogs* pessoais e de redes sociais *online*, onde os trabalhadores exprimem as suas opiniões ou, até, divulgam informações preciosas[599] sobre a empresa, ou onde criticam posições desta, o que coloca problemas ao nível da conciliação entre os direitos à privacidade e à liberdade de expressão dos trabalhadores e os direitos do empregador.

Contudo, não pode deixar de atender-se, conforme foi já sublinhado inúmeras vezes pelo TEDH, que a liberdade de expressão, consagrada no art. 10.º, n.º 1, da CEDH, constitui um dos "fundamentos essenciais de uma sociedade democrática, uma das condições do seu progresso e do desenvolvimento de cada um"[600].

598 Socorremo-nos do exemplo e da opinião de MENEZES CORDEIRO, "A Liberdade de Expressão do Trabalhador", *in II Congresso Nacional de Direito do Trabalho – Memórias*, (coord. ANTÓNIO MOREIRA), Almedina, Coimbra, 1999, pp. 42-43.

599 E, por vezes, confidenciais.

600 Caso *Aguilera Jiménez e outros c. Espanha*, de 8 de Dezembro de 2009, § 25. Nesta decisão o TEDH entendeu que sem prejuízo do disposto no n.º 2 deste artigo, este direito abrange não só as ideias que são consideradas como inofensivas ou que geram indiferença mas também "as que chocam, ofendem, ou inquietam o Estado ou um sector da população", na medida em que o pluralismo, a tolerância e "o espírito de abertura" são essenciais para que possamos estar numa "sociedade democrática", sendo que as eventuais exceções a este direito têm de ser interpretadas muito restritamente

Uma situação que coloca várias questões hoje em dia é a utilização cada vez maior de redes sociais *online*.

Na verdade, os trabalhadores quando decidem colocar fotografias, publicar vídeos, comentar ideias, pensamentos, gostos, experiências, opiniões ou críticas, quando decidem colocar um *gosto* ou um *não gosto* num determinado assunto, quando criam grupos de interesses, estão não só a atuar sobre o seu perfil mas, muitas vezes, dependendo do conteúdo que divulgar *online*, a afetar a imagem e a reputação da empresa, de outros trabalhadores e, até, de clientes.

A rede social pode exercer uma espécie de função "catártica"[601] relativamente a conflitos existentes na empresa, embora, por vezes, possa existir violação de alguns deveres dos trabalhadores elencados no art. 128.º do CT, principalmente no n.º 1, alínea f), relativo ao dever de lealdade.

O problema prende-se com a fronteira ténue que existe entre o direito à liberdade de expressão do trabalhador, com consagração constitucional e laboral, nos artigos 37.º da CRP e 14.º do CT, respetivamente, e o direito ao bom nome e a uma reputação positiva que as empresas pretendem.

Na verdade, o direito à liberdade de expressão pode manifestar-se relativamente a questões conexas com o trabalho, mas existem limites ao exercício deste direito relacionados, quer com os direitos de personalidade da contraparte, isto é, do empregador, quer, também, com o normal funcionamento da empresa.

As redes sociais *online* não são um *diário íntimo*, mas também não constituem um *álbum de fotografias* exposto publicamente. Estas analogias, embora úteis para explicar a um leigo nas matérias as funcionalidades das redes sociais, oferecem uma visão demasiado simplista perante todas as funcionalidades destas redes. Na verdade, elas têm um carácter misto e é difícil subsumi-las a uma única categoria.

O empregador pode, efetivamente, sofrer muitos danos, principalmente se o trabalhador está perfeitamente identificado e se o acesso ao seu perfil não está restringido. Nestes casos, há que atender ao caso concreto para valorar se o trabalhador se excedeu no exercício do seu direito de informação ou de liberdade de expressão.

e sempre atendendo à existência de uma "necessidade social imperiosa". Sobre este caso veja-se TERESA COELHO MOREIRA, "Limites à liberdade de expressão de sindicalistas: comentário à decisão do TEDH, de 8 de Dezembro de 2009 – *Aguilera Jiménez e outros c. Espanha*", *in Estudos de Direito...*, cit., pp. 245 e ss..

601 M.ª REGINA REDINHA, "Redes Sociais: Incidência Laboral", *in* PDT, n.º 87, p. 43.

O problema que se levanta com a utilização das redes sociais é que, muitas vezes, há comentários realizados fora do âmbito da empresa, em redes consideradas privadas e não profissionais, colocando-se aqui a questão de saber se os eventuais limites à compressão do exercício deste direito por parte dos trabalhadores serão os mesmos ou terão de ser diferentes, sendo que nos parece que terá de ser esta a resposta à questão [602] [603].

Por outro lado, o art. 14.º do Código do Trabalho parece que resolveu adotar o critério seguido em Itália da ponderação de interesses, que sustenta que "o trabalhador tem o dever de não divulgar notícias e de não formular acusações que possam lesar a empresa, a não ser que haja uma *justificação adequada*, em função da necessidade de tutelar bens e interesses ao menos equivalentes"[604].

Porém, o recurso a conceitos indeterminados poderá originar compressões ilícitas deste direito dos trabalhadores e, mesmo, a aparente equivalência duma liberdade de expressão ao empregador parece-nos originar esta situação. Em que sentido o empregador tem direito à liberdade de expressão? E o que deverá ser considerado por "normal funcionamento da empresa"? Qual a titularidade deste direito? São algumas questões que se levantam, e o recurso excessivo a conceitos indeterminados, principalmente nas exceções à regra geral que predominam nesta parte do Código, não nos parece a melhor solução.

[602] *Vide* Acórdão do STJ, de 27 de novembro de 2018, cujo Relator foi o Conselheiro Júlio Gomes. Esta decisão é bastante interessante porque analisa os limites da liberdade de expressão do trabalhador subordinado, mormente quando faz uso de tal liberdade no contexto de redes sociais, como o *Facebook* e decidiu-se, e quanto a nós muito bem, que "I -O trabalhador goza tanto no âmbito da empresa, como fora dele, de liberdade de expressão, ainda que tal liberdade não seja ilimitada, havendo que atender aos deveres de respeito, urbanidade e probidade; II – Na aferição da gravidade de afirmações ofensivas para um administrador há que ponderar as circunstâncias concretas do caso, como sejam, o facto de tais afirmações serem proferidas no *Facebook* pelo trabalhador em momento de indignação e sem identificar o seu empregador e a ausência de danos graves para o empregador."

[603] Para maiores desenvolvimentos *vide* TERESA COELHO MOREIRA, *"Até que o Facebook nos separe:* Análise dos Acórdãos do Tribunal da Relação do Porto de 8 de Setembro de 2014 e do Tribunal da Relação de Lisboa de 24 de Setembro de 2014", *in Estudos de Direito do Trabalho*, volume II, Almedina, Coimbra, 2016, pp. 175 e ss.. Cf., ainda, JOÃO LEAL AMADO, "Enredado: o Facebook e a justa causa de despedimento", *in* RLJ, n.º 3994, pp. 45 e ss.

[604] JOSÉ JOÃO ABRANTES, "Contrato de Trabalho e ...", cit., p. 111.

5.3.6.3.2. Integridade física e moral

O art. 15.º consagra o direito à integridade física e moral quer do empregador, quer do trabalhador. Este artigo configura uma forma de reforçar a ideia da tutela da dignidade quer do trabalhador, quer do empregador, ainda que, mais uma vez, se considere que bastaria a tutela da dignidade do trabalhador.

Por outro lado, defende-se que este direito deve ser utilizado juntamente com o art. 29.º relativo à tutela contra o assédio e uma forma de reforçar a tutela contra este tipo de situações de violência. É que, na verdade, pode estar-se perante uma situação de violência psicológica que não constitua assédio e este artigo pode proteger contra estas situações[605].

5.3.6.3.3. Reserva da intimidade da vida privada

O art. 16.º tem por epígrafe reserva da intimidade da vida privada. Neste artigo segue-se o conceito do art. 80.º do CC, mas no n.º 2 parece que se deixam de fora algumas situações, como as convicções sindicais, já que aborda as convicções políticas e religiosas, mas nada refere em relação às sindicais. Claro que é uma enumeração exemplificativa, mas tendo em atenção a sua relevância no mundo laboral teria sido preferível a sua inclusão.

Há ainda que atender à redação do preceito. Quis o legislador, ao referir-se à esfera íntima e pessoal das partes, fazer uma referência à teoria das três esferas defendida na doutrina alemã e, em parte, na doutrina portuguesa? Talvez não tivesse sido esta a intenção mas era preferível uma redação mais clara[606].

605 Veja-se a este propósito a Convenção n.º 190 da OIT, já referida anteriormente, II, 4.2., sobre Violência e Assédio no Mundo do Trabalho, aprovada na 108.ª Conferência Internacional do Trabalho, em junho de 2019.

606 Conforme PAULO MOTA PINTO menciona, "O direito à reserva sobre a intimidade da vida privada", *in* BDFUC, n.º 69, 1993, p. 517, nota 104, generalizou-se na Alemanha a denominada teoria das três esferas, em grande parte devido a H. HUBMANN, que distinguia entre uma esfera individual ou pessoal, protegendo a própria vida da pessoa na publicidade, nas suas relações com o mundo; uma esfera privada, com a vida quotidiana no trabalho, com as amizades, com a família, englobando a rua e os locais públicos; e uma esfera secreta, à qual pertenceria tudo o que a pessoa tinha afirmado como secreto. Contudo, nem a doutrina, nem a jurisprudência, conseguiram realmente concretizar o conteúdo exato das três esferas. A necessidade de proceder, em cada caso concreto, à ponderação dos vários interesses em conflito, originou que todas as soluções fossem bastante difíceis. Por esta razão, o Tribunal Constitucional renunciou à utilização desta teoria. Atualmente, a proteção da vida

Quanto ao conteúdo deste direito deve referir-se que, tautologicamente, a vida privada é a vida que não é pública, sendo que a distinção entre estas não é clara pois varia consoante as convicções, os ordenamentos jurídicos, as pessoas[607], e o espaço e o tempo. Secundando PAULO MOTA PINTO[608], considera-se que faz parte da vida privada de uma pessoa a sua identidade, além de certos dados pessoais como a filiação, residência ou número de telefone. Também a integra o estado de saúde de uma pessoa, assim como, *inter alia*, a vida conjugal, amorosa e afetiva dos indivíduos, ou seja, os projetos de casamento e de divórcio e as relações amorosas. A vida do lar, englobando a totalidade dos factos que aí ocorrem, deve ter-se por privada, salvo prova em contrário. Não só nestes locais poderão suceder factos que digam respeito à vida privada das pessoas, mas também em certos locais considerados públicos, como por exemplo num café ou numa cabine telefónica ou no local de trabalho. Os acontecimentos que se desenrolem nestes locais farão parte da vida privada se versarem sobre alguma das matérias anteriormente referidas[609]. Também as comunicações por carta e por telecomunicações, estando protegidas pelo princípio da inviolabilidade, devem ser entendidas como fazendo parte do âmbito da vida privada, admitindo-se, contudo, prova em contrário. O passado de uma pessoa pode, também, integrar este conceito, englobado, ainda, por certos objetos seus, nomeadamente, os relacionados com as suas recordações pessoais. O património de uma pessoa deve ser incluído na vida privada do seu titular, assim como a sua situação financeira, havendo, todavia, que ter em atenção certas circunstâncias. O estado de saúde também fica abrangido pela vida privada, assim como o seu património genético. O conceito de vida privada não pode, assim, ser reduzido a uma única fórmula onde estejam contemplados todos os aspetos merecedores da tutela do direito.

privada constitui um caso que está incluído no direito geral de personalidade. Também referindo a teoria das esferas, MENEZES CORDEIRO, *Direito do*...cit. pp. 555 e ss.. Contudo, discorda-se deste autor quando defende que "o essencial dos artigos 17.º a 21.º só faz sentido perante grandes empresas". Preconiza-se, diferentemente, que independentemente da dimensão da empresa, aferida pelos critérios do art. 100.º do CT, o regime dos direitos de personalidade aplicar-se-á sempre.

[607] Para os menores deve ser superior.

[608] "O direito à reserva...", cit., pp. 525-534.

[609] Num acórdão do Tribunal da Relação de Lisboa, de 15 de fevereiro de 1989, CJ, I, 1989, p. 154, foi considerado que era "enquadrável no crime ofensa à vida privada, do art. 179º, n.º 1, do Código Penal, o acto de, contra o consentimento do visado, e sem qualquer causa que possa ou deva ser considerada justa, fotografar alguém no seu local de trabalho, com desinserção de qualquer enquadramento ou paisagem públicas, isolado de outras pessoas".

Também nos parece de abranger neste artigo a proibição do empregador de tentar obter informações sobre o comportamento extralaboral do trabalhador, nomeadamente sobre a utilização dos seus tempos livres. Não pode esquecer-se que fora do local de trabalho o trabalhador adquire plena liberdade, eventualmente comprimida no exercício por algumas situações muito particulares, relacionadas com alguns deveres do trabalhador, principalmente o dever de lealdade e que, por isso, qualquer tentativa do empregador controlar a vida extralaboral é ilícita e deve ser punida. Quando celebra o contrato de trabalho, o trabalhador não fica obrigado a aderir aos fins definidos pelo empregador nem aos interesses por este prosseguidos pois não fazem parte do conteúdo do contrato de trabalho. O trabalhador, ao celebrá-lo, fica vinculado a executar a prestação devida e não a aderir aos fins e interesses do empregador, que pode até desconhecer. Do dever de lealdade só cabe deduzir, de uma forma legítima, que o trabalhador não pode servir-se desta qualidade para, de uma maneira desleal, praticar atos de que resultem, ou possam vir a resultar, independentemente da vontade, prejuízos para a empresa.

Dentro dos demais deveres acessórios do trabalhador encontra-se um outro dever que é bastante relevante, e que é o dever de diligência. Este significa que o trabalhador, tal como qualquer outro devedor de uma prestação, se encontra adstrito a executar a prestação prometida com diligência, isto é, deve realizar a prestação com a atenção, o cuidado, o esforço e as cautelas razoavelmente exigíveis. Neste sentido, e como relembra JORGE LEITE[610], este dever não é mais do que uma manifestação do princípio da boa-fé que deve presidir ao cumprimento das obrigações em geral. Contudo, este dever traz subjacente uma questão fulcral que poderá estender os deveres do trabalhador para situações não devidas, e que é a de saber por que critério deve ser aferida esta diligência, isto é, por que padrão deve ser analisada esta exigibilidade.

Ao nível do contrato de trabalho, tem-se entendido que o dever de diligência deve ser analisado pelo critério do trabalhador normal colocado na situação daquele cuja diligência se pretende aferir, ou seja, tendo em atenção a natureza das funções e o contexto técnico-produtivo[611]. Propendemos para secundar JORGE LEITE quando crê que este critério deve ter ainda em atenção certos elementos subjetivos na medida em que o grau de diligência exigível

[610] *Direito do Trabalho*, vol.II, reimp., Serviços de Ação Social da Universidade de Coimbra, Coimbra, 1999, p. 96.

[611] Cf. JORGE LEITE, *op*. cit., p. 96.

pode variar consoante algumas circunstâncias concretas, como acontece com a idade, o grau de fadiga e a experiência.

Conexo com este dever a cargo do trabalhador situa-se o problema de saber se este se estende à sua vida extraprofissional, ou seja, se aquele tem a obrigação de abster-se de realizar alguns comportamentos que possam prejudicar a sua prestação de trabalho ou, até, se está obrigado, na sua vida pessoal, a realizar comportamentos que aumentem a sua produtividade. Propendemos para uma resposta negativa. Atendendo à ideia de boa-fé que deve estar subjacente à realização do contrato de trabalho, e que se aplica a ambas as partes, não nos parece que o grau de diligência exigível ao trabalhador possa ir para além das fronteiras da vida profissional. O trabalhador, na sua vida privada, é livre de adotar, em princípio, as atitudes que desejar, não tendo estas relevo autónomo na relação entre o trabalhador e o empregador e, consequentemente, não podendo este sancioná-lo por ter adotado determinado comportamento ou por se ter abstido de realizar outro[612].

Desta forma, defende-se que o poder de controlo e de vigilância do empregador não pode atingir uma dimensão tal que ofenda a dignidade da pessoa humana e o pleno gozo dos direitos fundamentais conferidos pela Constituição. A atividade de controlo deve ser exercida sob a ideia da "exclusiva ótica técnico-organizativa da produção"[613], tendo em atenção que tal atividade tem de atender aos valores constitucionais de proteção da pessoa, devendo o possível conflito de direitos resolver-se a favor dos interesses dos trabalhadores[614]. A este propósito pode falar-se de *limites internos*, pois este poder de controlo tem de exercer-se racionalmente e de ser justificado objetivamente, de tal forma que quando não se cumprem estes requisitos o trabalhador não tem de acatar a ordem. A faculdade de controlo deve ser ordenada considerando, exclusivamente, a faculdade produtiva, devendo destinar-se a verificar o comportamento devido pelo trabalhador para a obtenção do resultado convencionado, recusando-se qualquer atividade discricionária que não se justifique pelas exigências de organização ou técnicas, embora tenha de se atender a uma certa graduação em relação à maior ou menor implicação da pessoa do trabalhador na relação de trabalho.

O contrato de trabalho comporta, desta forma, um limite ao poder de controlo do empregador, de tal forma que este não pode ir além dos aspetos que têm uma relação direta, com o trabalho e qualquer extralimitação deste poder

612 No mesmo sentido, último autor e *op.* cit., p. 97.

613 GOÑI SEIN, *El respeto...*, cit., p. 114.

614 Neste sentido, último autor e *op.* cit., p. 114.

torna-se ilícita, podendo legitimar a desobediência. O poder de controlo do empregador não pode exercer-se sobre a conduta extralaboral do trabalhador, a não ser quando essa conduta possa repercutir-se negativamente sobre o correto cumprimento da prestação laboral ou possa prejudicar os legítimos interesses da empresa e, ainda assim, só pode incidir sobre a repercussão e não sobre o comportamento em si mesmo. Propendemos para considerar que os comportamentos do trabalhador na sua vida privada, realizados extraprofissionalmente, não têm relevância para integrarem o conceito de justa causa de despedimento, nem serem passíveis de controlo, considerando, porém, que mantém toda a pertinência, muito embora aplicado a um contexto legislativo diferente, o juízo realizado por RAÚL VENTURA[615] que apontava para a necessidade de procurar um compromisso entre a liberdade do trabalhador fora do tempo de serviço e o interesse da empresa.

Na esteira de JORGE LEITE[616], e reconhecendo que a questão não é simples, propende-se para defender que, atendendo à ideia do grau de diligência que é exigível ao trabalhador, e que não abarca quaisquer atos ou comportamentos da vida privada, não tendo esta relevo autónomo na relação laboral, não podem considerar-se relevantes os comportamentos havidos na vida extraprofissional. Na medida em que a vida privada do trabalhador não afete o correto cumprimento da prestação de trabalho, ela terá de ser indiferente para o Direito do Trabalho. Mesmo quando o trabalhador tenha uma vida privada desregrada, cometendo excessos com reflexo prejudicial na relação de trabalho, ou causando uma perturbação no seio da empresa, ou afetando de forma irremediável a confiança necessária para a subsistência da relação de trabalho, o que poderá e deverá ser apreciado e eventualmente sancionado é este reflexo produzido, esta perturbação e não a vida privada em si. Se o trabalhador, eventualmente, tem uma vida desregrada mas que em nada afeta a sua prestação laboral ou a confiança e que não causa qualquer perturbação no seio da empresa, não poderá ser sancionado disciplinarmente, nem o poder de controlo irradiar a sua influência para tais horizontes[617].

615 "Extinção das relações jurídicas de trabalho", *in* ROA, ano 10, n.ºs 1 e 2, 1950, pp. 311-312.

616 *Op.* cit., p. 97.

617 A este propósito veja-se o acórdão do Tribunal da Relação de Lisboa, de 11 de julho de 2019, cuja relatora foi a Desembargadora Filomena Manso, em que o mesmo foi defendido. O caso revela-se ainda bastante interessante porque se tratavam de mensagens enviadas via *chat* no *Facebook*. Apesar de não ter analisado a eventual (i)licitude da prova apresentada, decidiu-se que "I – Os actos da vida privada do trabalhador não podem ser valorados em si mesmo, mas apenas nos reflexos que estes possam ter na estrutura empresarial ou na relação de confiança entre trabalhador e empregador.

Tal como JORGE LEITE[618], considera-se que deve defender-se o princípio da irrelevância disciplinar do comportamento extraprofissional do trabalhador, a não ser quando se concretize num facto ilícito, em obediência ao direito à privacidade e, em especial, ao direito a não ser controlado.

Parece-nos ser bastante razoável o entendimento defendido na doutrina e na jurisprudência francesas de *trouble caracterisée*, já que os comportamentos extraprofissionais só poderão relevar se causarem uma *perturbação específica no seio da empresa*, devendo sempre, nos restantes casos, ser irrelevantes. O que tem de atender-se na eventual valoração é esta perturbação, ou seja, os eventuais reflexos na relação jurídico-laboral e não o comportamento em si. Esta ideia, defendida no ordenamento jurídico francês, parece-nos poder constituir um bom critério para resolver a questão da eventual relevância ou irrelevância dos comportamentos extraprofissionais do trabalhador, não esquecendo que devem ter-se sempre em atenção critérios objetivos.

Assim, o poder de controlo poderá eventualmente estender-se a factos praticados fora do ambiente de trabalho desde que se venham a repercutir neste, conseguindo perturbar de forma relevante o bom funcionamento da empresa, afetando o seu prestígio, ou causando-lhe perturbações[619] [620]. Desta forma, o empregador não representa qualquer instância fiscalizadora da filosofia de vida dos seus trabalhadores, sendo estes livres de se orientarem

II – A mensagem que uma trabalhadora de limpeza envia, via facebook, por chat, para uma aluna que frequenta um estabelecimento de ensino, que é cliente da empregadora, fora do tempo e do local de trabalho, a respeito de assuntos pessoais, é um acto da vida privada da trabalhadora". Também o o acórdão do STJ, de 5 de junho de 2019, cuja relator foi o Conselheiro Ferreira Pinto, decidiu que "(i)o trabalhador que exerce funções numa empresa que se dedica à vigilância e segurança de pessoas e bens e, fora do seu tempo de trabalho, presta serviços de segurança privada em eventos de cariz partidário, em congressos, campanhas, festas, jantares, arruadas, entre outros, viola o dever de lealdade, em particular o dever de não concorrência; (ii) os factos chegaram ao conhecimento do empregador através de fotografias publicadas pelo trabalhador no *Facebook*; (iii) este comportamento constituiu justa causa de despedimento".

618 *Op*. cit., p. 97, nota n.º 13.

619 Concorda-se com EUGENIO BLANCO, "El delito extralaboral como causa justa de despido", *in Revista de Trabajo*, n.ºs 7-8, 1957, p. 555, quando refere, a propósito da relevância do delito extra-laboral, que este só existe quando " a índole do delito tem relação com o trabalho ou gestão confiadas", ou seja, que há aqui como que uma "*contraditio in termini* pois a conclusão equivale quase a dizer: o delito extra-laboral poderá constituir justa causa de despedimento quando não seja delito extra-laboral". Esta *contraditio in termini* parece ser também aplicável aos comportamentos da vida privada que abrangem, aliás, os delitos extra-laborais.

620 Veja-se, para maiores desenvolvimentos, TERESA COELHO MOREIRA, *Da esfera privada...*, cit., pp. 407 e ss., e *A Privacidade...*, cit., pp. 410 e ss..

na sua vida privada como pretenderem sem que as suas opções possam por ele ser censuradas. Este pode, tão só, controlar a execução da prestação laboral e aplicar sanções disciplinares face a condutas ocorridas no local e no tempo de trabalho[621].

O artigo 16.º do CT isso consagra a ideia ao estabelecer, ainda que em termos bilaterais, a reserva da intimidade da vida privada, que impede o empregador de aceder ou divulgar aspetos relacionados com a vida privada dos trabalhadores[622].

[621] Certos comportamentos adotados na empresa, fora do horário de trabalho, não podem constituir justa causa de despedimento, sob pena de ocorrer uma violação do direito à reserva da vida privada dos trabalhadores. Num acórdão da Relação de Évora, de 7 de abril de 1992, cujo relator foi o Desembargador Loureiro Pipa, onde se discutia a suspensão do despedimento de uma trabalhadora acusada de manter no local de trabalho relações sexuais com um trabalhador, sendo que o ato foi presenciado através das frinchas na porta do gabinete onde tal ocorreu, o tribunal entendeu que não se justificava a suspensão. Este acórdão foi referido por MENEZES CORDEIRO, "O respeito ..., cit, p. 21 e p. 37. Subscrevemos a opinião deste autor ao referir que o despedimento é injustificado pois as práticas sexuais estão sempre sob tutela da vida privada, sendo que os trabalhadores visados foram vítimas de violação do seu direito ao respeito da vida privada, figurando-se aqui, a ilicitude da prova, ao abrigo do art. 32º, n.º 8, da CRP, na medida em que existiu uma "abusiva intromissão na vida privada". No mesmo sentido JOÃO LEAL AMADO, *Trabalhar e amar...*, cit., pp. 39-40, nota n.º 16, considerando que as circunstâncias do caso não legitimavam o despedimento. Diferentemente, M.ª DO ROSÁRIO PALMA RAMALHO, "Contrato de ..., cit., p. 175, concorda com a decisão do Tribunal na medida em que há "uma inadequação do comportamento em questão ao local onde se desenrolou", já que "as situações jurídicas devem ser exercidas dentro dos limites de adequação funcional ou de admissibilidade para que foram conferidas". Cf., para maiores desenvolvimentos sobre esta matéria, TERESA COELHO MOREIRA, D*a Esfera Privada* ..., cit., pp. 106 e ss..
Diferente desta situação é a descrita no Acórdão do Tribunal da Relação do Porto, de 7 de dezembro de 2018, cujo relator foi o Desembargador Domingos Morais, onde, relativamente ao comportamento da trabalhadora em causa, há uma desadequação do mesmo relativamente ao local onde ocorreu já que foi no local de trabalho. Se estes comportamentos tivessem ocorrido fora do tempo de trabalho não existiria, mas este não foi o caso pois da matéria de facto consta que a trabalhadora "desde o dia 02 de setembro de 2017, diariamente, e várias vezes por dia, no local e horário de trabalho, na companhia do seu namorado, cliente da ré, tinha comportamentos impróprios em frente aos colegas de trabalho e aos clientes que se deslocam àquele local, como beijarem-se na boca e acariciarem-se, mutuamente, como a autora acariciava-lhe o rabo e as pernas; ele metia a mão no peito dela, quando ajoelhada ao lado dele, sentado numa das mesas do café/bar". Cf., sobre esta decisão, para maiores desenvolvimentos, TERESA COELHO MOREIRA, "Algumas considerações sobre a admissibilidade probatória dos ilícitos disciplinares de trabalhadores detetados através de sistemas de videovigilância: anotação ao acórdão do Tribunal da Relação do Porto, de 07 de dezembro de 2018", *in* QL, n.º 53, pp. 163 e ss.

[622] Veja-se, para maiores desenvolvimentos, JOSÉ JOÃO ABRANTES, *Direitos Fundamentais...*, cit., pp. 22 e ss..

Outra das questões que surge atualmente está relacionada com a crescente utilização das redes sociais pelos trabalhadores e a tentativa dos empregadores de os punirem disciplinarmente por comportamentos que neles visualizam.

Na verdade, com as redes sociais *online* existe, cada vez mais, uma tendência para que as fronteiras entre o privado e o público, isto é, entre a vida profissional e a extraprofissional ou privada se diluam. Perante este facto, aumentam os riscos de intromissão do empregador na privacidade do trabalhador e da eventualidade de comportamentos persecutórios ou assediantes, numa tentativa de controlar todos os comportamentos dos trabalhadores dentro e fora da empresa, colocando-se a questão de a legitimidade do empregador utilizar a informação a que tem acesso através do perfil do trabalhador para efeitos disciplinares e para controlar o que eles colocam *online*.

Não pode esquecer-se, contudo, que o poder de controlo é conferido ao empregador com o intuito de assegurar a boa execução do contrato de trabalho, garantindo, desta forma, a condução normal da atividade empresarial. Como qualquer poder, tem limites, e, um deles, é o da legalidade, devendo, em princípio, exercer-se apenas durante a prestação de trabalho e relativamente a questões com ela conexas.

Preconiza-se, desta forma, que o empregador não pode utilizar os dados que retire das consultas dos perfis *online* dos seus trabalhadores, pressupondo que tem acesso lícito a estes, para adotar decisões sobre a continuidade do trabalhador na empresa ou sobre uma eventual promoção. Como bem nota M.ª REGINA REDINHA[623], não pode adotar esta posição pois isso corresponderia a uma intrusão não consentida na zona de inviolabilidade do trabalhador, sendo que o veículo desse conhecimento é irrelevante, assim como também será irrelevante se tiver sido o próprio trabalhador a fornecer a informação. A ilicitude do comportamento do empregador está na ultrapassagem realizada por ele da fronteira entre a vida profissional e a vida extralaboral ou privada, já que, conforme já defendemos anteriormente, os comportamentos da vida extralaboral não têm relevância laboral, a não ser quando causem uma *perturbação específica no seio da empresa*, devendo sempre, nos restantes casos, ser irrelevantes. O que tem de atender-se na eventual valoração é esta perturbação, ou seja, os eventuais reflexos na relação jurídico-laboral e não o comportamento em si.

623 "Redes Sociais...", cit., p. 42.

5.3.6.3.4. Proteção de Dados Pessoais

O artigo 17.º consagra a proteção de dados pessoais. Contudo, a epígrafe da norma pode ser um pouco enganadora porque toda a matéria prevista nesta parte do Código do Trabalho está relacionada com dados pessoais. Se tivermos em consideração a noção de dados pessoais, presente no art. 4.º do Regulamento Geral de Proteção de Dados, vê-se que é mais ampla do que a anterior noção prevista, quer na Diretiva 95/46/CE, de 24 de outubro de 1995, quer na Lei que a transpôs, a Lei 67/98, de 26 de outubro, pois considera como dados pessoais toda a "informação relativa a uma pessoa singular identificada ou identificável", sendo que é considerada identificável "uma pessoa singular que possa ser identificada, direta ou indiretamente, em especial por referência a um identificador, como por exemplo um nome, um número de identificação, dados de localização, identificadores por via eletrónica ou a um ou mais elementos específicos da identidade física, fisiológica, genética, mental, económica, cultural ou social dessa pessoa singular" e é uma noção bastante interessante, com relevante interesse prático para o Direito do Trabalho e, que adquire enorme importância nas empresas que trabalham na *cloud.*

Por outro lado, também significa que todos os direitos previstos nesta subsecção do Código tratam de dados pessoais e têm de seguir determinados princípios para o seu correto exercício.

5.3.6.3.4.1. Em primeiro lugar, coloca-se neste artigo a problemática inerente às indagações possíveis e vedadas ao empregador, quer durante o processo de seleção, quer no decorrer da relação laboral. O empregador não pode questionar o trabalhador sobre determinados factos. Estes estão relacionados com a sua vida privada e, por isso mesmo, abrangidos pelo princípio da reserva sobre a intimidade desta. O empregador pode unicamente averiguar sobre aspetos conexos com a capacidade profissional do candidato, ou seja, sobre a sua aptidão profissional para o exercício da atividade, ficando-lhe vedadas todas as indagações sobre aspetos pessoais que não sejam relevantes para a constituição ou desenvolvimento da relação de trabalho. Nestes casos, a distinção não se baseia em fundamentos subjetivos ou injustificados, mas em necessidades objetivas de natureza contratual. Não pode esquecer-se que existem dois interesses contrapostos: o do trabalhador, cioso de proteger os seus direitos e liberdades, e o do empregador, desejoso de conhecer todos os elementos suscetíveis de terem uma influência sobre o funcionamento da empresa. Para resolver esta contraposição de interesses propendemos para considerar que o critério que deve ser seguido é o da boa-fé, atendendo ao direito à privacidade que é assegurada a todos os trabalhadores independentemente de se encontrarem *dentro* da empresa. Na verdade, os direitos fundamentais não podem ficar *extramuros*, do *lado de fora* da empresa, impondo-se perante entidades públicas, mas também entre privados, onde se inserem os sujeitos da relação de trabalho. Assim, estes direitos devem funcionar como limites aos poderes e faculdades do empregador, *maxime*, ao poder diretivo, sendo que nenhum dado que não seja relevante para a valoração da aptidão profissional do candidato, ou do trabalhador, deve ser tomado em conta.

Parece-nos que os deveres de informação[624], em sede de Direito do Trabalho, têm que ser entendidos *cum grano salis*. Na verdade, o trabalhador não está obrigado a expor espontaneamente circunstâncias que o possam vir a prejudicar. Há, claramente, uma necessidade de um certo comportamento ético dos contratantes que se concretiza no dever de responder de forma clara, correta e completa a cada uma das questões que, relacionadas com o contrato, possam ser suscitadas pela contraparte. Este dever impõe, ainda, que cada uma das partes elucide o outro contraente de possíveis mal-entendidos que possam decorrer da fase pré-contratual. Mas não consideramos que o dever de informação possa ou deva estender-se ao ponto de obrigar o trabalhador a informar, por sua própria vontade, ou seja, sem uma questão prévia por parte do empregador, sobre todos aqueles aspetos que, embora dotados duma certa relevância contratual, poderiam ou deveriam ter sido conhecidos pelo empregador se tivesse utilizado uma diligência comum, ou seja, a diligência exigida a um homem normal, e isto por duas razões básicas: em primeiro lugar, o dever de informação só abrange matérias que não possam

[624] Relativamente a estes veja-se a Diretiva 2019/1152 do Parlamento Europeu e do Conselho, de 20 de junho de 2019, relativa a condições de trabalho transparentes e previsíveis na União Europeia, que no Considerando 4, estabelece que "Desde a adoção da Diretiva 91/533/CEE do Conselho, os mercados de trabalho sofreram profundas alterações em razão da evolução demográfica e da digitalização, levando à criação de novas formas de emprego que favoreceram a inovação, a criação de postos de trabalho e o crescimento. As novas formas de emprego podem distanciar-se significativamente, na sua previsibilidade, das relações de trabalho tradicionais, criando incerteza quanto aos direitos aplicáveis e à proteção social dos trabalhadores em causa. Neste contexto evolutivo, existe, pois, uma necessidade acrescida de informação plena aos trabalhadores sobre os aspetos essenciais das condições de trabalho, o que deverá ocorrer em tempo útil e por escrito, de uma forma que lhes seja facilmente acessível. A fim de adequadamente enquadrar o desenvolvimento de novas formas de emprego, deverá também ser concedido aos trabalhadores da União um conjunto de direitos mínimos que visem promover a segurança e a previsibilidade nas relações de trabalho, assegurando simultaneamente uma maior convergência ascendente entre os Estados- Membros e preservando a adaptabilidade do mercado de trabalho".

ser conhecidas pela contraparte utilizando uma diligência comum ou usual no tráfico jurídico. Assim, se o empregador podia e devia ter indagado um aspeto básico e por sua exclusiva negligência não o fez, não parece que mereça proteção jurídica; em segundo lugar, e este afigura-se-nos um argumento bastante importante, o trabalhador pode considerar irrelevantes todas aquelas questões sobre as quais não foi interrogado ou indagado pelo empregador. Se este não averigua nem interroga o trabalhador sobre determinadas facetas da sua qualificação profissional, é lícito, e mesmo lógico, que este as considere sem qualquer importância para a tarefa que lhe é destinada e que, por isso, não se sinta obrigado a manifestá-las perante o empregador[625].

Porém, há uma distinção que é estabelecida nas alíneas a) e b) do n. º1. No n.º 1, alínea a), estabelece-se a proibição de questionar sobre a vida privada dos candidatos e dos trabalhadores, a não ser quando as informações "sejam estritamente necessárias e relevantes para avaliar da respetiva aptidão no que respeita à execução do contrato de trabalho e seja fornecido por escrito a respetiva fundamentação". No n.º 1, alínea b), prevê-se a proibição de questionar sobre a saúde ou estado de gravidez, "salvo quando particulares exigências inerentes à natureza da atividade o justifiquem e seja fornecida por escrito a respetiva fundamentação", sendo que o número 2 acrescenta que estas últimas informações são prestadas perante um médico.

Parece-nos que a possibilidade da informação sobre a saúde ou gravidez do candidato ou do trabalhador só poder ser prestada a um médico e não diretamente ao empregador é positiva e garante a sua maior proteção. Para o empregador o que é e o que deverá ser relevante é a aptidão do trabalhador ou do candidato a trabalhador para aquele posto de trabalho em concreto e não a razão pela qual não tem a necessária aptidão. Considera-se, ainda, que as situações em que a saúde ou o estado de gravidez poderão cumprir os requisitos do art. 17.º, n.º1, alínea b), serão apenas aquelas em que as tarefas a desempenhar provoquem ou criem risco para a saúde ou segurança do próprio trabalhador ou de terceiros.

Defende-se, desta forma, que toda e qualquer indagação destes factos por parte do empregador constitui uma exceção à regra geral e só poderá ser aceite em termos muito restritivos.

[625] Para maiores desenvolvimentos *vide* TERESA COELHO MOREIRA, *Da Esfera privada...*, cit., pp. 150 e ss..

5.3.6.3.4.2. O empregador que viole estas normas pratica uma contraordenação muito grave, nos termos do art. 17.º, n.º 5, do Código do Trabalho. E se o trabalhador ou o candidato mentirem perante estas perguntas ilícitas do empregador não poderão ser punidos nem acusados de violação do princípio da boa-fé que regula as relações em geral e, em especial, a de trabalho. Não existe qualquer *culpa in contrahendo.* O trabalhador e o candidato têm, nestes casos, um *direito a mentir*[626] porque quem agiu ilicitamente foi o empregador e a única alternativa para os trabalhadores foi a mentira, já que uma omissão de resposta significa, muitas vezes, uma exclusão do processo de seleção[627]. Assim, considera-se que as obrigações de informação que incumbem ao *aspirante* ao emprego e ao trabalhador incluem a de responder clara, correta e veridicamente às questões relacionadas com a sua aptidão ou idoneidade para o trabalho, esclarecendo o empregador sobre todos aqueles erros ou falsas conceções que nesta fase possam surgir. Também deve comunicar, por sua própria iniciativa, todos os aspetos que não possam ser conhecidos pela contraparte, utilizando uma diligência normal, ou seja, os que possam escapar, pelo seu carácter oculto, extraordinário ou excecional, do círculo normal de indagação do empregador. Para além disto, não parece que exista mais algum dever de informação por parte do trabalhador. Só relativamente a estas situações é que se pode mencionar uma possível culpa *in contrahendo.* Assim, tendo em atenção esta ideia não nos parece muito positiva a redação do art. 106.º do CT na medida em que coloca no mesmo *pé de igualdade* o dever de informação a cargo do empregador e o dever de informação a cargo do trabalhador. Sob pena de termos situações verdadeiramente violadoras dos direitos fundamentais dos trabalhadores, em especial, do direito à reserva sobre a vida privada, não pode desligar-se este artigo dos artigos previstos na subsecção II relativa aos direitos de personalidade e, em especial, o artigo 17º.

[626] Nas elucidativas palavras de JOÃO LEAL AMADO, *Contrato de trabalho...*, cit., p. 157, a propósito do silêncio do trabalhador perante perguntas ilícitas realizadas pelo empregador ou futuro empregador "*O empregador pergunta, o candidato cala, o emprego esfuma-se...*Julga-se, pois, que, neste tipo de casos, o único meio suscetível de preservar a possibilidade de acesso ao emprego e de prevenir práticas discriminatórias consiste em o trabalhador não se calar, antes dando ao empregador a resposta que ache que este pretende ouvir (e assim, eventualmente, mentindo)". Veja-se, ainda, João Leal Amado, "Contrato de trabalho e "Direito à mentira": Uma solução justa?", *in O Trabalho Contemporâneo e suas Dimensões de Vulnerabilidade*, Editora Venturoli, Brasília, 2022, e JOSÉ JOÃO ABRANTES, *Direitos Fundamentais da Pessoa...*, cit., p. 31.

[627] Não nos parece assim a melhor posição a defendida por MENEZES CORDEIRO, *Direito do Trabalho...*, cit., p. 567, quando considera que "o Direito não pode, nunca, aceitar tal construção".

5.3.6.3.5. Dados biométricos

O art. 18.º do CT trata dos dados biométricos, considerados agora, e bem quanto nós, como dados sensíveis ao abrigo do art. 9.º do Regulamento Geral de Proteção de Dados Pessoais[628].

Este tipo de dados está ligado a características únicas da pessoa e tem requisitos específicos, nomeadamente o da universalidade, no sentido de que estão presentes em todas as pessoas; a sua singularidade ou unicidade, já que devem ser distintivos de cada pessoa; a permanência, pois cada pessoa conserva a propriedade do dado biométrico com o tempo, e a mensurabilidade e acessibilidade, podendo dividir estas características em vários tipos. Pode ser consoante a sua natureza: umas, têm por base, *inter alia*, a natureza morfológica, física ou fisiológica, e avaliam as características fisiológicas de uma pessoa, como as impressões digitais, a análise da imagem do dedo, o reconhecimento da íris, o exame da retina, o reconhecimento do rosto, o formato da mão, o reconhecimento do formato da orelha, a deteção do odor corporal, o reconhecimento da voz, a análise da estrutura do ADN; outras, são baseadas na análise comportamental que avaliam o comportamento das pessoas como, *inter alia*, a verificação da assinatura manuscrita, a análise da digitação, a análise do andar. Claro que há subdivisões e mesmo esta divisão não é assim tão clara. Atendendo a estas características, umas são mais fiáveis do que outras, parecendo que a eventual licitude da utilização do tratamento destes dados à luz do CT, e do art. 28.º da Lei n.º 58/2019, de 8 de agosto, que executa o Regulamento Geral de Proteção de Dados Pessoais, só existirá para os dados do primeiro tipo[629].

[628] Nos termos do art. 4.º, n.º 14, do Regulamento Geral de Proteção de Dados Pessoais, dados biométricos são "dados pessoais resultantes de um tratamento técnico específico relativo às características físicas, fisiológicas ou comportamentais de uma pessoa singular que permitam ou confirmem a identificação única dessa pessoa singular, nomeadamente imagens faciais ou dados dactiloscópicos".

[629] Ver sobre tudo isto AMADEU GUERRA, *A privacidade no local de trabalho – as novas tecnologias e o controlo dos trabalhadores através de sistemas automatizados; uma abordagem ao Código do Trabalho*, Almedina, Coimbra, 2004, pp. 185 e ss., assim como TERESA COELHO MOREIRA, "Biometrics and Data Protection: These Data Are Derived from an Individual", *in Interdisciplinary Perspectives on Contemporary Conflict Resolution*, (coord. Paulo Novais e Davide Carneiro), em co-autoria com Francisco Andrade, IGI Global, 2016, e "Data Protection and Biometric Data: European Union Legislation", *in Biometric Security and Privacy Opportunities & Challenges in The Big Data Era*, em co-autoria com Pedro Miguel Freitas e Francisco Andrade, Springer 2017.

A utilização destes dados biométricos coloca inúmeras questões filosóficas, sociológicas e políticas que ainda se tornam mais pertinentes se estes dados são armazenados em bases de dados centralizadas. Surgem, assim, dois interesses divergentes: por um lado, a vontade de manter a segurança em qualquer local e, por outro, a necessária proteção à vida privada das pessoas em geral, e dos trabalhadores em especial.

Os sistemas biométricos são constituídos por um sistema informático que integra *hardware*, isto é, um computador e os respetivos periféricos necessários em função da técnica utilizada, e o *software* correspondente.

A finalidade pretendida por parte dos empregadores na utilização deste tipo de dados terá de assentar na necessidade de agilizar o cumprimento de um objetivo que a lei reconhece integrar-se no âmbito dos seus poderes de controlo. Mas, ainda assim, parece-nos que só em situações excecionais, nomeadamente de segurança, se poderão instalar este tipo de sistemas. Há que apelar sempre ao princípio da proporcionalidade e verificar se a finalidade pretendida, muitas vezes a assiduidade, não poderia ser obtida por uma forma menos invasiva.

Atendendo a este princípio da finalidade, assitem-nos algumas dúvidas sobre a redação do art. 28.º, n.º 6, da Lei n.º 58/2019, de 8 de agosto, que estabelece que "o tratamento de dados biométricos dos trabalhadores só é considerado legítimo para controlo de assiduidade e para controlo de acessos às instalações do empregador". Apesar deste preceito ter de ser conciliado com o n.º 2 do art. 18.º do CT, que preconiza que "O tratamento de dados biométricos só é permitido se os dados a utilizar forem necessários, adequados e proporcionais aos objetivos a atingir", entende-se que deveria ter outra redação.

Em primeiro lugar, preconiza-se que os sistemas biométricos podem ser utilizados não apenas para controlo da assiduidade, mas também da pontualidade. Em segundo lugar, considera-se que é um interesse legítimo do empregador pretender que determinados espaços da empresa sejam acessíveis apenas a alguns trabalhadores e o controlo do acesso a esses locais, se preencher todos os restantes requisitos, pode ser feito por dados biométricos. A ser assim, terá de fazer-se uma interpretação extensiva da parte do artigo que se refere a "controlo de acessos às instalações do empregador".

Por outro lado, é possível também que o acesso e a autenticação de trabalhadores em dispositivos móveis e digitais, como *tablets*, telemóveis ou computadores, seja feito por dados biométricos. Ora, também esta finalidade nos parece legítima, mas não consta do art. 28.º, n.º 6. Significará que não será admissível? A inadmissibilidade não nos parece a melhor solução, entendendo-se que terá de fazer-se uma interpretação extensiva da norma, nesta parte. Aliás, afigura-se-nos que neste número, na primeira parte, o legislador restringiu em demasia o princípio da finalidade e as situações em que é possível o recurso aos dados biométricos e, por outro lado, na segunda parte, deveria ter sido mais restritivo.

Considera-se, ainda, atendendo às inúmeras possibilidades de controlo através deste tipo de dados, e na senda do defendido pela CNPD[630], que só deverá ser permitido e utilizado um único dado biométrico do trabalhador, não nos parecendo admissível o cruzamento deste tipo de informação com outro tipo de tecnologia, como é o caso da utilizada pelos meios de vigilância à distância, nomeadamente, a videovigilância ou a geolocalização[631].

Considera-se importante realizar a ponderação de interesses em presença para aferir da licitude da utilização destes tipos de dados, sendo preferível adotar uma postura cuidadosa e realista em relação à utilização e generalização destes meios de controlo, até porque algumas tecnologias biométricas ainda não estão convenientemente testadas, apresentando, desta forma, alguns riscos para os titulares.

Assim, parece-nos que alguns princípios que terão de ser condiderados na altura da utilização deste tipo de dados são:

a) terá de ocorrer, em primeiro lugar, uma ponderação da idoneidade e da necessidade daquele meio e da conformidade dos motivos apresentados com o princípio da proporcionalidade; O respeito destes princípios implica, em primeiro lugar, uma definição clara da finalidade para a qual as informações biométricas são recolhidas e tratadas. É ainda necessária uma avaliação, em termos de proporcionalidade e de legitimidade, que tenha em atenção os riscos relativos à proteção dos direitos e liberdades fundamentais das pessoas e, nomeadamente, para examinar se a finalidade pretendida não poderia ser alcançada de uma forma menos intrusiva;

b) para fins de controlo e acesso, isto é, autenticação e verificação, os sistemas biométricos baseados em características físicas que não deixam vestígios, ou os sistemas biométricos que se referem a características físicas que os deixam, mas cujos dados não estão registados num computador central mas antes, por exemplo, num cartão pessoal que o trabalhador deverá trazer consigo, comportam menos riscos para a proteção da privacidade dos trabalhadores;

[630] Parecer n.º 20/2018, de 2 de maio, pp. 37-38.

[631] Cf., para maiores desenvolvimentos, TERESA COELHO MOREIRA, "Algumas questões sobre o Regulamento Geral de Proteção...", cit., pp. 33-34.

c) a prova biométrica tem vindo a ser cada vez mais colocada em causa devido à impossibilidade de os sistemas serem 100% fiáveis. Basta pensar que a impressão digital de uma pessoa pode alterar após um acidente ou mesmo ser de difícil leitura se, *v.g.*, a pessoa transpirar. Por isso, o empregador não pode encarar a introdução deste tipo de sistemas como instrumentos infalíveis de reconhecimento, devendo aceitar a oposição do trabalhador à sua eficácia;

d) os dados biométricos são obrigatoriamente eliminados no momento da transferência do trabalhador para outro lugar de trabalho ou no caso de cessação do contrato de trabalho, nos termos do art. 18.º do CT, o que proíbe um tratamento posterior dos dados que seja incompatível com as finalidades para as quais foram recolhidos.

f) A utilização deste tipo de dados levanta ainda a questão da proporcionalidade de cada categoria de dados tratados com base na finalidade para a qual são tratados. Os dados biométricos só devem ser utilizados se a sua utilização for adequada, pertinente e não excessiva, o que implica que haja uma avaliação rigorosa da necessidade da proporcionalidade dos dados tratados.

5.3.6.3.6. Testes e exames médicos

5.3.6.3.6.1. No que concerne aos exames de saúde ou médicos há que ter em atenção o art. 19.º do CT, assim como o art. 9.º do Regulamento Geral de Proteção de Dados Pessoais que consagra os dados de saúde como especial categoria de dados ou dados pessoais *sensíveis*.

O art. 19.º do CT estabelece uma série de situações e diferentes exames em causa, até porque o n.º 2 deste artigo estabelece, e quanto a nós bem, a proibição da realização de testes de gravidez.

Há, assim, neste artigo duas diferentes proibições: uma proibição relativa, a estabelecida no n.º 1, e uma proibição absoluta, prevista no n.º 2.

Não podemos deixar de considerar que todos estes dados são dados *sensíveis* ao abrigo do art. 9.º do Regulamento Geral de Proteção de Dados Pessoais e que, por isso, a regra geral é a de que não podem ser tratados, a não ser com o consentimento do titular dos dados, que neste caso da relação de trabalho não parece relevar, conforme já referimos previamente, ou se "o tratamento for necessário para efeitos do cumprimento de obrigações e do exercício de direitos específicos do responsável pelo tratamento ou do titular dos dados em matéria de legislação laboral, de segurança social e de proteção social, na medida em que esse tratamento seja permitido pelo direito da União ou dos Estados-Membros ou ainda por uma convenção coletiva nos termos do direito dos Estados-Membros que preveja garantias adequadas dos direitos fundamentais e dos interesses do titular dos dados"[632], ou ainda, e parece-nos ser este o caso, "Se o tratamento for necessário para efeitos de medicina preventiva ou do trabalho, para a avaliação da capacidade de trabalho do empregado, o diagnóstico médico, a prestação de cuidados ou tratamentos de saúde ou de ação social ou a gestão de sistemas e serviços de saúde ou de ação social com base no direito da União ou dos Estados-Membros ou por força de um contrato com um profissional de saúde, sob reserva das condições e **garantias**[633] previstas no n.º 3"[634]. E estas garantias estabelecem que "Os dados pessoais referidos no n.º 1 podem ser tratados para os fins referidos no n.º 2, alínea h), **se os dados forem tratados por ou sob a responsabilidade de um profissional sujeito à obrigação de sigilo profissional**[635], nos termos do direito da União ou dos Estados-Membros ou de regulamentação estabelecida pelas autoridades nacionais competentes, ou por outra pessoa igualmente sujeita a uma obrigação de confidencialidade ao abrigo do direito da União ou dos Estados-Membros ou de regulamentação estabelecida pelas autoridades nacionais competentes".

5.3.6.3.6.2. Quanto aos testes e exames médicos que eventualmente podem ser realizados temos, desde logo, os testes para controlo de consumo de estupefacientes e de álcool.

O fenómeno do consumo de drogas no âmbito laboral, tal como noutros sectores da sociedade, tem uma incidência importante. É um erro pensar que o problema do uso das drogas não afeta o mundo do trabalho. Na verdade, o uso abusivo de drogas é um dos problemas mais graves enfrentados pela sociedade hodierna, com repercussões negativas tanto na esfera individual como na familiar e social, atingindo o emprego das pessoas. É um problema que tem aumentado quantitativa e qualitativamente, consequência, também, da própria ampliação dos limites do conceito de droga.

Do ponto de vista do empregador, a tendência é a defesa da realização deste tipo de testes para aferir das reais condições dos trabalhadores, alegando que o alcoolismo e a toxicodependência têm inúmeras consequências negativas

[632] Art. 9.º, n.º 2, alínea b), do RGPD.

[633] Negrito nosso.

[634] Art. 9.º, n.º 2, alínea h), do RGPD.

[635] Negrito nosso.

para a prestação de trabalho, diminuindo a produtividade, tornando-se o trabalhador um agente de risco para a empresa, pondo em causa a segurança no trabalho, individual e coletiva.

Por outro lado, existem os testes de deteção do álcool que são os mais frequentes e generalizados.

Em relação à realização de testes para aferir do consumo de estupefacientes, a crítica que se aponta, desde logo, é a do seu carácter falível, já que os atuais sistemas comportam uma certa margem de erro. Na verdade, têm ocorrido casos em que o resultado obtido é contrariado posteriormente através de provas mais completas de verificação e ingestão deste tipo de substâncias, o que demonstra a sua falta de rigor científico e de objetividade. Mais ainda, estes testes não servem para detetar consumidores, mas apenas, consumos, e nenhum deles serve para analisar a capacidade ou o rendimento laboral. A interpretação clínica das provas depende de variáveis como a interação de determinados fármacos, a metabolização da droga e o tempo que decorreu desde a ingestão. Um resultado positivo nem sempre indica um consumo próximo em termos temporais já que há substâncias, como o *cannabis* ou a heroína, que geram um depósito de resíduos no organismo que persiste durante vários dias. Assim, parece que, em princípio, deve considerar-se irrelevante a ingestão destas substâncias para efeitos da determinação da aptidão profissional já que se enquadram na esfera privada dos trabalhadores. O empregador não pode intrometer-se na sua esfera privada e, por isso mesmo, não pode licitamente indagar ou tentar averiguar esta dependência para efeitos de contratação.

Defendemos que existem certas circunstâncias excecionais, previstas no art. 19.º, n.º 1, que permitem a derrogação da regra geral da proibição deste tipo de testes de controlo do consumo do álcool e de estupefacientes, nos casos onde há uma especial natureza das funções para as quais está a decorrer o processo de seleção, como é o caso, *inter alia*, dos trabalhadores dos sectores dos transportes. Nestes casos, os testes impõem-se para a defesa de interesses superiores, revelando-se adequados para reduzir os riscos da sua violação, sendo permitidos[636]. Atendendo à especial natureza das funções, poderá permitir-se a realização deste tipo de testes, pois está em causa a segurança do trabalhador ou do candidato e de terceiros[637]. No caso dos motoristas é de aceitar a realização do teste do álcool já que, em geral, exigem-se

[636] A mesma opinião é defendida por JORGE LEITE, *op.* cit., pp. 97-98.

[637] No mesmo sentido *vide* JOSÉ JOÃO ABRANTES, *Direitos Fundamentais da Pessoa...*, cit., p. 37.

determinadas características aos trabalhadores. Figure-se o caso de um candidato a piloto de aviação comercial ser sujeito ao teste do álcool.

Nos casos em que é permitida a realização destes testes deverá ter-se em consideração o respeito pela privacidade e, por isso, deverão ser efetuados procurando não se imiscuir na vida privada do candidato, garantindo sempre a sua intimidade e confidencialidade.

Deve também ser cumprido o dever de proporcionalidade[638] e o princípio da transparência.

5.3.6.3.6.3. Outro tipo de testes que os empregadores poderão realizar, e que têm de ser considerados abrangidos pela referência do art. 19.º a testes médicos do Código do Trabalho, são os testes para rastreio de determinadas doenças infetocontagiosas, principalmente do vírus HIV. Perante o trabalhador que padece desta doença cabe determinar se a infeção por este vírus pode ser uma causa legítima para recusar a contratação de um trabalhador. Na sua resolução tem de equacionar-se que o estado de saúde de uma pessoa faz parte da sua vida privada e, por isso, tem de ser respeitado por todos. Na realização deste tipo de testes existem dois valores em jogo: o direito dos trabalhadores ou candidatos a preservar a sua intimidade e a impedir que se adquira conhecimento do seu estado de saúde, assim como o direito à não discriminação e, por outro, o dever empresarial de adotar as medidas necessárias para proteger a saúde das pessoas, incluída a do próprio trabalhador, contra os riscos de agravamento da sua saúde. Não pode esquecer-se que o direito ao respeito pela vida privada é um direito fundamental e que supõe, na sua vertente negativa, uma dupla dimensão: a faculdade de impedir a ingerência injustificada ou o conhecimento intrusivo e, por outro lado, o direito a opor-se a que se instrumentalize o seu conhecimento mediante a divulgação ilegítima.

A informação sobre a condição do trabalhador estar afetado pelo vírus HIV pode influenciar de maneira negativa no momento da constituição da relação

[638] A este propósito veja-se, *inter alia*, o Acórdão de 26 de maio de 2021, cujo Relator foi o Desembargador Leopoldo Soares onde se pode ler no Sumário que "I –a aprovação por uma entidade patronal de um Regulamento Interno de Uso de Alcoólimetro que reputa de positivos todos os testes cujo resultado seja superior a 0,0g/l álcool no sangue, mesmo quando cotejado com o direito por parte dos trabalhadores à prestação do trabalho em condições de segurança, saúde e higiene, põe em causa por desproporcionalidade o direito à reserva da vida privada dos trabalhadores. II – O Regulamento em causa ao implementar uma política de tolerância zero para com o álcool em sede laboral comprime, restringe de forma desproporcionada o direito fundamental à reserva da vida privada dos trabalhadores, sendo que se aporta a tal conclusão tendo por padrão comparativo o disposto no artigo 81.º do Código Estrada".

laboral, sendo que o comportamento do empregador em não contratar o trabalhador só pelo motivo de ser seropositivo é dificilmente comprovável, não necessitando de encontrar uma justificação.

Porém, a proibição deste tipo de testes não deve ser generalizada, existindo alguns casos em que nos parece racional a sua realização. Mais: a igualdade só será violada se a desigualdade de situações for desprovida de uma justificação objetiva e razoável. Assim, propugnamos que se concorrerem condições diferenciadoras deve defender-se a legitimidade constitucional sob o prisma da igualdade da medida diferenciadora, respeitada a proporcionalidade entre o meio utilizado e a finalidade prosseguida. Na eventual realização de um exame só pode existir justificação sob o ponto de vista da igualdade quando aparecem razões objetivas constatáveis e inerentes a bens de carácter constitucional, como o direito à saúde ou à integridade física. Por isso, não pode excluir-se o exame quando exista um sério risco de contágio para terceiros. Assim, em certos casos específicos onde pode existir comunicabilidade, ou seja, quando exista um risco **real**[639] de contágio, é legítima a realização destes testes. É sempre na perspetiva da tutela do direito à saúde de terceiros, direito consagrado constitucionalmente no art. 64º, que a submissão do candidato a trabalhador ou do trabalhador pode adquirir relevância. Mas, mesmo nestes casos, os possíveis controlos têm de se limitar àquelas tarefas que realmente o exijam, tendo a análise de ser casuística[640]. Em alguns casos o interesse pessoal dos trabalhadores à sua intimidade e à não discriminação no acesso ao emprego por motivos de saúde cede perante o interesse dos utilizadores do serviço prestado à sua integridade física e à saúde, protegendo-se de eventuais inoculações do vírus[641]. Não pode esquecer-se, no entanto, que devem respeitar-se sempre as regras de confidencialidade e o direito à intimidade e, por isso, o médico da empresa, obrigado ao sigilo profissional, só deverá revelar a aptidão ou não do candidato para o trabalho. Para o empregador o que é ou deverá ser relevante não é a doença,

[639] Negrito nosso.

[640] Não se concorda assim com os Acórdãos do STJ, de 24 de setembro de 2008, cujo relator foi o Conselheiro Mário Pereira, e do Tribunal da Relação de Lisboa, de 29 de maio de 2007, sobre a cessação do contrato de trabalho de um cozinheiro em virtude de ser seropositivo. Neste mesmo sentido veja-se JOÃO LEAL AMADO, "VIH/SIDA e proibição de discriminação dos trabalhadores: entre a «tensão para a transparência» e o «direito à opacidade»", *in RLJ*, n.º 3960, pp. 170 e ss., assim como JOSÉ JOÃO ABRANTES, *Direitos Fundamentais da Pessoa...*, cit., pp. 38-41, que defende que a cessação do contrato de trabalho foi ilícita.

[641] No mesmo sentido M.ª DO ROSÁRIO PALMA RAMALHO, "Contrato de Trabalho e...", cit., pp. 412-413.

mas, a apreciação definitiva sobre a idoneidade profissional e, por isso, não é necessário colocar em conexão a falta de aptidão com os fatores patológicos que a provocaram.

5.3.6.3.6.4. No âmbito da pandemia provocada pelo novo coronavírus SARS-CoV-2 e da doença Covid-19, coloca-se a questão da realização de testes para despistagem da doença. Tal como nos anteriores, só poderão ser realizados pelos serviços competentes de segurança e saúde no trabalho ou, nesta altura, pelos serviços da DGS. Por outro lado, tal como relativamente aos testes referidos anteriormente, quem realiza estes testes está obrigado ao sigilo profissional e, por isso, só poderá referir a aptidão ou não do trabalhador para o posto de trabalho[642].

Assim, os testes que, segundo cremos, podem ser realizados não são, agora, apenas para alguns trabalhadores, mas todos os trabalhadores, pois estamos perante um vírus novo, com um nível muito elevado de contágio, em que há um risco real de transmissão.

Por outro lado, atendendo ao tipo de dados que estão em causa, os empregadores, enquanto responsáveis pelo tratamento de dados pessoais, deverão realizar uma avaliação de impacto sobre a proteção de dados nos termos dos arts. 35.º e ss. do Regulamento Geral de Proteção de Dados.

5.3.6.3.6.5. Outro tipo de testes são os testes genéticos. A informação genética constitui hoje em dia um grande avanço da ciência, embora apresente ao mesmo tempo vários perigos para a intimidade das pessoas, *in casu*, dos trabalhadores. O ADN, código genético de cada ser humano, permite identificar e individualizar as várias pessoas. Numerosas disfunções do organismo, por outro lado, estão relacionadas com mutações do genoma, sendo que este traz informação sobre a tendência potencial do sujeito para vir a sofrer de determinadas enfermidades sem que se possa afirmar, com toda a certeza, que elas irão surgir já que as condições ambientais também têm um papel decisivo. Na verdade, o homem não está *fatalmente predisposto pelo genoma*.

A CRP assegura no art. 26, n.º 3, que "A lei garantirá a dignidade pessoal e a identidade genética do ser humano, nomeadamente na criação, desenvolvimento e utilização das tecnologias e na experimentação científica", e as pessoas têm direito a uma intimidade genética que se mantém durante a

642 No mesmo sentido veja-se da CNPD, *Orientações sobre os tratamentos de dados pessoais de saúde regulados no Decreto n.º 8/2020, de 8 de novembro*, de 13 de novembro de 2020, pp. 9 e ss..

relação de trabalho. Deve ainda ter-se em atenção o art. 9.º, n.º 1, do Regulamento Geral de Proteção de Dados Pessoais que considera estes dados como dados *sensíveis*.

É fácil imaginar-se quais as consequências da utilização das informações genéticas pelo empregador, principalmente na fase de acesso ao emprego, já que os testes genéticos serviriam como instrumento bastante útil para a seleção dos trabalhadores. Permitiriam ao empregador obter certas informações, impossíveis de obter através das técnicas tradicionais, informações concernentes à possibilidade do candidato ao emprego ser portador de certas doenças ou simples anomalias hereditárias, ou se estaria predisposto para desenvolver certas doenças relacionadas com o ambiente de trabalho ou com substâncias ou materiais utilizados pela empresa, ou sobre a eventual esterilidade da candidata – mulher-, e sobre a predisposição genética para contrair doenças degenerativas não hereditárias e não profissionais como, *inter alia*, os diabetes, a hipertensão, enfartes e várias formas de cancro. Através dos dados genéticos obtidos, o empregador adquire um quadro completo do trabalhador, na medida em que não avalia somente a sua aptidão presente para o posto de trabalho, mas também a sua eventual aptidão no futuro. Tudo isto permitiria realizar, em termos de produção e custos, um balanço acerca do candidato mais idóneo para a realização da tarefa, com o terrível obstáculo de traduzir um atentado à intimidade deste e um perigo de discriminação de grupos de indivíduos a partir dos riscos gerais da saúde.

O interesse legítimo do empregador em obter dados sobre a idoneidade e aptidão do candidato ou do trabalhador para o posto de trabalho encontra-se limitado pelo respeito devido aos direitos fundamentais do trabalhador de não suportar ingerências injustificadas na sua esfera privada e de não ser discriminado por características pessoais. Assim, a boa-fé, que vincula as partes durante a existência da relação de trabalho, impõe que o empregador adote um recrutamento correto dos trabalhadores sem realizar discriminações ilícitas, devendo ter em atenção certas características desde que, e apenas, sirvam para avaliar da aptidão presente e não para uma eventual inaptidão futura. Por outro lado, conforme já defendemos, o candidato deve ser informado sobre todos os métodos de seleção.

Defendemos que, considerando a proteção da reserva da vida privada, que inclui o património genético de uma pessoa e o direito à intimidade genética, e o princípio da boa-fé, os exames genéticos devem ser, como regra geral, proibidos. O candidato pode recusar-se a fazê-los sem que possa ser excluído do processo de seleção. O mesmo ocorre com o trabalhador. Também, perante perguntas sobre eventuais doenças familiares, que em nada contendam com a relação laboral ou a sua eventual aptidão, poderá recusar responder ou falsear as respostas se esta for a única alternativa de salvaguardar os seus direitos fundamentais.

Defende-se que não pode existir uma seleção *genocrática*, dividindo entre as pessoas que estão geneticamente mais aptas e as geneticamente mais débeis. Defende-se, ainda, que os testes para a proteção do próprio trabalhador não deverão ser admitidos a não ser que a relação entre os dados genéticos e a sensibilidade a certas condições de trabalho esteja cientificamente estabelecida de forma clara. Levantamos sérias reservas à utilização de conclusões retiradas de testes genéticos para a admissão de trabalhadores, considerando preferível que, em nome da igualdade, da proibição da discriminação, da dignidade e da liberdade, se mantenha algum mistério sobre a própria natureza humana, sob pena de termos autênticos processos de seleção baseados em critérios extralaborais e não totalmente fiáveis[643].

Tendo tudo isto em atenção há que referir a Lei n.º 12/2005, de 26 de janeiro, sobre informação genética pessoal e informação de saúde. Realçam-se deste diploma os arts. 11.º e 13.º[644]. Este último artigo tem a epígrafe de *Testes genéticos no emprego* e é de grande importância porque estabelece o princípio da proibição deste tipo de exames quer na fase de contratação, quer já na fase de execução do contrato de trabalho, mantendo-se esta proibição ainda que haja consentimento do candidato ou do próprio trabalhador, o que nos parece importante atendendo à diferença pré-contratual e contratual entre as duas partes.

Por outro lado, como defende JOÃO LEAL AMADO[645], "estando em causa interesses do próprio trabalhador, designadamente a tutela da sua saúde e segurança, a lei admite a utilização da informação genética mas em moldes muito restritivos – n.º 3". Esta informação genética só poderá ser utilizada em benefício do trabalhador e nunca em seu prejuízo, sendo que o teste genético só poderá ser realizado após o consentimento informado do trabalhador e no seguimento de aconselhamento genético apropriado, e os resultados obtidos

643 A mesma opinião tem BERNARDO XAVIER, "A Constituição, a tutela da dignidade e personalidade do trabalhador e a defesa do património genético. Uma reflexão", *in V Congresso Nacional de Direito do Trabalho – Memórias*, (coord. ANTÓNIO MOREIRA), Almedina, Coimbra, 2003, pp. 271-272.

644 Sobretudo este último.

645 "Breve apontamento sobre a incidência da revolução genética no domínio juslaboral e a Lei n.º 12/2005, de 26 de Janeiro", *in* QL, n. º 25, pág. 115.

devem ser entregues somente ao trabalhador, não sendo nunca posta em causa a sua situação laboral.

Nos termos do n.º 4, poderão ser realizados testes genéticos nos casos de "situações particulares que impliquem riscos graves para a segurança ou saúde pública". Mas, mesmo nestes casos, os testes genéticos só poderão ser realizados se forem relevantes para a saúde atual, e não futura, do trabalhador e quando estejam em causa riscos muito graves. Assim, há que ver que a Lei faz uma distinção clara entre testes genéticos de diagnóstico, que poderão ser realizados em determinadas circunstâncias, e testes genéticos de natureza preditiva, que estão completamente vedados.

Mais, em qualquer dos casos, nos termos do n.º 6 deste art. 13.º, estes testes deverão ser realizados por uma agência ou entidade independente, e não pelo empregador, embora os encargos efetuados a pedido ou por interesse direto do empregador recaiam sobre este.

Relativamente a todos estes testes tem de atender-se aos princípios fundamentais para basear o seu tratamento e que é a necessidade da existência de uma finalidade explícita, clara e determinada, do cumprimento do princípio da proporcionalidade, da transparência e da minimização dos dados. Por outro lado, não pode deixar de ter-se em atenção outro princípio fundamental e que é o da proteção de dados desde a conceção e por defeito e a avaliação de impacto sobre a proteção de dados.

5.3.6.3.7. Meios de vigilância à distância

5.3.6.3.7.1. Os artigos 20.º e 21.º abordam a questão dos meios de vigilância à distância.

Ao analisar-se o art. 20.º convém diferenciarmos algumas situações. Assim, em primeiro lugar, convém analisar-se da licitude da utilização de aparelhos de vigilância visuais, as tradicionais câmaras de televisão, com controlo remoto, ou as câmaras que gravam, tendo por finalidade a captação e a gravação das imagens, a *webvigilância*, mas também os aparelhos de GPS – a geolocalização[646], ou mesmo a radiofrequência.

[646] Neste mesmo sentido veja-se MONTEIRO FERNANDES, *Direito do Trabalho – Edição...*, cit., pp. 240-241, defendendo que "o GPS corresponde inteiramente à noção de "vigilância à distância", não parecendo congruente com a *ratio* do art. 20.º (e com o seu antecedente, o art. 26.º CRP) a limitação aos meios de recolha de som e imagem".

5.3.6.3.7.2. As tecnologias de geolocalização têm uma enorme capacidade de controlar a localização geográfica, quer de objetos, quer de pessoas, tendo a mesma vindo a melhorar nos últimos anos, sobretudo se associadas à tecnologia por radiofrequência. Assim, atualmente, é possível, através de um dispositivo móvel equipado com sistema de GPS saber qual a localização de pessoas e de objetos com uma diferença de apenas 1 a 2 metros em relação à sua localização real, não apenas em locais situados no exterior de edifícios mas inclusive no interior e, por vezes, em locais extremamente íntimos, permitindo um controlo contínuo dos trabalhadores, não apenas durante a jornada de trabalho mas também fora desta, como uma espécie de *trela eletrónica* o que pode originar que estes se sintam totalmente controlados e não confiáveis.

Na verdade, como os dispositivos de geolocalização podem estar inseridos no *smartphone* ou no *tablet* dos trabalhadores, e estes estão indissociavelmente ligados aos seus utilizadores, inúmera informação pode ser obtida, incluindo alguma relacionada com a privacidade do trabalhador e, até, com a sua esfera mais íntima, sendo que um dos maiores riscos que é apontado a este tipo de dispositivos é o desconhecimento por parte dos proprietários dos dispositivos de que estão a transmitir a sua localização e para quem a estão a realizar.

Por outro lado, na maior parte das vezes, estes dispositivos móveis inteligentes estão intrinsecamente ligados a uma determinada pessoa. A maioria das pessoas mantém os seus dispositivos móveis junto a si, no bolso, na carteira, na roupa que veste e, à noite, próximo da cama, porque têm consciência da quantidade de informação pessoal que os mesmos contêm. Como aponta o GRUPO DE PROTEÇÃO DE DADOS DO ARTIGO 29.º[647], através destes dispositivos móveis inteligentes os fornecedores de serviços de geolocalização obtêm um panorama íntimo dos hábitos e padrões dos proprietários dos mesmos e podem elaborar extensos perfis. Com base no padrão de inatividade durante a noite pode ser conhecido, por exemplo, o local onde dormiram e, com base num padrão regular de deslocações de manhã, pode ser inferido, *inter alia*, o local onde trabalham. Este padrão pode incluir, ainda, dados derivados dos padrões de movimentos de amigos com base no chamado *gráfico social*, relacionado com as redes sociais, assim como um padrão de comportamento que pode incluir, igualmente, categorias especiais de dados, como são os dados sensíveis, se revelar, *inter alia*, visitas a hospitais e a locais de culto religioso ou a presença em manifestações políticas ou noutros

[647] *Parecer n.º 13/2011 sobre serviços de geolocalização em serviços móveis inteligentes*, de 16 de Maio de 2011, p. 7.

locais específicos relacionados, designadamente, com a vida sexual. Acresce, ainda, que estes perfis podem ser utilizados para a tomada de decisões que afetem o proprietário do dispositivo. Por outro lado, é possível, ainda, a monitorização constante dos dados de localização.

Perante estas possibilidades é essencial estabelecer limites que devem ser atendidos quando se utilizam estes dispositivos.

Assim, o estabelecimento ou a contratação destes serviços de geolocalização configuram um meio de vigilância à distância, já que permitem um controlo permanente e remoto, a uma distância temporal e espacial, dos trabalhadores, sendo-lhes aplicável o previsto nos artigos 20.º e 21.º do CT, e, mais concretamente, os números 1 e 2 do art. 20.º relativo às condições de licitude da instalação deste tipo de sistemas e ao princípio da finalidade legítima[648].

Tendo em atenção este facto, no caso da realização de tratamento de dados de geolocalização sem conexão com a vida profissional do trabalhador, ou seja, na sua vida extraprofissional, esta é vedada ao empregador. Assim, se o trabalhador tiver, por exemplo, um veículo da empresa para uso laboral e, simultaneamente, extralaboral, a eventual legitimidade de tratamento de dados de geolocalização cinge-se à utilização profissional, já que a geolocalização não deve servir para prolongar a subordinação jurídica do trabalhador para além do limite temporal acordado. Qualquer tratamento de dados pessoais para além desta utilização será ilícita e recairá sobre o empregador o ónus de criar mecanismos que permitam um *switch off* dos dispositivos na vida privada, consoante o trabalhador esteja a trabalhar ou não. Porém, há situações em que os dispositivos de GPS estão ligados ao motor do veículo e, por isso, é impossível a utilização deste mecanismo de *swtich off*. Nestes casos, a tecnologia pode auxiliar na proteção da privacidade dos trabalhadores através do recurso à tecnologia de *privacy by design*, significando que é o próprio dispositivo técnico que cria a possibilidade de proteger a privacidade dos trabalhadores através de mecanismos para separar a utilização profissional da utilização pessoal, ficando a primeira acessível ao empregador e a outra

[648] Existe, contudo, jurisprudência em sentido contrário. Vejam-se os Acórdãos do STJ, de 22 de maio de 2007, cujo relator foi o Conselheiro Pinto Hespanhol, e de 13 de novembro de 2013, cujo relator foi o Conselheiro Mário Belo Morgado, e do Tribunal da Relação de Évora, de 26 de outubro de 2017, cujo Relator foi o Desembargador Mário Coelho.
Considerando como meios de vigilância à distância vejam-se os acórdãos do Tribunal da Relação do Porto, de 22 de abril de 2013, cujo relator foi o Desembargador António José Ramos, do Tribunal da Relação de Guimarães de 3 de março de 2016, cuja relatora foi a Desembargadora a Manuela Fialho, e de 5 de dezembro de 2016, cujo relator foi o Desembargador Domingos Morais.

inacessível, ainda que, em caso de furto ou roubo, por exemplo, essa informação esteja registada e possa ser utilizada pelas autoridades competentes[649].

Aliás, é o próprio Regulamento Geral de Proteção de Dados Pessoais que, no art. 25.º, aponta para esta ideia e que chama a atenção para o facto de a tecnologia poder ser vista como amiga da privacidade, através da consagração da *proteção de dados desde a conceção e por defeito*, estabelecendo que "tendo em conta as técnicas mais avançadas, os custos da sua aplicação, e a natureza, o âmbito, o contexto e as finalidades do tratamento dos dados, bem como os riscos decorrentes do tratamento para os direitos e liberdades das pessoas singulares, cuja probabilidade e gravidade podem ser variáveis, **o responsável pelo tratamento aplica, tanto no momento de definição dos meios de tratamento como no momento do próprio tratamento, as medidas técnicas e organizativas adequadas, como a pseudonimização, destinadas a aplicar com eficácia os princípios da proteção de dados, tais como a minimização, e a incluir as garantias necessárias no tratamento, de uma forma que este cumpra os requisitos do presente regulamento e proteja os direitos dos titulares dos dados", assim como "**O responsável pelo tratamento **aplica medidas técnicas e organizativas para assegurar que, por defeito, só sejam tratados os dados pessoais que forem necessários para cada finalidade específica do tratamento. Essa obrigação aplica-se à quantidade de dados pessoais recolhidos, à extensão do seu tratamento, ao seu prazo de conservação e à sua acessibilidade**[650]. Em especial, essas medidas asseguram que, por defeito, os dados pessoais não sejam disponibilizados sem intervenção humana a um número indeterminado de pessoas singulares".

Este princípio é crucial porque incorpora a proteção de dados pessoais em todo o ciclo da vida das tecnologias.

Já o considerando 78 do Regulamento refere que a defesa dos direitos e liberdades das pessoas singulares relativamente ao tratamento dos seus dados pessoais exige a adoção de medidas técnicas e organizativas adequadas, a fim de assegurar o cumprimento dos requisitos do presente regulamento. Para poder comprovar a conformidade com o presente regulamento, o responsável pelo tratamento, no caso o empregador, "deverá adotar orientações

[649] Para maiores desenvolvimentos *vd.* TERESA COELHO MOREIRA, "O controlo dos trabalhadores através de sistemas de geolocalização", *in Estudos de Direito do Trabalho, Volume II*, Almedina, Coimbra, 2016, pp. 89 e ss..

[650] Negrito nosso.

internas e aplicar medidas que respeitem, em especial, os princípios da proteção de dados desde a conceção e da proteção de dados por defeito".

Por outro lado, considerando que os sistemas de geolocalização são meios de vigilância à distância, não podem ser utilizados para controlar o desempenho profissional dos trabalhadores, nos termos do art. 20.º, n.º 2, do CT, tal como sempre foi interpretado para os meios tradicionais como a videovigilância.

5.3.6.3.7.3. Existe, ainda, a tecnologia por radiofrequência que é considerada como uma "das mais velhas novas tecnologias mundiais"[651] na medida em que foi inventada já nos anos 40 do século passado para utilização nos aviões militares, e a primeira aplicação comercial surgiu na década de 60 do mesmo século na área do controlo dos bens através da via eletrónica para evitar o seu furto.

A tecnologia de identificação por radiofrequência[652] tem vindo a aumentar bastante nos últimos anos, com inúmeras aplicações em diferentes sectores e com finalidades muito diversas, permitindo seguir não só objetos como pessoas, como acontece desde o sector dos transportes, ao controlo de acesso a determinados locais através de cartões e, mais recentemente, nos documentos de identificação oficiais e nos passaportes, assim como no sector do consumo, principalmente na distribuição dos bens e no seu seguimento, e mesmo no sector da saúde, como hospitais, onde tem sido utilizado para seguir os bebés nas maternidades e evitar o seu rapto, ou para localizar os médicos e avisá-los da necessidade de irem a determinado local, ou para controlar o acesso à sala onde estão guardados os fármacos; em lares de terceira idade para controlar os movimentos de pessoas mais idosas, assim como em escolas, para controlar os movimentos dos alunos[653] .

[651] RFID, *Radio Frequency Identification*, OCDE, RFID, *Radio Frequency Identification Policy Guidance – A Focus on Information Securitiy and Privacy; Applications, Impacts and Country Initiatives*, Seoul, Coreia, 17-18 de Junho de 2008, p. 20.

[652] A RFID pode ser integrada no grupo das tecnologias de identificação e captação automática de dados que incluem, ainda, códigos de barras, dados biométricos, cartões magnéticos, reconhecimento óptico, *smart cards*, reconhecimento de voz e tecnologias similares. Veja-se, referindo os vários tipos de tecnologias deste tipo, o Documento da OCDE, *Radio Frequency Identification* OECD *Policy Guidance...*, cit. p. 3.

[653] Cf. sobre esta enorme possibilidade de utilização, RFID, *Radio Frequency Identification* OECD *Policy Guidance...*, cit., pp. 3-4, OCDE, *Foresight Forum, "Radio Frequency Identification (*RFID*) Applications and Public Policy Considerations": Proceedings*, Paris, 5 de Outubro de 2005, pp. 2-3, GEORGE ROUSSOS e VASSILIS KOSTAKOS, "RFID in pervasive computing: State-of-the-art and outlook", *in Pervasive and*

O enorme aumento da utilização destas tecnologias está relacionado não só com o seu custo cada vez menor, mas também com a possibilidade de, diferentemente do que acontece com um código de barras genérico, ser possível cada objeto individual ter o seu próprio identificador RFID de forma exclusiva.

No contexto laboral os problemas a nível da utilização da radiofrequência estão relacionados, sobretudo, com dois aspetos: em primeiro lugar, o uso de cartões RFID para identificação de bens e objetos pode originar a desqualificação de algumas atividades e a imposição aos trabalhadores de formas de controlo cada vez mais eletrónicas com todas as consequências a diversos níveis que isso poderá originar nos trabalhadores, nomeadamente a nível de saúde. Em segundo lugar, e com bastantes implicações para a privacidade dos trabalhadores, é a oportunidade que a RFID tem de localizar e controlar os trabalhadores durante o tempo de trabalho, e mesmo fora deste, invadindo a sua vida privada. E se há situações em que poderão encontrar-se razões objetivas, lícitas, para este controlo, como no caso de mineiros levarem incluídos na sua roupa de trabalho *chips* RFID para serem mais facilmente encontrados, estas utilizações positivas não deixam de ser uma exceção.

Uma das formas possíveis de controlar os trabalhadores é inserir *chips* RFID, com um tamanho cada vez menor, por vezes milimétrico, nos uniformes dos trabalhadores, nas etiquetas dos mesmos ou, até, nas próprias fibras da roupa, funcionando como uma antena RFID, e que pode seguir e controlar os trabalhadores, inclusive fora do local de trabalho, e conhecer as suas preferências, gostos, permitindo criar perfis dos mesmos, na medida em que esses cartões podem ser lidos por leitores externos à empresa. A tecnologia permite ainda que sejam implantados *chips* deste tipo na própria pele das pessoas, embora esta situação nos pareça totalmente proibida no âmbito laboral por atentar, parece-nos, não tanto contra o direito à privacidade, mas sobretudo contra o próprio direito à dignidade dos trabalhadores, que não deixam de ser cidadãos quando celebram um contrato de trabalho, e por permitir um controlo total[654].

Mobile Computing, n.º 5, 2009, pp. 111-113, e SERENA STEIN, "Where will consumers find privacy protection from RFIDS?: a Case for Federal Legislation", *in Duke Law & Technology Review*, n.º 3, 2007, pp. 5-7. Veja-se, ainda, CAROLINA GALÁN DURÁN e ROIG BATALLA, "El uso de las etiquetas de identificación por radiofrecuencia en las empresas: un nuevo riesgo para los derechos de los trabajadores?", *in* AL, n.º 8, 2010, pp. 2-3.

654 Sobre esta veja-se, para maiores desenvolvimentos, TERESA COELHO MOREIRA, "A privacidade dos trabalhadores e a utilização de tecnologias de identificação por radiofrequência", *in Estudos de Direito do ...*, cit., pp. 145 e ss..

5.3.6.3.7.4. O tipo de utilização de todos estes meios já não pode circunscrever-se a razões de segurança das pessoas e de bens. Relaciona-se, ainda, com outro tipo de interesses, pois é um excelente meio de controlo da atividade laboral dos trabalhadores, ainda que esta forma de controlo seja **absolutamente vedada**[655] pelo art. 20.º, n.º 1, do CT, e uma nova forma de governar as relações laborais, especialmente baseada no conhecimento e no fluxo de informação que proporciona.

A utilização destes meios de vigilância, tem um grande efeito dissuasor da prática de ilícitos, assim como um importante efeito conformador, o que pode originar situações de *stress* e doenças associadas. Desta forma, este tipo de controlo, com o elemento panóptico que traz associado, assim como a ilusão de que se trate de um controlador que está sempre presente, configura um elemento de disciplina, que comporta vários problemas para os trabalhadores associados a esta forma de controlo quase total.

Na verdade, o controlo exercido pelo empregador através destes meios coloca a questão da legitimidade da averiguação da atividade do trabalhador. Esta capacidade parece imediatamente afastada porque não constitui um interesse jurídico relevante e, por isso, apesar de poder servir, tecnicamente, para isso, não nos parece ser admissível nem direta, nem indiretamente, esta possibilidade à luz do art. 20.º, n.º 1, do CT.

Pretende-se, desta forma, evitar não o controlo exercido pelo empregador, porque este é lícito, mas o controlo de tipo *orwelliano*, constante, insidioso e vexatório. Tenta-se, desta forma, racionalizar a modalidade de exercício deste poder de controlo eletrónico, harmonizando-o com as exigências de tutela da liberdade, da dignidade e da privacidade dos trabalhadores. Tenta-se, ainda, evitar um controlo da máquina sobre o homem, visando controlar tudo e a todo o momento, inclusive nas pausas, inibindo o trabalhador de adotar certos comportamentos, numa clamorosa violação da dignidade humana, estabelecendo uma situação de *stress* e de tensão que se repercute na saúde dos trabalhadores e gerando uma quase *escravidão* psicológica. Aliás, a utilização destes meios para controlar o desempenho profissional dos trabalhadores não pode deixar de ser considerada contraproducente para o bem-estar sócio laboral da empresa.

Os bens jurídicos tutelados, principalmente a dignidade e a privacidade dos trabalhadores, fazem com que seja proibido o controlo à distância da sua atividade, referindo-se esta expressão, a todos os momentos desta atividade,

[655] Negrito nosso.

incluindo as pausas, consistindo na visualização, no registo ou qualquer outro meio que pretenda aferir da produtividade dos trabalhadores, independentemente do local em que o trabalhador se encontre.

Entende-se que o interesse primordial do art. 20.º, n.º 1, do CT, é o de conferir uma proteção especial àquela zona de privacidade a que toda a pessoa tem direito, mesmo fora do próprio domicílio, e da qual o trabalhador pode gozar mesmo no local de trabalho.

Considera-se, ainda, que a circunstância de o trabalhador saber que está a ser filmado não pode relevar para efeitos de integrar a proibição, porque quem sabe que está a ser alvo deste tipo de controlo não é livre e nem pode agir livremente. O controlo que incida sobre o desempenho profissional do trabalhador não deixa de ser contrário à sua dignidade e à privacidade pelo facto de ter sido dado conhecimento da sua existência.

Também nos parece que o consentimento do trabalhador não pode constituir um pressuposto de legitimidade para originar este tipo de controlo direto já que o consentimento não é, a maior parte das vezes, prestado livremente, conforme já se referiu anteriormente[656], não podendo o empregador recorrer a ele como meio de legitimação da restrição de direitos fundamentais do trabalhador se não ocorrer um motivo legítimo para proceder à instalação deste tipo de meios de vigilância à distância.

Assim, a medida de controlo do empregador que tenha a finalidade de controlar o desempenho profissional dos trabalhadores, que supõe um tratamento de dados pessoais, não pode ser considerada uma finalidade legítima, quer à luz do art. 20.º do CT, quer à luz do art. 5.º do Regulamento Geral de Proteção de Dados Pessoais, porque não constitui uma medida necessária para a execução do contrato, e porque supõe um controlo e uma vigilância totalizadora que limita a liberdade da pessoa e anula o seu âmbito de privacidade no local de trabalho[657].

Defende-se, assim, que o que o legislador pretendeu evitar foi a possível utilização destes sistemas para uma finalidade diversa da "proteção de pessoas e bens", isto é, para controlar o desempenho dos trabalhadores. Parece-nos que subsiste no trabalhador um verdadeiro e próprio direito a não ser controlado à distância, mesmo que este ocorra *acidentalmente* por força da aplicação da possibilidade prevista no art. 20.º, n.º 2, do CT.

[656] Cf. II, 5.3.1. e 5.3.2..

[657] Para maiores desenvolvimentos veja-se TERESA COELHO MOREIRA, *A privacidade dos trabalhadores...*, cit., pp. 441 e ss..

Entende-se, desta forma, que a eventual justificação da instalação de sistemas que possibilitam, ainda que acidentalmente, certas formas de controlo dos trabalhadores, não pode significar a aceitação de qualquer utilização do que for captado nem de qualquer modalidade de exercício capaz de lesar a dignidade e a privacidade dos trabalhadores, nem para servir para controlar o desempenho profissional do trabalhador[658].

Terá de analisar-se, assim, se não concorrem para a decisão de instalação, para além dos interesses referidos no art. 20.º, n.º 2, do CT, outros interesses que visam a recolha de dados e de informações sobre o comportamento dos trabalhadores ou o exercício de uma maior pressão sobre a sua atividade laboral através desta forma de controlo tão intensivo e impessoal.

Tendo em atenção estas considerações relativamente à proibição do controlo do desempenho profissional, não nos parece o melhor entendimento o defendido no Acórdão do Tribunal da Relação do Porto de 26 de junho de 2017[659], onde se preconiza que "É de aceitar as imagens captadas por sistema de videovigilância como meio de prova em processo disciplinar e na subsequente acção judicial em que se discuta a aplicação de sanção disciplinar, mormente o despedimento, desde que sejam observados os pressupostos que decorrem da legislação sobre a protecção de dados e concomitantemente se conclua que **a finalidade da sua colocação não foi exclusivamente a de controlar o desempenho profissional do trabalhador**[660]. Num quadro circunstancial assim apurado, o trabalhador não merece – nem a lei lhe confere – maior protecção do que aquela que é conferida aos demais cidadãos e, logo, o meio de prova é lícito e admissível", assim como nos Acórdãos do mesmo

[658] Veja-se o acórdão do Tribunal da Relação do Porto de 4 de fevereiro de 2013, cujo relator foi o Desembargador João Diogo Rodrigues, e onde no número I do Sumário se pode ler que "I – O empregador não pode, em caso algum, utilizar meios de vigilância a distância no local de trabalho, mediante o emprego de equipamento tecnológico, com a finalidade de controlar o desempenho profissional do trabalhador". No mesmo sentido, *vd.*, o acórdão do Tribunal da Relação do Porto de 18 de outubro de 2021, cuja Relatora foi a Desembargadora Paula Leal de Carvalho e onde no Sumário se pode ver que que "I – Não é, designadamente nos termos do art. 20.º, n.º 1, do CT/2009, admissível a utilização, para efeitos disciplinares, de câmaras de vigilância, com a finalidade de controlar o desempenho profissional do trabalhador, em tal controlo se consubstanciando a utilização de tais meios para prova de que o trabalhador está ausente do seu posto de trabalho e da duração dessa ausência. II – Face ao referido em I e para os efeitos disciplinares aí referidos, não é também admissível o depoimento de testemunha cujo conhecimento dos factos assenta na visualização das imagens obtidas pelos mencionados meios de vigilância à distância".

[659] Cujo Relator foi o Desembargador Jerónimo Freitas.

[660] Negrito nosso.

Tribunal de 5 de março de 2018 e de 23 de abril de 2018[661], ao decidirem que "São de admitir as imagens captadas por sistema de videovigilância como meio de prova em processo disciplinar e na subsequente ação judicial em que se discuta a aplicação de sanção disciplinar, assim de despedimento, desde que sejam observados os pressupostos que decorrem da legislação sobre a protecção de dados e se conclua que **a finalidade da sua colocação não foi exclusivamente a de controlar o desempenho profissional do trabalhador**"[662] e "São de admitir as imagens captadas por sistema de videovigilância como meio de prova em processo disciplinar e na subsequente ação judicial em que se discuta a aplicação de sanção disciplinar, assim de despedimento, desde que sejam observados os pressupostos que decorrem da legislação sobre a protecção de dados e **se conclua que a finalidade da sua colocação não foi exclusivamente a de controlar o desempenho profissional do trabalhador**"[663], respetivamente".

É que, apesar de concordar-se que nestas três decisões a prova era admissível, não se concorda com a ideia preconizada de que é possível a aceitação porque a sua finalidade não era a de "exclusivamente controlar o desempenho profissional do trabalhador". Na verdade, contrariamente ao que resulta desta jurisprudência, a nossa lei não preceitua que o empregador não pode utilizar meios de vigilância à distância com a finalidade exclusiva de controlar o desempenho profissional do trabalhador. A Lei vai mais longe e proíbe o empregador de utilizar estes meios com a finalidade de controlar esse desempenho, seja essa finalidade exclusiva ou não.

Assim, tal como já se defendeu anteriormente, o art. 20.º, n.º 1, do CT, proíbe a instalação direta ou indireta destes meios para controlar o desempenho profissional dos trabalhadores pelo que esta redação jurisprudencial não nos parece em conformidade nem com a letra, nem com o espírito da lei. Não nos parece, igualmente, ser admissível controlar o desempenho profissional do trabalhador através destes meios e o próprio art. 20, n.º 1, do CT, estabelece claramente essa proibição. Afigura-se-nos que este aditamento jurisprudencial pode dar lugar a interpretações demasiado amplas da possibilidade de instalação destes meios que não correspondem, pelo menos de *iure condito*, ao que resulta da lei, ampliando desmesuradamente a faculdade

[661] Cujo Relator foi o Desembargador Nelson Fernandes.

[662] Negrito nosso.

[663] Negrito nosso.

de o empregador utilizar tais meios para controlar o desempenho e, eventualmente, sancionar o trabalhador.

Poderá defender-se que, *de iure condendo*, poderia ser diferente e que a nossa lei poderá ser demasiado restritiva quando comparada com outras[664], ainda que não se concorde com esta visão pela reificação do trabalhador que nos parece poder existir nestas situações e, também, porque o empregador tem quase sempre a possibilidade de utilizar métodos tradicionais de supervisão[665].

Torna-se, assim, essencial aferir do real carácter *preterintencional*, analisando os instrumentos em concreto, assim como as finalidades desejadas, respeitando sempre os casos taxativamente previstos no art. 20.º, n.º 2[666].

5.3.6.3.7.5. Consideramos que perante este tipo de vigilância é necessário equacionar vários fatores, colocando cada um deles problemas específicos. Estes derivam, por um lado, da instalação em si mesma destes mecanismos e da possibilidade de conservação e arquivo das imagens e dos sons assim obtidos e, por outro, da possibilidade dos mesmos serem utilizados para outras finalidades.

Assim, a controvérsia jurídica coloca em jogo vários direitos contrapostos, o direito à privacidade do trabalhador, assim como à sua dignidade, e o poder de organização e controlo do empregador, este aliado ao princípio da liberdade empresarial, sendo que a solução para esta questão parece residir no estabelecimento de limites a esta forma de controlo dos trabalhadores,

[664] No ordenamento jurídico espanhol, a *Ley Orgánica 3/2018, de 5 de diciembre, de Protección de Datos Personales y garantía de los derechos digitales*, estabelece no art. 89.º, com a epígrafe *Derecho a la intimidad frente al uso de dispositivos de videovigilancia y de grabación de sonidos en el lugar de trabajo*, que "1. Los empleadores podrán tratar las imágenes obtenidas a través de sistemas de cámaras o videocámaras para el ejercicio de las funciones de control de los trabajadores o los empleados públicos previstas, respectivamente, en el artículo 20.3 del Estatuto de los Trabajadores y en la legislación de función pública, siempre que estas funciones se ejerzan dentro de su marco legal y con los límites inherentes al mismo. Los empleadores habrán de informar con carácter previo, y de forma expresa, clara y concisa, a los trabajadores o los empleados públicos y, en su caso, a sus representantes, acerca de esta medida".

[665] No caso do contrato de teletrabalho na modalidade de teletrabalho no domicílio, largamente utilizada agora durante o período de pandemia, esta possibilidade de utilização de meios tradicionais de supervisão é muito mais difícil de ocorrer, o que pode motivar a necessidade de repensar, um pouco, a forma de controlo deste tipo de trabalhadores e o art. 20.º do CT.

[666] Para maiores desenvolvimentos *vide* TERESA COELHO MOREIRA, "Algumas considerações sobre a admissibilidade probatória dos ilícitos disciplinares de trabalhadores ..., cit., pp. 163 e ss..

não esquecendo que o que é lícito ao olho humano não o é igualmente ao *olho eletrónico* da máquina.

Na verdade, não pode deixar de considerar-se a defesa da dignidade e da própria liberdade dos trabalhadores na medida em que, através deste tipo de controlo e de vigilância, eles não se sentem livres, ainda que estejam conscientes da sua existência, sabendo que os dados recolhidos poderão ser utilizados e memorizados com o auxílio de computadores, mesmo a uma grande distância temporal. E esta distância altera a realidade contextual e pode dar lugar, inclusive, a descontextualizações através de uma perpétua disposição de dados nas mãos do empregador e que poderá fazer o seu uso que muito bem entender. Esta forma de controlo não é seletiva relativamente ao tipo de dados que consegue captar, podendo realizar-se um controlo à distância sem se ser visto e de forma permanente, a que acresce a enorme possibilidade de os reproduzir inúmeras vezes, não sendo comparável ao controlo humano.

Entende-se, desta forma, que o juízo de legitimidade para a instalação e emprego destes meios de controlo por parte do empregador não pode fundar-se somente na ideia de possíveis intromissões ilegítimas na intimidade ou na vida privada das pessoas que trabalham. Na verdade, não pode deixar de se ter em atenção que, a um *status* negativo, garantido pelo direito à intimidade, há que acrescentar um *status* positivo, que visa permitir às pessoas que controlem o fluxo de informação que lhes respeita, isto é, a um direito de controlo ativo sobre as informações que sobre elas recaem e a não serem instrumentalizadas através do conhecimento adquirido sobre aspetos da sua personalidade, isto é, o direito à autodeterminação informativa, consagrado constitucionalmente no art. 35.º. Deve referir-se ainda que, *v.g.*, quer as imagens, quer os sons gravados, quer os dados de localização, quer os dados de radiofrequência são dados pessoais.

Torna-se necessário, desta forma, realizar um juízo prévio sobre a legitimidade do interesse do empregador e também um controlo *a posteriori* quanto ao tratamento e à identificação dos seus responsáveis, sendo, ainda, necessário ter em atenção todos os direitos que assistem aos trabalhadores enquanto titulares dos dados pessoais objeto de tratamento, nomeadamente o direito de acesso e de retificação, assim como o de cancelamento de dados inexatos ou incorretos.

5.3.6.3.7.6. Para a análise dos limites ao poder de controlo do empregador através destes meios deve adotar-se, como ponto de partida, a distinção entre a decisão de instalar os dispositivos de controlo e a sua aplicação pelo empregador, na medida em que se defende que a proteção efetiva de dados pessoais reveste dois âmbitos temporais de projeção[667]. Assim, existe o momento prévio à adoção de dispositivos de controlo, altura em que o trabalhador tem o direito de saber em que medida os seus direitos fundamentais vão ser afetados pelas medidas de controlo adotadas pelo empregador e, desta forma, tomar a decisão que entender mais conveniente aos seus interesses. E outro momento, posterior à instalação destes sistemas, em que, partindo-se da premissa da informação necessária ao trabalhador e da licitude e da legitimidade destes sistemas, se trata de preservar o direito a controlar o uso e o fluxo de informação obtida.

5.3.6.3.7.6.1. No que concerne à fase de eleição destes meios há vários princípios que assumem particular relevância[668].

Em primeiro lugar, há que considerar o princípio da finalidade legítima que exige a adoção de um fim legítimo que justifique a instalação destes sistemas de controlo[669].

Em segundo lugar, refere-se o princípio da proporcionalidade, que implica a possibilidade de recurso a estes sistemas apenas em casos de *ultima ratio.*

E, por último, o princípio da transparência informativa, que visa garantir ao trabalhador o conhecimento sobre as formas de controlo realizadas.

O princípio da finalidade significa que só poderão adotar-se sistemas deste tipo quando existirem razões objetivas que justifiquem o recurso a tais sistemas, impondo-se, assim, um critério restritivo no que concerne às possibilidades da sua disposição. Não poderá admitir-se a instalação deste tipo de meios apenas por mera conveniência ou utilidade da empresa.

[667] No mesmo sentido GOÑI SEIN, *La Videovigilancia Empresarial y la Protección de Datos Personales,* Thomson Civitas, Navarra, 2007, pp. 105-106.

[668] JAVIER GÁRATE CASTRO, "Derechos Fundamentales del Trabajador y Control de la Prestación de Trabajo por Medio de Sistemas Proporcionados por las Nuevas Tecnologías", *in Minerva – Revista de Estudos Laborais,* ano V, n.º 8, 2006, p. 158, fala de "índices" que devem ser tidos em atenção aquando da decisão de instalação destes sistemas de videovigilância.

[669] Claramente será uma finalidade ilegítima a utilização de cartões magnéticos para controlar as idas dos trabalhadores às casas-de-banho ou a outros locais da empresa, tal como é referido por GARCIA PEREIRA, "A grande e urgente tarefa da dogmática juslaboral: a constitucionalização das relações laborais", *in V Congresso Nacional de Direito do Trabalho – Memórias,* (coord. ANTÓNIO MOREIRA), Almedina, Coimbra, 2003, p. 278, que menciona um acórdão do STA, de 15 de Abril de 1999, sobre esta matéria.

Um dos primeiros motivos que poderá determinar o controlo lícito do empregador será o do respeito pela segurança de pessoas e bens. Torna-se inquestionável que o empregador deve ter a possibilidade de salvaguardar o seu património e o de terceiros, assim como o dos seus trabalhadores, perante eventuais agressões ou atentados provenientes dos próprios trabalhadores ou de terceiros, impedindo ou verificando a sua realização com os instrumentos que a técnica coloca à sua disposição. Consideramos, contudo, que têm de ocorrer situações de risco razoável para a segurança ou um perigo concreto, e não apenas uma finalidade genérica preventiva ou de segurança.

Concorda-se, desta forma, com o decidido pelo STJ, num acórdão de 8 de fevereiro de 2006[670]. Neste caso, o Tribunal, após ter salientado que a finalidade para a qual foi autorizada, pela CNPD, a captação da imagem e do som, era a da proteção dos bens do empregador, procedeu a uma análise sobre o conceito de *segurança de pessoas e bens*, entendendo que não se provaram factos bastantes para se concluir com suficiente clareza que a situação em apreço podia ser integrada naquele conceito e considerou que se verificava uma "incidência direta e necessariamente constrangedora sobre o campo de ação dos trabalhadores", entendendo que, *in casu*, esta medida configurava uma "típica medida de polícia", que "apenas poderia ser aplicada pelas autoridades policiais"[671]. Decidiu, ainda, que a utilização destes sistemas de videovigilância extravasava o quadro de atuação legítima do empregador[672].

[670] Cujo Relator foi o Conselheiro Fernandes Cadilha.

[671] Neste caso o Tribunal entendeu que a "proteção da segurança das pessoas e bens, enquanto finalidade específica da recolha e tratamento de dados pessoais, tem em vista a prevenção da prática de crimes, o que pressupõe, pela natureza das coisas, que a utilização de videovigilância com esse objetivo deva reportar-se a locais onde exista um razoável risco de ocorrência de delitos contra as pessoas ou contra o património. E isso tanto é válido para a utilização de câmaras de vídeo pelas forças policiais relativamente a espaços públicos [...] como para a vigilância em instalações ou estabelecimentos privados", sendo o "risco potenciado essencialmente pela circunstância de se tratar de locais abertos ao público, e decorre da eventualidade de esses locais serem frequentados por pessoas anónimas sem possibilidade de qualquer prévio controlo de identificação". Porém, da decisão em causa, como bem realçou o STJ, este não era o caso na medida em que "a vigilância incidia sobre os trabalhadores e, portanto, sobre as pessoas que têm acesso autorizado às instalações da empresa e que poderão ser facilmente identificadas pelos seus colegas de trabalho, superiores hierárquicos ou gerentes". Como destaca o Tribunal, não se trata de uma vigilância genérica de natureza essencialmente preventiva, mas de uma "vigilância individualmente dirigida que elege todos e cada um dos trabalhadores como potenciais suspeitos de prática de infracções criminais".

[672] Cf. VIRIATO REIS, "Ilicitude da Videovigilância no local de trabalho. Segurança de pessoas e bens. Direito à reserva da intimidade da vida privada e direito à imagem dos trabalhadores", *in RMP*, n.º 106, 2006, pp. 181-182.

Defende-se, desta forma, que a legitimidade do tratamento de dados pessoais tem de ser avaliada em função dos instrumentos de trabalho ou das matérias ou produtos e do risco razoável para a segurança ou do perigo certo e real de alteração dessa segurança. Entende-se, pois, que deverá existir um risco real para a segurança das pessoas e dos bens, valorando-se não só a existência de um risco mais ou menos geral e genérico, mas também a possibilidade da sua concretização.

Considera-se, assim, que deverá entender-se inadmissível a instalação destes sistemas no local de trabalho com carácter continuado com a finalidade de prevenir, evitar ou controlar pequenas infrações ou furtos, ou para desincentivar subtrações de mercadorias e para favorecer, desta forma, uma conduta diligente e fiel dos trabalhadores. Não pode admitir-se essa finalidade de proteção da propriedade de forma geral e indiscriminada, com respeito pelos próprios trabalhadores, porque isso equivaleria a admitir também entre as finalidades da adoção, o controlo dos trabalhadores. Desta forma, o seu controlo deixaria de ser uma consequência meramente acidental, um facto acessório, para converter-se numa forma de controlo direto, proibido pelo art. 20.º, n.º 1, do CT.

A instalação deste tipo de sistemas também pode ser justificada por várias exigências relacionadas com a natureza da própria atividade, com o processo produtivo ou com o próprio funcionamento dos materiais de trabalho.

A existência de um ambiente seguro e saudável é um direito constitucionalmente consagrado no art. 59.º, podendo determinar a instalação de sistemas de captação de imagem e de som que permitam uma vigilância da obediência a regras de segurança, bem como o controlo das condições de segurança e qualidade de certos espaços onde se lida com materiais ou mecanismos perigosos[673]. A própria legislação sobre segurança e saúde no local de trabalho exige ao empregador que vele pela segurança e higiene, de modo a proteger a saúde do trabalhador.

Também em certos locais onde o trabalhador se encontra bastante isolado pode justificar-se, com base neste requisito, a instalação deste tipo de sistemas.

Relativamente aos sistemas de geolocalização parece-nos que só podem considerar-se finalidades legítimas para a sua instalação se forem aptos a garantir a segurança dos trabalhadores, das mercadorias ou dos veículos, a oferecer uma melhor prestação dos meios dos veículos, para gestão de frota,

[673] Idêntica opinião tem CATARINA SARMENTO E CASTRO, "A protecção dos dados pessoais dos trabalhadores", *in QL*, n.º 20, 2002, p. 145.

ou para fazer um seguimento e faturação das prestações do transporte ou para combate ao furto[674], mas não quando se faz um controlo do tempo de trabalho já que esta finalidade pode ser obtida por meios menos intrusivos.

Não se concorda, assim, com a possibilidade de utilização deste tipo de aparelhos com a finalidade de provar o cumprimento do contrato, como será o caso, por exemplo, de saber a que horas foi feita uma entrega. Parece-nos, nestes casos, que existem outros meios para conseguir provar-se esta situação, como a assinatura do destinatário, não se afigurando os dispositivos de geolocalização como o meio mais idóneo para a concretização da finalidade[675].

Também se defende que o dispositivo de geolocalização não deve mencionar a velocidade máxima do veículo mas apenas a velocidade média, pois incumbe às autoridades policiais, e não ao empregador, a verificação de eventuais infrações ao Código da Estrada[676].

Contudo, considera-se que será possível, como uma finalidade legítima e dentro de determinados pressupostos, a utilização deste tipo de equipamento para uma gestão de frotas e para oferecer um melhor serviço aos clientes das empresas, abrangendo-se o serviço externo das empresas relacionado com a assistência técnica externa ou ao domicílio, a distribuição de bens, o transporte de passageiros, o transporte de mercadorias e a segurança privada.

A instalação deste tipo de sistemas também pode ser justificada por várias exigências relacionadas com a natureza da própria atividade, com o processo produtivo ou com o próprio funcionamento dos materiais de trabalho. Também esta finalidade poderá levar à justificação de instalação de aparelhos de geolocalização, nomeadamente quando se transportam materiais perigosos para a saúde, tóxicos, armas, assim como materiais de elevado valor.

Não pode deixar de considerar-se que os dispositivos de localização de veículos não são dispositivos de localização dos trabalhadores. A sua função é, passe a redundância, determinar ou monitorizar a localização dos veículos em que são instalados. Os empregadores não devem considerá-los como dispositivos de localização ou monitorização do comportamento ou do paradeiro dos condutores ou outros trabalhadores, nomeadamente enviando alertas relacionados com a velocidade do veículo.

No que concerne ao controlo através dos telemóveis, ele é muito mais intrusivo e, inclusive, poderá colocar em causa a liberdade e a dignidade do trabalhador

[674] Contudo, nestes casos, só as autoridades policiais podem ter conhecimento dos dados recolhidos e não os empregadores.

[675] Neste sentido, Deliberação 7680/2014 da CNPD, de 28 de outubro de 2014, p. 18.

[676] No mesmo sentido veja-se CNIL, *La géolocalisation des véhicules*, 2013, p. 1.

visto que este acompanha permanentemente o seu utilizador, nomeadamente para locais extremamente íntimos, pelo que, apesar de entender-se que o princípio da finalidade legítima relativa à proteção de bens até poderá estar preenchido em determinadas circunstâncias[677], considera-se, porém, que o princípio da proporcionalidade, na maior parte das situações, não o está, na medida em que existem meios menos intrusivos para a obtenção da mesma finalidade[678], pelo que o tratamento de dados de geolocalização dos dispositivos móveis inteligentes para esta finalidade não deve, em princípio, ser aceite[679].

O princípio da proporcionalidade está associado à qualidade dos dados pessoais, constituindo um elemento fundamental para a legalidade do seu tratamento.

Impõe-se, desta forma, o tratamento exclusivo dos dados pertinentes e não excedentários em relação à finalidade para a qual são recolhidos, sendo a *ratio* da norma a do emprego dos dados pessoais aos casos em que seja indispensável para a consecução dos objetivos pretendidos, funcionando como *ultima ratio* ou *in extremis.*

O princípio da proporcionalidade, comportando um triplo juízo prévio, significa que, quando aplicado à videovigilância, o empregador deve aferir da adequação do recurso à finalidade por si pretendida; deve analisar, ainda, a necessidade ou a indispensabilidade do recurso à videovigilância; e em terceiro e último lugar, deve aferir da proporcionalidade dos sacrifícios que postula.

Em relação ao primeiro requisito não basta analisar a simples adequação entre a medida de videovigilância e o interesse pretendido. Tem, ainda, que se colocar em relação com fins que realmente justificam o recurso à videovigilância, não deixando de ter em atenção que a natureza extremamente sensível das operações de tratamento de imagem e de som impõem uma valoração rigorosa e minuciosa da existência de um interesse legítimo do empregador que justifique a instalação destes sistemas. Assim, não pode ficar-se apenas por um juízo exclusivo sobre a idoneidade, tendo que se ir mais longe e conjugar os três princípios em causa.

Isto significa, ainda, que o controlo do empregador está limitado a determinados espaços geográficos e, por isso, não se poderão colocar câmaras de filmar em certos locais reservados dos trabalhadores, como acontece com os

[677] Figure-se o caso de trabalhadores que têm serviço no exterior.

[678] No caso da finalidade de gestão de serviço externo existe a possibilidade de instalar GPS na viatura que o trabalhador utiliza, meio menos intrusivo na privacidade do trabalhador.

[679] Neste sentido *vd.* Deliberação 7680/2014 da CNPD, de 28 de Outubro de 2014, e TERESA COELHO MOREIRA, "O controlo dos trabalhadores através de sistemas de...", cit., pp. 106 e ss..

lavabos e os vestiários. Estes locais são, por excelência, sítios onde se desenrola a vida íntima ou coletiva dos trabalhadores, resultando claramente que concorre uma dupla situação impeditiva: por um lado, são locais onde não se executa a prestação de trabalho – não são zonas de trabalho da empresa – e, consequentemente, não estão relacionadas diretamente com o cumprimento do objeto do contrato de trabalho; por outro lado, trata-se de espaços em que há uma clara manifestação da intimidade dos trabalhadores.

Atendendo a este facto, afigura-se-nos que a Lei n.º 58/2019, de 8 de agosto, andou bem ao estabelecer no art. 19.º, n.º 2, alínea d), que "As câmaras, ou outros meios de captação de som e imagem, não podem incidir sobre: o interior de áreas reservadas aos trabalhadores, designadamente zonas de refeição, vestiários, ginásios, instalações sanitárias e zonas exclusivamente afetas ao seu descanso". Considera-se positiva esta inclusão como uma forma de reforçar a ideia do respeito pelo princípio da proporcionalidade, ainda que nunca tivesse sido admitida a instalação deste tipo de aparelhos nestes espaços.

Este princípio significa, quando aplicado à geolocalização, que para se respeitar uma aplicação razoável e proporcionada tem de dar-se a possibilidade ao trabalhador de desconectar estes aparelhos durante as pausas, assim como fora dos tempos de trabalho.

Por outro lado, de acordo com o princípio da proporcionalidade, o empregador só poderá tratar determinados dados de geolocalização como, *v.g.*, a velocidade média do veículo, a distância percorrida, o tempo despendido na viagem ou o combustível gasto. Contudo, qualquer violação dos limites de velocidade terá de ser aferida, como se disse, pelas autoridades competentes, sendo o tratamento pelo empregador claramente desproporcional e até ilegítimo.

O princípio da proporcionalidade significa, quando aplicado à radiofrequência, que, para se seguir uma aplicação razoável e proporcionada, deveria dar-se a possibilidade ao trabalhador de desconectar as etiquetas durante as pausas, ou limitar a sua utilização apenas a certas zonas da empresa, não podendo ser usadas em áreas de descanso ou de ócio dos trabalhadores e também fora dos tempos de trabalho.

Há que atender ainda que, para respeitar o princípio da minimização dos dados tratados, o controlo da localização do veículo não pode ser feito de forma contínua, sendo que a monitorização só pode ser realizada se se provar ser necessária para atingir a finalidade declarada.

O princípio da transparência, consistindo no conhecimento da vigilância e do controlo exercido pelo empregador, é essencial para o correto tratamento de dados pessoais das pessoas, em geral, e dos trabalhadores, em especial. Desta forma, o direito do titular dos dados a receber toda a informação relativa a si mesmo, constitui um dos princípios geralmente aceites como parte essencial e integrante do direito à autodeterminação informativa.

Esta obrigação de informação tem por finalidade a comunicação das condições e o alcance dos compromissos que podem ser realizados relativamente ao tratamento de dados pessoais que vai ser feito.

Por outro lado, não pode deixar de centrar-se a atenção neste princípio dada a desnecessidade de consentimento, como regra geral, na relação de trabalho. Ponto essencial passa a ser o da informação que tem de ser dada ao trabalhador, titular dos dados pessoais.

Este conhecimento da vigilância pode ser, ainda, essencial para determinar a legitimidade ou a ilegitimidade da intromissão, por vários motivos. Em primeiro lugar, a exigência constitucional de conhecimento das restrições aos direitos fundamentais do trabalhador é sempre necessária, pois é através deste conhecimento que se determina se esta, na sua adoção e aplicação, se adequa à finalidade pretendida, sendo proporcional aos sacrifícios que implica. Em segundo lugar, o desconhecimento por parte dos trabalhadores das medidas de controlo adotadas configura uma violação do princípio da boa-fé no exercício dos poderes do empregador.

A garantia do direito à informação está consagrada, desde logo, no art. 35.º da CRP pois, tal como referem GOMES CANOTILHO e VITAL MOREIRA[680], há a considerar o princípio da publicidade que consiste no conhecimento da criação e da manutenção de registos informáticos acerca da sua pessoa, assim como o princípio da transparência, que impõe a clareza dos registos realizados quanto às espécies ou categorias de dados recolhidos e sujeitos a tratamento, quanto à existência ou não de fluxos de informação, quanto ao tempo de tratamento e, ainda, quanto à identificação do responsável pelo ficheiro.

O empregador terá, assim, previamente à adoção de qualquer medida de controlo, de respeitar o princípio da transparência que consiste no conhecimento da vigilância e do controlo exercido pelo empregador, sendo essencial para o correto tratamento de dados pessoais das pessoas, em geral, e dos trabalhadores, em especial, devendo estes saber como, quando, onde e de que forma o controlo é feito. Este direito, aliás, está reforçado no Regulamento Geral de Proteção de Dados. Também no acórdão do TEDH, caso *Bărbulescu v. Romania*, de 5 de setembro de 2017, o Tribunal enfatizou a necessidade de

[680] *Op.* cit., p. 552.

dar conhecimento aos trabalhadores das eventuais formas de controlo eletrónico que o empregador utilize, quer ao defender que a vida social privada do trabalhador não pode ser reduzida a zero no local de trabalho[681], quer ao estabelecer que os empregadores têm de notificar previamente os trabalhadores quanto à realização de um eventual controlo, que terá de seguir determinados princípios fundamentais[682], assim como no caso, também do TEDH, *Lopez Ribalda e outros contra Espanha*, de 9 de janeiro de 2018, onde o Tribunal defendeu mais uma vez que a utilização do controlo oculto deve ser considerada como uma "considerável intrusão na vida privada dos trabalhadores"[683]. Contudo, esta decisão foi alvo de apreciação pelo Tribunal Pleno a 17 de outubro de 2019, que decidiu, contrariamente à decisão anterior, não ter existido qualquer violação do art. 8.º da CEDH. Nesta decisão o Tribunal Pleno foi menos protetor da vida privada dos trabalhadores do que na decisão *Bărbulescu v. Romania*, o que não nos parece ser a melhor opção. Por outro lado, não parece que a aceitação da possibilidade de um controlo que não cumpra o dever de transparência deva ser aceite, como o foi, pelo Tribunal. O Tribunal, ao concordar com a possibilidade de um controlo oculto, parece-nos que vai contra o estabelecido na legislação espanhola, para além de permitir que, com base em suspeitas, um ente privado, como é o empregador, possa instalar câmaras de vigilância sem avisar os trabalhadores, gerando um clima de desconfiança e, até, de insegurança. Conclusivo: é nossa opinião que o Tribunal Pleno não esteve bem nesta decisão sobretudo atendendo a que se vive na era do controlo digital em que a privacidade dos trabalhadores pode ver-se muito mais ameaçada. Desta forma, a legitimidade deste tipo de atividades de controlo está relacionada com a informação prévia que deve ser dada aos trabalhadores, assim como aos seus representantes.

681 Parágrafo 80: "an employer's instructions cannot reduce private social life in the workplace to zero".

682 Parágrafo 121: "whether the employee has been notified of the possibility that the employer might take measures to monitor correspondence and other communications, and of the implementation of such measures. While in practice employees may be notified in various ways depending on the particular factual circumstances of each case, the Court considers that for the measures to be deemed compatible with the requirements of Article 8 of the Convention, the notification should normally be clear about the nature of the monitoring and be given in advance".

683 Parágrafo 59 – "The Court observes that the covert video surveillance of an employee at his or her workplace must be considered, as such, as a considerable intrusion into his or her private life. It entails a recorded and reproducible documentation of a person's conduct at his or her workplace, which he or she, being obliged under the employment contract to perform the work in that place, cannot evade".

No contexto laboral preconiza-se que devem ser dadas informações a todos os trabalhadores e a outras pessoas que, eventualmente, se encontrem nas instalações, incluindo a identidade do responsável pelo tratamento e a finalidade da vigilância, assim como quaisquer outras informações necessárias para garantir o tratamento leal relativamente à pessoa em causa. Parece-nos, contudo, um pouco redutora a redação do art. 20.º, n.º 3, ao prever somente as situações de circuito fechado de televisão na medida em que, atualmente, com a tecnologia digital, há formas muito mais intrusivas da privacidade.

Exige-se, ainda, para dar pleno cumprimento ao princípio da transparência, a comunicação aos representantes dos trabalhadores, nos termos do art. 21.º, n.º 4, do CT. Segundo esta norma exige-se um requisito procedimental para a correta instalação deste tipo de controlo. O pedido, no entanto, não tem carácter vinculativo e não há qualquer necessidade de concordância com os representantes dos trabalhadores.

E atendendo a este princípio da transparência, no caso da utilização de meios de vigilância à distância, não nos parece que o que consta do art. 20.º, n.º 3 do CT seja suficiente. Na verdade, a informação deve ser mais completa, indicando a existência do sistema, a identidade do responsável pelo tratamento, que é o empregador, e o direito de exercer todos os direitos enquanto titulares de dados pessoais previstos nos arts. 15.º a 22.º do Regulamento Geral de Proteção de Dados Pessoais.

Considerando a obrigatoriedade dos princípios da transparência e da informação quer aos trabalhadores, quer aos seus representantes, depreende-se não ser admissível o controlo oculto ou secreto sobre os trabalhadores através destes meios por violarem o princípio da boa fé empresarialm, com consagração expressa nos arts. 102.º e 126.º do CT.

5.3.6.3.7.7. Coloca-se, ainda, a questão do tratamento posterior pelo empregador dos dados pessoais obtidos através destes sistemas de controlo ficar sujeito ao princípio da compatibilidade com a finalidade prevista inicialmente. É o que decorre do art. 5.º, n.º 1, alínea b), do Regulamento Geral de Proteção de Dados Pessoais, que estabelece que os dados pessoais devem ser "recolhidos para finalidades determinadas, explícitas e legítimas e não podendo ser tratados posteriormente de uma forma incompatível com essas finalidades". Este princípio estabelece a proibição de o empregador se aproveitar deste tipo de dados para um uso diferente da finalidade originária para a qual foram aceites e impõe uma grande limitação ao poder de controlo eletrónico do empregador na medida em que não pode fazer um uso livre da informação recolhida.

Assim, como forma de garantir o direito à autodeterminação informativa[684] dos trabalhadores e à possibilidade de se controlar a informação que sobre eles é obtida, tem de limitar-se a recolha e o tratamento aos fins para os quais foi aceite e que são conhecidos dos trabalhadores. Este princípio ocorre porque o uso multifuncional de dados aumenta não só o risco da multiplicação ilimitada dos efeitos prejudiciais causados pelos dados inexatos ou incompletos, mas também a sua descontextualização e, portanto, a possibilidade de distorção da informação. Esta descontextualização pode ser evitada através da fixação de limites à obtenção de dados pessoais e impondo que estes dados, de acordo com o respeito pelo princípio da finalidade, sejam utilizados em estrita conformidade com o contexto originário de referência. Desta forma, defende-se que a única hipótese de excluir o perigo de descontextualização reside na inibição do uso de dados pessoais para fins diversos e incompatíveis em relação aos fins originários.

A aceitação deste tipo de dados pessoais, em princípio, ainda que captados ocasionalmente para finalidades diferentes das que justificaram a medida inicial, viola o princípio da finalidade, sendo que a lei não se refere à intencionalidade do sujeito e, por isso, é independente do resultado o facto de ter existido intenção ou não de descontextualizar a informação.

Não parece que possamos retirar nem do Regulamento Geral de Proteção de Dados, nem do CT, a existência de uma exceção ao princípio da finalidade em relação às informações obtidas ocasionalmente que revelem incumprimentos contratuais ou ilícitos sancionados laboralmente. Acresce, ainda, que nos parece que atribuir relevância disciplinar a comportamentos irregulares conhecidos de forma acidental, quando a finalidade da vigilância é outra, equivaleria a assumir também entre os fins da sua adoção, o controlo do comportamento do trabalhador, o que é claramente interdito pelo art. 20.º, n.º 1, do CT.

Defende-se, assim, por regra, que o princípio da compatibilidade gera a impossibilidade de aplicar sanções disciplinares aos trabalhadores com base em incumprimentos contratuais ocasionalmente captados mediante estes

[684] Segue-se o defendido por GOMES CANOTILHO e VITAL MOREIRA, *op.* cit., p. 553, quando referem que em rigor trata-se de um "direito à autodeterminação sobre informações referentes a dados pessoais" que impõe uma proteção manifesta quanto ao "desvio dos fins" a que se destinam. Por isso existem as exigências jurídico-constitucionais relacionadas com as finalidades das informações: "legitimidade; determinabilidade; explicitação; adequação e proporcionalidade; exactidão e actualidade; limitação temporal". Todos estes princípios permitem o controlo dos fins, obstando que haja tratamento de dados relativos a finalidades não legítimas ou excessivas em relação à finalidade originária.

sistemas de controlo instalados para cumprir alguma das finalidades previstas no art. 20.º, n.º 2, do CT.

Porém, também é nosso entendimento que, em determinadas circunstâncias, pode ser lícita a utilização de dados com fins disciplinares quando o que se descobre acidentalmente são factos particularmente gravosas e que constituem ilícitos penais de relevo. Parece, assim, que o princípio da finalidade, tal como defende GOÑI SEIN[685], "não deve amparar a impunidade dos que nele se refugiam para cometer ilícitos, nem lesar o direito do empregador a proteger-se do prejuízo ou da responsabilidade que poderá derivar das ações ilícitas dos seus trabalhadores" como seria o caso, *inter alia*, de agressões, roubos e furtos.

Na verdade, assemelha-se-nos que a interpretação mais correta da dupla proibição prevista no art. 20.º do CT[686] será a de entender que será não só absolutamente proibida a utilização das gravações obtidas para controlar a atividade do trabalhador e a sua diligência na realização da mesma, como também o seu posterior aproveitamento para um procedimento disciplinar. Parece-nos que se visa proibir a utilização para fins disciplinares destes dados pessoais que mostrem que o trabalhador não está a cumprir os seus deveres laborais como, *inter alia*, a gravação que mostra que o trabalhador está a dormir em vez de trabalhar.

Porém, entende-se que já não será totalmente vedada a utilização das mesmas se o que se visualizou, ainda que durante a atividade laboral, constituem um ilícito penal de relevo, isto é, uma infração grave. Na verdade, o controlo realizado através destes meios incidirá, ainda que indiretamente, por vezes, na atividade laboral dos trabalhadores e não nos parece a solução mais equilibrada defender que nunca se podem utilizar os dados recolhidos por estes meios para fins disciplinares contra os trabalhadores quando eles pratiquem, e apenas nestes casos, ilícitos penais de relevo. E, embora reconhecendo que o controlo realizado através destes meios incidirá, ainda que indiretamente, por vezes, na atividade laboral dos trabalhadores, não nos parece a solução mais equilibrada defender que nunca se podem utilizar as gravações para fins disciplinares contra os trabalhadores quando eles pratiquem, e apenas nestes casos, ilícitos penais que configurem infrações disciplinares graves. E apesar de se admitir que é um tema extremamente controverso e delicado, sendo muito difícil aferir quando se estão a utilizar estes dados pessoais

[685] *La Videovigilancia...*, cit., p. 179.

[686] Absoluta no n.º 1, e relativa no n.º 2.

de forma lícita ou como um meio de controlar o desempenho profissional do trabalhador, que é totalmente vedado pelo art. 20.º, n.º 1 do CT, considera-se que esta é a solução mais equilibrada, embora só casuisticamente se consiga avaliar quando estes dados poderão entender-se como admissíveis para fins disciplinares. Quer-nos parecer que não admitir esta possibilidade em situações excecionais pode traduzir-se numa total anulação dos poderes diretivo e sobretudo disciplinar do empregador.

Desta forma, parece-nos defensável que quando através das gravações obtidas ou dos dados de geolocalização, ou até de radiofrequência, se visualizar a prática de ilícitos penais de relevo que consubstanciem, simultaneamente, infrações disciplinares graves, se possam utilizar para fins disciplinares os dados pessoais obtidos[687].

Contudo, tendo em atenção que este processamento de dados com fins disciplinares constitui uma quebra do princípio da finalidade, o mesmo só pode ocorrer em situações excecionais, até porque quando a Lei exige a compatibilidade com a finalidade declarada não só está a impor um critério restritivo que visa alcançar o objetivo de controlo pretendido, como também está a criar uma *expectativa razoável* de privacidade nos trabalhadores no sentido de que a intromissão consentida no seu âmbito reservado através destes dados vai limitar-se à estrita satisfação dos interesses invocados e de que tudo o que não estiver orientado para esse fim está protegido por essa reserva. Se fosse possível essa utilização para fins diferentes fora desses casos excecionais estaria a ocorrer uma compressão deste direito e uma instrumentalização da informação adquirida que consubstanciaria, em última instância, um ato lesivo da dignidade do trabalhador.

Acresce a tudo isto que o art. 28.º, com a epígrafe *Relações Laborais*, da Lei n.º 58/2019, de 8 de agosto, estabelece no n.º 4, que "As imagens gravadas e outros dados pessoais registados através da utilização de sistemas de vídeo ou outros meios tecnológicos de vigilância à distância, nos termos

[687] E a jurisprudência mais recente tem aceitado estas situações. *Vide, inter alia*, acórdãos do Tribunal da Relação de Lisboa, de 16 de novembro de 2011, cuja relatora foi a Desembargadora Paula Sá Fernandes, de 8 de outubro de 2014, cujo relator foi o Desembargador Jerónimo Freitas, o acórdão do Tribunal da Relação de Coimbra de 6 de fevereiro de 2015, cujo relator foi o Desembargador Azevedo Mendes, o acórdão do Tribunal da Relação de Évora de 6 de dezembro de 2017, cujo relator foi o Desembargador Moisés Silva, o acórdão do Tribunal da Relação de Guimarães de 25 de junho de 2015, cujo relator foi o Desembargador Moisés Silva, os acórdãos do Tribunal da Relação do Porto de 26 de junho de 2017, cujo relator foi o Desembargador Jerónimo Freitas, e os de 5 de março de 2018 e de 23 de abril de 2018, cujo relator foi o Desembargador Nelson Fernandes.

previstos no artigo 20.º do Código do Trabalho, só podem ser utilizados no âmbito do processo penal." E, no n.º 5, acrescenta que "Nos casos previstos no número anterior, as imagens gravadas e outros dados pessoais podem também ser utilizados para efeitos de apuramento de responsabilidade disciplinar, na medida em que o sejam no âmbito do processo penal"[688].

Considera-se bastante positiva esta inclusão pois ao longo do tempo surgiram algumas dúvidas em relação à possível utilização, no exercício do poder disciplinar do empregador, dos dados relativos a incumprimentos contratuais conhecidos de forma acidental, através do controlo destinado a satisfazer as necessidades previstas no art. 20.º, n.º 2, do CT, e este artigo consagrou a possibilidade de apenas ser possível a sua utilização quando se tratarem de infrações disciplinares que constituam, simultaneamente, ilícitos penais.

5.3.6.3.8. Controlo sobre os meios de comunicação

O art. 22.º tem por epígrafe *confidencialidade de mensagens e de acesso a informação*. Este artigo parece-nos extremamente positivo e uma mais valia na proteção da privacidade das pessoas ao consagrar expressamente no Direito do Trabalho a confidencialidade das mensagens pessoais dos trabalhadores, a utilização da Internet para fins não profissionais e tutelar o correio eletrónico trocado entre estes e/ou com terceiros. O legislador teve em atenção a nova realidade, onde a informação cada vez mais é obtida através destes novos meios e onde a informática ocupa um papel cimeiro.

Neste artigo são abrangidas diversas formas de comunicação, como o *e-mail*, o serviço de mensagens instantâneas[689], o serviço de *whatsapp*[690], e até redes sociais *online* quando utilizam estes serviços.

[688] Entende-se, contudo, que talvez a redação não tenha sido a melhor, podendo chegar a gerar alguma confusão na sua interpretação.

[689] Acórdão do Tribunal da Relação de Lisboa, de 7 de março de 2012, cujo Relator foi o Desembargador Eduardo Sapateiro. Relativamente a esta decisão, pode ver-se TERESA COELHO MOREIRA, "Controlo do *Messenger* dos trabalhadores: anotação ao acórdão do Tribunal da Relação de Lisboa de 7 de Março de 2012", *in Prontuário de Direito do Trabalho*, n.ºs 91/92, 2014.

[690] Acórdão do Tribunal da Relação de Évora, de 27 de março de 2019, cuja Relatora foi a Desembargadora Paula do Paço, ainda que tenhamos dúvidas se a decisão tomada foi a melhor. Temos dúvidas se no caso em concreto deveria aplicar-se a tutela do art. 22.º. Contudo, defendemos que, em várias situações, as comunicações trocadas por esta via estarão abrangidas pela proteção deste artigo do CT. Sobre esta decisão *vide* CLÁUDIA DOS SANTOS SILVA, "A inadmissibilidade probatória de mensagens privadas de whatsapp em sede disciplinar: comentário ao acórdão do Tribunal da

5.3.6.3.8.1. O *e-mail* é, atualmente, um instrumento de trabalho indispensável, trazendo inúmeras vantagens para as empresas. Mas este meio de comunicação, embora constitua, primordialmente, uma ferramenta de trabalho, permite, ainda, um notável uso social, que merece algum tipo de proteção e de reconhecimento de determinados efeitos jurídicos.

O *e-mail*, enquanto processo de comunicação, é perfeitamente assimilável aos outros tipos de comunicação clássicos, com a única diferença que é um pouco mais vulnerável do ponto de vista técnico. As mensagens eletrónicas transmitem-se por um canal fechado de comunicação, pressupondo por parte dos intervenientes uma razoável expectativa de segredo. Deve, desta forma, estar protegido pelo direito ao sigilo das comunicações, e a facilidade técnica para a sua interceção não o extingue pois a garantia jurídica deste sigilo é independente da garantia técnica do segredo[691].

A vulneração das comunicações, para além de supor a lesão de um direito fundamental, gera um clima de insegurança que tem uma repercussão direta tanto na dignidade da pessoa como no livre desenvolvimento da sua personalidade.

Parece-nos, em primeiro lugar e relativamente ao controlo do *e-mail*, que terá de ter-se em atenção toda a proteção constitucional dada não só ao direito à privacidade, na sua vertente de direito à autodeterminação informativa, mas, sobretudo, ao direito previsto no art. 34.º de segredo de correspondência.

Este artigo aplica-se ao *e-mail*, sendo que se trata de um direito inviolável, existindo uma proibição de ingerência nos meios de comunicação. A garantia prevista legalmente é bastante ampla porque se proíbe toda a intromissão, abrangendo tanto a liberdade de envio e de receção de correspondência, como a proibição de retenção ou de apreensão e, ainda, a interferência telefónica ou através de outra forma. Tudo isto implica o direito que ninguém as viole ou as devasse, no sentido de que a tomada de conhecimento não autorizada do conteúdo da correspondência é, em si própria, ilícita. A lei vai mais além e proíbe a sua divulgação, estabelecendo o direito de que os terceiros que a elas tenham acesso as não divulguem.

Relação de Évora de 28/03/2019", *in PDT*, 2022-I, pp. 141 e ss.. Uma outra decisão é o Acórdão do Tribunal da Relação de Évora, de 15 de abril de 2021, cujo Relator foi o Desembargador Moisés Silva. Defendemos que, em várias situações, as comunicações trocadas por esta via estarão abrangidas pela proteção deste artigo do CT. Cf., entre outros, MARÍA ELISA CUADROS GARRIDO, "El uso del whatsapp en las reaciones laborales", *in Nueva Revista Española de Derecho del Trabajo*, n.º 171, 2014, pp. 91 ess..

[691] Contudo, apesar desta maior vulnerabilidade, não nos parece a melhor solução defender-se como MENEZES CORDEIRO, *Direito do Trabalho...*, cit., p. 579, que "os segredos não devem ser confiados à *Net*".

A proteção prevista neste artigo abrange não só o conteúdo da comunicação como o seu *tráfego*, e engloba também os anexos dos *e-mails*.

Estes princípios, quer constitucionais, quer penais, têm de ser respeitados quando se pretende regular o controlo dos *e-mails* dos trabalhadores por parte dos empregadores, tendo ainda em atenção o art. 22.º do CT. Este, no n.º 1, estabelece o direito à confidencialidade das mensagens de natureza pessoal dos trabalhadores através de vários meios de comunicação, nomeadamente o *e-mail*. Este artigo estabelece assim, para além da reserva, a própria confidencialidade no sentido de que o trabalhador tem não apenas o direito de controlar ou impedir o acesso às suas mensagens, como também o direito de controlar ou impedir a sua divulgação. E o empregador não pode invocar os seus legítimos poderes de organização, direção e controlo para limitar o exercício do direito constitucional previsto no art. 34.º e, também, no art. 22.º do CT. Estes artigos tutelam quer o sigilo das comunicações, quer a própria liberdade de exercício, proibindo a sua gravação.

Acrescenta-se, ainda, que a titularidade do meio utilizado não justifica, por si mesma, o acesso às comunicações eletrónicas realizadas através da empresa. O contrato de trabalho não transforma o empregador num interlocutor da mensagem ou num terceiro qualificado para transgredir o sigilo das comunicações. O empregador é um terceiro e o acesso deste ao conteúdo dos *e-mails* enviados ou recebidos pelo trabalhador pode vulnerar o sigilo das comunicações[692].

Não pode esquecer-se, ainda, que o controlo exercido pelo empregador tem de respeitar sempre a dignidade da pessoa humana e, por isso, não é pelo facto de colocar à disposição do trabalhador uma conta de correio eletrónico

[692] Defende-se, assim, a ideia de que a titularidade dos meios de comunicação não elimina o direito ao segredo e às garantias constitucionais. Veja-se, a título de exemplo, o acórdão do Tribunal da Relação do Porto, de 8 de fevereiro de 2010, cuja relatora foi a Desembargadora Paula Leal de Carvalho, e o acórdão do STJ, de 5 de julho de 2007, cujo Relator foi o Conselheiro Mário Pereira, onde pode ler-se no ponto IV do sumário que – "não é pelo facto de os meios informáticos pertencerem ao empregador que afasta a natureza privada da mensagem e legitima este a aceder ao seu conteúdo". Cf., ainda, o acórdão do Tribunal da Relação do Porto, de 15 de dezembro de 2016, cuja relatora foi a Desembargadora Paula Leal de Carvalho, e que aborda a questão dos dados pessoais, conforme pontos I e II do Sumário "A recolha e tratamento de dados relativos a correio eletrónico (emails, anexos e dados de tráfego) está sujeita à tutela da Lei 67/98, bem como da Lei 41/2004.
II – O conteúdo dos emails enviados ou rececionados pelo trabalhador, quer de conta de correio pessoal, quer de conta de correio profissional que tenham natureza pessoal/extraprofissional, estão abrangidos pela tutela dos direitos à privacidade e à confidencialidade das mensagens conferida pela CRP e pelo CT/2009".

que pode automaticamente defender-se o poder de controlar arbitrariamente as comunicações realizadas através da mesma.

Entende-se, assim, que o empregador fica limitado no seu poder de controlo eletrónico, ficando inibido de aceder ao conteúdo dos *e-mails* pessoais, devendo proceder-se a uma distinção entre diferentes situações.

Considera-se que deve fazer-se a distinção entre os *e-mails* profissionais e os *e-mails* pessoais, não deixando de considerar, contudo, que, por vezes, a distinção é difícil.

Deve, em primeiro lugar, distinguir-se consoante se trate de *e-mails* recebidos ou enviados, devendo o empregador assegurar ao trabalhador os meios mais eficazes para eliminar automaticamente os *e-mails* recebidos cuja entrada na sua caixa postal ele não pode controlar.

Parece-nos excessivo abranger dentro da proteção do sigilo das comunicações os *e-mails* profissionais, no caso de existir uma política clara acerca da sua utilização e contas separadas de *e-mails*. Entende-se que, no caso dos *e-mails* profissionais há uma relação comitente-comissário em que o empregador pode controlar o conteúdo destas mensagens, respeitando todos os requisitos para o exercício correto do seu poder de controlo, principalmente o requisito da proporcionalidade, na medida em que não nos parece que o empregador seja um terceiro para efeitos de obtenção de uma prévia autorização judicial. Nestes casos, a comunicação transmite-se por canais *fechados* de transmissão, embora estas comunicações contenham meras execuções da prestação de trabalho e não ideias dos comunicantes. Não pode deixar de sublinhar-se, no entanto, que o controlo exercido tem de ser o menos intrusivo possível, entendendo-se que existe um consentimento do trabalhador neste sentido, até porque envia e recebe mensagens de acordo com as ordens que recebe do empregador. Assim, o conteúdo das mensagens eletrónicas profissionais não pode considerar-se património exclusivo do trabalhador, sendo também da empresa.

Contudo, o empregador não pode controlar tudo e a todo o momento, porque há que ter em atenção todos os princípios de proteção de dados pessoais, nomeadamente o princípio da finalidade e da compatibilidade com a finalidade declarada, e todos os princípios que devem ser seguidos em relação ao poder de controlo eletrónico do empregador, principalmente o princípio da proporcionalidade. Assim, quando existe uma política clara acerca da utilização destes meios com o estabelecimento de limites proporcionais e de acordo com o princípio da boa-fé que os trabalhadores conhecem, respeitando-se os princípios da informação e da publicidade, deve considerar-se lícita a possibilidade de acesso do empregador ao *e-mail* profissional do trabalhador, sem necessitar de autorização judicial.

No entanto, este tipo de controlo não pode ser permanente, devendo respeitar o princípio da proporcionalidade. Assim, em princípio, a abertura destes *e-mails* deve ser excecional, devendo ocorrer na presença do trabalhador, a não ser que este se encontre ausente por algum motivo e seja exatamente a ausência a causa da sua visualização.

É, assim, necessária a presença de uma razão objetiva para o exercício do poder de controlo do empregador, não podendo realizar-se controlos arbitrários, indiscriminados ou exaustivos dos *e-mails* dos trabalhadores. Se tal ocorre, este controlo é ilícito porque viola os princípios que têm de estar presentes aquando da adoção de medidas de controlo: princípio da proporcionalidade, da transparência e da boa fé.

Por outro lado, o empregador tem de respeitar o princípio da adequação, não tomando conhecimento superior ao necessário e recorrendo às técnicas menos intrusivas, de acordo com o princípio da proporcionalidade. Só se não for possível através destes meios menos intrusivos obter a satisfação do interesse do empregador é que se legitima o recurso ao controlo do conteúdo[693].

Diferente é o caso de se tratar de mensagens marcadas como pessoais ou de mensagens que não estão qualificadas como tais mas que, pelo teor dos dados externos, se deduz que o sejam. Nesses casos, o empregador não as poderá visualizar[694].

Nestes casos as mensagens estão protegidas pelo direito ao sigilo das comunicações nos termos constitucionais e também pelo art. 22.º do CT, sendo, assim, invioláveis. O empregador não pode controlar o conteúdo destas mensagens, nem mesmo em situações excecionais em que há suspeitas de abuso.

Qualquer ato de interceção da comunicação contida nesta parte da caixa postal constituirá uma violação dos preceitos referidos anteriormente, sendo que a prova obtida será considerada nula nos termos do art. 32.º, n.º 8, da CRP.

[693] Veja-se, para mais desenvolvimentos, TERESA COELHO MOREIRA, *A Privacidade dos Trabalhadores...* cit., pp. 782 e ss..

[694] Mas não só. Mesmo que aparentemente pareçam profissionais, se o empregador as visualizar e notar que são pessoais, tem a obrigação de não as divulgar a terceiros e parar a leitura quando se aperceber desse teor pessoal. E isto foi defendido em várias decisões jurisprudenciais, como nos acórdãos do STJ, de 05 de julho de 2007, cujo relator foi o Conselheiro Mário Pereira, do Tribunal da Relação de Lisboa, de 5 de junho de 2008, cujo relator foi o Desembargador Leopoldo Soares, do Tribunal da Relação do Porto de 8 de fevereiro de 2010, assim como no acórdão do Tribunal da Relação de Lisboa, de 30 de junho de 2011, cuja relatora foi a Desembargadora Isabel Tapadinhas.

Entende-se, desta forma, que perante suspeitas razoáveis de incumprimentos contratuais por parte do trabalhador, o empregador não poderá controlar o conteúdo sem uma prévia autorização judicial, nos termos do art. 34.º da CRP, mesmo que aquele tenha violado as regras estabelecidas pelo empregador, na medida em que a propriedade dos meios não retira a titularidade do direito e a infração cometida pelo trabalhador é, quando muito, uma infração disciplinar[695].

No caso de não existir uma política clara sobre a utilização destes meios ou mesmo que exista, se se permitir um uso indiscriminado, a questão não se afigura de fácil resolução. Assim é nos casos em que o trabalhador tem uma só conta de *e-mail* e a usa indistintamente para fins pessoais ou profissionais. Nestes casos parece-nos que o *e-mail* estará protegido pelo direito ao sigilo das comunicações gozando, em princípio, da inviolabilidade. O empregador não pode aceder ao mesmo, nem aos ficheiros dos trabalhadores, de forma indiscriminada, nem com fins preventivos para controlar ou assegurar o seu bom uso[696]. Se o fizer estará a violar os arts. 34.º da CRP e 22.º do CT.

Defende-se que o controlo destes *e-mails* reveste particular acuidade e parece que, nestes casos, o acesso aos *e-mails* deve ser a última instância a ser utilizada pelo empregador, sendo que este acesso deve ser realizado na presença do trabalhador e de um seu representante, a não ser que aquele o dispense. O acesso deve limitar-se à visualização do assunto, à data e à hora do envio, podendo o trabalhador qualificar certos *e-mails* como pessoais[697], ficando o empregador inibido de os ler.

O empregador, apesar de não poder controlar o conteúdo das mensagens no caso dos *e-mails* pessoais, ou no caso de um uso indiscriminado, poderá, contudo, controlar alguns dados externos para tentar visualizar se os trabalhadores estão a utilizar corretamente ou não os seus meios de comunicação. O empregador tem ao seu dispor, sem chegar a vulnerar um direito fundamental como é o do sigilo das comunicações, meios jurídicos suficientes para

[695] Veja-se, neste sentido, *inter alia*, GUILHERME DRAY, *Direitos de personalidade – Anotações ao Código Civil e ao Código do Trabalho*, Almedina, Coimbra, 2006, pp. 88-89, escrevendo que "o incumprimento das regras de utilização fixadas nos termos do n.º 2 consubstancia uma infração disciplinar, mas não legitima a violação, pelo empregador, do direito à confidencialidade a que se refere o n.º 1". No mesmo sentido *vide* MENEZES LEITÃO, "A proteção dos dados pessoais no contrato de trabalho", *in A reforma do Código do Trabalho*, Coimbra Editora, Coimbra, 2004, p. 135.

[696] Ressalta, desta forma, a importância de se adotarem políticas claras de utilização destes meios, dividindo entre *e-mails* profissionais e *e-mails* pessoais.

[697] Se já não estiverem qualificados previamente como tal pelo trabalhador.

controlar e sancionar o comportamento indevido do trabalhador, utilizando para isso meios que não vulnerem os seus direitos fundamentais.

Desta forma podem controlar-se, dentro do seu legítimo poder de controlo, questões adjacentes a este tipo de comunicação como, *v.g.*, o custo da ferramenta de trabalho, o tempo gasto pelos trabalhadores na utilização da mesma e o acesso à rede informática. Pode chegar, inclusive, a controlar certos dados de tráfego, que, embora em princípio estejam protegidos pelo direito ao sigilo das comunicações, através das novas características destes meios tornam-se muitas vezes patentes e descobertos, como será o caso do controlo dos remetentes das mensagens, do assunto desta, do tipo de anexos e do seu tamanho, assim como o número de mensagens enviadas ou recebidas na direção de *e-mail* e o tempo de permanência na rede. O controlo destas circunstâncias, sendo possível, permite ao empregador, em função da aplicação do princípio da boa-fé, ou melhor, da sua não transgressão, aplicar ou não uma sanção disciplinar com base numa utilização inadequada ou abusiva das ferramentas de trabalho da empresa[698].

O empregador terá ainda, previamente à adoção de qualquer medida de controlo que respeitar o princípio da transparência. Assim, o empregador, de acordo com este princípio e o de boa-fé, tem de facultar aos seus trabalhadores uma explicação de acesso imediato, clara e rigorosa da sua política relativamente à utilização e eventual controlo do correio eletrónico. O empregador deve descrever, pormenorizadamente, em que medida os meios de comunicação da empresa poderão ser usados pelos trabalhadores para comunicações pessoais, nomeadamente a limitação das horas e a duração do uso, parecendo também de referir, ainda, em relação ao *e-mail, inter alia,* se um trabalhador tem direito a uma caixa para uso meramente pessoal, se o uso de caixas de correio de *webmail* é permitido no trabalho e se o empregador recomenda a utilização, pelos trabalhadores, de uma caixa de correio de *webmail* para uso meramente pessoal; deve informar, também, sobre o período de armazenamento de uma possível cópia de segurança e informação sobre quando as mensagens são definitivamente apagadas do servidor.

Entende-se que a forma mais apropriada para realizar este dever de transparência é a elaboração de *Cartas de Boa Conduta* sobre a utilização deste tipo de instrumentos de comunicação, integrando, eventualmente, o regulamento interno e sujeito, assim, a todas as formalidades legais necessárias.

[698] *Vide* TERESA COELHO MOREIRA, "O controlo das comunicações electrónicas dos trabalhadores", *in Estudos de Direito...*, cit., pp. 35 e ss..

Nestas *Cartas* deve estabelecer-se o direito de cada trabalhador a uma caixa de correio pessoal de *e-mail*, na medida em que se acha preferível a separação entre caixas de correio pessoais e caixas de correio profissionais, ou, pelo menos, à possibilidade de se ter uma pasta pessoal dentro da caixa de correio normal; deve ainda permitir-se a encriptação voluntária das comunicações pessoais. E, dentro do respeito pela boa-fé contratual, que tem de reger as relações laborais, o trabalhador poderá usar o *e-mail* para as suas comunicações com os sindicatos e com a administração pública para questões pessoais e profissionais, assim como com terceiros, perante necessidades pessoais[699]; Deve estabelecer-se, ainda, que os *e-mails* pessoais enviados devem ser legais e não incluem afirmações difamatórias, não podendo ser usado como meio para assediar outros trabalhadores, nem para enviar comentários ofensivos baseados, *inter alia*, no género, idade, sexualidade, raça, incapacidade ou aparência das pessoas.

Mas também os próprios *e-mails* profissionais não poderão conter qualquer destas referências e o trabalhador que violar estas regras poderá ser sancionado disciplinarmente, como aconteceu, no âmbito do ordenamento jurídico francês, onde um comercial enviava aos seus clientes *e-mails* contendo anexos com fotografias pornográficas "para melhorar as relações profissionais com os mesmos". O trabalhador foi despedido por falta grave, decisão confirmada pela *Cour de Cassation*, em 22 de outubro de 2008[700].

Defende-se, ainda, que o empregador, nas *Cartas de Boa Conduta* sobre a utilização dos meios de comunicação, pode estabelecer limites quanto ao tempo que os trabalhadores poderão estar a utilizá-los, assim como ao tipo de anexos que podem ser enviados, limitando determinados tipos que podem indiciar a prática de crimes.

Entende-se, também, que devem estabelecer-se regras claras sobre a política de acesso aos *e-mails* quando os trabalhadores estão temporariamente ausentes, altura em que os empregadores poderão ter de aceder à

[699] Contudo, é preciso ter em atenção que esta possibilidade de comunicação e de utilização dos meios tem limites. Veja-se a decisão do TEDH, *Aguilera Jiménez e outros c. Espanha*, de 8 de dezembro de 2009, referida, supra, 5.3.3.3.1., relacionada com os limites à liberdade de expressão de sindicalistas. O Tribunal, embora tenha defendido a necessidade de salvaguardar este direito em relação aos sindicalistas considerou que algumas das afirmações contidas no artigo, devido ao seu tom e à sua gravidade, constituíam ataques pessoais, ofensivos e desnecessários para a prossecução dos seus interesses. Porém, não nos parece ter sido o melhor caminho, defendendo-se antes a posição do juiz *Power* que, no seu voto de vencido, fez várias considerações acerca desta temática.

[700] JEAN-EMMANUEL RAY, "Actualités des TIC", *in* DS, n.º 3, 2010, p. 273.

caixa de correio eletrónico dos trabalhadores. Nestes casos convém que os trabalhadores sejam previamente informados sobre esta situação, preferencialmente através deste meio, e que tenham dado o seu consentimento prévio[701], embora mais uma vez reafirmemos que tal não legitima a possibilidade de o empregador abrir ou ler correspondência privada do trabalhador, sob pena de violação do art. 34.º da CRP e do art. 22.º do CT. Deve, ainda, estabelecer-se o regime de acesso aos *e-mails* profissionais quando o trabalhador está ausente e a necessidade de, quando este se ausentar, se criar uma mensagem instantânea de aviso para os seus contactos e, se necessário, o *e-mail* de quem fica responsável por continuar a responder aos *e-mails* profissionais dos trabalhadores ausentes. Por outro lado, estes trabalhadores responsáveis devem ser sempre os mesmos e só estes deverão ter acesso.

Por outro lado, deve ainda constar a obrigação dos trabalhadores distinguirem corretamente os *e-mails* de natureza profissional dos *e-mails* de natureza pessoal, obrigando-se o trabalhador a não classificar *e-mails* profissionais como pessoais e vice-versa, devendo a empresa poder presumir[702] como profissional todo o correio que não é qualificado como pessoal[703].

Não se defende, assim, a possibilidade de proibir absolutamente a utilização destes meios para fins pessoais, atendendo à enorme difusão dos mesmos e ao consequente esbatimento entre as fronteiras espácio-temporais.

5.3.6.3.8.2. Relacionada com esta temática está, claramente, a utilização de redes sociais *online*. Estas são, atualmente, um fenómeno em enorme crescimento, surgindo várias novas e reinventando-se outras, e constituem um meio muitas vezes utilizado pelas pessoas para se conectarem, comunicarem e partilharem informação pessoal. E se, inicialmente, começaram por ser meios recreativos para as gerações mais novas, hoje atraem pessoas de todas as idades, e Portugal não é exceção. Assim, se nas origens as redes sociais tinham por público quase somente os denominados *digital natives*, que representam uma geração que cresceu já após o surgimento da *Internet*, hoje também os conhecidos por *digital immigrants* estão a aderir cada vez mais à utilização das redes sociais.

[701] JÚLIO GOMES, *op.* cit., p. 383.

[702] Presunção *iuris tantum*.

[703] Neste sentido JÚLIO GOMES, *op.* cit., p. 383.

Na verdade, as redes sociais, apesar de terem surgido inicialmente como um meio de comunicação interpessoal e de entretenimento associado ao lazer e à comunicação com amigos, amigos dos amigos e, até, desconhecidos, tornaram-se um meio cada vez mais usado pelas empresas em termos profissionais. Atualmente, o número de empresas que tem criado um perfil nas redes sociais, dada a sua fácil acessibilidade e o carácter maciço com que as pessoas aderiram às mesmas, é cada vez maior.

Por outro lado, as redes sociais possibilitam que quem é responsável pelo recrutamento, analise os currículos e as informações pessoais e profissionais dos candidatos, podendo, inclusive, conhecer certos dos seus dados pessoais sensíveis, como a raça, a orientação sexual, assim como a idade, o género, a etnia, entre vários outros. E esta investigação pode ser feita de forma muito simples, com base em pesquisas de dados que, aparentemente, são inócuos, como os *likes* que se colocam nas redes sociais *online*, ou algo do género que existe noutras redes sociais, relativamente a pessoas, marcas, locais ou acontecimentos. Através desta pesquisa simples, rápida, gratuita e à distância de um simples *click*, as empresas podem, tecnicamente, *filtrar* os candidatos por grupos, excluindo alguns, automaticamente, do processo de seleção, sem realizar, formalmente, qualquer processo de recrutamento.

Deve ainda considerar-se que a informação pessoal que um candidato tem *online*, combinada com dados que descrevem as suas ações e as interações com outras pessoas, pode criar um perfil bastante completo dos seus interesses e atividades, sendo que os dados pessoais publicados nos sítios de redes sociais podem ser utilizados por terceiros para uma grande variedade de fins, inclusive com objetivos comerciais, podendo apresentar riscos graves, como o roubo de identidade, prejuízos financeiros, perda de oportunidades de negócios ou de emprego e danos físicos.

Contudo, relativamente ao estabelecimento de perfis há que ter em atenção o Considerando71 do Regulamento Geral de Proteção de Dados Pessoais e que já analisamos[704].

Assim, qualquer resposta que se pretenda dar não pode ser apriorística, pois tudo depende, quanto a nós, de vários fatores: a parametrização da conta efetuada pelo trabalhador e, independentemente do primeiro, qual o tipo de serviço ou funcionalidade da rede social *online* que o trabalhador utiliza, assim como o número de amigos e a qualidade destes[705].

704 Ver 5.3.1. e 5.3.2..

705 Veja-se, neste sentido, o Acórdão do Tribunal da Relação do Porto, de 8 de setembro de 2014, cuja Relatora foi a Desembargadora Maria José Costa Pinto.

No que concerne à parametrização da conta, se o trabalhador escolheu restringir o seu acesso apenas aos amigos, entende-se que existe um grau acrescido de privacidade e que os dados que poderão ser partilhados devem ser qualificados como integrantes do conceito de esfera privada. Na verdade, é o utilizador que define o nível de privacidade e a publicidade da sua rede social embora, por defeito, muitas vezes o carácter de múltipla informação seja público, colocando-se aqui o problema de saber se, efetivamente, o utilizador está devidamente esclarecido quanto à definição da privacidade da sua conta quando muitas delas surgem com a maior visibilidade possível.

Preconiza-se, desta forma, que, perante a questão de saber se o conteúdo que se coloca nas páginas pessoais das redes sociais é privado ou público, a resposta terá de passar pela adoção de um critério personalizável, na medida em que o critério será distinto consoante as definições do utilizador e a configuração da publicidade do conteúdo publicado e divulgado, sendo que, num eventual procedimento disciplinar contra o trabalhador, o ónus da prova recai sobre o empregador. Significa isto que se um conteúdo é definido como privado, isto é, apenas visível para os *amigos* ou para um grupo restrito, caberá, em princípio, dentro do conceito de esfera privada. Contrariamente, um conteúdo que é marcado como público, isto é, visível *online* para todos, não poderá ser inserido nesta esfera privada, e antes, ser considerado público, não tendo, desta forma, a expectativa de privacidade do perfil que é configurado para ser privado.

Reconhece-se que a solução não é isenta de críticas, principalmente perante um novo conceito de amigos *online*, que poderá abranger amigos mais próximos, conhecidos e, por vezes, para quem não faz a verificação das identidades e aceita todas as pessoas que lhe fazem pedidos de *amizade*, ou para *seguir*, desconhecidos. E este fator parece-nos mais um argumento para justificar a análise casuística de situações[706].

Um outro fator relevante está relacionado com o tipo de serviço ou funcionalidade utilizado, como o *instant messaging* ou os *chats* privados, ou, até, serviços de *e-mail*.

Relativamente aos *instant messaging*, considerado por nós como um meio de comunicação privada, pode ver-se o acórdão do Tribunal da Relação de Lisboa de 7 de Março de 2012 que decidiu neste mesmo sentido. Esta decisão reveste bastante interesse porque se trata da análise pela primeira vez,

[706] Cf. Acórdão do Tribunal da Relação de Lisboa, de 24 de setembro de 2014, cujo Relator foi o Desembargador Jerónimo Freitas.

a nível dos Tribunais Superiores, da utilização do serviço de mensagens instantâneas – *Messenger* – no local de trabalho para fins pessoais e da possível (in)admissibilidade do seu conteúdo para fins disciplinares, principalmente para aferir da existência de justa causa de despedimento.

Até esta decisão os Tribunais nacionais tinham-se debruçado sobre a (in)admissibilidade do conteúdo do *e-mail* pessoal ser utilizado para fins disciplinares, nomeadamente para aferir da existência de justa causa de despedimento.

Esta decisão parece-nos muito positiva pois analisou a (i)licitude da prova das mensagens instantâneas na medida em que se baseou não só na tutela do direito à confidencialidade de mensagens e de acesso à informação do art. 22.º do CT, mas também do direito à liberdade de expressão do art. 14.º do mesmo diploma legal[707].

Defende-se que, perante este caso, o empregador fica limitado no seu poder de controlo eletrónico, ficando inibido de aceder ao conteúdo das mensagens instantâneas pessoais. E este era o caso das mensagens referidas no acórdão, tal como o Tribunal sublinhou várias vezes.

Relativamente aos *e-mails*, serviço de que também várias redes sociais *online* dispõem, defende-se o mesmo.

[707] No mesmo sentido veja-se o Acórdão do Tribunal da Relação de Guimarães, de 3 de dezembro de 2020, cuja Relatora foi a Desembargadora Maria Leonor Chaves dos Santos Barroso, e onde se tratava da utilização do serviço de *Messenger* privado da rede social *Facebook* e onde o Tribunal decidiu, e quanto a nós bem, entender como nula a prova utilizada pela entidade empregadora e que consistia na utilização de conversas tidas por 2 trabalhadoras através deste meio, conforme se pode ler em alguns pontos do sumário "IV – São comunicações privadas as mensagens trocadas entre duas trabalhadoras através do *Messenger* do *Facebook* em contas que são criadas em nome daquelas e destinadas ao envio e recepção de mensagens pessoais e não de serviço. V – Não relevando que o seu conteúdo se refira ao trabalho, tal como consensualmente não releva numa comunicação tradicional (ex. carta ou telefonema) onde os interlocutores podem abordar os mais diversos assuntos, desde íntimos a profissionais, sem que seja através do conteúdo de que as mesmas são classificadas de pessoais ou profissionais. VI – O Messenger do Facebook permite comunicações instantâneas de texto e imagem em que o usuário/remetente escolhe o "contacto"/destinatário e tem uma clara e legítima expectativa de privacidade, ao contrário do que pode ocorrer em "grupos" alargados ou "páginas" de redes sociais que podem redundar em falta de controle sobre a identidade e número de destinatários e subtrair a tutela da privacidade. Aquelas são, assim, mensagens pessoais que gozam do inerente direito de reserva e confidencialidade, ainda que remetidas a partir do local de trabalho. VII- O uso de tais comunicações como meio de prova em processo disciplinar integra prova nula por violar o direito de reserva da vida privada e de confidencialidade das comunicações privadas sendo indiferente o emio através do qual o empregador delas teve conhecimento, mormente se foi ou não por denúncia anónima, porquanto é vedado, quer o acesso, quer a sua divulgação – 26.º, 34.º, 32.º, n.º 8, CRP, 16.º e 22.º, CT".

Assim, no caso de se tratar de mensagens pessoais existe a proteção pelo direito ao sigilo das comunicações, nos termos constitucionais e também do art. 22.º do CT, sendo, assim, invioláveis. O empregador não pode controlar o conteúdo destas mensagens, nem mesmo em situações excecionais em que há suspeitas de abuso. Assim, parece-nos que no caso das comunicações privadas, em que existe troca de mensagens e consulta da informação, terá de aplicar-se o art. 22.º do CT que estabelece o princípio da confidencialidade das mensagens e de acesso à informação. E esta proteção aplica-se independentemente da parametrização da conta na medida em que se trata de instrumentos de comunicação privada[708]. O empregador não pode aceder ao conteúdo destas mensagens privadas do trabalhador transmitidas através da rede social se não fizer parte dos destinatários[709].

Diferente é o caso de informações relativas a instrumentos de comunicação públicos, como por exemplo, os *chat rooms* abertos, ou perante perfis de intervenção pública, parecendo-nos que, atendendo ao direito à privacidade dos trabalhadores, que engloba o direito à autodeterminação informativa, terá de atender-se aos limites ao poder de controlo e vigilância do empregador e conciliar com os direitos dos trabalhadores, principalmente com o seu direito à liberdade de expressão[710].

Consideramos, ainda, que o perfil dos terceiros, que têm o estatuto de amigos ou de *seguidores*, pode indiciar um aspeto mais público ou privado do perfil. Imagine-se que grande parte dos amigos ou *seguidores* são jornalistas. Este fator pode indiciar uma natureza mais pública, assim como quando o número destes, que acedem ao conteúdo do que consta da rede social, é muito grande, podendo incluir não só verdadeiros amigos mas também desconhecidos do utilizador.

Entende-se, ainda, que os próprios conhecimentos tecnológicos do utilizador devem ser tidos em atenção na medida em que, por defeito, muitas destas redes sociais *online* colocam o conteúdo como de acesso público.

[708] Ver o decidido pelo Acórdão do Tribunal da Relação de Lisboa, de 24 de setembro de 2014, ao referir-se que os princípios relacionados com mensagens privadas trocadas nas redes sociais têm cobertura idêntica aos *e-mails*.

[709] Conforme também defendeu a CNPD na Deliberação n.º 1638/2013, p. 6, fica vedado ao empregador qualquer controlo do conteúdo da área privativa do trabalhador enquanto utilizador de contas de correio eletrónico, de redes sociais ou de quaisquer outras contas às quais o trabalhador aderiu a título pessoal, "ainda que a elas aceda através do computador da empresa".

[710] Cf. supra 5.3.3.3.1. a propósito da análise do art. 14.º do CT.

Porém, consideramos, mais uma vez, que o índice mais importante que permite qualificar o perfil de uma pessoa como privado e os documentos que lá constam como pessoais, reside, sobretudo, no nível de controlo que o utilizador determina perante as pessoas que ao mesmo poderão aceder. Não se tratará de um simples cálculo matemático, ou seja, de uma mera avaliação qualitativa e quantitativa dos *amigos* autorizados a visitar a página em causa, mas de determinar se o titular da conta abandonou, no todo ou em parte, o controlo sobre quem pode consultar a sua página.

Assim, entendemos que quem permite que não só os amigos mas também os amigos dos amigos e o público em geral consultem o seu perfil, perde o direito de invocar a sua natureza privada, pois se se pode controlar a lista dos *amigos*, já se torna muito difícil, para não dizer impossível, controlar a lista dos amigos dos amigos, que poderá chegar, no limite, quase que ao infinito. E o mesmo nos parece, quando o número dos *amigos* é muito grande[711].

6. Teletrabalho, privacidade e proteção de dados pessoais

6.1. O teletrabalho, regulado no CT como uma modalidade contratual atípica, marginal[712], pois o trabalho típico correspondia a um espaço-tempo delimitado, que se situava algures fora do domicílio, passou a ser em todas as atividades e funções compatíveis com o mesmo, como estratégia de combate à difusão do vírus da COVID-19, como forma de evitar o contágio, o *novo normal*

[711] Para maiores desenvolvimentos veja-se TERESA COELHO MOREIRA "A privacidade dos trabalhadores e a utilização de redes sociais *online*...", *in Estudos de Direito do Trabalho,* Volume II, cit., pp. 9 e ss..

[712] Segundo dados do *Livro Verde sobre as Relações Laborais 2016*, a percentagem de trabalhadores com contrato de teletrabalho era menos de 1%. No ordenamento jurídico espanhol, a título de exemplo, a realidade era a mesma tal como escreve ANA DE LA PUEBLA PINILLA, "Negociación Colectiva y Regulación del Trabajo a Distancia", *in Teletrabajo y negociación colectiva*, Colección Informes y Estudios – Serie Relaciones Laborales, Núm. 124, Ministerio de Trabajo y Economía Social, 2022, p. 39 "El importante proceso de incorporación de las TICs a la actividad empresarial y su generalización en los hogares españoles durante los últimos años aportaban unas condiciones adecuadas para la extensión del teletrabajo y, en general, del trabajo a distancia. Sin embargo, probablemente por la inercia de las características antes señaladas, los datos aportados por la EPA muestran que, todavía en el año 2019, las personas que trabajaban desde casa era muy bajo, tanto en lo que se refiere a las personas que lo hacían normalmente, o más de la mitad de los días, como aquellas que lo hacían ocasionalmente. Las primeras solo llegaban a un escaso 4,8% en tanto que las segundas alcanzan un 3,5%. Datos significativamente reducidos si además se comparan con los de otros países europeos que llegaban a alcanzar un 14% (en Países Bajos)".

para muitos trabalhadores, sendo que entendemos que o teletrabalho chegou em força e vai ficar e perdurar conforme os dados mais recentes demonstram.

A experiência dos longos meses de prática difundida de teletrabalho demonstrou que a lei portuguesa, contendo já princípios muito relevantes nesta matéria, carecia de ser revista e densificada, extraindo as lições da pandemia. E foi o que o legislador fez através da Lei 83/2021, de 6 de dezembro, que entrou em vigor no dia 1 de janeiro de 2022. E quanto a nós bem já que sempre defendemos que a altura para alterar era agora. Não nos parece que seja uma visão *enviesada* da realidade por ser um teletrabalho que se acentuou numa altura de pandemia. Considera-se que ele veio para ficar, ainda que com moldes diferentes, através do teletrabalho híbrido. Por isso, entende-se que o principal desafio é aumentar as vantagens existentes do teletrabalho e diminuir as desvantagens do mesmo[713].

6.2. Relativamente às alterações, considera-se que era urgente densificar e esclarecer os limites dos poderes de controlo e de vigilância perante a tutela da privacidade do teletrabalhador.

As questões, a este propósito, são inúmeras e complexas, carecendo de algum enquadramento normativo específico por parte da lei.

Relacionado com esta questão, está a necessidade de rever o regime das visitas ao local de trabalho quando este coincide com o domicílio do teletrabalhador. Segundo o anterior art. 170.º, a visita do empregador só deveria ter por objeto o controlo da atividade laboral e dos instrumentos de trabalho e apenas poderia ser efetuada entre as 9 e as 19 horas, com a assistência do trabalhador ou de pessoa por ele designada. Esta visita também sofreu alterações com a Lei.

6.2.1. O controlo dos trabalhadores nesta forma de prestar trabalho está presente e é muito mais intrusivo por vezes do que noutras modalidades de contrato de trabalho. Na verdade, esta conexão digital, sobretudo quando é direta e constante, com a utilização de programas informáticos, é uma possibilidade de criar uma *telesubordinação* de igual ou até superior intensidade do que o controlo numa relação de trabalho presencial[714].

[713] Ver, para maiores desenvolvimentos, TERESA COELHO MOREIRA e JOÃO LEAL AMADO, "O regime jurídico do contrato de teletrabalho subordinado no ordenamento português", *in LTR Revista, ano 85, n.º 12, 2022*, e "Telework..., cit..

[714] Conforme escreve ZENHA MARTINS, "O Teletrabalho revisitado", *in Minerva – Revista de Estudos Laborais*, Ano X – II da 4.ª Série – n.º 3, 2020, a propósito do controlo do empregador "Contudo,

Por isso parecem-nos bastante relevantes os art. 169.º – A, n.ºs 4 e 5, 169.º – B, n.º 1, alínea a), e art. 170.º, ao estabelecerem, respetivamente que:

> *"4. Os poderes de direção e controlo da prestação de trabalho no teletrabalho são exercidos preferencialmente por meio dos equipamentos e sistemas de comunicação e informação afetos à atividade do trabalhador, segundo procedimentos previamente conhecidos por ele e compatíveis com o respeito pela sua privacidade.*
>
> *5. O controlo da prestação de trabalho, por parte do empregador, deve respeitar os princípios da proporcionalidade e da transparência, sendo proibido impor a conexão permanente, durante a jornada de trabalho, por meio de imagem ou som.";*
>
> *1 — Sem prejuízo dos deveres gerais consagrados neste Código, o regime de teletrabalho implica, para o empregador, os seguintes deveres especiais:*
>
> *a) Informar o trabalhador, quando necessário, acerca das características e do modo de utilização de todos os dispositivos, programas e sistemas adotados para acompanhar à distância a sua atividade;*
>
> e
>
> *"1. O empregador deve respeitar a privacidade do trabalhador, o horário de trabalho e os tempos de descanso e de repouso da família deste, bem como proporcionar-lhe boas condições de trabalho, tanto do ponto de vista físico como psíquico.*
>
> *2. Sempre que o teletrabalho seja realizado no domicílio do trabalhador, a visita ao local de trabalho requer aviso prévio de 24 horas e concordância do trabalhador.*
>
> *3. A visita prevista no número anterior só deve ter por objeto o controlo da atividade laboral, bem como dos instrumentos de trabalho, e apenas pode ser efetuada na presença do trabalhador durante o horário de trabalho acordado nos termos da alínea d) do n.º 4 do artigo 166.º.*
>
> *4. No acesso ao domicílio do trabalhador, as ações integradas pelo empregador devem ser adequadas e proporcionais aos objetivos e finalidade da visita.*
>
> *5. É vedada a captura e utilização de imagem, de som, de escrita, de histórico, ou o recurso a outros meios de controlo que possam afetar o direito à privacidade do trabalhador.*

a aplicação infrene do digital pode convocar, em refluxo histórico, uma retaylorização do trabalho, uma vez que, com vista à organização do trabalho, são utilizados scripts que predeterminam as tarefas, usando-se, em simultâneo, diferentes tipos de software, que, por um lado, segmentam o trabalho em tarefas precisas, esquematizando-o, por outro, através de algoritmos".

6. Constitui contraordenação grave a violação do disposto nos nºs 1, 2, 3 e 4.
7. Constitui contraordenação muito grave a violação do disposto no n.º 5."[715].

Várias são as questões que se levantam relacionadas com a enorme possibilidade de controlo por parte do empregador.

6.2.2. Os empregadores podem, com a utilização desta tecnologia digital, reunir informação sobre os trabalhadores através da observação do que fizeram durante o tempo de trabalho, descobrir os seus interesses e preferências.

Porém, não pode esquecer-se que, com o advento destas inovações tecnológicas, é fundamental que os trabalhadores possam usufruir dos mesmos direitos que tinham anteriormente.

Assim, todo e qualquer controlo que o empregador exerça nesta modalidade de contrato de trabalho tem de pautar-se por certos princípios e há comportamentos que são vedados.

Desde logo, o empregador não pode utilizar programas informáticos para tentar saber se o trabalhador passa mais tempo nas redes sociais do que a trabalhar no *excel*, por exemplo. A CNPD, na sua *Orientação sobre o controlo à distância dos trabalhadores*[716] defendeu, e quanto a nós muito bem, a proibição por parte do empregador da utilização de programas e de "softwares que, para além do rastreamento do tempo de trabalho e de inatividade, registam as páginas de Internet visitadas, a localização do terminal em tempo real, as utilizações dos dispositivos periféricos (ratos e teclados), fazem captura de imagem do ambiente de trabalho, observam e registam quando se inicia

[715] No ordenamento jurídico espanhol, o *Real Decreto-ley 28/2020*, de 22 de setembro, *sobre trabajo a distancia*, e que se manteve igual na Ley *10/2021, de 9 de julio, de trabajo a distancia*, estabelece no art. 17.º, n.º 2, com a epígrafe *Derecho a la intimidad y a la protección de datos*, que o empregador não pode exigir aos trabalhadores a instalação de programas informáticos ou aplicações nos computadores pessoais propriedade dos mesmos, nem a utilização dos mesmos durante a prestação da atividade. Também é muito interessante que neste artigo 17.º, o número 3 consagre que "Las empresas deberán establecer criterios de utilización de los dispositivos digitales respetando en todo caso los estándares mínimos de protección de su intimidad de acuerdo con los usos sociales y los derechos reconocidos legal y constitucionalmente. En su elaboración deberá participar la representación legal de las personas trabajadoras. Los convenios o acuerdos colectivos podrán especificar los términos dentro de los cuales las personas trabajadoras pueden hacer uso por motivos personales de los equipos informáticos puestos a su disposición por parte de la empresa para el desarrollo del trabajo a distancia, teniendo en cuenta los usos sociales de dichos medios y las particularidades del trabajo a distancia".

[716] Orientação de 17 de abril de 2020 e disponível em https://www.cnpd.pt/home/orientacoes/Orientacoes_controlo_a_distancia_em_regime_de_teletrabalho.pdf.

o acesso a uma aplicação, controlam o documento em que se está a trabalhar e registam o respetivo tempo gasto em cada tarefa (v.g., *TimeDoctor, Hubstaff, Timing, ManicTime, TimeCamp, Toggl, Harvest*)". Também há a instalação de aplicações informáticas que, de forma subtil e muitas vezes oculta, registam os diferentes programas que são utilizados e as teclas pulsadas no computador. Estes programas são utilizados para aferir a produtividade dos trabalhadores. No caso por exemplo do *Hubstaff*, frequentemente tira *screenshots*, vê os documentos que os trabalhadores estão a escrever ou as redes sociais que visitam.

Existem vários programas informáticos que são colocados sem que o trabalhador tenha deles conhecimento, violando, desta forma, o princípio da transparência sendo, desde logo por isso proibidos. Para além de gravarem todas as teclas que foram utilizadas pelos trabalhadores, mantém registos de todas as caixas de diálogo utilizadas, abarcando assim as situações de mensagem instantânea, como ainda, ciclicamente, fotografam o que está a ser visualizado no computador. A grande vantagem destes programas para os empregadores é a de que, ao gravarem todas as teclas utilizadas, podem gravar todos *e-mails* enviados e não apagados, as conversas tidas em *sites* de *chat*, ou mensagens instantâneas enviadas pelo computador, o que se afigura como um controlo quase total do trabalhador. Mas não apenas deste. Os *screenshots* que são tirados permitem ver as pessoas que estão por exemplo numa reunião com este trabalhador, o interior das casas dessas pessoas, assim como do próprio trabalhador e do seu agregado familiar, nomeadamente menores de idade.

Não se pode permitir que o teletrabalho acabe por ser uma invasão da vida privada do trabalhador no domicílio. Assim, tem de verificar-se que o local onde é prestado o teletrabalho seja livre de controlar mais do que é necessário. Assim, desde logo, a videovigilância não está permitida, mas também não nos parece que a geolocalização esteja nem a radiofrequência. Parece-nos que estes meios não cumprem nem o princípio da finalidade, nem o da proporcionalidade na sua tripla vertente. E foi o que o legislador consagrou no art. 170.º, n.º 5, sendo que a violação desta proibição constitui uma contraordenação muito grave nos termos do n.º 7.

Aplicam-se aos trabalhadores que estão em teletrabalho os direitos de personalidade pelo que não podem ser alvo de controlo através de meios de vigilância à distância que engloba tanto os tradicionais meios de vídeo-audiovigilância mas também os dados de geolocalização que poderão ser obtidos se se pretender que o teletrabalhador também disponha no seu *tablet* ou no seu telemóvel destes programas para trabalhar remotamente, assim como também é vedado o acesso ao histórico do trabalhador ou o "recurso a outros meios de controlo que possam afetar o direito à privacidade do trabalhador", nos termos do art. 170.º, n.º 5.

Contudo, parece-nos possível um controlo através de programas informáticos que cumpram todos os requisitos do tratamento de dados pessoais, nomeadamente o princípio da finalidade, da proporcionalidade e da transparência, nos termos do art. 169.º – A, n.º 5, art. 169.º – B, n.º 1, alínea a), assim como o princípio da proteção de dados desde a conceção e por defeito, previsto no art. 25.º do RGPD, já que o empregador tem um poder de controlo sobre o trabalhador.

Por outro lado, atendendo ao princípio da transparência, consagrado no art. 169.º – A, n.º 5, a instalação de programas de forma oculta é completamente vedada[717]. E, por outro lado, parece-nos que o que consta do art. 20.º, n.º 3 do CT não é suficiente. Na verdade, a informação deve ser mais completa indicando a existência do sistema, a identidade do responsável pelo tratamento que é o empregador, o direito de exercer todos os direitos enquanto titulares de dados pessoais previstos nos arts. 15.º a 22.º do RGPD, desde que adequados à situação concreta, e daí, a importância do art. 169.º – B, n.º1, alínea a).

Tendo em atenção a obrigatoriedade do princípio da transparência e da informação quer aos trabalhadores, quer aos seus representantes[718], depreende-se não ser admissível o controlo oculto ou secreto sobre os trabalhadores através destes meios por violar o princípio da boa-fé empresarial que tem consagração expressa no CT nos arts. 102.º e 126.º.

E, mesmo cumprindo o princípio da transparência, nem todos as formas de controlo são permitidas porque é fundamental aferir-se da proporcionalidade da mesma.

Concorda-se, assim, com o que está consagrado no art. 169.º – A, n.º 5, quando estabelece que é "proibido impor a conexão permanente, durante a jornada de trabalho, por meio de imagem ou som" e que nos parece ir ainda mais além do que já constava da Deliberação da CNPD quando considerava não ser admissível impor ao trabalhador que mantivesse sempre a câmara ligada. A lei consagrou a proibição da conexão permanente não apenas da

[717] Veja-se no *Acordo Quadro Europeu sobre Digitalização* a defesa desta ideia de transparência quando se aborda a enorme possibilidade de controlo trazida pela IA "*Always linking the collection of data to a concrete and transparent purpose. Data should not be collected or stored simply because it is possible or for an eventual future undefined purpose*".

[718] Interessante notar que no *Acordo Quadro Europeu sobre Digitalização* consagra-se que é fundamental permitir aos representantes dos trabalhadores "*to address issues related to data, consent, privacy protection and surveillance*".

imagem, mas também do som, o que é mais abrangente e positivo. Contudo, apesar desta proibição de conexão permanente, defende-se que é possível exigir-se em alguns momentos, e nem será em princípio possível a gravação de teleconferências entre o empregador, ou dirigentes, e os trabalhadores, existindo, contudo, algumas exceções, como uma possível forma de controlo da prestação.

E não é possível pela proibição dos arts. 20.º e 21.º do CT, mas também pela própria noção de dados pessoais do RGPD.

Poderá colocar-se a questão de como controlar o trabalhador que está em regime de teletrabalho já que estamos perante um contrato de trabalho subordinado e o empregador tem o poder diretivo e o poder de controlar de que forma está a ser prestado a atividade[719]. Contudo, nesta modalidade, como em outras, a questão não está na existência do poder de controlo que é essencial, mas no estabelecimento de limites ao mesmo e, por isso, o empregador pode controlar, *inter alia*, através da criação de programas que respeitando os princípios da proporcionalidade e da transparência, permitam aferir se as ordens e instruções que o empregador deu estão a ser cumpridas, como já referimos anteriormente, ou através do estabelecimento de metas e objetivos que o trabalhador tem de cumprir e de relatar diariamente através de *e-mails*, de chamadas, assim como marcação de reuniões por teleconferência para ir acompanhando o trabalho e, até, como uma forma de evitar o isolamento social[720] que é uma das grandes desvantagens associadas a esta modalidade de teletrabalho, respeitando, sempre os limites consagrados no art. 169.º – A, n.º 5.

E este parece ser o sentido que deve dar-se ao previsto no art. 169.º – A, n.º 4, quando preconiza que "Os poderes de direção e controlo da prestação

[719] Desde logo ao nível do controlo dos tempos de trabalho que é obrigatório pelo art. 202.º do CT e pelo ac. do TJUE C-55/18, de 14 de maio de 2019, onde o Tribunal decidiu no parágrafo 50 que "os Estados-Membros devem tomar todas as medidas necessárias para garantir o cumprimento dos períodos mínimos de descanso e impedir qualquer excesso da duração máxima de trabalho semanal para assegurar a plena eficácia da Diretiva 2003/88, uma regulamentação nacional que não prevê a obrigação de se recorrer a um instrumento que permita uma determinação objetiva e fiável do número de horas de trabalho diário e semanal não é suscetível de garantir, em conformidade com a jurisprudência recordada no n.º 42 do presente acórdão, o efeito útil dos direitos conferidos pelo artigo 31.º, n.º 2, da Carta e por essa diretiva, na medida em que priva tanto as entidades patronais como os trabalhadores da possibilidade de verificarem se esses direitos são respeitados e é, assim, suscetível de comprometer o objetivo da referida diretiva, que consiste em assegurar uma melhor proteção da segurança e da saúde dos trabalhadores", assim como consagra a obrigação de registo dos tempos individuais de trabalho diário – por um "sistema objetivo, fiável e acessível".

[720] Note-se que o CT já prevê desde 2003 a possibilidade de o trabalhador em regime de teletrabalho ter direito à denominada *sociabilidade informática*.

de trabalho no teletrabalho são exercidos preferencialmente por meio dos equipamentos e sistemas de comunicação e informação afetos à atividade do trabalhador, segundo procedimentos previamente conhecidos por ele e compatíveis com o respeito pela sua privacidade". Aqui parece-nos que o legislador resolveu consagrar a possibilidade de controlar o desempenho profissional do teletrabalhador através do próprio instrumento de trabalho pois, dadas as características deste tipo de trabalho, é, muitas vezes, a única forma de poder fazê-lo. Contudo, estabeleceu limites que nos afiguram corretos: respeito pela privacidade e transparência. Sem dúvida que na era digital o empregador serve-se do próprio instrumento de trabalho utilizado pelo trabalhador na sua prestação laboral para controlar a sua atividade profissional, já que existe uma concentração nestas novas tecnologias do instrumento de trabalho e do instrumento de controlo, sendo que poderá servir, até, para controlar o tempo de trabalho já que a instalação de programas informáticos que respeitem todos os princípios referidos anteriormente, para além de poder servir para controlar a prestação de trabalho, pode ser útil para controlar tanto as horas de prestação efetiva de trabalho, como incluir na própria programação a paragem dos mesmos a intervalos regulares permitindo, assim, de certa forma, cumprir os tempos de descanso.

Por outro lado, será que se pode interpretar este artigo como uma forma de atenuar a proibição do art. 20.º, n.º 1, do CT, respeitando, contudo, sempre o princípio da transparência e a privacidade do teletrabalhador? Sem dúvida que no teletrabalho, pela própria natureza da prestação, a proibição consagrada neste artigo tem de ser entendida *cum grano salis*. Será que se pode interpretar este n.º 4, como uma exceção relacionada com a natureza da atividade[721]? Temos dúvidas em aceitar esta possibilidade, mas consideramos, tal como acabamos de referir, que a redação do art. 169.º – A, n.º 4, permite um controlo à distância do desempenho do trabalhador através dos próprios instrumentos de trabalho na medida em que não há outra possibilidade de controlo e subordinado aos requisitos que estão neste artigo[722].

[721] Colocando esta possibilidade antes da alteração legal, MARIA DO ROSÁRIO PALMA RAMALHO, "Teletrabalho e trabalho à distância: velhos problemas e novos desafios em tempos de pandemia", *in Produção em rede e proteção social – Estudos em homenagem ao Professor Nelson Mannrich*, Editora Mizuno, Brasil, 2022, pp. 230-231.

[722] Veja-se ANTÓNIO MONTEIRO FERNANDES, "O regime atual da relação de trabalho pode responder à crise?", *in Covid 19 e trabalho: o dia seguinte, Estudos APODIT 7* (coord. MARIA DO ROSÁRIO PALMA RAMALHO e TERESA COELHO MOREIRA), AAFDL, 2020, pp. 18-19, "Na verdade, a subordinação, no teletrabalho, parece implicar, pelo menos, a possibilidade da televigilância. Os termos em que esta

Relacionado com este poder de controlo e com a obrigatoriedade de transparência do mesmo, tem-se o previsto no art. 169.º – B, n.º 1, alínea a), que estabelece expressamente o dever de informação do empregador ao trabalhador, quando necessário, sobre as características e o modo de utilização de todos os dispositivos, programas e sistemas adotados para acompanhar à distância a sua atividade. Este artigo é bastante interessante quer por sublinhar, mais uma vez, a importância do cumprimento do dever de transparência e a vedação do controlo oculto, quer por entender este dever em sentido amplo já que abrange toda a informação sobre os dispositivos utilizados englobando as características e a forma de utilização dos mesmos. É um dever dos empregadores e um direito dos trabalhadores a receber esta informação, sendo que se for violado constitui uma contraordenação grave, nos termos do n.º 4 deste artigo.

6.2.3. Não pode esquecer-se, ainda, de mais alguns números do art. 170.º do CT que estabelece o direito à privacidade do trabalhador em regime de teletrabalho. Para assegurar este direito à privacidade, o CT estabelece agora claramente no n.º 1 que "O empregador deve respeitar a privacidade do trabalhador, o horário de trabalho e os tempos de descanso e de repouso da família deste, bem como proporcionar-lhe boas condições de trabalho, tanto do ponto de vista físico como psíquico". Poderia pensar-se que seria uma redundância, mas não achamos isso. Consideramos que é uma forma de sublinhar a importância deste direito que compreende várias vertentes. Uma delas passa logo pelos limites ao direito de o empregador se deslocar ao domicílio do teletrabalhador, regime este que agora se encontra nos n.ºs 2 a 4.

O regime anterior estabelecia no n.º 2 que "a visita ao local de trabalho só deve ter por objeto o controlo da atividade laboral, bem como dos instrumentos de trabalho e apenas pode ser efetuada entre as 9 e as 19 horas, com a assistência do trabalhador ou de pessoa por ele designada". Sempre tínhamos defendido que o empregador poderia controlar e deslocar-se mas não

pode ser exercida estão, de algum modo, "confinados" pela tutela geral da privacidade do trabalhador – que proíbe a vigilância a distância como meio de controlo do desempenho profissional do trabalhador. Ora, sem possibilidade de supervisão não há subordinação. Vistas as coisas de outro ângulo, a configuração do teletrabalho como modalidade do trabalho subordinado implica a adopção de formas e instrumentos de controlo da actividade do trabalhador que permitam satisfazer o interesse legítimo do empregador sem vulnerar os direitos fundamentais do empregado".

podia era fazê-lo violando a proteção da privacidade e dos dados pessoais dos trabalhadores[723].

Na nova redação deste artigo o legislador consagrou em primeiro lugar a obrigação de aviso prévio da visita, que terá de ser de 24 horas, assim como a referência ao horário de trabalho. Esta consagração parece-nos positiva até porque era dos aspetos que se estranhava não existir quando comparado quer com a cláusula 8 do Acordo-Quadro Europeu sobre Teletrabalho de 2002, quer com o art. 4.º, n.ºs 2 e 3, da Lei n.º 101/2009, relativa ao trabalho no domicílio.

A cláusula 8 do Acordo-Quadro estabelece que se o teletrabalho for realizado no domicílio, o acesso realizado pelo empregador ao mesmo está sujeito a aviso prévio e ao seu acordo prévio[724], ainda que, como nota JÚLIO GOMES[725], o sentido deste acordo prévio não seja claro. Contudo, pode notar-se que o CT não fazia qualquer alusão a esta necessidade. E, se analisarmos o art. 4.º, n.º 3, da Lei do Trabalho no Domicílio, que estabelece o direito à privacidade do trabalhador no domicílio, vemos que o beneficiário da atividade deve avisar este da visita ao local de trabalho, com a antecedência mínima de 24 horas, sendo que a visita só pode ser efetuada, tal como consagrado no art. 4.º, n.º 2, entre as 9 e as 19 horas em dia normal de trabalho. Porém, não existia idêntico preceito relativamente ao teletrabalhador, estranhando-se porque não se fazia referência a este aviso nem à limitação a dias normais de trabalho, parecendo-nos, claramente, que o empregador não poderia deslocar-se ao local de trabalho, domicílio do trabalhador, em dias de descanso deste.

Ora, esta situação mudou e consagrou-se quer o aviso prévio, quer que a visita só pode ser realizada no horário de trabalho e cingida apenas ao "controlo da atividade laboral, bem como dos instrumentos de trabalho", sem que possa realizar-se "a captura e utilização de imagem, de som, de escrita, de histórico, ou o recurso a outros meios de controlo que possam afetar o direito à privacidade do trabalhador", tal como consta do art. 169.º – A, n.º 5. E, tal como previsto também no Acordo-Quadro, sujeita à concordância do trabalhador. Contudo, apesar de compreendermos esta necessidade de concordância

[723] Para maiores desenvolvimentos veja-se TERESA COELHO MOREIRA, "Privacidade em tempos de pandemia", *in Covid 19 e trabalho: o dia seguinte, Estudos* APODIT 7 (coord. MARIA DO ROSÁRIO PALMA RAMALHO e TERESA COELHO MOREIRA), AAFDL, 2021, e "O teletrabalho em tempos de pandemia", *in* RIDT, n.º1, 2021.

[724] *"If the teleworker is working at home, such access is subject to prior notification and his/her agreement"*.

[725] *Op.* cit., p. 751.

dada a natureza tão pessoal do local onde é realizado o trabalho, temos algumas dúvidas da necessidade da mesma pois trata-se de um contrato de trabalho onde o empregador tem o poder de controlo que está relacionado com a subordinação jurídica do trabalhador. E mais dúvidas se nos colocam se, perante a necessidade de concordância, o que poderá o empregador fazer perante a recusa do trabalhador. Não o pode sancionar porque é um direito que lhe assiste nos termos do art. 170.º, n.º 2, parte final. Poderá responsabilizá-lo por má utilização dos equipamentos/instrumentos de trabalho? É que não podemos deixar de notar a diferença de redação deste artigo[726] relativamente ao art. 170.º – A, n.º 4, no que concerne à visita dos profissionais designados pelo empregador para avaliação e o controlo das condições de segurança e saúde no trabalho, que estabelece que "O trabalhador **faculta**[727] o acesso ao local onde presta trabalho". Aqui parece-nos que o trabalhador, apesar de ainda ter uma certa liberdade, deve permitir o acesso, tendo sido claramente distinta a opção do legislador, que se compreende atendendo aos deveres em matéria de segurança e saúde no trabalho a que o empregador e mesmo o trabalhador se encontram adstritos. Na verdade, convém lembrar que o Acordo-Quadro Europeu menciona um direito do trabalhador a que sejam efetuadas visitas e não apenas uma obrigação de as suportar[728], além de que, nos termos da cláusula 8, o trabalhador tem direito a solicitar as visitas a este nível[729].

*6.2.4.*O legislador consagrou ainda um regime próprio para a fiscalização das condições de trabalho por parte da Inspeção do Trabalho no art. 171.º preconizando que as ações de fiscalização que impliquem visitas ao domicílio do trabalhador em regime de teletrabalho devem ser realizadas dentro do período das 9 às 19 horas, no horário de trabalho e mediante aviso ao

[726] Aliás, note-se que para a possibilidade de visitas ao domicílio do teletrabalhador por entidades diferentes o legislador resolveu utilizar diferentes termos o que, não cremos, ajuda na interpretação dos mesmos.

[727] Negrito nosso.

[728] Neste sentido JÚLIO GOMES, "O teletrabalho obrigatório em tempos de Covid-19 e algumas insuficiências do regime jurídico português", *in Produção em rede...*, cit., p. 184, nota n.º 266.

[729] "In order to verify that the applicable health and safety provisions are correctly applied, the employer, workers' representatives and/or relevant authorities have access to the telework place, within the limits of national legislation and collective agreements. If the teleworker is working at home, such access is subject to prior notification and his/her agreement. **The teleworker is entitled to request inspection visits** – negrito nosso.

trabalhador com a antecedência mínima de 48 horas e **anuência**[730] deste que se compreende. Interessante que neste artigo o legislador estabeleceu um mínimo de antecedência superior à visita do empregador considerando como mínimo o prazo de 48 horas enquanto para aquele é de 24 horas sem ter estabelecido "mínimo".

[730] Negrito nosso. Nota-se, assim, a utilização de outro termo.

BIBLIOGRAFIA

AA.VV – *Tecnologias disruptivas e a exploração do trabalho humano – a intermediação de mão de obra a partir das plataformas eletrônicas e seus efeitos jurídicos e sociais*, (coord. ANA CAROLINA PAES LEME, BRUNO ALVES RODRIGUES, e JOSÉ EDUARDO DE RESENDE CHAVES JÚNIOR), LTR, São Paulo, 2017

AA.VV., – *Crowdwork – zurück in die Zukunft? – Perspektiven digitaler Arbeit*, Bund Verlag, Frankfurt am Main, 2015

ABRANTES, José João – *A vinculação das entidades privadas aos direitos fundamentais*, AAFDL, Lisboa, 1990

— "Contrato de Trabalho e Direitos Fundamentais – breves reflexões", *in II Congresso Nacional de Direito do Trabalho – Memórias*, (coord. ANTÓNIO MOREIRA), Almedina, Coimbra, 1999

— "Contrato de trabalho e meios de vigilância da actividade do trabalhador (breves considerações)", *in Estudos em Homenagem ao Prof. Doutor Raúl Ventura*, vol. II, (coord. OLIVEIRA ASCENSÃO), Coimbra Editora, Coimbra, 2003

— "Sociedade e direito – algumas notas sobre as suas relações (o exemplo do direito do trabalho)", *in* QL, n.º 42

— "O novo *Código do Trabalho* e os direitos de personalidade do trabalhador", *in A reforma do Código do Trabalho*, Coimbra Editora, Coimbra, 2004

— "A autonomia do Direito, a Constituição laboral e o art. 4.º do *Código do Trabalho*", *in Estudos de Direito do Trabalho em Homenagem ao Professor Manuel Alonso Olea*, Almedina, Coimbra, 2004

— *Direito do Trabalho II (Direito da Greve)*, Almedina, Coimbra, 2012

— *Direitos Fundamentais da Pessoa Humana no Trabalho – em especial, a reserva da intimidade da vida privada*, Almedina, Coimbra, 2014

ABRANTES, José João; DIAS, Isabel Valente – "Regulação do uso do algoritmo nas relações laborais", *in QL*, n.º 63

ADAMS, Abigail; e BERG, Janine – "When home affects pay: an analysis of the gender pay gap among crowdworkers", outubro, 2017, disponível *in https://papers.ssrn.com/sol3/papers.cfm?abstract_id=3048711*

AGRO VIFORCOS, Beatriz – "Riesgos laborales en la industria y el trabajo 4.0", *in 4.ª Revolución Industrial: Impacto de la Automatización y la Inteligencia Artificial en la Sociedad y la Economía Digital*, Thomson Reuters, Aranzadi, Espanha, 2018

AJUNWA, Ifeoma – "Automated employment discrimination", *in https://papers.ssrn.com/sol3/papers.cfm?abstract_id=3437631&download=yes*

AJUNWA, Ifeoma – "The paradox of automation as anti-bias intervention", *in* 41 CARDOZO. L. REV., 2020

AKHTAR, Pav; MORE, P. – "The psychosocial impacts of technological change in contemporary workplaces and trade union responses", *in International Journal of Labour Research*, 2016, 8

ALOISI, Antonio – "Commoditized Workers: Case Study Research on Labor Law Issues Arising from a Set of On-Demand/Gig Economy Platforms", *in Comparative Labor Law & Policy Journal*, vol. 37, n.º 3, 2016

ALOISI, Antonio; GRAMANO, Elena – "Artificial Intelligence Is Watching You at Work. Digital Surveillance, Employee Monitoring and Regulatory Issues in the EU Context", *in Comparative Labor Law & Policy Journal*, vol. 41, 1

ALONSO OLEA, Manuel – *Introducción al Derecho del Trabajo*, 4.ª edição, Editoriales de Derecho Reunidas, Madrid, 1981

ÁLVAREZ DE SOTOMAYOR, Lucía – "Incidencia de las tecnologías digitales en la salud psicossocial de los trabajadores", *in Riesgos psicosociales y organización de la empresa*, (coord. MARGARITA ISABEL RAMOS QUINTANA), Aranzadi, Navarra, 2017

AMADO, João Leal – *A protecção do salário*, Coimbra Editora, Coimbra, 1993

— "Breve apontamento sobre a incidência da revolução genética no domínio juslaboral e a Lei n.º 12/2005, de 26 de Janeiro", *in* QL, n. º 25

— "VIH/SIDA e proibição de discriminação dos trabalhadores: entre a «tensão para a transparência» e o «direito à opacidade»", *in* RLJ, n.º 3960

— "Dinâmica das relações de trabalho nas situações de crise (em torno da flexibilização das regras juslaborais)", *in* RMP, n.º 120, 2009

— "Enredado: o Facebook e a justa causa de despedimento", *in* RLJ, n.º 3994

— "Direito do Trabalho, Crise e Reforma: o Caso Português", *in Direitos Fundamentais do Trabalhador Cidadão e Transformações do Mercado de Trabalho: Desafios – Anais da Academia Brasileira de Direito do Trabalho 2017*, Lex Magister, Porto Alegre, 2017

— "Tempo de Trabalho e Tempo de Vida: sobre o direito à desconexão profissional", *Revista do Tribunal Regional do Trabalho da 15.ª Região*, n.º 52

— *Trabalhar e amar: poderes patronais, relações amorosas e direitos de personalidade dos trabalhadores*, Gestlegal, 2019
— *Contrato de trabalho – Noções básicas*, 4.ª edição, Almedina, Coimbra, 2022
— "Os robôs e o Direito do Trabalho: o desafio final?", *in Direito e Robótica – Actas do Congresso*, n.º 16, Estudos de Direito do Consumidor, Instituto Jurídico – Centro de Direito do Consumo, Coimbra, 2020
— "Teletrabalho: os deveres especiais das partes", *in QL*, n.º 60
— As redes sociais e a justa causa de despedimento: uma perspetiva jurisprudencial portuguesa", *in O dilema das redes sociais e os seus efeitos na sociedade*, Letramento, Belo Horizonte, 2022
— "Contrato de trabalho e "Direito à mentira": Uma solução justa?", *in O Trabalho Contemporâneo e suas Dimensões de Vulnerabilidade*, Editora Venturoli, Brasília, 2022
— "As plataformas digitais e o novo art. 12.º-A do Código do Trabalho: empreendendo ou trabalhando?", *in A Revista*, n.º 3, 2023
AMADO, João Leal; MOREIRA, Teresa Coelho – "A lei sobre o TVDE e o contrato de trabalho: sujeitos, relações e presunções", *in* PDT, 2019 – I
— A *Glovo*, os *Riders*/Estafetas e o Supremo Tribunal de Espanha: *Another Brick in the wall?*, *in Prontuário de Direito do Trabalho*, 2020/2
— "A Uber, o motorista e o cliente: três ou quatro? A propósito de uma decisão do *Supreme Court* do Reino Unido", *in RIDT*, n.º 2, 2021
— "O regime jurídico do contrato de teletrabalho subordinado no ordenamento português", *in LTR Revista, ano 85, n.º 12, 2022*
— Telework", *in Diritti lavori mercati" (international section)*, n.º 2/2022
AMADO, João Leal; SANTOS, Catarina Gomes - "A Uber e os seus motoristas em Londres: *mind the gap!*", *in* RLJ, n.º 4001
AMADO, João Leal; ROUXINOL, Milena Silva; VICENTE, Joana Nunes; SANTOS, Catarina Gomes; MOREIRA, Teresa Coelho – *Direito do Trabalho – Relação Individual*, Almedina, Coimbra, 2019
ANDRADE, José Carlos Vieira de – *Os Direitos Fundamentais na Constituição Portuguesa de 1976*, 2.ª edição, Almedina, Coimbra, 2001
ANTONMATTEI, Paul-Henri – "NTIC et vie personnelle au travail", *in DS*, n.º 1, 2002
AUTOR, David – *Polanyi's Paradox and the Shape of Employment Growth*, NBER Working Paper, n.º 20485, 2014
BALARAM, Warden; WALLACE-STEPHENS – "Good Gigs", *in SA*, 2017
BAPTISTA, Albino Mendes – "Tempos de trabalho e de não trabalho", in *Memórias do V Congresso Nacional de Direito do Trabalho*, (coordenação de ANTÓNIO MOREIRA), Almedina, Coimbra, 2003
BAROCAS; SELBST - "Big Data's Disparate Impact", *in California Law Review*, 671, 2016

BARROS, Cássio Mesquita – "Poder empresarial: fundamentos, conteúdo e limites (Relatório Geral), *in Temas de Direito do Trabalho – Direito do Trabalho na crise Poder empresarial Greves atípicas – IV Jornadas Luso-Hispano-Brasileiras de Direito do Trabalho,* Coimbra Editora, Coimbra, 1990

BARZILAY, Arianne; BEN-DAVID, Anat – "Platform Inequality: Gender in the Gig-Economy", *in Setton Hall Law Review,* vol. 47, 2017

BAYLOS GRAU, Antonio – "La desconstitucionalización del trabajo en la Reforma Laboral 2012", *in Revista de Derecho Social,* n.º 61

BELLAVISTA, Alessandro – "Le prospettive della tutela dei dati personali nel rapporto di lavoro", *in* RGLPS, I, 2003

BERG, Janine – "Income Security in the On-Demand Economy: Findings and Policy Lessons from a Survey of Crowdworkers", *in Comparative Labor Law & Policy Journal,* vol. 37, n.º 3, 2016

— "Protecting Workers in the Digital Age: Technology, Outsourcing and the Growing Precariousness of Work", *in* https://papers.ssrn.com/sol3/papers.cfm?abstract_id=3413740, 2019

BIEGOŃ; KOWALSKY; SCHUSTER – *Schöne Neue Arbeitswelt? – Wie eine Antwort der EU auf die Plattformökonomie aussehen könnte,* Friedrich-Ebert-Stiftung, 2017

BIRGILLITO, Marialaura – "(«Au-delà de») La calificación jurídica de los conductores de Uber.¿Nuevos paradigmas sociales u operaciones de ingeniería jurídica", *in Trabajo en Plataformas Digitales: innovación, Derecho y mercado,* Thomson Reuters, Aranzadi, Navarra, 2018

BOUCHET, Hubert – "À l'épreuve des nouvelles technologies: le travail et le salarié", *in DS,* n.º 1, 2002

CANARIS, Claus-Wilhelm – *Direitos Fundamentais e Direito Privado,* (trad. INGO WOLFGANG SARLET e PAULO MOTA PINTO), Almedina, Coimbra, 2003

CANOTILHO, J.J. Gomes; MOREIRA, Vital – *Constituição da República Portuguesa Anotada,* 4.ª edição, Coimbra Editora, Coimbra, 2007

CARELLI, Rodrigo; e OLIVEIRA, Murilo – *As Plataformas digitais e o Direito do Trabalho – como entender a tecnologia e proteger as relações de trabalho no Século XXI,* Dialetica Editora, Belo Horizonte, 2021, pp. 169 e ss..

CARINCI, Franco – "Rivoluzione tecnológica e Diritto del Lavoro: il rapporto individuale", *in* GDLRI, n.º 25, 1986

— "La subordinazione rivisitata alla luce dell'ultima legislazione: dalla "subordinazione" alle "subordinazioni", *in* ADL, 2018

CARVALHO, António Nunes de – "Ainda sobre a crise do Direito do trabalho", *in II Congresso Nacional de Direito do Trabalho – Memórias,* (coord. ANTÓNIO MOREIRA), Almedina, Coimbra, 1999

CARVALHO, Orlando de – *Escritos, Páginas de Direito,* vol. I, Almedina, Coimbra, 1998

CASAS BAAMONDE, Maria Emília – "Trabajo de las mujeres y digitalización", *in Revista de Derecho Laboral vLex,* n.º 4, 2021

CASTRO, Catarina Sarmento e – "A protecção dos dados pessoais dos trabalhadores", *in QL,* n.º 20, 2002

CAUPERS, João – *Os direitos fundamentais dos trabalhadores e a Constituição,* Almedina, Coimbra, 1985

CENTAMOR, Giulio; RATTI, Luca – "Oltre il dilemma qualificatorio: potenzialità e limiti del diritto antidiscriminatorio nella protezione del lavoratore on-demand", *in Impresa, lavoro e non lavoro nell'economia digitale,* (coord. CRISTINA ALESSI, MARZIA BARBERA e LUCIANA GUAGLIANONE), Cacucci Editore, Itália, 2019

CHERRY, Miriam A. – "Working for (virtually) minimum wage: applying the fair labor standards act in cyberspace", *in Alabama Law Review,* vol. 60, n.º 5, 2009

— "A taxonomy of virtual work", *in Georgia Law Review,* vol. 45, n.º 4, 2011

— "A Global System of Work, A Global System of Regulation?: Crowdwork and Conflicts of Law", *in Tulane Law Review,* vol. 94, 2019

— "Proposition 22: A Vote on Gig Worker Status in California", *in Dispatches Comparative Labor Law & Policy Journal, 2021*

CHOOPIN, Isabelle; DO, Thien Uyen – *Developing Anti-Discrimination Law in Europe – The 27 EU Member States, Croatia, Formar Yogoslav Republica of Macedonia and Turkey compared,* European Commission, Luxemburgo, 2011

CNIL - *La géolocalisation des véhicules,* 2013

— *Comment permettre à l'homme de garder la main ? Les enjeux éthiques des algorithmes et de l'intelligence artificielle,* 2017

COMISSÃO EUROPEIA - *Gender equality and work life balance, Pillar of Social Rights, , in http://ec.europa.eu/social/main.jsp?catId=1226&langId=en.*

— *Orientações éticas para uma IA de confiança,* Bruxelas, 2019

— *Structure for the White Paper on Artificial Intelligence – a European approach to excellence and trust,* 2020

COMMUNICATION FROM THE COMMISSION – *Online platforms and the Digital Single Market Opportunities and Challenges for Europe,* 2016

CONSEIL NATIONAL DU NUMERIQUE – *Travail Emploi et Numérique – Les Nouvelles Trajectoires,* 2016

COOC, DIAMOND, HALL, LIST, OYER, – "The gender earnings gap in the gig economy: evidence from over a million rideshare drivers", *The Review of Economic Studies,* vol. 88, n.º 5, 2021

CORDEIRO, António Menezes – "O respeito pela esfera privada do trabalhador, *in I Congresso Nacional de Direito do Trabalho – Memórias,* (coord. ANTÓNIO MOREIRA), Almedina, Coimbra, 1998

— "A Liberdade de Expressão do Trabalhador", *in II Congresso Nacional de Direito do Trabalho – Memórias*, (coord. ANTÓNIO MOREIRA), Almedina, Coimbra, 1999

— *Isenção de Horário, Subsídios para a Dogmática Actual do Direito da Duração do Trabalho*, Almedina, Coimbra, 2000

— Os direitos de personalidade na civilística portuguesa", *in Estudos em Homenagem ao Professor Doutor Inocêncio Galvão Telles, volume I – Direito privado e vária*, Almedina, Coimbra, 2002

— *Direito do Trabalho I – Direito Europeu, Dogmática Geral, Direito Coletivo*, Almedina, Coimbra, 2018

COSTA, Ana Ribeiro – *Os riscos psicossociais na relação jurídico-laboral*, tese de doutoramento, Faculdade de Direito, Escola do Porto, Universidade Católica Portuguesa, 2019

COULON, Cédric – *L'obligation de surveillance*, Económica, Paris, 2003

COUNTOURIS, N.; DE STEFANO, Valerio – *New trade union strategies for new forms of employment*. ETUC, Bruxelas, 2019

COUTO, Mia – "Os sete sapatos sujos", *in E Se Obama fosse africano – interinvenções*, Caminho, Lisboa, 3.ª edição, 2013

— "O livro que era uma casa", *in O Universo num grão de areia*, Caminho, Lisboa, 2019

— "Os templos do tempo", *in O Universo O Universo num grão de areia*, Caminho, Lisboa, 2019

CUADROS GARRIDO, María Elisa – "El uso del whatsapp en las reaciones laborales", *in Nueva Revista Española de Derecho del Trabajo*, n.º 171, 2014

DAGNINO, *Emanuele* – "Uber law: perspectiva jurídico-laboral de la sharing/on-demand economy", *in Revista Internacional y Comparada de Relaciones Laborales y Derecho del Empleo*, n.º 3/2015

DÄUBLER, Wolfgang – "Nuove tecnologie: un nuovo Diritto del Lavoro", *in GDLRI*, n.º 25, 1986

— *Internet und Arbeitsrecht – Web 2.0, Social Media uns Crowdwork*, 5.ª edição, Bund Verlag, Frankfurt am Main, 2015

DAUGHTERY, Paul; WILSON, H. James – "Human + Machine: Reimagining work in the Age of AI", *in Harvard Business Review Press*, 2018

DAVIDOV, Guy – "The three axes of employment relationship: A characterization of workers in need of protection", *in University of Toronto Law Journal*, vol. 52, 2002

— "Who is a worker", *in Industrial Law Journal*, vol. 34, 2005

— "The Status of Uber Drivers: A Purposive Approach", *in Spanish Labour Law and Employment Relations Journal*, vol. 6, n.ºs 1-2, 2017

DEGRYSE, Christophe – *Digitalisation of the economy and its impact on labour markets*, ETUI Working Paper 2016.02

— "Technological disruption, social dereliction?", *in The platform economy and social law: Key issues in comparative perspective*, ETUI, Bruxelas, 2019

DESPAX, Michel – "L'évolution du rapport de subordination", *in DS*, n.º 1, 1982

DI MEO – "Il diritto alla disconnessione nella prospetiva italiana e comparata", *in Labour & Law Issues*, n.º 2, 2017

DOCKÉS, Emmanuel – "Le pouvoir patronal au-dessus des lois? La liberté d'entreprendre dénaturée par la Cour de Cassation", *in* DO, n.º 678, 2005

— "Le salariat des plateformes", *in Labour & Law Issues*, vol. 5, n.º1, 2019

DOMINGOS, Pedro – *A Revolução do Algoritmo Mestre – como a aprendizagem automática está a mudar o mundo*, Letras & Diálogos, Lisboa, 2017

DRAY, Guilherme – *O princípio da igualdade– sua aplicabilidade no domínio específico da formação de contratos individuais de trabalho*, Almedina, Coimbra, 1999

— *Direitos de personalidade – Anotações ao Código Civil e ao Código do Trabalho*, Almedina, Coimbra, 2006

DUARTE, Diogo Pereira – "Registo de tempos de trabalho e proteção de dados pessoais", *in Tempo de Trabalho e Tempos de Não Trabalho – O Regime nacional do Tempo de Trabalho à luz do Direito Europeu e Internacional, Estudos APODIT 4* –, (coord. MARIA DO ROSÁRIO PALMA RAMALHO e TERESA COELHO MOREIRA), AAFDL, 2018

Duval, Veena B. – "Platformisation' of work: US and EU perspectives", *in ECE Annual Conference: Exploring ways to improve working conditions of platform workers: the role of EU labour law*, 2021.

ESTLUND, Cynthia – "What should we do after work? Automation and employment law", Yale Law Journal, vol. 128, n.º 2

ESTORNINHO, Maria João – *Contratos de Administração Pública – Esboço de autonomização curricular*, Almedina, Coimbra, 1999

ETUI – *The platform economy and social law: Key issues in comparative perspective*, (coordenação ISABELLE DAUGAREILH, CHRISTOPHE DEGRYSE e PHILIPPE POCHET), Bruxelas, 2019

— *Labour in the age of AI: why regulation is needed to protect workers*, 2020

EUGENIO BLANCO, Juan – "El delito extralaboral como causa justa de despido", *in Revista de Trabajo*, n.ºs 7-8, 1957

EUROFOUND - *New forms of employment*, Luxemburgo, 2015

EUROFOUND e OIT – *Working anytime, anywhere: The effects on the world of work*, Luxembourg e Genebra, 2017

EUROPEAN AGENCY FOR SAFETY AND HEALTH AT WORK – *Foresight on new and emerging occupational safety and health risks associated digitalisation by 2025 — Final report*, Luxemburgo, 2018

EUROPEAN PARLIAMENT'S POLICY DEPARTMENT FOR CITIZENS' RIGHTS AND CONSTITUTIONAL AFFAIRS - *The underlying causes of the digital gender gap and possible solutions for enhanced digital inclusion of women and girls*, 2018

EUROPEAN UNION AGENCY FOR FUNDAMENTAL RIGHTS – *Handbook on European Non-Discrimination Law*, Luxemburgo, 2011

FALGUERA I BARÓ, Miquel Angel – "Comunicación sindical a traves de médios electrónicos. La STC 281/2005, de 7 de noviembre: un hito esencial en la modernidad de nuestro sistema de relaciones laborales (conflito CCOO vs. BBVA), *in Iuslabor*, n.º 1, 2006

FARKAS, Lilla – *How to Present a Discrimination Claim – Handbook on seeking remedies under the EU Non-discrimination Directives*, European Commission, Luxemburgo, 2011

FELSTINER – "Working the Crowd: Employment and Labor Law in the Crowdsourcing Industry", *in Berkeley Journal of Employment and Labor Law*, vol. 32, 1, 2011

FERNANDES, António de Lemos Monteiro – "Os novos horizontes do Direito do Trabalho ou a mobilidade das suas fronteiras (algumas reflexões introdutórias)", *in VIII Congresso Nacional de Direito do Trabalho – Memórias*, (coord. ANTÓNIO MOREIRA), Almedina, Coimbra, 2006

— *Direito do Trabalho – Edição comemorativa dos 40 anos*, 18.ª edição, Almedina, Coimbra, 2017

— "Deverá a subordinação jurídica manter-se como elemento qualificador?", *in II Congresso Europeu de Direito do Trabalho*, (coord. José João Abrantes), Almedina, Coimbra, 2018

— "Uma jurisprudência consolidada: a presunção de laboralidade", *in Minerva – Revista de Estudos Laborais*, Ano IX, I da 4.ª série, n.º 1

— "O regime atual da relação de trabalho pode responder à crise?", *in Covid 19 e trabalho: o dia seguinte, Estudos* APODIT 7 (coord. MARIA DO ROSÁRIO PALMA RAMALHO e TERESA COELHO MOREIRA), AAFDL, 2020

FERNANDES, Francisco Liberal – "Organização do trabalho e tecnologias de informação e comunicação. *Exhausted but enable to disconnect*", *in QL*, n.º 50

— "A noção de contrato de trabalho no Código de 2009: evolução ou continuidade?", *in QL*, n.º 51

FERNÁNDEZ SÁNCHEZ, Sonia – "Frank, el algoritmo consciente de *Deliveroo*. Comentario a la Sentencia del Tribunal de Bolonia 2949/2020, de 31 de diciembre", *in Revista de Trabajo y Seguridad Social. CEF*, n.º 457, 2021

FERRAND, Frédérique – *Droit privé allemand*, Dalloz, Paris, 1997

FINKIN, Matthew – "Beclouded Work, Beclouded Workers in Historical Perspective", *in Comparative Labor Law & Policy Journal*, vol. 37, n.º 3, 2016

FORD, Martin – *Robôs – A Ameaça de um Futuro sem Emprego*, Bertrand Editora, Lisboa, 2016

FORRESTER, Viviane – *O Horror Económico*, trad., Terramar, 1997

FORUM ECONÓMICO MUNDIAL – *Jobs of Tomorrow Mapping Opportunity in the New Economy*, 2020

FREEDLAND, Mark; PRASSL, Jeremias – "Employees, workers and the 'sharing economy' changing practices and changing concepts in the United Kingdom", *in University of Oxford, Legal Research Paper Series*, 19/2017

FREY, Carl; OSBORNE, Michael A. – *The future of employment: How susceptible are jobs to computerisation?*, Oxford, Oxford Martin School, 2013, https://www.oxfordmartin.ox.ac.uk/downloads/academic/The_Future_of_Employment.pdf

GALÁN DURÁN, Carolina; ROIG BATALLA – "El uso de las etiquetas de identificación por radiofrecuencia en las empresas: un nuevo riesgo para los derechos de los trabajadores?", *in AL*, n.º 8, 2010

GÁRATE CASTRO, Javier – "Derechos Fundamentales del Trabajador y Control de la Prestación de Trabajo por Medio de Sistemas Proporcionados por las Nuevas Tecnologías", *in Minerva – Revista de Estudos Laborais*, ano V, n.º 8, 2006

GE, Yanbo; KNITTEL, Christopher R.; MACKENZIE, Don; ZOEPF, Stephen – "Racial and Gender Discrimination in Transportation Network Companies", *in NBER Working Paper n.º. 22776*, 2016

GENIN, E. – "Proposal for a Theorethical Framework for the Analysis of Time Porosity", International Journal of Comparative Labour Law and Industrial Relations, vol.32, n.º 3

GHERA, Edoardo – "La subordinazione fra tradizione e nuove proposte", *in GDLRI*, n.º 4, 1988

GINÈS I FABRELLAS, Anna – "Crowdsourcing sites y nuevas formas de trabajo el caso de Amazon Mechanical Turk", *in Revista Derecho Social y Empresa*, n.º 6, 2016

GOLDIN, Adrián O. – "El concepto de dependência laboral y las transformaciones productivas", *in RL*, I, 1996

GOMES, Júlio – *Direito do Trabalho, volume I*, Coimbra Editora, Coimbra, 2007

— "O teletrabalho obrigatório em tempos de Covid-19 e algumas insuficiências do regime jurídico português", *in Produção em rede e proteção social – Estudos em homenagem ao Professor Nelson Mannrich*, Editora Mizuno, Brasil, 2022

GOÑI SEIN, Jose Luis – *El respeto a la esfera privada del trabajador – un estudio sobre los límites del poder de control empresarial*, Civitas, Madrid, 1988

— *La Videovigilancia Empresarial y la Protección de Datos Personales*, Thomson Civitas, Navarra, 2007

GRAHAM, Mark – *The Risks and Rewards of Online Gig Economy*, Oxford Internet Institute, 2017

GRAY, Mary L.; SURI, Siddharth – *Ghost Work: How to stop Silicon Valley from building a new global underclass*, Houghton Mifflin Harcourt, 2019

GROEN, Willem Pieter de; MASELLI, Ilaria – *The Impact of the Collaborative Economy on the Labour Market*, CEPS Special Report, n.º 138, 2016

GRUPO DE PROTEÇÃO DE DADOS DO ARTIGO 29.º – *Parecer n.º 13/2011 sobre serviços de geolocalização em serviços móveis inteligentes*, de 16 de Maio de 2011

— *Orientações sobre as decisões individuais automatizadas e a definição de perfis para efeitos do Regulamento (UE) 2016/679*

— *Guidelines on the right to data portability*, adotado a 13 de dezembro de 2016 e alterado a 5 de abril de 2017

— *Orientações relativas à Avaliação de Impacto sobre a Proteção de Dados (AIPD) e que determinam se o tratamento é «suscetível de resultar num elevado risco» para efeitos do Regulamento (UE) 2016/679*, adotada a 4 de abril de 2017 e revista a 4 de outubro de 2017

GUERRA, Amadeu – *A privacidade no local de trabalho – as novas tecnologias e o controlo dos trabalhadores através de sistemas automatizados; uma abordagem ao Código do Trabalho*, Almedina, Coimbra, 2004

HARARI, Yuval Noah – *21 Lições para o Século XXI*, 5.ª edição, Elsinore, Lisboa, 2018

HEREDIA RUIZ, Ignasi de – *Work in the Platform Economy: Arguments for an Employment Relationship*, Huygens Editorial, Barcelona, 2019

HILDEBRANDT, Mireille – "The Artificial Intelligence of European Union Law", *in German Law Journal*, n.º 21, 2020

HORTON, J. J.; CHILTON, L. B. – "The Labor Economics of Paid Crowdsourcing", *in Proceedings of the 11th Conference on Eletronic Commerce*, 2010

HOWE – "The rise of crowdsourcing", *in Wired Magazine*, https://www.wired.com/2006/06/crowds/

ICHINO, Pietro – *Il contratto di Lavoro – III – sospenzione le lavoro-sciopero- riservatezza e segreto-potere disciplinare-cessazione del rapporto-conservazione e gestione dei diritti*, Giuffrè Editore, 2003

JOINT RESEARCH CENTRE SCIENCE FOR POLICY REPORT – *Platform workers in Europe*, Publicações da União Europeia, 2018

JÚNIOR, Francisco de Assis Barbosa – *Gig Economy e contrato de emprego – Aplicabilidade da Legislação Trabalhista aos Vínculos de Trabalho da Nova Economia*, LTR, 2019

KEYNES, John Maynard – "Economic Possibilities for our Grandchildren", *in Essays in Persuasion*, W.W.Norton & Co., New York, 1963

KNOWLEDGE AT WORK – *The future of safety in the digital age*, 2017, *in* https://www.ulehs sustainability.com/blog/workplacesafety/the-future-of-safety-in-the-digital age

KUSHLEV, Kostadin; DUNN, Elizabeth W. – "Checking email less frequently reduces stress", *in Computers in Human Behaviour*, novembro 2014

LEITÃO, Luís Manuel Menezes – "A proteção dos dados pessoais no contrato de trabalho", *in A reforma do Código do Trabalho*, Coimbra Editora, Coimbra, 2004

LEITE, Jorge – "Direito do Trabalho na Crise (Relatório Geral), *in Temas de Direito do Trabalho – Direito do Trabalho na Crise, Poder Empresarial, Greves atípicas – IV Jornadas Luso-Hispano-Brasileiras de Direito do Trabalho*, Coimbra Editora, Coimbra, 1990

— *Direito do Trabalho*, vol.II, reimp., Serviços de Ação Social da Universidade de Coimbra, Coimbra, 1999

— "A reforma laboral em Portugal", *in Revista General de Derecho del Trabajo y de la Seguridad Social*, n.º 34, 3

LEME, Ana Carolina Paes – *Da máquina à nuvem – Caminhos para o acesso à justiça pela via de direitos dos motoristas da Uber*, LTR, São Paulo, 2019

LOÏC, Lerouge – *Le droit à la déconnexion à la française, in* http://www.cielolaboral.com/fr/francais-le-droit-a-la-deconnexion-a-la-française/

LOSCHAK, Danièle – "Le pouvoir hiérarchique dans l'entreprise privée et dans l'administration", *in* DS, n.º 1, 1982

LUCASSEN, Jan – *História do Trabalho – uma nova história da Humanidade,* Temas e Debates, Lisboa, 2023

LYON, David – *The Electronic Eye – The Rise of Surveillance Society*, Polity Press, Reino Unido, 1994

LYON-CAEN, Antoine – "Actualité du contrat de travail", *in Droit Social*, n.ºs 7-8, 1988

— "Note sur le pouvoir de direction et son contrôle", *in Mélanges dédiés au President Michel Despax*, Presses de l'Université des Sciences Sociales de Toulouse, Toulouse, 2002

LYON-CAEN, Gérard – *Le droit du Travail – Une technique réversible*, Dalloz, Paris, 1995

MAALOUF, Amin – *O naufrágio das civilizações*, Marcador, Lisboa, 2020

MAGRANI, E. – "New perspectives on ethics and the laws of artificial intelligence", *Internet Policy Review, vol. 8*, 3, 2019

MARTINEZ VIVOT, Julio – *La discriminación laboral – despido discriminatório*, USAL – Universidad del Salvador – Ciudad Argentina, Buenos Aires, 2000

MARTINEZ, Pedro Romano – *A Constituição de 1976 e o Direito do Trabalho*, AAFDL, Lisboa, 2001

— "Considerações gerais sobre o Código do Trabalho", *in VI Congresso Nacional de Direito do Trabalho Memórias*, (coord. ANTÓNIO MOREIRA), Almedina, Coimbra, 2004

— "O Código do Trabalho – Directrizes de reforma; sistematização; algumas questões", *in Estudos de Direito do Trabalho em Homenagem ao Professor Manuel Alonso Olea*, Almedina, Coimbra, 2004

— "O Código do Trabalho e a reforma de 2012 – Apreciação geral", *in* RDES, n.ºs 1-2, 2012

MARTINS, João Zenha – "O Teletrabalho revisitado", *in Minerva – Revista de Estudos Laborais*, Ano X – II da 4.ª Série – n.º 3, 2020

MATÍAS, Gustavo – "El trabajo en el espacio y el tiempo digital", *in* RMTAS, vol. 11, 1998

MÉDA, Dominique – *Le travail: une valeur en voie de disparation*, Edition Alto-Aubier, 1995

— *The future of work: the meaning and value work in Europe*, ILO research paper, n.º 18

MENDONÇA, José Tolentino de – *O Hipopótamo de Deus*, Paulinas Editora, 2013

MERCADER UGUINA, Jesús R. – *Derecho del Trabajo, Nuevas Tecnologías y Sociedad de la Información*, Editorial Lex Nova, Valladolid, 2002

— *El futuro del trabajo en la era de la digitalización y la robotica*, Tirant lo Blanch, Valencia, 2017

— "La prestación de servicios en plataformas profesionales: nuevos indicios para una nueva realidad", *in Trabajo en Plataformas Digitales: innovación, Derecho y mercado*, Thomson Reuters, Aranzadi, Navarra, 2018

MINÉ, Michel – "Le droit du temps de travail à la lumière des droits fondamentaux de la personne", *in DO*, n.º 750, Janeiro de 2011

MINISTÉRIO DO TRABALHO ALEMÃO – *Greenpaper Work 4.0*, 2015

MINISTERIO DE TRABAJO Y ECONOMIA SOCIAL - *Información algorítmica en el âmbito laboral – guía práctica y herramienta sobre la obligación empresarial de información sobre el uso de algoritmos en el ámbito laboral*, maio de 2022

MONTOYA MELGAR, Alfredo – Nuevas dimensiones jurídicas de la organización del trabajo en la empresa", *in* RMTAS, n.º 23, 2000

— *La buena fe en el Derecho del Trabajo*, Tecnos, Madrid, 2001

MOORE, Phoebe – *The Threat of Physical and Psychosocial Violence and Harassment in Digitalized Work*, International Labour Office, Geneva, 2018

— *OSH and the Future of work: benefits and risks of Artificial Intelligence tools in the workplace*, *in* https://osha.europa.eu/en/publications/osh-and-future-work-benefits-and-risks-artificial-intelligence-tools-workplaces/view

— *The mirror for (artificial) intelligence: In whose reflection?*, *in* https://papers.ssrn.com/sol3/papers.cfm?abstract_id=3423704

MOORE, Phoebe; UPCHURCH, Martin;WHITTAKER, Xanthe – *Humans and Machines at Work: Monitoring, Surveillance and Automation in Contemporary Capitalism*, Palgrave Macmillan, 2018

MOREIRA, António – "Comentário à Sentença do Tribunal Administrativo do Círculo do Porto", in *Minerva – Revista de Estudos Laborais*, Ano I, nº1, 2002

— "Flexibilidade temporal", *in Estudos de Direito do Trabalho em Homenagem ao Professor Manuel Alonso Olea*, (coord. ANTÓNIO MONTEIRO FERNANDES), Almedina, Coimbra, 2004

— "Flexibilidade temporal", *in O Direito do Trabalho nos grandes espaços – entre a codificação e a flexibilidade*, Universidade Católica Editora, Lisboa, 2005

— "Proibição da escravatura e do trabalho forçado", *in Comentário da Convenção Europeia dos Direitos Humanos e dos Protocolos Adicionais, vol. I*, (coord. PAULO PINTO DE ALBUQUERQUE), Universidade Católica Editora, 2019

MOREIRA, Teresa Coelho – *Da esfera privada do trabalhador e o controlo do empregador, Studia Iuridica*, Coimbra Editora, Coimbra, 2004

— "Das revistas aos trabalhadores e aos seus bens em contexto laboral", *in Estudos em Comemoração do Décimo aniversário da Licenciatura em Direito da Universidade do Minho*, Almedina, Coimbra, 2004

— *A privacidade dos trabalhadores e as novas tecnologias de informação e Comunicação: contributo para um estudo dos limites ao poder de controlo eletrónico do empregador*, Almedina, Coimbra, 2010

— *Estudos de Direito do Trabalho*, reimp. da primeira edição, Almedina, Coimbra, 2016

— *Estudos de Direito do Trabalho, volume II*, Almedina, Coimbra, 2016

— "Controlo do *Messenger* dos trabalhadores: anotação ao acórdão do Tribunal da Relação de Lisboa de 7 de Março de 2012", *in Prontuário de Direito do Trabalho*, n.ºs 91/92

— "O Direito à desconexão dos trabalhadores", *in Questões Laborais*, n.º 49

— "O princípio da igualdade de tratamento e a proibição de discriminação: a conciliação entre a vida profissional e a vida pessoal e familiar em Portugal", *in Documentación Laboral*, n.º 113, vol. I, 2018

— "Algumas Implicações Laborais do Regulamento Geral de Proteção de Dados Pessoais no Trabalho 4.0", *in QL*, n.º 51

— "Algumas considerações sobre a admissibilidade probatória dos ilícitos disciplinares de trabalhadores detetados através de sistemas de videovigilância: anotação ao acórdão do Tribunal da Relação do Porto, de 07 de dezembro de 2018", *in QL*, n.º 53

— "Algumas questões sobre o Direito à Desconexão dos Trabalhadores", *in Minerva, Revista de Estudos Laborais*, Ano IX, I da 4.ª série, n.º 2

— A conciliação entre a vida profissional e a vida pessoal e familiar, *in* Igualdade de Género: Velhos e Novos Desafios, (coordenação Patrícia Jerónimo), Direitos Humanos – Centro de Investigação Interdisciplinar (DH-CII), Braga, 2019

— "Algumas questões sobre o Regulamento Geral de Proteção de dados e as relações de trabalho", *in O Regulamento Geral de Proteção de Dados e as Relações de Trabalho, Estudos* APODIT, *volume VI* (coord. MARIA DO ROSÁRIO PALMA RAMALHO e TERESA COELHO MOREIRA), AAFDL, 2020

— "Dados pessoais: breve análise do art. 28.º da lei n.º 58/2019, de 8 de agosto", *in QL*, n.º 55

— "A discriminação algorítmica", *in QL*, n.º 58, 2021

— "Privacidade em tempos de pandemia", *in Covid 19 e trabalho: o dia seguinte, Estudos APODIT 7* (coord. MARIA DO ROSÁRIO PALMA RAMALHO e TERESA COELHO MOREIRA), AAFDL, 2021

— "O teletrabalho em tempos de pandemia", *in RIDT*, n.º1, 2021

— "Digital era, employment and discrimination: is there a discriminatory algorithm?", *in Trabalho na era digital: que direito? | Work in a digital era: legal challenges, Estudos APODIT* 9, AAFDL/ Fundação Calouste Gulbenkien, Lisboa, 2022

— "Algorithms, Discrimination and Collective Bargaining", *in Collective Bargaining and the Gig Economy – a Traditional Tool for New Business Models*, (coord. JOSÉ MARIA MIRANDA BOTO e ELISABETH BRAMESHUBER), Hart Publishing, Londres, 2022

— A proposta de diretiva relativa à melhoria das condições de trabalho nas plataformas digitais", *in Prontuário de Direito do Trabalho*, 2022-I

MOREIRA, Teresa Coelho; ANDRADE, Francisco – "Biometrics and Data Protection: These Data Are Derived from an Individual", *in Interdisciplinary Perspectives on Contemporary Conflict Resolution*, (coord. PAULO NOVAIS e DAVIDE CARNEIRO), IGI Global, 2016

MOREIRA, Teresa Coelho; ANDRADE, Francisco; FREITAS, Pedro Miguel – Data Protection and Biometric Data: European Union Legislation", *in Biometric Security and Privacy Opportunities & Challenges in The Big Data Era*, Springer 2017

MOREIRA, Teresa Coelho; DRAY, Guilherme – *Livro Verde sobre o Futuro do Trabalho 2021*, Lisboa, GEP, 2022

— MOREIRA, Teresa Coelho; GONÇALVES, Marco Carvalho – "Presunção de contrato de trabalho no âmbito de plataforma digital: alguns aspetos materiais e processuais", *in Revista do Ministério Público*, n.º 175, no prelo

NETHERLANDS ORGANISATION FOR APPLIED SCIENTIFIC RESEARCH (TNO) – *Emergent risks to workplace safety; Working in the same space as a cobot. Report for the Ministry of Social Affairs and Employment*, Países Baixos, 2018

O'NEIL, Cathy – *Weapons of Math Destruction* – How Big Data Increases Inequality and Threatens Democracy, Crown/Archetype, 2017

OCDE – *Foresight Forum "Radio Frequency Identification (RFID) Applications and Public Policy Considerations": Proceedings*, Paris, 5 de Outubro de 2005

— *RFID, Radio Frequency Identification Policy Guidance – A Focus on Information Securitiy and Privacy; Applications, Impacts and Country Initiatives*, Seoul, Coreia, 17-18 de Junho de 2008

— *New Forms of Work in the Digital Economy*, 2016

— *Going Digital: The Future of Work for Women*, 2017

OCHOA, Marta – "The path to genderless digitalization", *in Policy Choices for a digital age*, Friends of Europe, 2017

Final Report – Meeting of Experts on Violence against Women and Men in the World of Work, 2016

OIT- *Non-standard employment around the world: Understanding challenges, shaping prospects*, Genebra, 2016

— *O emprego atípico no mundo: desafios e perspetivas*, Genebra, 2016

— *Acabar com a violência e o assédio contra mulheres e homens no mundo do trabalho*, Genebra, 2018

— *The economics of artificial intelligence: Implications for the future of work*, Genebra, 2018

— *Safety and health at the heart of the future of work – Building on 100 years of experience*, Genebra, 2019

— *Trabalhar para um Futuro Melhor*, Genebra, 2019

OITAVEN, Juliana Carreiro Corbal; CARELLI, Rodrigo de Lacerda; CASAGRANDE, Cássio Luís – *Empresas de transporte, plataformas digitais e a relação de emprego: um estudo do trabalho subordinado sob aplicativos*, MPT, Brasília, 2018

PALLINI, M. – "Dalla eterodirezione alla eteroorganizzazione: una nuova nozione di subordinazione?", *in* RGL, I, 2016

PALOMEQUE LÓPEZ, Manuel-Carlos – *Los derechos laborales en la Constitución Española*, Cuadernos y Debates n.º 28, Centro de Estudios Constitucionales, Madrid, 1991

— *Direito do Trabalho e Ideologia*, (trad. ANTÓNIO MOREIRA), Almedina, Coimbra, 2001

— "Un compañero de viaje histórico del Derecho del Trabajo: la crisis económica", *in Derecho del Trabajo y Razón Crítica – Libro dedicado al Professor Manuel Carlos Palomeque López en su vigésimo quinto aniversario como catedrático*, Salamanca, 2004

PARLAMENTO EUROPEU - *Igualdade de género e autonomia das mulheres na era digital*, Parlamento Europeu, PT8_TA(2016)0204, 2016

— *The situation of workers in the collaborative economy*, 2016

— *Relatório sobre uma Agenda Europeia para a Economia Colaborativa*, 2017

PASSARELLI, G. Santoro – "I rapporti di collaborazione organizzati dal committente e le collaborazioni continuative e coordinate ex art. 409, n. 3, c.p.c.", *in WP "Massimo D'Antona"*.IT, n. 278, 2015

PEREIRA, António Garcia – "A grande e urgente tarefa da dogmática juslaboral: a constitucionalização das relações laborais", *in V Congresso Nacional de Direito do Trabalho – Memórias*, (coord. ANTÓNIO MOREIRA), Almedina, Coimbra, 2003

PERULLI, Adalberto – *Il potere direttivo dell'imprenditore*, Giuffré Editore, Milão, 1992

PESSOA, Fernando – *Teoria e prática do comércio, in Citações e Pensamentos de Fernando Pessoa*, Casa das Letras, Lisboa, 2009

PINHEIRO, Alexandre Sousa – https://www.publico.pt/2019/10/30/sociedade/opiniao/videovigilancia-codigo-trabalho-luz-rgpd-lei-nacional-execucao-1891769.

PINTO, Paulo Cardoso Correia da Mota – "O direito à reserva sobre a intimidade da vida privada", *in* BDFUC, n.º 69, 1993

— "A limitação voluntária do direito à reserva sobre a intimidade da vida privada", *in Estudos em Homenagem a Cunha Rodrigues*, vol. 2, Coimbra Editora, Coimbra, 2001

PISANI, Carlo – "Rapporto di lavoro e nuove tecnologie: le mansioni", *in GDLRI*, n.º 38, 1988, n.º 2

PLAZA ANGULO, Juan; PATIÑO RODRÍGUEZ, David; GÓMEZ-ÁLVAREZ DÍAZ, Rosario – "Nuevo contexto para el trabajo: economía de plataformas e liberalismo económico", *in Trabajo en Plataformas Digitales: innovación, Derecho y mercado*, Thomson Reuters, Aranzadi, Navarra, 2018

PRASSL, Jeremias – "Pimlico Plumbers, Uber Drivers, Cycle Couriers, and Court Translators: Who is a Worker?", *in Law Quarterly Review*, 33, 2017

— *Humans as a Service – the Promise and Perils of Work in the Gig Economy*, OUP, Oxford, 2018

— "What if your boss was an algorithm? Economic Incentives, Legal Challenges, and the Rise of Artificial Intelligence at Work", *in Comparative Labor Law & Policy Journal*, vol. 41

PRASSL, Jeremias; LAMINE, Auriane – "Collective Autonomy for On Demand Workers", *in Collective Bargaining Developments in Times of Crisis*, (Editor SYLVAINE LAULOM), Bulletin of Comparative Labour Relations, Wolters Kluwer, vol. 99, 2018

PRASSL, Jeremias; RISAK, Martin – *Uber, taskrabbit & co: Platforms as Employers? Rethinking the legal analysis of Crowdwork", in Comparative Labor Law & Policy Journal,* vol. 37, n.º 3, 2016

PUEBLA PINILLA, Ana de la – "Cambio tecnológico e impacto sobre el trabajo de las mujeres", *in A Igualdade nas Relações de Trabalho, Estudos* APODIT, vol. 5, (coord. MARIA DO ROSÁRIO PALMA RAMALHO E TERESA COELHO MOREIRA), AAFDL, Lisboa, 2019

PUNTA, Riccardo del – "L'economia e le ragioni del diritto del lavoro", *in* GDLRI, n.º 89, 2001

PURIFICATO, Ilaria – "Behind the scenes of *Deliveroo's* algorithm: the discriminatory effect of Frank's blindness", *in Italian Labour Law-e Journal,* vol. 14, n.º. 1, 2021

PWC – *Artificial Intelligence in HR: a no Brainer,* 2018, *in https://www.pwc.at/de/publikationen/verschiedenes/artificial-intelligence-in-hr-a-no-brainer.pdf.*

QUANDT-SCHUBERT, K. – "BMW: Mobilarbeit – Flexibel arbeiten, bewusst abschalten", *in Unternehmen der nächsten Generation,* (coord. M. BARTZ, A. GNESDA, T. SCHMUTZER), Springer Gabler, Berlin, Heidelberg, 2017

RAIMONDI, Enrico – "Il lavoro nelle piattaforme digitali e il problema della qualificazione della fattispecie", *in Labour & Law Issues,* vol. 5, n.º 2, 2019

RAMALHO, M.ª do Rosário Palma Ramalho – *Da autonomia dogmática do Direito do Trabalho,* Almedina, Coimbra, 2000

— "Ainda a crise do direito laboral: a erosão da relação de trabalho «típica» e o futuro do direito do trabalho", *in III Congresso Nacional de Direito do Trabalho – Memórias,* (coord. ANTÓNIO MOREIRA), Almedina, Coimbra, 2001

— "Contrato de Trabalho e Direitos Fundamentais da Pessoa", *in Estudos em Homenagem à Professora Doutora Isabel de Magalhães* Collaço, vol. II, Almedina, Coimbra, 2002

— "O Novo Código do Trabalho – Reflexões sobre a Proposta de Lei relativa ao novo Código de Trabalho", *in Estudos de Direito do Trabalho,* vol. I, Almedina, Coimbra, 2003

— "O telemóvel e o trabalho: algumas questões jurídicas", *in Estudos em Honra do Professor Doutor José de Oliveira Ascensão, volume II,* (coord. MENEZES CORDEIRO, PEDRO PAIS DE VASCONCELOS e PAULA COSTA E SILVA), Almedina, Coimbra, 2008

— *Tratado de Direito do Trabalho, Parte I – Dogmática Geral,* 3.ª edição, Almedina, Coimbra, 2012

— *Tratado de Direito do Trabalho, II, Situações Laborais Individuais,* 6.ª ed., Almedina, Coimbra, 2016

— *Economia Digital e Negociação Coletiva*, CRL, Lisboa, 2019

— "Teletrabalho e trabalho à distância: velhos problemas e novos desafios em tempos de pandemia", *in Produção em rede e proteção social – Estudos em homenagem ao Professor Nelson Mannrich,* Editora Mizuno, Brasil, 2022

RAMOS, Rui Moura – "Anotação aos arts. 18.º a 23.º", *in Tratado de Lisboa – Anotado e Comentado,* (coord. MANUEL LOPES PORTO e GONÇALO ANASTÁCIO), Almedina, Coimbra, 2012

RAVANELLE – "Microentrepreneur or Precariat? Exploring the Sharing Economy through the Experiences of Workers for Airnbn, Taskrabbit, Uber and Kitchensurfing", *in First International Workshop in Sharing Economy (4-5 June 2015)*, Copernicus Institute of Sustainable Development, Universidade de Utrecht, 2015

RAY, Jean-Emmanuel – "Nouvelles Technologies, nouvelles formes de subordination", *in* DS, nº 6, 1992

— "Du Germinal à Internet. Une nécessaire évolution du critère du contrat de travail", *in* DS, n.ºs 7/8, 1995

— "Avant-propos de la sub/ordination à la sub/organisation", *in DS*, n.º 1, 2002,

— "Actualités des TIC", *in* DS, n.º 3, 2010

— "Qualité de vie et travail de demain", *in* DS, n.º 2, 2015

— *Les relations individuelles de travail 2016*, Wolters Kluwer, França, 2015

— "Actualités des TIC tous connectés, partout, tout le temps", *in* DS, n.º 5, 2015

— "Qualité de vie et travail de demain ", *in* DS, n.º 2, 2015

— "Grande accélération et droit à la déconnexion", *in* DS, n.º 11, 2016

RAY, Jean-Emmanuel; BOUCHET, Jean-Paul – "Vie professionnelle, vie personnelle et TIC", *in* DS, n.º 1/2010

REDENTI, Enrico – "Variazioni sul tema del verbo comandare", *in* RTDPC, ano XIII, 1959

REDINHA, M.ª Regina – "Os direitos de personalidade no Código do Trabalho: actualidade e oportunidade da sua inclusão", *in A Reforma do Código do Trabalho*, Coimbra Editora, Coimbra, 2004

— "Redes Sociais: Incidência Laboral", *in PDT*, n.º 87

— "Agenda do trabalho digno: *what's in a name?*", *in APODIT, Newsletter Primavera' 23*, 2023

REINKE, Kathrin; CHAMORRO-PREMUZIC, Thomas – "When email use gets out of control: Understanding the relationship between personality and email overload and their impact on burnout and work engagement", *in Computers in Human Behaviour*, maio 2014

REIS, Viriato – "Ilicitude da Videovigilância no local de trabalho. Segurança de pessoas e bens. Direito à reserva da intimidade da vida privada e direito à imagem dos trabalhadores", *in* RMP, n.º 106, 2006

REY GUANTER, Salvador del – "Relaciones laborales y nuevas tecnologías: reflexiones introductorias", *in Relaciones Laborales y Nuevas Tecnologías*, (coord. SALVADOR DEL REY GUANTER e LUQUE PARRA), La Ley, Madrid, 2005

RIBEIRO, Joaquim de Sousa – "Constitucionalização do Direito Civil", *in BFDUC*, n.º 74, 1998

— "As fronteiras juslaborais e a (falsa) presunção de laboralidade do artigo 12.º do Código do Trabalho", *Direito dos Contratos — Estudos*, Coimbra Editora, 2007

RIFKIN, Jeremy – *The end of work: The Decline of the Global Labor Force and the Dawn of the Post-Market Era*, Putnam Publishing Group, 1995

RISAK, Martin – *Fair Working Conditions for Platform Workers – Possible Regulatory Approaches at the EU Level*, Friedrich-Ebert-Stiftung, 2017

RIVAS VALLEJO, Pilar – "Sesgos de género en el uso de inteligencia artificial para la gestión de las relaciones laborales: análisis desde el derecho antidiscriminatorio", *in E-RIPS*, vol. VII, n.º 1

RIVERO, Jean – "Les libertés publiques dans l'entreprise", *in* DS, n.º 5, 1982

RODRÍGUEZ-PIÑERO ROYO, Miguel – "El jurista del trabajo frente a la economía colaborativa", *in Economía colaborativa y trabajo en plataforma: realidades y desafíos*, (coord. MIGUEL RODRÍGUEZ-PIÑERO ROYO e MACARENA HERNÁNDEZ BEJARANO), Editorial Bomarzo, Albacete, 2017

ROMITA, Arion Sayão – *Direitos Fundamentais nas Relações de Trabalho*, 2.ª edição, Editora LTR, São Paulo, 2007

ROUSSOS, George; KOSTAKOS, Vassilis – "RFID in pervasive computing: State-of-the-art and outlook", *in Pervasive and Mobile Computing*, n.º 5, 2009

SÁEZ LARA, Carmen – "El algoritmo como protagonista de la relación laboral. Un análisis desde la perspectiva de la prohibición de discriminación", *in TL*, núm. 155, 2020

SALA-CHIRI, Maurizio – "Nuove tecnologie, nuovi lavoratori", *in* MGL, II, 1988

SANTOS, Boaventura de Sousa; REIS, José; MARQUES, Maria Manuel – "O Estado e as transformações recentes da relação salarial – A transição para um novo modelo de regulação da economia", *in Temas de Direito do Trabalho – Direito do Trabalho na crise Poder empresarial Greves atípicas – IV Jornadas Luso-Hispano-Brasileiras de Direito do Trabalho*, Coimbra Editora, Coimbra, 1990, pp. 139-179

SCHMIDT, Florian A. – *Digital Labour Markets in the Platform Economy – Mapping the Political Challenges of Crowd Work and Gig Work*, Friedrich-Ebert-Stiftung, 2017

SCHOENBAUM, Naomi - "Gender and the Sharing Economy", *in Fordham Urb. L. J.*, vol. XLIII, 2016

SECRETARÍA DE SALUD LABORAL Y MEDIO AMBIENTE DE UGT-CEC – *El trabajo en la economía colaborativa y la prevención de riesgos laborales*, 2018

SMURAGLIA, Carlo – *La persona del prestatore nel rapporto di lavoro*, Giuffrè Editore, Milão, 1967

SOUSA, Duarte Abrunhosa e – "Registo dos tempos de trabalho e proteção de dados pessoais", *in Tempo de Trabalho e Tempos de Não Trabalho – O Regime nacional do Tempo de Trabalho à luz do Direito Europeu e Internacional, Estudos* APODIT *4* –, (coord. MARIA DO ROSÁRIO PALMA RAMALHO e TERESA COELHO MOREIRA), AAFDL, 2018

SOUSA, Marcelo Rebelo de – *Ciência Política. Conteúdos e métodos*, Coimbra Editora, Coimbra, 1990

— "Artigo 2", *in Tratado de Lisboa – Anotado e Comentado*, (coord. MANUEL LOPES PORTO e GONÇALO ANASTÁCIO), Almedina, Coimbra, 2012

STEFANO, Valerio de – "The Rise of the "Just-In-Time Workforce": On-Demand Work, Crowdwork, and Labor Protection in the "Gig-Economy", *in Comparative Labor Law & Policy Journal*, vol. 37, n.º 3, 2016

— "Introduction: Automation, Artificial Intelligence, and Labour Protection", *in Comparative Labor Law & Policy Journal*, Vol. 41, No. 1, 2019

STEFANO, Valerio de; ALOISI, Antonio – *European Legal framework for digital labour platforms*, European Commission, Luxemburgo, 2018

STEFANO, Valerio de; ALOISI, Antonio – *Il tuo capo è un algoritmo – Contro il lavoro desumano*, Tempi Nuovi, 2020

STEFANO, Valerio de; DURRI, Ilda; STYLOGIANNIS, Charalampos; WOUTERS, Mathias – *"System needs update": Upgrading protection against cyberbullying and ICT-enabled violence and harassment in the world of work, ILO Working Paper 1*, 2020

STEIN, Serena – "Where will consumers find privacy protection from RFIDS?: a Case for Federal Legislation", *in Duke Law & Technology Review*, n.º 3, 2007

SUNDARARAJAN, Arun – *The Collaborative Economy: Socioeconomic, Regulatory and Policy Issues*, Parlamento Europeu, 2017

SUPIOT, Alain – *Transformations du travail et devenir du droit du travail en Europe*, Bélgica, 1999

— "Les nouveaux visages de la subordination", *in DS*, n.º 2, 2000

— "Travail, droit et technique", *in DS*, n.º 1, 2002

— *L'esprit de Philadelphie*, Éditions du Seuil, Paris, 2010

— "Fragments d'une politique legislative du travail", *in DS*, n.º 12, 2011

— "O Direito do trabalho ao desbarato no "mercado das normas", *in QL*, n.º 26

— *La Gouvernance par les nombres*, 2015

— *Au- delà de l'emploi, Flammarion, 2016*

SUPIOT, Alain e outros – *Transformações do Trabalho e futuro do Direito do Trabalho na Europa*, (coord. ALAIN SUPIOT), Coimbra Editora, Coimbra, 2003

SUSSKIND, Daniel – *Um Mundo sem trabalho – como responder ao avanço da tecnologia*, Ideias de Ler, Porto, 2020

TEIXEIRA, Mariana Alves – *Da (des)proteção do candidato a emprego em face da utilização de sistemas de Inteligência Artificial no processo de recrutamento*, Dissertação de mestrado, Escola de Direito da Universidade do Minho, 2022

TEYSSIÉ, Bernard – *Droit Européen du travail*, 4.ª edição, Litec, Paris, 2010

THIBAULT ARANDA, Javier – La vigilância del uso de internet en la empresa y la protección de datos personales", *in RL*, n.ºs 5-6, 2009

TODOLI SIGNES, Adrián – "Nuevos indícios de Laboralidad como Resultado de las Nuevas Empresas Digitales", *in Economía colaborativa y trabajo en plataforma: realidades y desafíos*, (coord. MIGUEL RODRÍGUEZ-PIÑERO ROYO e MACARENA HERNÁNDEZ BEJARANO), Editorial Bomarzo, Albacete, 2017

— *El trabajo en la era de la Economía Colaborativa,* Tirant lo Blanch, Valencia, 2017

— "Prólogo", *in Trabajo en Plataformas Digitales: innovación, Derecho y mercado,* Thomson Reuters, Aranzadi, Navarra, 2018

TODOLI SIGNES, Adrián; JALIL NAJI, Maiiedah; LLORENS ESPADA, Julen – *Riesgos Laborales Específicos del trabajo en las Plataformas Digitales,* Osalan, Bilbau, 2020

TOFLER, Alvin – *Terceira Vaga,* Livros do Brasil, Lisboa, 1999

TRIGUERO MARTÍNEZ, Luis Angel – "«Gig economy» y prestación de servicios profesionales: puntos criticos", *in Trabajo en Plataformas Digitales: innovación, Derecho y mercado,* Thomson Reuters, Aranzadi, Navarra, 2018

TRUDEAU, Giles – "En conclusion...Vie professionnelle et vie personnelle ou les manifestations d'un nouveau droit du travail", *in DS,* n.º 1, 2010

TUC, Commission on Vulnerable Employment, *Hard Work, Hidden Lives,* em http://www.vulnerableworkers.org.uk/files/CoVE_full_report.pdf

UGT – *Las decisiones algorítmicas en las Relaciones Laborales,* fevereiro 2021

UNIÃO EUROPEIA – *Orientações Éticas para uma Inteligência Artificial de Confiança,* 2016

— *The Social Protection of Workers in the Platform Economy,* 2017

VALDÉS DAL-RÉ, Fernando – "*Soft law,* Derecho del Trabajo y orden económica globalizada", *in RL,* tomo I, 2005

VALENDUC, Gerard; VENDRAMIN, Patricia – *Work in the digital economy: sorting the old from the new,* ETUI, Bruxelas, 2016

VASCONCELOS, Pedro Pais de – "Protecção de dados pessoais e direito à privacidade", *in Direito da Sociedade da Informação, volume I,* Coimbra Editora, Coimbra, 1999

VENTURA, Raul – "Extinção das relações jurídicas de trabalho", *in ROA,* Ano 10, n.ºs 1 e 2, 1950

VIANA, Márcio Túlio – "Das casas às ruas: *pequenas ideias para um futuro mais digno do Direito do Trabalho, in* QL, n.º 55

VICENTE, Joana Nunes – *A fuga à relação de trabalho (típica): em torno da simulação e da fraude à lei,* Coimbra Editora, Coimbra, 2008

— "Implicações sociais e jurídico-laborais da prestação de serviços através de plataformas virtuais – breves notas", *in A Reforma Trabalhista – Reflexos da Reforma Trabalhista no Direito do Trabalho, no Direito Processual do Trabalho e no Direito Previdenciário,* (coord. PAULO RENATO FERNANDES DA SILVA), LTr, 2018

TALÉNS VISCONTI, Eduardo – "La desconexión digital en las relaciones laborales: un deber empresarial todavía por construir en España", *in Revista Direito das Relações Sociais e Trabalhistas,* Vol. 4, n.º 1

VOS, Marc de – *Work 4.0 and the Future of Labour Law, in* https://papers.ssrn.com/sol3/papers.cfm?abstract_id=3217834, 2018

WACHTER, Sandra; MITTELSTADT, Brent; FLORIDI, Luciano – "Why a Right to Explanation of Automated Decision-Making Does Not Exist in the General Data Protection Regulation", *in International Data Privacy Law*, 2017

WEIL, David – *The fissured workplace: Why work became so bad for so many and what can be done to improve it*, Cambridge, Massachusetts e Londres, Harvard University Press, 2014

WORLD ECONOMIC FORUM – *The Global Gender Gap Report*, 2017

XAVIER, Bernardo da Gama Lobo – "A Constituição, a tutela da dignidade e personalidade do trabalhador e a defesa do património genético. Uma reflexão", *in V Congresso Nacional de Direito do Trabalho – Memórias*, (coord. ANTÓNIO MOREIRA), Almedina, Coimbra, 2003

— *Manual de Direito do Trabalho*, 4.ª ed., Verbo, Lisboa, 2020

XENIDIS, Raphaële – "Tuning EU equality law to algorithmic discrimination: Three pathways to resilience", *in Maastricht Journal of European and Comparative Law*, vol. 27, n.º 6, 2020

YAKOWITZ, Jane – "Tragedy of the Data Commons", *in Harvard Journal of Law Technology*, vol. 25, n.º 1, 2011

ZANELLI, Pietro – *Nuove tecnologie – Lege e contrattazione collettiva*, Giuffrè Editore, Milão, 1993